语言学通论

The General Theory of Linguistics

王鸿滨 著

中国广播影视出版社

图书在版编目（CIP）数据

语言学通论 / 王鸿滨著. — 北京：中国广播影视
出版社, 2016.12（2024.3重印）
ISBN 978-7-5043-7786-9

Ⅰ.①语… Ⅱ.①王… Ⅲ.①语言学—高等学校—教
材 Ⅳ.①H0
中国版本图书馆CIP数据核字（2016）第271460号

语言学通论

王鸿滨　著

责任编辑	吴茜茜	
封面设计	文人雅士	

出版发行	中国广播影视出版社	
电　话	010-86093580　　010-86093583	
社　址	北京市西城区真武庙二条9号	
邮　编	100045	
网　址	www.crtp.com.cn	
电子信箱	crtp8@sina.com	

经　销	全国各地新华书店
印　刷	三河市华晨印务有限公司

开　本	710毫米×1000毫米　1/16
字　数	523（千）字
印　张	30
版　次	2016年12月第1版　2024年3月第2次印刷

书　号	ISBN 978-7-5043-7786-9
定　价	88.00元

本书出版得到北京市支持中央在京高校共建项目资助和北京语言大学汉语学院学科建设经费项目（编号15YJ080150）资助。

序

北京语言大学汉语国际教育学部汉语学院王鸿滨博士，书成《语言学通论》并嘱我为序。身处汉语国际教育学部主任之职，我看到同事有学术著作出版，深感喜悦，欣然从命。

摆在我面前的这部厚厚的书稿，是王鸿滨博士近年来为我校汉语国际教育专业的外国研究生开设课程所编写的一部教材。经年累月，不断增改而成。我花了数日认真地拜读一遍，有些感触和思考，便写下来，希望能借此与作者和广大读者交流。

我国面向中外学生的汉语国际教育专业硕士及其学术学位的研究生教育设置为独立的二级学科，始于2007年。之前，在全国范围内，各高校一般都是在语言学及应用语言学二级学科下设对外汉语教学方向，或是在汉语言文字学等二级学科下开设相关的学科方向。那时，对外汉语教学或曰汉语国际教育，并无真正意义上独立的二级学科。如今，不管怎么说，汉语国际教育作为一个独立的二级学科在全国设置开来，这对于汉语国际教育的学科建设，当然是一件大好事。

北京语言大学作为全国最早开设汉语国际教育学科且本学科研究生教育规模最大的一所高校，在汉语国际教育学科建设中，理应承担更多、更大的责任。因此，加强汉语国际教育的学科建设，编写专门面向汉语国际教育的研究生教材，尤其是专门面向汉语国际教育专业外国研究生所用的教材，就成为一项十分重要而紧迫的工作。据我所知，北京语言大学此前已经启动了一整套的对外汉语专业研究生教材编写工程，目前正式出版的已有几部。那套教材更多地考虑到对外汉语（汉语国际教育）专业中国研究生的学习需求，而对本专业的外国研究生的需求观照并不多。因此，在这一点上，王鸿滨博士的这部教材的出版，应当说是正逢其时，也是恰得其位的。它不仅补正了那套教材在编写思路上的缺位，而且也开启了专门面向外国研究生汉语国际教育专业教材建设的门径。

目前，全国开设汉语国际教育（学术学位和专业学位）研究生教育的高校已达111所，每年招收本专业研究生近万人，其中约半数为外国研究生。面对这样一个规模并不算小的特殊学习群体，为他们量体裁衣，编写适用的专门性教材，我想，这件事情的意义是不言而喻的。像王鸿滨博士自己编写《语言学通论》这样的外国研究生教材，是应当受到鼓励和支持的。而且我认为，编写专门面向外国研究生的教材的思路，应当值得推广。汉语国际教育应从学科建设的高度，系统地规划布局、组织实施这一学科建设的基础工作。

就本教材而言，面向汉语国际教育专业的外国研究生，系统地讲授语言学理论，也是一件十分美好的事情。初涉汉语国际教育专业的外国硕士研究生，他们都具有与汉语不同的母语背景，又往往具有一定的汉语能力，但语言学的专业理论素养尚为不足。这些因素，又恰好成为对他们开展语言学理论教育的有利因素。利用好这些因素，我们就能从跨语言的视角，讲授多元化的语言学理论知识，从而充分揭示人类语言的结构之美、展示世界语言的多样性之美。

综观《语言学通论》全书，我认为，王鸿滨博士很好地做到了这一点。在全书的论述中，作者大量引用人类各种语言的多重例证，归纳人类语言的普遍规律，展示世界语言的各自风貌。这些努力，毫无疑问，都为外国研究生加深对人类语言的普遍性规律和多样性特征的认识，提供了有利条件。加之作者在讲授语言学理论知识时，能够较好地拿捏所讲授内容的难度、深度和广度，因此这部教材对于汉语国际教育专业的广大外国研究生而言，是十分适用和好用的。

理论上讲，汉语国际教育专业，尤其是面向外国研究生的专业教育，是培养汉语作为第二语言教育以及中华文化国际传播领域国际上未来高端人才的重要平台，也是最具国际化风范的新兴学科之一。在这一人才培养的重要平台上，我们不仅要充分而广泛地吸收国际最先进的重要的语言学理论成果，同时也要充分利用这一平台，把中国的优秀学术成果推介出去，以使在中国接受高层次教育的外国学子，能充分了解并理解中国的学术研究，推进中国学术影响力的国际化。这一点，应当是我们在促进中国高等教育国际化进程中所要关注并应当着力加强的。

说到这部《语言学通论》，站在中国语言学学术话语的立场上，我真诚地建议作者，今后若有机会，再适当增加一些中国语言学对人类语言研究学术成果的介绍，本书也许就更有价值、更富有特色了。这不仅是我对这部教材的建议，也是我对汉语国际教育专业今后更多本科生、研究生教材编写的一点建议。在国际上增强我们的学术自信心，争取应有的学术话语权，汉语国际教育有条件也有能力做得更好。

　　王鸿滨博士转益多师，笔耕不辍，学养丰厚，锐气可嘉。如今，她出版《语言学通论》，于她个人和学科，皆可喜可贺。汉语国际教育，作为一门新兴的交叉学科，期待有更多的像王鸿滨博士一样的学者们的努力坚守与不断创新。

　　是为序。

张旺熹

2016年11月20日

前　言

　　"语言学概论"（Introduction to Linguistics ）是语言学的入门课程，主要介绍语言学的基本原理、理论、观念和方法，探讨语言的性质、结构规律、演变规律以及语言与文字的关系等方面的问题。这门课是理论语言学的入门课，讲述三方面的问题：语言在社会中的地位和作用、语言的结成体系（**语音**［Phonology］、**词汇**［Vocabulary］、**语义**［Semantics］、**语法**［Grammar］）、语言的发展变化。因此，这门课历来是学习者踏入语言研究殿堂的基石。

　　教学实践告诉我们，学习普通语言学，需要学生具有一定的语言学基础知识，这样才能便于理解有关问题。作为一个语言方向的中国研究生来说，与本课程相关联的课程有：专科阶段的"现代汉语"、"古代汉语"，本科阶段的"汉语专题"、"语法研究"、"汉语修辞学"、"训诂学"、"英语"等，尤其是有关现代汉语的知识，学生必须具备，如果学生在本科阶段学的是非语言专业，一定要补修有关课程，否则很难学好本课程。

　　随着汉语国际教育事业的蓬勃发展，越来越多的外国留学生已经跨入国际汉语教学研究和实践的行列，他们希望通过最基础的语言学概论课程的学习，能够比较系统地掌握语言学的基本概念、基本理论和基本方法，尽快提高自己的语言理论水平，为学习和研究其他语言课程奠定必要的理论基础。面对如此迫切的需求，该如何应对？

　　笔者自2010年至2014年连续五年承担汉语国际教育外国研究生必修课"语言学概论"，这门课同外国研究生的另一门必修课"现代汉语"同时进行，相辅相成，其实是为外国研究生补课的课，因为对大多数外国研究生来说，如果本科期间不是汉语言专业方向，他们的现代汉语知识基本上来自于本科期间的综合课，因而所学的现代汉语知识是零散的而非系统的；同时，语言学概论课程的目标就是认识人类语言的普遍现象（共项），建立语言研究的形式化的表述系统，因而涉及的语言现象比较多。特别是讲授语言学的基础知识和基本理论，必然会涉及到语料分析的实例，而我们给外研讲授现代汉语之后发现，学生不能够自觉地关注普通语言学理论，主动了解当前语言研究的最新动态。究其原因，竟然是不会分析自己的母语，甚至对自己的母语语法都相当生疏。因此，我在教"语言学概论"的头一年，试图用汉语例子讲授普通语言学，希望学生自觉进行母语和汉语的对比研究，扩大语言研究的视角，但效果并不理想，在学习过程中出现了很多障碍。例如，很多同学对汉语例句缺乏语感，不能判断对错，对理论的运用缺乏自觉性；而在另一门必修课"汉语语言学"课程上，外国研究生与中国研究生同堂讨论时几乎没有发言权。因此，我结合学生的实际，有意识针对学生的实际能力和水平，将理论和实践紧密结合。我认为：第一，仅仅让学生记得一些语言学术语和理论是很不够的，更重要的是要掌握语言的基本规律，学会运用理论去分析各种语言现象。第二，学习的时候不要被书上的说法限制住，要拿书上的说法和实际语言印证比较；要是书上的说法和实际语言不相符合，或者不完全符合，那就要根据情形加以修正或补充。第三，一定要处理好母语和非母语研究之间的关系。母语研究依赖学生对母语的直觉观察来进行思考，但是对非母语的描述性研究和实验性研究却必须以数据为归依，不能随意取例，以免影响准确性。

基于这样一些理念，我们把针对外国研究生的"语言学概论"课程定位在介于中国本科生和研究生之间的水平，例句尽量多元化，涉及学生正在使用和学习的多种语言，而不仅仅局限于汉语语料。这样的教材和讲义没有现成的可供借鉴，只能是体现北语特色的原创讲义，因而每次上课进行讨论之前，同学们都要大量复印老师讲义及其作业，浪费大量精力和时间。市面上已有的普通语言学教材对外研来说内容庞杂且偏难，形同天书，学生阅读起来不得要领，苦不堪言。在这种情况下，我们希望能考虑到汉语国际教育外国学生所难，尽快出版配套讲义。希望这类讲义和浅显易懂的学术专著能对汉语国际教育的外国研究生，提高语言研究的实践能力有较大的帮助。

这部《语言学通论》考虑到汉语国际教育外国学生所难，专门针对汉语国际教育的外国研究生，语料很多来自留学生们的课堂讨论，对留学生提高语言研究的实践能力有较大的帮助，这也是本书的一大特色。此外，针对汉语国际教育的外国研究生的实际情况，我们还特意将涉及到普通语言学的重要名词术语全部进行了英文标注，尽力提供一些经典论著的原版信息和索引资料，一方面是体现学术的规范性，另一方面也是为了帮助外国学生深入地了解相关内容。

王鸿滨

2016年10月，北京

目　录

第一章 语言与语言学

第一节 语言的本质

一、什么是语言

语言（Language）是什么？这个问题是语言学中的一个基本问题，它伴随着语言学的产生而被提升到科学的位置上，同时，它伴随着语言学的发展而不断出现新内容。对这个问题人们有不同的看法，据不完全统计，到目前为止，大约有上百条关于"语言"的定义；潘文国（2001）搜集了从十九世纪初叶至今，一百六十多年里的一些权威大师、权威工具书和部分语言学家在这个问题上的有代表性的观点六十多条。[①] "语言"之所以有这么多的定义，是因为语言涉及的内容十分复杂，不同研究者注意到不同方面，或强调不同特征、或研究角度不同、或看问题方法不一样。潘文国将之归纳为四类：第一类强调语言的自然属性（例如索绪尔）； 第二类强调语言的社会属性（例如斯大林）；第三类强调人类自身的自然属性（例如乔姆斯基）；第四类强调人类的历史文化属性（例如洪堡特）。在综合分析了前人的见解之后,他对语言的新定义是："语言是人类认知世界及进行表述的方式和过程。"

回顾以往的语言学著作中极为常见的说法是："**语言是交际工具**"（Language is a tool of communication），[②] 但近年来，越来越多的学者却有意无意地在定义里回避把语言说成是**交际工具**"（Communication tools），究其原因，有学者认为"交际工具"这个词在这里是一种**比喻性**（Figurative）的用

[①] 详见潘文国《语言的定义》，《华东师范大学学报》（哲学社会科学版）2001年第1期。这六十多条材料可以分为三组：（1）选自中文资料，（2）选自英文资料，（3）选自二十世纪九十年代以来国外的一些权威工具书。

[②] "交际工具说"最早是十八世纪法国启蒙主义思想家卢梭（*Jean-Jacques Rousseau*）提出来的，详见《语言起源论》的《交流思想的各种手段》一章。

法，特别是用在定义里是不准确的，因为它不能明确语言的**本质属性**（Essential attributes），缺少**排他性**（Exclusiveness）。从众多语言的事实中，我们可以得出这样的认识：

※"语言是交际工具"这一定义并不全面，只是一种对语言的**功用**（Function）的定义，如同"自行车是一种交通工具"一样，只有描写价值没有本质意义。

※从语言的表现来看，语言不是**唯一**（Only）的用来进行"**交际**"的工具，凡是"**社会性**"的动物（Social animals）都有这种需求；从表现形式上看，还有**体态语**（Body language）、**情感语言**（Affective language）等等形式。

※从语言的运用上看，"语言"应该不只用于**交际**（Communication），不只是为了维持外部的与人交流，还可用于**思考**（Thinking），甚至用于**自我心理调节**（Self psychological adjustment）等。因此，其"**交际功能**"（Communicative function）并不能涵盖所有其他功能，还有"表情达意功能"、"思维功能"和"指示功能（即指令他人做某事）"，甚至还有贮存知识，延续经验的功能。

※从语言的研究方法上看，语言的**基本属性**（Basic properties）只能从人文科学的角度去着手研究。凡从自然科学角度或社会科学角度着手得出的结论，即使反映了一定的事实,也必然不是语言的本质属性。[①]

随着语言学的发展，人们越来越认识到语言不仅仅是人们进行交际所凭借的工具，同时也是可以进行分析的音义结合的**符号系统**（Sign system），人们关注的是语言作为主体，其自身的符号属性，即："语言是用于交际的符号系统"、"语言是语音语义结合的符号系统"或"人类语言是借用物质手段表达内在意义的交流符号系统"等等。[②]

这里的"**物质手段**"（交际工具）是语言的依托，"**表达**"（目的）是语言活动的过程，"**内在意义**"（Inner meaning）是"**表达**"（Expression）过程中内容的限制（社会性），"**交流**"（Communication）又是对语言的"**社会性**"（Sociality）和"**目的性**"（Purpose）的体现，因而"**符号系统**"才是语言最为本质的属性。

从"**交际工具**"（Communication tools）到"**符号系统**"（Sign system），人们对语言的认识在不断深入。从外在形式看，"语言"的众多特性还可以证明，

---

① 第四条观点参见潘文国的《语言的定义》一文。
② 马庆株《层次、语法单位和分布特征》，载《语法研究入门》，马庆株编，商务印书馆，1999年，P307、308。

语言可以通过声音、文字、体态、触觉符号等多种媒介表达出来。但从声音层面看，**聋哑人**（Deaf mute）可以有自己的语言（手势语），和正常人一样可以快速**阅读**（Reading），这又说明了语言不仅仅是依附于**语音**（Voice，Speech sound）的；再比如汉语里存在众多的**同音字**（Homonym characters），并且大部分同音字可以表示不同的**概念**（Concept），也可以证明语言不依赖于语音而存在，而概念更不是依赖于语音的。从文字的层面看，理论上说，**书面文字**（Written form）和**有声语言**（Verbal language）都可以独立成为语言的支撑，然而将**声音**（Sound）通过声音设备保存下来，那么它和**文字记录**（Transcript）就没什么区别了，这也说明有声语言和文字之间虽然是紧密联系的，同时也是平行的。

此外，和语言相关的各种隐含的内容引发了人们进一步去思考"语言"诸多特性，例如**跨越时空**（Across time and space）的可能性、手段的**多样性**（Diversity）、产生的约定俗成性、使用的**规范性**（Normative）、语言**能指**（Signifier）和**所指**（Signified）的**任意性**（Arbitrary）等等。

人类迄今从事的所有科学研究都可以归纳进三个大门类：**自然科学**（Natural science）、**社会科学**（Social Sciences）和**人文科学**（Humanities）。给语言定性的关键就在于，对于语言这么一个复杂的现象，究竟应该从哪类学科的角度来给它作基本的定性:是关注于语言的自然属性呢？社会属性呢？还是人类本身的属性？这是必须解决的首要问题;也是目前在语言定义上各种分歧产生的根源。

（一）语言是一种社会现象

从语言的**社会功能**（Social function）的角度来看，语言是一种社会现象，主要用于**交际**（Communication）和**思维**（Thinking），**社会性**（Sociality）必然是它不可或缺的本质属性之一。

1. 语言是人类最重要的交际工具之一

语言的发展主要是根据交际的需要。**交际**（Communication）本身表现为两种情况：一种是单纯的交际，比如传达信息，陈述事情；另一种是**呼吁式的交流**（Communication of appeal），比如要求、命令、疑问。[①] 表现在人类社会，语言的主要功能就是**传递意义**（Transfer meaning）。语言首先是一种信息载体，它作为交际工具存在于社会集体中；通过语言，人们可以互通信息、互相交际达到

---

① 语言交流中对交际功能的划分，是由"布拉格学派"（*Prague School*）的学者马泰休斯提出的。

生存、合作的目的。人类正是通过语言来进行**沟通**（Communicate），从而组织有序的社会生活，进而推动社会的发展。因此，人类的交际**动机**（Motivation）天生具有**合作性**（Cooperation）的特质。

2. 语言是人类赖以思维的工具

当代英国语言学家**马泰休斯**（*Vilém Mathesius*，1882—1945）认为，语言的基本功能是**交际功能**（Communicative function），但是大多数情况下，**表现功能**（Expressive function）伴随着交际功能。一方面，思维离不开语言。英国诗人**雪莱**（*P.B.Shelly*）说："Speech created thought."（语言造就了思维。）如果没有语言，人就没有思想、意识和个性。人类思考必须依附于某种具体语言，思维所使用的语言或**方言**（Dialect）总是跟实际说话时所用的方言或语言是一致的，这也证明了语言是思维的物质外壳。

另一方面，语言也会影响我们的思维方式，尤其**母语**（Mother tongue）影响更甚。我们说**外语**（Foreign language）时，经常会用自己母语的句子来翻译或对译外语。因此，思维必须在语言材料的基础上进行，一个人在思维的时候总得运用一种语言，例如我们常常提到的**"用外语思维"**（Thinking in a foreign language）。

3. 语言是信息和民族文化的载体

信息（Information）可以有多种载体，而人类主要通过**有声语言**（Verbal language）（口耳相传）和**书面语言**（Written language）（例如用文字记载的文献）来承载信息。语言更是一种特殊的文化现象，也是文化的一部分，事实上，语言不但是文化信息的**记录者**（Recorder）更是文化信息的**传播者**（Disseminator）。而个人所运用的语言（包括书面的、口头的）都是经过了许多时代，由全社会共同创造和积累起来的，从**历时**（Diachrony）和**共时**（Synchrony）两个平面看，语言和文化的关系如下：

首先，**"文化传递"**（Cultural transmission）和**"文化学习"**（Culture learning）必须通过**语言符号**（Lansign）来完成，语言可以传达人们头脑中的观念，只有通过语言的传播，文化才能穿越时间和空间，得到交流、发展和长期存在。

其次，语言的产生和发展极大地促进了其它文化事项的产生和发展。例如人类的生产经验是世代发展的，这种发展相当大的一部分是靠语言的世代传承来完成的，如果没有语言，人类生产经验的积累要少得多，发展要慢得多。因此，语言还有一个重要的功能，那就是贮存知识，延续经验，推动人类社会的发展。

（二）语言的各种表现形式

所有的生命形式都能传递信息，有的使用声音，有的通过嗅觉、触觉、味觉、动作、温度变化或电荷变化等等。单就人类而言，在整个人类进化历史进程里，并不存在只使用单一的交际方式，只是多样的交际方式之间在传递信息负荷上有所差异。例如：

1. 口语（Spoken language）

有声语言，即会话。语言的本质属性存在于口语，是人类在漫长的进化中发展出来的生物性特征，口语是语言最根本的表现形式。有声语言是人类独有的，但是受到地域和时间的限制。尽管语言学家都没有强调语言必须是有声的，但事实上人类的语言以有声语言为主，究其原因，有声语言消耗的能量较少，可以把手解放出来使用工具，并且在黑暗中更为有效，可以超越不透明物体，不需要直接的注意等。

2. 书面语（Written language）

用文字记录，由口语提炼、加工，是语言的代用品。世界上相当多的语言目前还没有书面语。有了书面表达形式，语言的交际作用和思维作用就发挥得更加充分了。

3. 体态语（Sign language）

又称**"身势语言"**（Kinesics）、**"身体语"**（Body language）、"超语言"或"伴随语言现象"，是在交际过程中伴随语言使用的非语言方式，如使用手势或其他肢体语言来传递信息的交际符号系统。例如手势语、面目语（灵长类动物都有的面部表情）、唇语（聋哑人）、音响语、距离语、标志语等。这种语言用于特定的群体（例如警察、司机、聋哑人等）或特定的语言环境（语音不能及时实现，例如黑夜或海上）中。几乎每种语言都有体态语，它总是伴随着言语，甚至用来澄清意思模糊的地方。①

相比较而言，用**体态语**甚至**姿势语**（Gesture language）来交际，在本质上也是一种**"符号性交际"**（Symbolic communication），其包含了**指向**（Pointing）和**示意动作**（Pantomiming），这也是人类独一无二、首先出现的交际形式，但

---

① 例如，日语中有很多词发音相同但意思不同，日本人所使用的的手势拼写，就像英语中的deign（屈尊）及Dane（丹麦人）。

由于传递的信息有限，而且必须依靠**语言情境**（Language situation），属于一种比较弱的**交际手段**（Communication means），又被称为**副语言**或**"辅助语言"**（Paralanguage）。达尔文在一百多年前就指出，语言是面部表情的扩展。

根据以上我们对语言的种种特性的分析，我们暂且可以给"语言"抽象概括出一个定义——语言是人类借以思维和互相交际的一个变动的音义结合的符号系统。

（三）语言与人类认识（Human knowledge）之间的关系

随着语言的**认知研究**（Cognitive Studies）的发展，目前人们有两种不同的看法：一种看法认为语言是一种客观现象，它独立于人的认识主体——**心智**（Noema）以外，因此是一个纯客观的存在对象；另一种看法认为**语言与人的心智**有一种**互相依存**（Interdependence）的关系，因此，语言不是一种纯粹客观的现象，它与人的身体经验有密切的关系，因此，如果把语言与其所赖以存在的心智联系在一起的话，可以把它看成是一个**非自足**（Non-self-sufficient）的认知网络，这个**认知网络**（Cognitive network）包括**形式范畴**（Form category）、**概念系统**（Concept system）、**关系表达系统**（Relational expression system）和**知识系统**（Knowledge system）等等。

（四）关于语言的获得

1. 获得语言的条件

人类学会一门语言，需要实现三个条件：

（1）**素质**（Predispositions）和**身体能力**（Physical ability）——例如**健全的大脑**（Sound brain），灵活的**发音器官**（Pronunciation organ），它们是人类经过许多世纪的自然选择**进化**（Evolution）而成；

（2）事先已经存在的**语言体系**（System）—— 包括任何一种**语言体系**（Language system）；

（3）**语言能力**（Language competence）——人类操作语言体系的物质成分，如语音、词及其语法规则，同时也能够赋予它们意义。语言能力是靠**物种遗传**（Species inheritance）给人类的一种本能（区别于其他动物的标志），这种遗传属性决定了人有学会任何一种人类语言的可能，这种能力没有种族、民族差异，血统对语言的习得毫无影响，语言并无难易之分。

　　但作为客体的**语言知识**（Language knowledge）却是代代相传的，"学然后知之"。**乔姆斯基**（*Avram Noam Chomsky*）认为，人的语言知识可以分为两种，一种是我们生来大脑固有的具有程序性或指令性的普遍语法，这是无法从经验中获得的，具有**不可学得性**（Unlearnability）；另一种我们讲的具体语言，这是非得靠后天经验才能获得的，具有**可学得性**（Learnability）。也就是说人类的这种文化学习不光包含本能的**模仿性学习**（Imitation learning）和**协同性学习**（Cooperative learning），还包括人类特有的**传授性学习**（Teaching learning）。获得语言不是靠**学习**（Learn，Study）而是靠**传授**（Teach）才能**习得**（Acquire，Acquisition）。总之，**习得**（Acquire）一种语言完全是**先天属性**（Congenital attributes）与**后天经验**（Acquired experience）互相作用的结果。

2. 获得的方式

　　从**生物学**（Biology）的角度看，婴儿刚生下来的时候拥有学习任何语言的普遍潜能，因此人类的语言能力是先天获得的。同时，语言是一种社会现象，一个人只有生活在一定的社会环境中，才能获得语言，具备**言语能力**（Verbal ability），离开了**社会**，哪怕他是一个天才，他也不会说话。儿童大脑的语言功能需要与周围环境中的语言输入相接触，才能开始工作。就是说，儿童大脑中的所谓的**普遍语法**（Universal grammar）要想过渡到某种**个别语法**（Particular grammar）需要"经验"（Experience）的"触发"（Trigger），① 为此，**乔姆斯基**列出一个公式（α 表示"后天经验"这个变量）：②

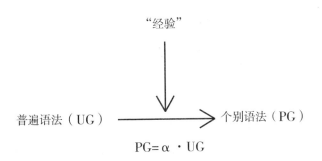

图1-1　人类语言的普遍现象

---

　　① 乔姆斯基在《规则与表达》（P69）中推理说，人脑的初始状态应该包括人类一切语言共同具有的特点，可称为"普遍语法"（Universal grammar）或"语言普遍现象"（Linguistic universals），具体地说，"普遍语法是一切人类语言必须具有的原则、条件和规则系统，代表了人类语言的最基本东西。"（《对语言的思考》（P29））"个别语法"是儿童接触语言材料之后内化了的语言规则，是下意识（The unconscious）的语言知识。
　　② 本图引自刘润清《西方语言学流派》（插图本），外语教学与研究出版社，2013年，P222.

也就是说，通过参数 α 的变化（即儿童的出生地不同，周围语言不同），可以得出各种具体语言。比如，α =a时，α · UG可能就是汉语语法；α =b时，b · UG可能就是俄语语法。

上图说明，尽管人类先天就具备有**语言能力**（Language competence），然而并不是所有人都说相同的语言，实际上是一个人出生在什么样的社会，就掌握什么样的语言；中国孩子从小生活在中国，就会说汉语，而不会说英语，如果从小在英国长大，则只会说英语，不会说汉语。由此可见，大脑先是具备了**普遍的**（Universal）语言能力，之后再**习得**（Acquisition）了某一种特定的语言。即一个人的语言能力是天生的，语言能力的发展却是后天的，**社会环境**（Social environment）是最好的语言老师。

二、关于语言的起源的假说

早在古希腊时代，人类就希望通过语言的起源来考察人类的起源。时至今日，"语言的起源"仍然是普通语言学、心理语言学、心理学，甚至是人类学、考古学、生物学、认知科学、神经生理学、神经心理学、神经学、哲学、灵长类学等领域的热门话题。

（一）传统关于语言起源的一些学说

早期有关语言起源的各种理论有个共同的特点，即认为语言独立于人类而存在。

1. 神授说

许多远古民族都有某种传说，把语言归于神的创造。例如《圣经》（*Bible*）里说："In the beginning was the word."（话自始就存在）。《圣经·创世纪》第二章中记载，大约在公元前4004年，上帝创造了人类和所有的动物。上帝把各种走兽和空中的飞鸟带到亚当面前，亚当口里叫出来的声音就是这种动物的名字，那个时候人类集体说一种语言。这种说法当然不会被今天所认可，例如瑞士语言学家**索绪尔**（*Saussure*,1857—1913）就反对把语言看成**"命名过程"**（Naming-process），但另一方面也说明，人类很早就认识到，语言是人类所独有的——从上帝造人的时候起就有了语言。

《圣经》第一篇《创世记》第十一章关于Tower of Babel（巴别塔）的记载如下：

那时，天下人的口音，言语，都是一样。他们往东边迁移的时候，在示拿地遇见一片平原，就住在那里。他们彼此商量说，来吧，我们要作砖，把砖烧透了。他们就拿砖当石头，又拿石漆当灰泥。他们说，来吧，我们要建造一座城和一座塔，塔顶通天，为要传扬我们的名，免得我们分散在全地上。耶和华降临，要看看世人所建造的城和塔。耶和华说，看哪，他们成为一样的人民，都是一样的言语，如今既作起这事来，以后他们所要作的事就没有不成就的了。我们下去，在那里变乱他们的口音，使他们的言语彼此不通。于是，耶和华使他们从那里分散在全地上。他们就停工，不造那城了。因为耶和华在那里变乱天下人的言语，使众人分散在全地上，所以那城名叫巴别（就是变乱的意思）。

图1-2 《圣经》故事里导致语言分化的Babel塔[1]

人类的语言被变乱、扰乱不通，就无法分工合作、施工，因而建造"通天塔"只能半途而废。由于语言具有**"命名"**（Naming）（即**"创造"**（Create）的功能，故语言本身就可以建成"通天塔"。只有建成"通天塔"，人类与上帝才可能"等高"、"平起平坐"，才有资格与上帝"对话"。因为，任何真正的对话都只能是对话双方的平等，没有平等就不可能有真正的对话，有的只能是**信仰**（Faith）。

---

[1] 此图为*Pieter Brueghel the Elder*（1563）画的*Tower of Babel*（巴别塔）。

可见，《圣经》中关于"巴别塔"的故事实际上是一个寓意相当丰富和深刻的寓言，它启示我们：语言是无比重要的、无所不能的，有了它什么人间奇迹都会创造出来的。此外，十四世纪初，意大利诗人**但丁**（*Dante Alighieri*，1265 — 1321）在《论俗语》（*De Vulgari Eloquentia*）中划分欧洲三大语系（日耳曼、拉丁、希腊），但分类最终归结到《圣经》的通天塔的故事，认为世界上第一语言是**希伯来语**（*Hebrew*）；[①] 十八世纪英国语言学家**哈利斯**（*James Harris*，1709—1780）主张天赋观念，他坚持语法的普遍性，认为概括共同思想的能力是上帝赋予人类的。

事实上，语言既非上帝所创造，也不是在某一刻冒出来的。对语言起源的神化，特别是关于语言起源的许多传说，除了反映出语言起源所需要的物质条件、社会条件外，也深刻反映了人类的语言崇拜心理。

2. 摹声说

古希腊哲学家**柏拉图**（*Plato*，B.C427—B.C347）早在公元前五世纪就提出了这种理论。他认为，名称不过是它所表示的事物的声音的模拟。这是一种朴素的唯物主义观点，它把语言的起源归结为客观世界的自然产物，来自外部原则，一切词天然地代表着它们所指称的东西。通过模仿声音的方式，人类逐渐发现了语言。如学狗叫，表示"狗"的意思；发"叮当"的声音，表示"铃"；所以如neigh（马叫），bleat（羊叫），hoot（猫头鹰叫），tinkle（钟表声），模仿它们所代表的东西的声音，被称为**象声词**（Onomatopoeia）。早期的研究者认为像这样的词虽然为数不多，却是语言的**基本词汇**（Basic vocabulary），其它词是由此发展而来的。十八世纪德国的**赫德尔**（*Herder*，1744—1803）发展了这一观点。他认为，在原始社会，人们为了表达想要表达的各种动物对象，模仿那种动物的发声，比如英语中的meow（咪——猫叫声）和法语中的miaou（咪），日语nyao（猫叫声"喵"）不仅发音相同，而且意义相同；英语中许多动词（Verb）实际上就是**象声词**（Onomatopoeia），例如：click（滴答）、smack（噼啪）、twitter（叽叽喳喳）、chirp（啁啾）、sputter（溅射）、coo（鸽子叫"咕咕"）、cackle（咯咯叫）、giggle（咯咯）、howl（怒号）、rumble（隆隆）、sizzle（嘶嘶）、splash（泼洒）、chuckle（咯咯）、squeak（咯吱）、squeal（尖叫）、zing（嗖）、singing（嗡嗡）、knock（敲门声）、hum（活跃状

---

① 由于《圣经》中的《旧约全书》的原文由希伯来语写出，因此，从中世纪末期开始，人们开始研究希伯来语，研究希伯来语有特殊的历史意义。

态）、butubutu（摩托车），日语中的拟声词如：chirin-chirin（铃响）、ekokko（公鸡叫"咯咯咯"）、wā-wā（狗叫声"汪汪"）。

虽然**索绪尔**（*Saussure*，1857—1913）承认**拟声词**带有**理据性**（Motivationality），但又指出象声词根本不是语言系统的有机成分，数量极少，代表性不高。章太炎于《语言缘起说》云："语言不冯虚起，呼马而马，呼牛而牛，此必非恣意妄称也。"[①] 无可否认，动物命名确实有模仿其鸣声而取名的，中国古代的的训诂专书《尔雅》、《广雅》、《说文解字》、《释名》于此早有记载，[②] 所谓"拟声名物"，如"蜂"、"蚊"、"喟"、"鹰"、"鸽"、"鸡"、"鸭"、"鹅"、"雁"、"鸠"、"鹤"、"牛"、"羊"、"猫"、"犬"、"蛙"、"蝈"、"知了"、"蛐蛐"、"布谷"、"鹧鸪"等。但马克思（*Karl Heinrich Marx*, 1818—1883）在其《资本论》里也深刻地指出："物的名称，对于物的性质，完全是外在的。"[③] 这些"仿声之词"开始也只取近似音，后来由于时间与空间的原因，根本不能辨别其为何物，而且这毕竟是名物当中的极少数。即便如此，后人在解说这些动植物名称时，也不能专凭声音这种方法，因此这种方法至多也仅能解说其来源，依然不能辨明其为何种动植物。

3. 感叹说

古希腊哲学家**伊壁鸠鲁**（*Epicurus*，B.C341—B.C270）是其代表人物。这种理论认为，原始人的感情冲动、受到惊恐后发出的喊叫等，也就是出于内心和外来的感受而发出的声音逐渐发展为**感叹词**（Interjection），最终形成了语言。十八世纪英国语言学家**托柯**（*John Home Tooke*）也认为语言起源于自然呼叫声，感叹词就是这种呼叫的残存特征。事实上，在任何一种真实的语言中，**感叹词**的数量都很少。德国语言学家**萨丕尔**（*Sapir*）在《论语言》（*Language:An Introduction to the Study of Speech*，1921）中反对这种看法，他说，感叹声音是本能，是用来发泄某种感情而已，不能算是交际的一部分，只有已经**惯例化**（Usualness）的感叹用语才算是语言的一部分。

4.契约说

由十八世纪法国哲学家**卢梭**（*J.Rousseau*，1712—1778），在其《一

---

① 章太炎《国故论衡·语言缘起说》，《章氏丛书》，右文社，第十三册，1915年，P40。
② 例如《尔雅·释鸟》："鸠，伯劳也。"《广雅·释鸟》：王念孙疏证："谓之鸠者，以声得名。"《说文解字·口部》："乙，燕燕，乙鸟也。齐鲁谓之乙，取其鸣自呼。"《释名·释乐器》："筝，施弦高急，筝筝然也。"
③ 马克思《资本论》，人民出版社，1953年，P89。

些语言的起源》中提出。人类是为了在平等的基础上建立社会，为了相互交流才约定使用语言作为工具，即语言是约定俗成的。**"契约说"**认为语言很像一项社会契约，群体中的全体成员都签字同意履行。早在公元前3世纪，中国古代哲学家荀子（约B.C313－B.C238）就在他的《荀子·正名篇》中也有类似的论述："名无故宜，约之以命，约定俗成谓之宜，异于约则谓之不宜。名无固实，约之以命，约定俗成谓之实名。"而在古希腊的一场辩论中，**赫莫吉尼斯**（*Hermogenes*）也曾提出，名称之所以能指称事物是由于**惯例**（Convention）的原因，也就是语言使用者达成的协议。协议是可以改变的，所以只要大家同意，用什么词都可以。[①] **柏拉图**（*Plato*，B.C427－B.C347）的学生**亚里士多德**（*Aristotle*，B.C384－B.C322）在《解释篇》（*On Interpretation*）中认为"语言形成于惯例，因为名称没有天然产生之理。"以今天的眼光看，这种分析方法当然很不科学，但对语言研究颇有帮助。

5. 号子说

十九世纪法国哲学家**努阿尔**（1827－1889）认为，原始人在集体劳动时会发出"咳哟"、"啊哈"等声音，以协调劳动的一致性，大致相当于今天的劳动号子，这就形成语言最初的成分——动词。[②] 这种说法把语言的起源问题和劳动联系起来具有积极的意义。

6. 劳动说

马克思早在1845年就提出了"语言具有实践性"的观点；[③] 恩格斯（*Friedrich Von Engels*，1820－1895）在《劳动在从猿到人转变过程中的作用》中重新论述了语言起源问题，他把人的产生和语言的产生都与劳动过程联系在一起。他认为："劳动的发展必然促使社会成员更紧密地互相结合起来，因为它使互相帮助和共同协作的场合增多了，并且使每个人都清楚地意

[①] 赫莫吉尼斯的观点记录在柏拉图的一篇名为《克雷特利斯》（*Cratylus*）的对话中，讨论到词为什么具有意义。对话在三人中进行，克雷特利斯和赫莫吉尼斯各抒己见，由苏格拉底来解决他们之间的争论。（参见刘润清的《西方语言学流派》，外语教学与研究出版社，2018年，P14—15）

[②] *Yo-he-ho. The yo-he-ho theory claims language emerged from collective rhythmic labor, the attempt to synchronize muscular effort resulting in sounds such as heave alternating with sounds such as ho.*（*https://en.wikipedia.org/wiki/Origin_of_language*）

Müller, F. M. 1996 [1861]. The Theoretical Stage, and the Origin of Language. Lecture 9 from Lectures on the Science of Language. Reprinted in R. Harris（ed.），The Origin of Language. Bristol: Thoemmes Press, P. 7—41.

[③] 《马克思恩格斯全集》第三卷，人民出版社，1960年，P60。

识到这种共同协作的好处。一句话，这些正在形成中的人，已经到了彼此间有些什么非说不可的地步了。"因此，"语言是从劳动中并和劳动一起产生出来的……"[1] 恩格斯从哲学的角度论证了语言诞生的外在条件。马克思主义的"劳动说"认为语言是同人类、人类社会以及人类思维同时产生的；劳动决定了产生语言的可能性；并且认为人类语言从产生之时起就是**有声语言**（Verbal language）。

总之，随着现代科学以及理性哲学的兴起，人们终于开始摆脱神学观念的束缚，不再相信"神授说"，开始崇尚人类创造语言的说法，而"劳动说"则第一次提出了人类语言源于劳动，奠定了用科学的方法讨论语言的起源的基础。

（二）现代对语言起源问题的认识

1. 姿势说

最早提出此说的是十八世纪法国哲学家**康迪雅克**（*Étienne Bonnot de Condillac*，1715—1780），在《论人类认识的起源》中认为语言起源于指示性和模仿性的手势和自然呼叫声。[2] 十九世纪德国心理学家**冯特**（*Wilhelm Wundt*，1832—1920）也曾提出类似的"手势说"，认为原始语言（Protolanguage）是手和身体的姿态。而在本世纪，人类学家*Hewes*（1973），其后，*Corballis*（1991，2002）、*McNeill*（2000）、*Armstrong & Wilcox*（2007）对此均有专门论述。[3] *Corballis*（2002）认为，人类的语言是经过二百万年逐步发展而来，早期的姿势语表现在手、臂和眼睛的动作，其间不断增加有声的陪伴，大约到十七万年前，人类进化到**智人**（Homo sapiens）阶段，有声语言才占据了语言的统治地位。因此，语言的**前身**（Precursors）是姿势语，首先形成的是手势语，在此基础上才产生了有声语言，姿势语先于**有声语言**（Verbal language）。[4] 总之，姿势与语言的**进化**（Evolution）联系十分紧密。

---

[1] 《马克思恩格斯全集》第二十卷，人民出版社，1960年，P512。

[2] 原文名为*Essaisur L'origine des Connoissances Humaines*.

[3] Hewes, G. W., Andrew, R. J., Carini, L., Choe, H., Gardner, R. A., Kortlandt, A., ... & Rumbaugh, D. G. （1973）. Primate communication and the gestural origin of language [and comments and reply]. Current Anthropology, 5-24.

Corballis, M. C. （1992）. On the evolution of language and generativity.Cognition, 44（3）, 197—226.

Corballis, M. C. （2002）. From hand to mouth: The origins of language. Princeton University Press.

McNeill, D. （2000）. Language and gesture（Vol. 2）. Cambridge University Press.

Armstrong, D. F., & Wilcox, S. （2007）. The gestural origin of language. Oxford University Press.

[4] Corballis, M. C. （2002）. From hand to mouth: The origins of language. Princeton University Press.

2. 闲聊说

Dunbar（1998，2010）的研究发现语言并非为了交换工具性知识而进化。[①] 他注意到物种在远古的蛮荒时代必须结为**群体**（Group）才能生存，需要一种粘合群体的手段，**灵长类动物**（Primate）通过**梳理毛发**（Grooming）这种行为，体现社会性的交往。*Dunbar*进一步把这种行为延伸到群体的观察，并由此推断语言的起源：当这种社会行为演化为**有声的梳理毛发**（Vocal grooming），则得以维系更大的群体，无形中延伸了社交的圈子，于是"**闲聊**"（Gossip）作为一种更为方便的群体的社交活动而应运而生，这种"语言"不仅交换第二方或第三方信息（同时和几个人说话），增加了人们互相联系的速度，而且可以让人们在更大的社交网络里交换信息。因而"语言"是从像音乐发声那样的非言语形式演化而来的，它的本质作用就是起到一种**社会粘合**的作用。[②]

3. 人类遗传学的证据

1859年，**达尔文**（*C.R.Darwin*，1809—1882）的震惊世界的《**物种起源**》（*On the Origin of Species by Means of Natural Selection, or the Preservation of Favoured Races in the Struggle for Life*）认为人类是**进化**（Evolution）的产物，[③] 从此，研究者们开始从进化的角度探讨语言的起源。同时，随着生产力的发展和科学的进步，自然界的许多现象一个一个显露出它们本来的规律，不再神秘莫测。具体地说，人们真正认识到劳动使人的发音器官和大脑发达起来，是语言诞生的必要条件。

首先我们来看看人类**发音器官**（Pronunciation organ）的变化：

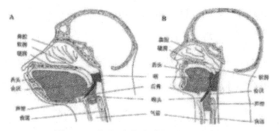

图1-3　人和动物发声器官位置对比图

①　Dunbar, Robin. 1998. Grooming, Gossip, and the Evolution of Language.Cambridge: Harvard University Press.
　　Dunbar, Robin.. 2010. How Many Friends Does One Person Needs? Dunbar's Number and Other Evolutionary Quirks.London: Faber and Faber.
②　引自桂诗春《语言和交际新观》，《外语教学与研究》2012年第5期，P767—768。
③　《物种起源》的完整书名为《依据自然选择或在生存竞争中适者存活讨论物种起源》。

A.鸟　B.狗　C.人　D.类人猿　E.幼儿（人）

图1-4　人和动物发声器官角度的比较

图1-5　人类进化图

随着人类身体直立成了一贯姿势，喉头朝下移动，改变了发音器官的形状。从以上各种发音器官的对比就可以看出，人的喉道呈直角，这样喉腔就可以起共鸣器的作用，使发音的范围扩大。当然，从器官变化到"原始"语言的产生经历了几百万年的时间。

其次，我们看看人类与跟自己最近的亲属——黑猩猩的大脑对比图：

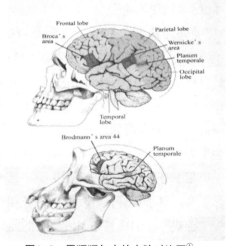

图1-6　黑猩猩与人的大脑对比图[①]

---

①　图片引自Carroll, Sean B.2003.Genetics and the Making of Homo Sapiens Sapiens.Nature 422:852.

比较起来可以看见，人类的皮质比大猩猩要皱得多，这是因为皮质要在有限的空间发展，唯一能扩大的就是褶皱。在三百万年以前，人类的祖先（南方猿人）的大脑只有四百克左右，到了一百万年以前，已经有一千多克了，现代人的大脑，则有将近一千五百多克了。哈佛的神经学家*Geschwind*在二十世纪五六十年代认为，语言是在左大脑的三个重要部分，前部的叫做Broca区（Broca's area），后部的叫Wernicke 区（Wernicke's area），这两个区域当中有一串东西把它们连接起来，这个东西叫做Arcuate fasciculus（**弓状束**）。其中位于大脑中部的Planum temporale（**颞平面**）是和语言有着直接关系的区域。

以上两方面的情况表明，语言是人类发展的一部分，它与大脑功能及其人体功能是不可分割的，是长期**进化**（Evolution）的产物。一方面缘于人体功能——**语言器官**（Language organ）——**发音器官**（Pronunciation organ）的不断进化；另一方面，缘于人类**大脑功能**（Brain function）——**语言本能**（Language instinct）——思维水平的逐步提高。正是这两方面的发展，共同促成了语言的产生。同时，**随着神经语言学**（Neuro Linguistic）的发展，越来越多的实验结果证明：语言和大脑是互动的。语言影响这些功能，也受这两种功能的影响。也就是说："有了人类发达的大脑，才可能有变化无穷的语言，同时，语言也在不断地改造大脑，不同的语言会塑造出不同的大脑。"[①] 这些研究成果也为我们进一步探索语言的起源提供了以下启示：

首先，语言的物质外壳是语音。因此，人类自身必须有灵活的**发音能力**（Pronunciation ability）。尽管一般的**哺乳类动物**（Mammals）也都有发音能力，但语言并不仅仅是以单个的音作为交际的单位，只有人才能够连续发出一串清晰的音而成为语言；而动物的声音信号不能分为单个成分，只能是一个**连续体**（Continuum），只有长短之分和高低之分。

其次，从整个社会发展史来看，人是在劳动中实现了手脚的分工，直立行走使发音器官得到改善（声带下移，口腔变得灵活），手已不再用来爬行，因而可以解放出来自由地操纵工具、打手势等，并使嘴的任务相对减轻，使口和舌头能有更多的时间进行口头"游戏"，因而具备了发语音的能力。

最后，为什么只有人类能创造历史而别的动物没有？其实早在1928年，

---

① 王士元《语言、演化与大脑》，商务印书馆，2015年，P138。

蔡元培（1868—1940）就提出并回答过这样的问题："因为人类有变化无穷的语言。"①

三、语言的社会功能

从语言的产生来看，人的身体与外界环境进行互动，产生了体验性的经验，然后人再将这种体验性经验实现为语言。语言的体验性是指语言依赖于人与现实之间的互动经验，它不光体现于语言产生，还体现在语言的使用之中。语言并非客观反映现实，而是蕴含着使用者在特定视角下的具体体验。

（一）语言是人类特有的财富

语言是**人脑心智**（Noema）的重要组成部分，是人（Human being）由**遗传**（Inheritance）而生来具有的一种"**信息表达–接收**"（Message expression - receive）系统。**布龙菲尔德（*Bloomfield*）**通过《语言论》的实例，得出一条原则：语言可以让一个人受到**刺激**（Stimulate）时让另一个人去做出**反应**（Reaction）。即人发出的**声音**（说话）——这种**语言声音**足以激发其他人的**神经系统**（Nervous system），成为一种**外部刺激**（External stimulus），影响其他人的行为。②此外，由于**遗传**（Heredity）的因素，人在一生下来就具有了**语言的能力**（Linguistic competence）。

而掌握语言的能力需要一定的物质条件，也就是需要有**发达的大脑**（Developed brain）和灵活的**发音器官**（Pronunciation organ），即要有**抽象思维**（Abstract thinking）的能力和**发音的能力**（Pronunciation ability）。没有抽象思维的能力，人也就不能发明语言这样复杂的**符号系统**（Sign system）。**班雅明**（*Benjamin*）在《论语言本体与人的语言》（1996）中曾提出：人的语言与物的语言的区别在于：人的语言是一种"**名称语言**"（Name-language），而物的语言是一种"**未加言说的无名语言**"（The Unspoken Nameless Language）。正是基于这一区别，人获得了他（她）在世的职责，即为无名的万物命名。人类通过这一过程，把事物**不完善**（Imperfect）、**暗哑**（Dumb）的语言转换成更完善的

---

① 蔡元培1928年"中研院"历史语言研究所集刊发刊词。
② 布龙菲尔德在《语言论》中用一个实例（"杰克和他的女朋友"）来说明语言是"刺激–反应"过程，具体论述见第二章"语音"部分。

语言——亦即声音和名称。①

（二）关于"语言"（langue）和"言语"（Parole）

1. 语言是以交际（Communication）为目的的言语行为（Speech act）

索绪尔（*Ferdinand de saussure*，1957—1913）首次明确提出语言研究要注意区分**"语言"**（langue）和**"言语"**（Parole）。他指出："语言是言语能力的社会产物，又是必要的**惯例**（Convention）总会，这种惯例为社会群体所接受，使每个人能进行言语活动.""言语是个人运用自己的机能时的行为，它运用的手段是通过社会惯例，即语言。"②"语言"指说话者共同使用的语言系统或结构，这个语言系统包括语音、语法、词汇、语义等子系统；"言语"是**语言的运用**（Performance），是语言体系在实际运用中的体现，是人把所说的话的综合，是一种个人的实际话语，是语言体系在实际运用中的体现。"语言"是社会集团为了使个人有可能行使语言机能而采取的必不可少的**规约**（Convention），为社会成员所共同遵守。

概括以上的对比，我们也可看出"语言"和"言语"之间既有区别又有联系，那就是"语言"是音义结合的**符号系统**（Sign system），人类最重要的交际工具和思维工具，而"说话"则是人们运用语言工具跟人们交流思想的行为，具有**个人语言特点**（Idiolect）。所以"语言"是"言语"的工具，言语是对语言的运用和所产生的结果，因此，言语是外在的表现，语言是内在本质；语言存在于言语之中，是对"言语"的抽象。语言与言语的关系如下：

语言	社会性	抽象性	有限性	潜在性	稳定性
言语	个人性	具体性	无限性	现实性	变异性

表1-1　"语言"与"言语"的对比

"语言"是一种语法系统，它本身不表现出来，而是潜伏在每个人的大脑之中，但它并不是完整的，只有在一个社会群体中，它才是完整的，这是语言的**社会性**。而"言语"是纯属个人的，是一个一个的语言行为，不属于系统。"言语"从来不能被一个群体同时运用，必须是一个人一个人地运用，这就是语言的**个人性**。此外，语言是抽象的、稳定的；言语是具体的、变化的。

---

① *Benjamin, Walter. 1996, On Language as Such and on the Language of Man, Selected Writings vol.1.*
② [瑞士]费尔南迪·德·索绪尔《普通语言学教程》，高名凯译，岑麒祥、叶蜚声校注，商务印书馆，2007年。

　　索绪尔认为现代语言学研究应着重在"语言"而非"言语"。而后来的语言学家认为，语言系统包括语音、语法、词汇、语义等**子系统**（Subsystem），人们只有通过"言语"才能感知和学会"语言"。因此，无论是研究语言，还是学习和教授语言，都必须以"言语"（Parole）为对象，从"言语"入手。从具体对比中可以看出，在语言研究中，区分"语言"和"言语"有着重要的意义，可以使我们区分开**系统**（System）与**表现**（Performance），**惯例**（Convention）与**变异**（Variation）。

　　后来，乔姆斯基用**语言能力**（Competence）代替索绪尔的"语言"，用**语言行为**（Performance）代替索绪尔的"言语"。语言是说话人掌握的底层规则系统，语言行为是对规则的具体运用。他进一步指出，说话人不能选择的固定成份属于"语言"一面，而可以选择和创造的东西属于"言语"一面。这里，索绪尔缺少一个概念，即**"受规则制约的创造性"**。

　　2. "语言"和"说话"（Talk）的关系

　　语言不等于说话，也不等于言语中的**话语**（Utterances），即说出来的话。"说话"是运用语言跟人们交流思想的行为，本身不等于语言。但是，另一方面，语言的存在又必须以说话为前提，人们可以从所说的话中找出语言来，语言与说话既有联系又与区别：

　　※语言是一种工具，需要人去使用，不用就会"生锈"，就会"退化"。

　　※说话则是人们运用语言工具跟人们交流思想的行为，说出来的话是这种行为"生产"出来的"产品"，是为了适应他人的需要而存在的。

　　※一个人如果长期生活在孤岛上，没有说话的需要，不跟人交谈，他就会丧失**语言能力**（Competence）。

（三）语言的本质特点

1. 语言使用的全民性（Universalization）

　　每个人说话和所说的话都有自己的特色。然而无论个人特点怎样突出，他们都必须遵循一条共同的原则——要用社会都能懂的语言，把共通的词用大家都懂的语法关系组成句子。这个词汇系统和语法系统是具有社会因素的。全社会的人要遵守约定俗成这一规则。

2. 语言单位的抽象性（Abstractness）

语言是从言语活动中抽象出来的全社会约定俗成的一个系统。音节、语素、词、短语等语言单位并不是客观存在的，是人们从语言中高度概括出来的。

3. 语言构成元素的有限性（Finiteness）

虽然我们日常所说的话是无法估量的，但组成语言的材料却是有限的。拿**现代汉语**（Modern Chinese）来说，有22个**声母**（Initial），39个**韵母**（Final），4类**声调**（Tone），400多个**音节**（Syllable），上千个**词素**（Morpheme），几十万个**词**（Word），**语法规则**（Grammatical rule）也是一定的。

（四）语言的作用

有了信息的传递，才使各类动物保持群居的协调，特别是保证种属的繁衍。语言更是人类社会最重要的交际工具之一，语言的发展与社会的发展密切相关。比如在一个社会中，人的力气和技术是不同的。只要有一个人会爬树，大家便都可以吃到苹果，只要有一个人会打鱼，大家便都可以吃到鱼。**布龙菲尔德**通过《语言论》中的实例，得出的第二条原则是：劳动分工及人类社会按分工原则进行活动，都依靠语言。[①] 每个社会，无论它是经济发达的社会，还是经济十分落后的社会，都必须有自己的语言，都离不开语言这个**交际工具**，语言是组成社会必不可少的一个因素。因此，语言的基本功能是**交际功能**（Communicative function）。在大多是情况下，**表现功能**（Expressive function）是伴随着交际功能的。

十八世纪德国思想家**哈曼**（*Jhoann George Hamann*）说过，语言是一个民族的特性，是一个民族从事一切精神活动和维持社会联系的必要基础。语言是联系社会成员的桥梁和纽带，没有语言，人类无法交际，人与人之间的联系就会中断，社会就会崩溃，不复存在。

人们在运用语言的过程中不断改善和扩大语言的交际职能。最初的语言只有**有声语言**（Verbal language）的形式，后来出现了文字，产生了书面语言，语言的应用扩大了。从时间上说，它能流传到后代，从空间上说，它能传达到远方。随着录音机和电话的出现，从此，语言不但可以保留其书面语形式，而且也可以保留其语音形式，不但能以书面语形式，而且能够以语音形式迅速传递到远方。

---

① 详见布龙菲尔德的《语言论》中说明语言是"刺激-反应"过程的具体实例。

语言的应用范围每扩大一步，都会使语言的交际职能得到明显的提高。

1. 语言是一种社会交际工具

所谓"**社会**"（Society），就是指生活在同一个共同的地域中、说同一种语言、有共同的风俗习惯和文化传统的人类**共同体**（Community），即一般所说的**部落**（Tribe）、**部族**（Clan）和**民族**（Nation）。

一方面，交际工具是指人们用来交流思想，进行交际的工具，其前提是语言对于社会全体成员来说是统一的、共同的。

另一方面，语言是社会全体成员共同的交际工具，全体成员，包括各个社会集团、阶层行业的人，不分男女，不分老幼，无论什么地域（方言）的人，与别人交际都要使用同一种语言。

因此，语言的社会职能，即作为社会成员之间的交际工具是世界上所有语言的共同特征。语言是产生于**原始社会**（Primitive society）的，那时的社会成员之间关系是彼此平等的。在**阶级社会**（Class society）中，语言仍然保持着**超阶级**的全民性质，任何阶级的分化、对抗，即使是意识形态的对立，都不可能使语言丧失作为人类交际工具的基本职责。主要表现在：

（1）语言一视同仁地为不同的**阶级**（Class）、**阶层**（Stratum）、**行业**（Trade）以及各种**利益集团**（Interest group）服务，使用的是同样的语法和基本词汇。

（2）在人类从**猿**（Ape）到**人**（Human being）这个漫长的过程中，语言诞生了，在这个过程中语言也是没有阶级性的。从语言结构本身看，更没有阶级性可言，比如语音、语法规则，就谈不上有阶级性。

当然，语言所反映的内容可以是有阶级性的，可以为不同阶级的不同目的服务。出于不同目的，使用同一种工具的结果是不一样的，这恰恰说明语言只是一种工具。平时我们所说的"没有共同语言"和"这篇文章的语言不错"中的"**语言**"（Langue），从语言学的角度来看，其实主要指**言语**（Parole）；"没有共同语言"指对话双方说不到一起，或无法忍受对方所说的话，决不是指对话双方没有共同的语音系统、语义系统、词汇系统、语法系统。尽管语言超阶级性，但它却具有强烈的**民族性**（Nationality）。不同的民族往往选择和使用不同的语言形式。例如：

英语：

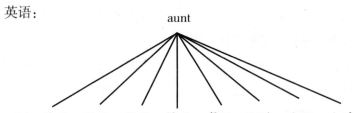

汉语：姨母、姑母、伯母、婶母、舅妈、阿姨、大妈、大娘

英语： father's sister（姑妈）

上述亲属名词如以汉语为参照点，英语的**词汇场**（Lexical field）就会出现**"词汇空缺"**（Lexical Gap）情况。 一般地说，表示同一概念的词越多，词义就区分得越细。事实上，由于文化的特殊需要，汉语的亲属名词远比英语丰富得多，例如：

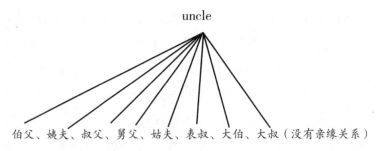

伯父、姨夫、叔父、舅父、姑夫、表叔、大伯、大叔（没有亲缘关系）

汉语	哥哥	弟弟
马来语	Aban	Adik
日语	Ani	Ototo
越南	An h	E m
匈牙利	bát y a	öc s
西班牙语	Hermano	
德语	B ruder	
英语	Brother	
俄语	брат	
意大利语	Fratello	

表1-2

与英语进行比较，英语中，brother既可表示"哥哥"，也可表示"弟弟"，如果要做区分，必须使用词汇手段， 例如添加修饰词：elder brother或 younger brother， 如果要表达"哥哥和弟弟"这一语义，还必须用屈折（Inflection）手段，添加词尾（Suffix），变成复数（Plural）形式brothers。而汉语亲属称谓词不仅区分性别、辈分，而且还别长幼、论次序，再加上面称背称通用，不直呼姓名

的特点，汉语的一些称谓甚至可以扩大到社会称谓，例如"兄弟"。

同时，英语的称谓sister（姐妹）、brother（兄弟）、cousin（堂[表]兄弟姊妹）、nephew（侄子，外甥）、niece（外甥女，侄女）、grandparent（祖父母）、grandchild（孙子）的所指，其实也与汉语大相径庭。这与中国长期处于封建宗法社会有关，在等级森严的宗法社会中，男女有别、长幼有序，男性地位和血缘关系的远近受到极大重视，亲疏、长幼、性别不同，权利和义务随之不同，必须严加区分。例如，汉语中父亲的父母叙称（引称）"祖父"、"祖母"，而母亲的父亲则称"外祖父"、"外祖母"，要加上一个"外"字以示区别，面称（对称）为"爷爷"、"奶奶"和"姥爷"、"姥姥"或"外公"、"外婆"。这在说英语的社会中是不必这样做的，"祖父"、"外祖父"都是grandfather，"祖母"、"外祖母"都是grandmother。此外，汉语称谓中一个词所表达的概念，英语要附加by marriage或in law乃至maternal、paternal之类的定语来表达。

如果我们把以上语言现象放在更广泛的文化背景下加以考察，就会发现语言的**多样性**（Diversity）和**可变性**（Variability）。**帕尔默**（*F.R.Palmer*）认为"一种语言的词与其说是反映了客观的现实，还不如说反映了操这种语言的人们的兴趣所在"，即**"社会关注"**（Social concerns），[①] 不同语言使用者注意事物的某些特定方面，反映出不同的观察视角。例如，本来颜色光谱对任何民族的人来说都是一样的，但不同语言中基本颜色词的数量可能会有很大差别，多的达十一个，如英语六种，purple、blue、green、yellow、orange、red，少的只有"黑"和"白"两种，如新几内亚**达尼族**（*Dani*）语言，利比亚的**巴萨语**（*Bassa*）只分hui和ziza。不同的语言在其产生过程中，已蕴含了各自的视角而具有特定的体验性。

汉语社会所关注的远近亲疏关系比英语社会要强烈和细致得多，因为汉语社会中这样的区分是有意义的。是社会的关注程度决定了人们语言使用的选择性：关注程度高的事物往往有较多的变体，而关注程度低的事物则没有那么多变体。例如，爱斯基摩人生活在北极，整天与冰雪打交道，在他们的词汇中，"雪"有七类之多，分别用七个不同的词来表示，例如"干雪"、"湿雪"、"脏雪"、"飞雪"、"正融化的雪"等等；澳大利亚的某些土著语言中有许多词语指称不同的"砂"；**尼日尔-刚果语系**（*Niger-Congo Family*）的**肖纳语**（*Shona*）有200多个描述"走"的词语，如mbwembwer（摇晃屁股走）、chakwair（在泥中咯

---

① 引自崔希亮《崔希亮语言论文集》，北京语言大学出版社，2012年，P269。

吱咯吱地走）、donzv（拄着拐棍走）、panh（长距离地走）、rauk（大步走）等等。在汉语中只有"骆驼"一词，相当于英语中的camel，可细分为dromedary（单峰骆驼）和bactrian camel（双峰骆驼），而"骆驼"曾是大多数阿拉伯人的重要交通工具，由于不断与骆驼打交道，因此对不同的骆驼则分别有不同的词，阿拉伯语中有400多个词表示"骆驼"，这400多个词可以区分骆驼的年龄、性别、品种、大小等，甚至还可以区分骆驼能否驮重物。如"老骆驼"、"小骆驼"、"雄骆驼"、"雌骆驼"、"干重活的骆驼"、"干轻活的骆驼"，据说，甚至有一个词专指"怀了孕的骆驼"。[①] 汉语中的"羊"，在英语中被细分为有角的"大公羊"（ram）、"山羊"（goat）、"绵羊"（sheep）等。汉语中有"拉"、"挑"、"荷"、"扛"、"担"、"背"、"驳"、"顶"、"挎"、"拎"、"负"等一系列表示动作的词语，而英语中只用carry就泛指了这一系列汉语词汇，"用体力负运东西"的动作细密丰富与中国古代生产力落后时代手工劳动的习性有密切的关系。汉语对于"酒"的认知，凡是由粮食或水果发酵酿造而成的，有一定酒精含量的液体，无论是喝白酒、葡萄酒、啤酒等等都可以称为"喝酒"，而我们在使用"喝酒"这个短语的时候，听话人并不能由此得出酒品种类。而在英语体系里，对酒的描述就会更为细致，beer一般指啤酒，wine指的是葡萄酒，spirits指的是高浓度的烈性酒，cocktail指的是以烈酒或葡萄酒作为基酒，再配以果汁、蛋清、苦酒等其它辅助材料，加以搅拌或摇晃而成的鸡尾酒。当听话人听到grab some beer或者have a little wine时，就可以明显地判断出酒的种类。

又如，汉语里的"蓝色"这个语言符号在俄语中有两个不一样的词语来表示：голубой（淡蓝）和синий（深蓝）。再比如，俄语的друг（跟你关系非常亲密的朋友）、знакомый（跟你关系不太亲密的朋友）翻译成汉语都是"朋友"。再如英语：

英语man的涵义比较广泛，而汉语仅仅就是"人"或"人类"。显然，不同民族对同样的客观世界有不同的认知途径和划分范畴的方法。例如上面关于"颜色"**语义场**（Semantic field）、"亲属"语义场、"家畜"语义场的认识等

---

① *F.R. Palmer：Semantics, CUP*, 1982,P568.

等，①而且还会随着时间的变化而变化。

每种语言都有不同的分类方法，不同分类方法主要取决于各种文化所关注的不同方面。此外，文化内涵越丰富，词汇的区别也越细腻。同时，社会对语言表达的方式也会产生一定的影响。一般来说，文化程度高的人使用语言容易书面化，而文化程度较低的人则比较喜欢口语化。不同行业的人也有不同的使用语言的习惯，有专门的**行业术语**（Jargon）。例如：

数学：解析几何、函数、对数、繁分数、方程、抛物线、数轴、坐标

医学：X光、血糖、高血压、动脉硬化、青霉素、心电图、临床、病史

心理学：瞬间记忆、短时记忆、长时记忆、场依存性、场独立性、心理障碍

军事：战略、进攻、战线、攻坚、突围、封锁、参谋、对峙、排雷、雷区

2. 语言是人类最为重要的交际工具之一

语言是人类的交际工具，但并不是唯一的交际工具。人们在进行社会交际的时候，除了运用语言传递信息外，也可以伴随或借助其他非语言的手段——**副语言**（Paralanguage）传递信息，表达思想。例如：

（1）图画、文字、旗语、交通信号、色彩、音响、数学符号、化学公式以及动作、手势、面部表情等，都可以在一定的范围内传递信息，起到人与人之间交流和沟通的作用。

（2）在现代社会，像广播、电视、电话、网络等交际工具，甚至还可以不改变语言的有声特质，传递信息既快又广。

与**自然语言**（Natural language）相比，这些"语言"都是建立在自然语言的基础上，依照一定的原理人工设计出来的"**人工语言**"（Artificial language），是语言的辅助交际工具。

这些工具（**人工语言**）远远没有**自然语言**运用那样便捷，而且使用也受到限制，使用范围有限，例如"**旗语**"（Semaphore）（一种通讯方式，使用于航海、军事或野外作业，手持两面小旗用不同姿势代表字母，进行传达联络）、"**电报代码**"（Telegraphic code）等是建立在语言和文字的（书面语和拼写）基础之上的。而且都有特殊的服务领域，使用范围相当狭窄，不具有全民性。

（3）人类脸部的表情、手的动作以至于整个身体的姿势和动作等，都可以表达一定的交际意义，语言的交际总是处于手势等各种伴随动作的包围之中。体

---

① "语义场"是借用物理学中"场"（Field）的概念而来的，是指在一个共同语义要素的支配下的语义的类聚。有关内容在后面的章节中有论述。

态语可以补充语言的不足；在某些时候甚至可以脱离语言而独立完成一些交际任务。心理学家艾伯特·梅拉宾（*Albert Mehrabian*）对此提出一个公式：即传达一项信息的总效果=7%的词语+38%的声音+55%的面部表情。[①] 以上公式说明**"体态语言"**（Body language）和**"伴随语言现象"**（Accompanying language phenomenon）的重要性。

人类的体表动作只能用来辅助所要表达语言的含义，形成所谓的**语言环境**（Language environment）。但这些都无法取代语言，特别是在需要表达较为复杂的意义时，上述的体表动作就难以胜任了。

体态语作为交际工具，必须以语言的交际为基础，双方预先有一定的了解，才能互相理解，否则可能产生误会。它并不能替代语言成为人类最重要的交际工具。如英国人用耸肩表示"不知道"或"无可奈何"，这是中国人所没有的习惯，这一非语言符号的所指功能，按照**皮尔斯**（*Charles Sanders Peirce*,1839—1914）的**"符号学"**（Semiotics）观点，[②] 则正如"烟"和"火"的**标志符号**（Index）一样，是可以作为客体标记的符号。而西方传统习惯同中国的不同之处数不胜数，如飞吻、吻别等等都是汉民族传统中没有的特殊**非语言符号**（Non linguistic sign），不同文化造成不同的习惯及不同的行为语言，进而造成表达中的**"语言空缺"**（Language vacancy）。

更为重要的是，无论是什么交际工具，它所传递的信息内容都是有限的，而且离不开语言基础，它们实际上是在一定范围代替自然语言，没有语言的存在，也不可能有这些信息手段的产生。

可以说，语言是一切交际工具的基础。因此，语言是人类最重要的交际工具。

四、语言的思维功能

（一）思维的特性

1. 关于"思维"和"思想"

认知语言学（Cognitive linguistics）认为，语言是人对物质世界、精神世界

---

① *Albert Mehrabian, A. (1972). Nonverbal communication. Transaction Publishers.*

② 皮尔斯的符号学理论将符号分成象似符（Icon）、标志符(Index)和象征符（Symbol）三种。但是这三种符号属于广义符号性中所说的非语言符号，并不是我们所说的语言符号。

和人际世界的感知和体验，反映的是人对现实世界的认知过程和认知结果，是基于感知和体验基础上的高级认知活动，这就是**思维**（Thinking）。这个**"高级的认知活动"**是指人类除了视觉和听觉外，能够进行**跨感觉联系**（Cross-modal association），以形成更高级的概念和形象的能力；也就是说，身体的感知和体验是高级认知活动必要的基础。通俗地说，思维是人类在认识现实世界时动脑筋的过程，同时也指人类在动脑筋时通过比较、分析、综合的方法来认识现实的能力。其本质是自己与自己的**交际**（Communication），或者说是自我的**内部交际**（Internal communication）。

我们通常意义上所说的**"思想"**（Thought）是指人们对现实世界的认识，也就是对世界的看法；思想是在思维的基础上产生的，而认识活动的这种成果——思想，必须得到适当的语言表达，才能得以保留下来。[①] 这就是说，人的认识通过语言而实现从**知觉**（Perception）到**概念**（Conception）的**过渡**（Transition），进而形成概念和思想。思维和思想的关系如下：

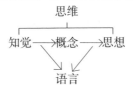

图1-7　思维和思想的关系

（1）思维的过程

思维不是在真空中进行的，它总是和某事物有关，常常是对过去经验的回忆或来自他人的经验，而在后一种情况中，它几乎必须通过语言才能获得，是语言控制下的思维。思维是在语言材料的基础上进行的，离开语言的物质形式，就难以进行思维活动。思维活动是一种"心理"活动，一部分是生理活动，一部分是社会活动。这个**心理过程**（Mental process），可以分为**内化**（Internalized）过程和**外化**（Externalized）过程，外化过程体现为语言形式；内化过程又可分为**识别**（Perception）过程、**反应**（Reaction）过程和**认知**（Cognition）过程。其关系如下：

---

① 布龙菲尔德对此有不同的看法。他认为人并没有"思想"，只是发出声音（说话），这种语言声音足以激发其他人的神经系统，成为一种外部刺激，影响他人的行为，平时所说的"思想"不过是一种语言形式。

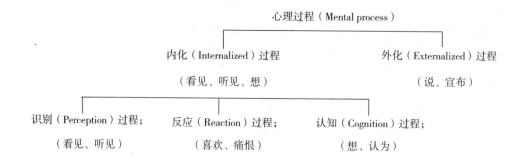

图1-8 语言的心理过程

（2）思维的分类

1）形象思维（Image thinking）：运用感觉器官感受外界事物的活动，如视觉、听觉、知觉等等，客观事物在大脑中反映之后呈现的形象。又称直观思维、感性思维。感性思维是大部分动物都具有的一种认识能力。

2）抽象思维（Abstract thinking）：也称理性思维或逻辑思维，以符号为载体，以概念为基础，进行判断和推理等复杂的逻辑思维形式，也就是我们一般所说的思维。而概念、判断和推理是由词语、句子乃至篇章构成的，逻辑思维所凭借的思维工具是语言。因此，这是只有人类才具有的一种高级认知能力。

2. 语言和思维的关系

德国学者**洪堡特**（*Humboldt*，1767—1835）在《人类语言结构的多样性》中指出，思维和感觉只是通过语言才能确定，才能变成有形的东西，才能得以交流和传播。思维和语言是互相依存、不可分割的东西。语言和思维之间存在着有机的、辩证的联系。思维是在语言材料的基础上进行的，离开语言的物质形式，就难以进行思维活动。只有用语言材料来概括反映材料及其属性，才能对事物进行分析和综合，从而进行抽象和概括。[①] **斯大林**（*И.В.Сталин*）在《马克思主义与语言学问题》中指出："语言是同思维直接联系的，它把人的思维活动的结果，认识活动的成果用词和词组合记载下来，巩固起来,这样就使得人类社会中思想交流成为可能了。"[②]

关于语言和思维的关系，美国语言学家**萨丕尔**（*Edward Sapir*，1884—

---

① 原文见*Humboldt,On Language.on the Diversity of Human Language Construction and Its Influence on the Mental Development of the Human Species,Cambridge University Press,2 nd rev.edition*（引自刘润清《西方语言学流派》，外语教学与研究出版社，2013年，P56）。

② [苏]斯大林（*И.В.Сталин*）撰，李立三等译，《马克思主义与语言学问题》，解放社，1950年。

1939）在《论语言》（*Language:An Introduction to the Study of Speech*，1921）中认为，（1）语言是工具，思维是产品，没有语言，思维是不可能的。（2）思维是个独立领域，只有语言才是通向思维的唯一道路。（3）一种结构，是思维的框架。因此，语言学要研究的正是这种抽象的语言。美国语言学家**沃尔夫**（B.L.Whorf，1897—1941）发展了**洪堡特**和**萨丕尔**的理论，把语言和思维的关系看得更加绝对化，创造了后来被称为**"语言决定论"**（又叫**"萨丕尔-沃尔夫假说"**，The Sapir-Whorf Hypothesis）。① 沃尔夫认为，语言是思维的纲领和指南，人借助语言对事物进行切分和分类，没有语言的概括作用，人们就不可能具有认识客观事物无限多样性的能力；同时，人类对世界的认识也是通过语言组织起来的，语言不同，语言使用者的思维方式也就不同，对世界的看法就会不一致。因此，语言对思维有着更为深刻的影响，二者之间是一种**决定关系**（Determination）——语言决定人的思维；同时，有了人类发达的大脑，才可能有变化无穷的语言。我们不能在语言之外进行思维，也不能在思维之外运用语言——语言和大脑是互动的。

（1）人在讲话时必须使用看不见的**内部语言**（Internal language）进行思考，并通过一系列加工机制把内部语言转换成可以感知的**外部语言**（External language）——**言语**（Parole）。

（2）这里的**内部语言**指的是无声的，用于思维的语言，是人类所共有的，它存在于天生的智力之中；事实上，内部语言是外部语言内化的结果。内部语言同外部语言一样，其实都是对语言的运用。例如小孩自言自语、老人喃喃自语来帮助自己思维。

（3）外部语言和内部语言的差异，是因为功能不同而造成的运用上的差异，内部语言的特点表现为语法的简约性、词汇的压缩性和不连贯性；在外部语言中，思维由词汇体现；在内部言语中，思维由语义突现，是一种动态的、转移不定的东西，在词汇和思维之间波动。

此外，语言和思维并不是完全一一对应的。例如有的思维完全没有用语言表达出来，而有的语言也往往没有经过思维就说出来了，即存在着不用语言的思维（如使用工具）和不用思维的语言（如背诵或感情冲动而发出的声音）——语言

---

① 沃尔夫的观点见*Carroll J B,ed.Language,Thought and Reality:Selected Writings of Benjamin Lee Whorf. Cambridge,Massachusetts:The MIT Press,1956.* 美国语言学家卡罗尔（*J.B.Carroll*,1916—2003）第一次把他们的观点称为"萨丕尔-沃尔夫假说"。

的单位和思维的形式并不完全对应。其关系如下：

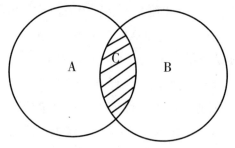

图1-9　语言和思维的关系

语言和思维的关系如同两个重合的圆，重叠部分C既是语言又是思维，但它不包括所有形式的思维A和所有形式的语言B。现代实验也证实，人的**抽象思维**（Abstract thinking）一定需要语言参与，而其他类型的思维活动（例如感性思维等）不一定必须借助语言来进行，但要表达出来却必须借助语言。即：

概念———>词语（词、词组）

二十世纪五十年代爆发**"乔姆斯基革命"**（*Chomskien Revolution*）[①]之后，语言学界对语言逐渐有了新的思考。随着心理学、认知科学的发展，人们逐渐认识到，首先应该将语言看作是存在于**心智/大脑**（Noema）中的**"自然客体"**（Natural object），是人的**认知能力**（Cognitive ability）的重要组成部分。根据上面的认识，语言应该有**"内化语言"**（Internalized language）和**"外化语言"**（Externalized language）之分。[②]

※**内化语言**

简称I-language，是存在于人脑心智中的自然客体，是**意象图式**（Image Schema）经过大脑处理后形成的**表征系统**（System of representations），[③] 它是存在于人脑心智的信息表达、接收系统，是儿童早期习得的。其特点为：跳跃性强、具有片段性和不完整性，以生物电信号作为载体。**"内化语言"**包括一个**运算程序**（Computational procedure）和一个**词库**（Lexicon）。

---

① 关于"乔姆斯基革命"，在后面第三节"语言理论"部分有介绍。

② *Chomsky, N.（1968）Language and Mind. New York: Harcourt, Brace & World.*

　Chomsky, N.（1986）Knowledge of Language: Its Nature, Origin and Use. New York: Praeger.

③ "意象"（Image）这一术语是认知心理学术语，指人们在对外界事体感知体验过程中所形成的抽象表征，往往可以较为长期地表留在人们头脑中。"意象图式"（Image Schema）是基于体验、限于概念和语言而形成的抽象构造，是由认知能力形成的框架模型。

※外化语言

简称E-language，指声音和意义相结合的符号系统，是内在语言的外部表现形式，指语言运用能力是外部的，即通过人与外界的接触决定的。与说话者的年龄、性别、文化、教育背景、社会地位、说话时的心情、所处的环境等外部因素相关。其特点为：连贯、完整、以语音作为载体。

一般来说，**概念**（Concept）是概括地反映事物本质属性的思维形式，它必须在词和词组的基础上形成。人们在感性认识中反映的事物是个别的、具体的，通过词和词组可以把事物的本质属性加以抽象和概括，从而形成概念。因此，语言的单位是词和句子，思维的单位则是概念、判断、推理；概念的载体是词语，判断是以句子为形式，推理涉及一组句子，于是，语言和思维的关系如下：

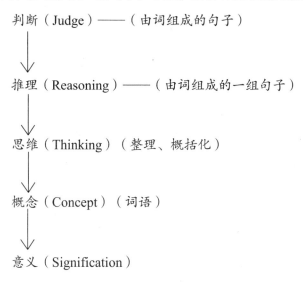

正是语言的内在形式对感觉、经验进行了整理，并加以**概念化**（Conceptualization）。[①] 概念化既包括了概念形成的"体验和认知的过程"，也包括了"过程的结果"，意义就是概念化的过程和结果。

实际上，当人们在认识某一个事物或打算做某一件事时遇到了困难，就会仔细地思考，一般人也会感觉到自己在思维；还有一种思维是在瞬间完成的，有时候人们称这种思维为**下意识**（无意识，Unconscious），并且往往感觉不到自己在思维，其实这也是思维。

---

① 这里，我们运用了认知语言学的术语"概念化"（Conceptualization）而没有选择"概念"（Concept），意在强调概念化主体的主观识解（Construal）因素和意义的动态化特征，强调人的创造性，突出意义的动态观。

无论是有意识的思维还是下意识的思维，都与语言是分不开的。有人认为可以不用语言进行思维，**萨丕尔**（*Sapir*）指出，这是因为他们没有区分思维和形象，比如一旦把一种形象与另一种形象进行比较，就会不自觉地使用词汇；另外，语言是声音符号，该符号可被机械或直观符号所代替，所以人在思维时，往往感觉不到无声语言符号的存在。因而，有意识的思维，人们可以明显感觉到自己是用语言在思维的；下意识的思维，其实也是人们在长期有意识的思维过程中逐渐形成的，因此与语言也是有一定关联的。例如：当成人看到很旺的火时，决不会用手去长时间地触摸，因为他明白这会烧伤自己的手。但如果他的手很冷，就有可能用手短暂地触摸火焰来取暖。这两种情况很明显都是思维的结果。

瑞士语言学家**索绪尔**（*Ferdinand de Saussure*）是**符号学**（Semiology）的创始人，他认为："语言就是一张纸，思维是这张纸的正面，而声音就是它的反面。所以语言、思维、声音是分不开的一个整体。"[①] 他还认为，名称和实物的联系是很简单的事情，用语言表达出来之前的思想很不清楚，捉摸不定，犹如未探明的星云，语言出现之前不存在思想。所以他说，一个语言单位有两重性，一方面是**概念**（Concept），一方面是声音形象（Sound image）。一个语言符号是把概念和声音形象结合起来，而不是把物和名联系起来，二者缺一不可。

首先，语言和思维是互相依存的，各以对方为存在的条件，二者之间是一种相互**依存关系**（Interdependence）——语言是思维的工具，语言离不开思维，思维也不能脱离语言；如果没有思维，没有思想，人际之间的交流，无从谈起，语言的存在也失去了任何意义。同时，思维的基本形式概念、判断、推理都要依靠语言。

其次，语言和思维的发展程度是相互**适应**（Accommodate）的，具有**一致性**（Solidarity）；有什么样的思维水平，就有什么样的语言水平，有什么样的语言水平，就有什么样的思维水平。一个社会不可能发展到语言和思维脱节的地步，语言水平很高却思维水平很低，或思维水平很高而语言水平很低，这都是不可想象的，也是不可能的。

3.语言的生理机制

语言既是一种社会现象，又是一种生理、心理现象。从古至今，人们一直在探索人类的大脑跟语言和思维的关系。1861年，外科医生*Paul Broca*宣称，语

---

① [瑞士]费尔南迪·德·索绪尔《普通语言学教程》，高名凯译，岑麒祥、叶蜚声校注，商务印书馆，2007年，P158。

言功能位于大脑左前部区域。人的大脑的左右半球并不是完全对称的，管辖语言的左半球比右半球大，而且有着明确的分工。此后积累的证据表明：几乎所有人的语言功能都"侧化"于左半球，即左半球的一定部位掌管语言和抽象的思维活动，而右半球的一定部位掌管与语言无关的直观动作的思维活动。人是专门用大脑的左半球来处理语言的。二者相比较而言，有如下不同：

※ 左半球偏于智力、逻辑、分析能力。

※ 右半球偏于感情、社会需要、综合能力等方面的事情。

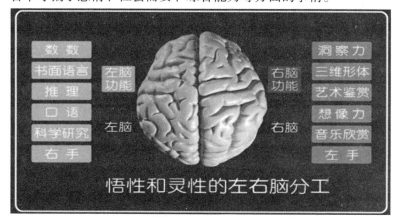

图1-10 大脑两半球机能分工示意图

Cstani et（2005）曾绘制了一张更为精细的人类大脑的分区图，如下：

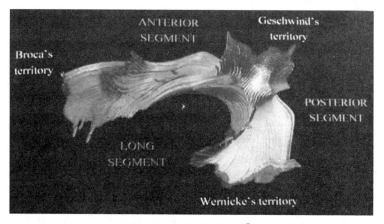

图1-11 人类大脑分区图①

*Cstani*向我们证明，在人类的大脑中，的确有一个*Broca*区和 *Wernicke*区，

---

① *Cstani，Marco,Derek K .Jones & Dominic H.ffytche 2005 Perisylvian language networks of the human brain.Annals of Neurlogy 57.8—16.*

当中也的确有一个这样的神经网络——Arcuate fasciculus（弓状束）在连接。由于Geschwind强调人类语言最为重要的功能，就是把听觉、视觉等不同类的感觉结合在一起，因此，Cstani对之深信不疑，于是就把这个地方叫做 Greschwind's territory。 Wernicke 区是在听觉区旁，而这个区就是专门把种种的感觉如听觉、视觉、嗅觉综合起来的地方，与那个区紧邻的Angular gyrus（角回）是Geschwind特别强调的地方。

关于聋哑人（Deaf-mute）的思维：

聋哑人是能够进行思维的，原因有二：

（1）聋哑人有健全的大脑和发音器官，具备语言能力；

（2）聋哑人不能从听觉中获得应有的信息，但可以通过别的感觉器官得到补偿。

但是，聋哑人的思维能力发展和正常人相比较受一定的限制，因为**听觉**（Auditory sense）获得信息的可能性比**视觉**（Visual sense）大。

4. 思维在语言中的不同表现

（1）思维能力是全人类共同的，语言是各民族不同的

从生理的角度看，语言发音基础对整个人类都是一样的，而思维是大脑的一种能力，所以说话人才可能运用有限的**语言手段**（Language means）创造出无限的**语言行为**（Performance）。虽然思维规律是客观现实规律的反映，为全人类所共有，人类大脑的生理构造是一样的，各民族判断、推理的逻辑形式也是一致的，没有民族性，所以思维能力也没有民族性，然而语言规律却具有民族独特性，所以各民族语言的体系各不相同。正因如此，不同民族的人都有能力认识相同的事物；例如同一部著作或是同一部电影可以译成多种语言，在世界各地发行。

由于各民族认知方式不同，同一所指对象所指意可能有不同的字面意义。例如，汉语里的"书"，一般说来不仅要装订成册，还要有一定的文字内容。而英语中的"书"（book）则只需要纸张装订成册，即使是空白的也可以称作是book，例如notebook、exercise-book等。英文句子I persuade him to learn Chinese中的persuade表明我的劝说是成功的，而中文"我说服他学汉语"中的"劝说"并不一定成功。再如日常生活中，汉语的"红茶"是就茶水的颜色而言，而英语中认识的侧重点是茶叶本身的颜色发黑，因而叫做black tea；中文的"奶茶"绝非茶水，而是一种饮料。也就是说相同的事物和概念，在不同的语言中，文字的表现形式也不同。如：

汉语	韩语	泰语	俄语	日语	西班牙语	罗语	英语
父亲	아버지	ฬ่อ	отец	父	padre	tată	father
母亲	어머니	แม่	мать	母	madre	mamă	mother
火	화재	ไฟ	пожар	火	fuego	foc	fire
水	물	น้ำ	вода	水	agua	apă	water
风	바람	ลม	ветер	風	viento	vânt	wind

表1-3

　　此外，表达同一概念的方式，在各种语言中也不是完全相同的。例如，"铁路"这一概念，在汉语中是用一个双音节词"铁路"来表达的，英语用一个词railway，俄语是用两个词железная дорога表达，法语则是用三个词chemin de fer来表达。汉语的"候车室"用三个汉字，一个多音节词来表示，德语也用一个词Wartesaal来表示，英语却用waiting room两个词表示。我国"四川"这个名称，英语中原为Szechwan，法语中原为Ssou-tchouan或Sze-Tchouen，或Se-Tchouen，德语中原为Sze-tschuan，或Sze-tschwan，或Szechwan。①

（2）"思维能力的全人类共同性"并不等同于"各个民族想问题的方式都一样"

　　德国语言学家**洪堡特**（*Humboldt*）在《人类语言结构的多样性》（1828-1829）一文中认为，语音只是构成内在语言形式的被动的材料，内在语言形式是语言的语义结构或语法结构，是强加给的模式或规则。语言不同，其内在形式也不一样，对相同的感觉经验整理的结果也就不同。② 即使人类面临的物质世界大致相似，也具有相同的**概念化**（Conceptualization）、**范畴化**（Categorization）

---

　　① 由于ISO（国际标准化组织）提倡转写（Transliteration）地名，目前国际上一律按汉语拼音转写为Sichuan，以达到国际统一。

　　② 原文见洪堡特（*Humboldt*）*On Language.on the Diversity of Human Language Construction and Its Influence on the Mental Development of the Human Species,Cambridge University Press,2 nd rev.edition* 1999（引自刘润清《西方语言学流派》[修订版]，外语教学与出版社，2015年，P56—57）。

的**认知能力**（Cognitive ability），[①] 但由于人们观察世界、体验世界的角度和方式不同，会形成不同的**认知体系**（Cognitive system）。例如英汉两种语言中都有 hand for the person（手替代人）的**转喻**（Metonymy）方式，[②] 相应的英语表达有 the hidden hand，one's right hand和factory hand，汉语也有类似的习语，例如"幕后黑手"、"得力助手"、"老手"、"能手"、"人手"等等，不同之处在于英语还有转喻hand for social status（社会地位），例如to marry the left hand（与地位低的人结婚），汉语则没有此类表达方式。

由于各民族在对客观世界的事体（包括事物、现象、概念等）进行类属划分和范畴确定的心智活动中，既会考虑到事体本身的特性，也会兼顾自己的主观因素，这样，每个民族的思维方式就会表现出很大的差异性，而这种差异性正是通过语言的差异来表现的。如果说每一种语言都包含了一个民族认识客观世界的特殊方式，那么完全可以说：学会一种语言也就学会了该民族独特的思维方式。洪堡特强调"每一语言里都包含着一种独特的世界观"，甚至提出"语言仿佛是民族精神的外在表现；民族的语言即民族的精神，民族的精神即民族的语言"的著名论断。

由于不同民族对外部世界的体验方式存在着差异，这些不同的体验往往会体现在语言的差异上。例如英语说the end of the month.（月终），而中国人却说"月底"；英语说I put on my coat（即I put it on me[我把衣服放在我身上]），中国人说"我穿衣服"（即：我把自己穿到衣服里去了）。在以汉语为母语的人眼中，"校园"再大都是有围墙的，所以汉语的表达式会是"在校园里"，而无"在校园上"；而在英语本族语者眼中的"校园"是不存在围墙的，campus表达的只是一个范围的概念，因此在英语的表达里只有on campus的说法，却没有in campus。这说明人类即使对共同的、最基本的物体空间关系的认知也会在不同程度上受到母语的影响，因此，不同母语背景的人所形成的空间概念系统就会存在明显的差异。例如不同的语言在切分空间范畴时，所使用的介词并不相同：

---

① "概念化"（Conceptualization）是人们对于外部世界的动态认知加工过程，指意义的建构，是认知语言学的重要概念之一。"范畴化"（Categorization）是指主客观相互作用对事物进行分类的心理过程。具体内容见本章第四节"语言学的主要流派简介"中的"认知语言学"相关内容。

② 认知语言学所说的"转喻"（Metonymy）是指多义词扩展的一种认知机制，其途径主要是通过强调或突显事物的某一部分或特征来指代该事物。具体内容见本章第四节"语言学的主要流派简介"中的"认知语言学"相关内容。

	A cup on a table	A plaster on a leg	A picture on a wall	A handle on a door	An apple on a branch	An apple in a bowl
English	On	On	On	On	On	In
Japanese	Ue	Ni	Ni	Ni	Ni	Naka
Dutch	Op	Op	Aan	Aan	Aan	In
Spanish	En	En	En	En	En	En
Chinese	上	上	上	上	上	里

表1-4 不同语言切分空间范畴和相应介词的异同示例①

再如，世界各地在确定地球上某个点的方位时，都会用到"东"（east）、"南"（south）、"西"（west）、"北"（north）这四个最基本的方位词。中文描述四个方向时，从"东"开始，然后顺时针转，描述的顺序是"东"、"南"、"西"、"北"，尽管英语本族语者指示方向的顺序也是顺时针，但顺序是North（北）、Eest（东）、South（南）、West（西）。当用这四个方位词语进行两两组合来表示一个复合方位时，不同语言表达的方式也不一样。如：

汉语	东北	西南
马来语	Timur laut	Barat daya
英语	North-east（北东）	South-west（南西）
俄语	Всеверо-восток	Юго-запад

表1-5 不同语言方位表达的差异

单从汉语和英语的表达来看，以上汉语的固定表达"东北"和"西南"，在英语中位置正好颠倒为：North-east（北东）和South-west（南西）；汉语说"东西"和"南北"，英语则为west and east和north and south，并且中间要加连词and。这种汉语和英语方所范畴表达上的差异是怎么形成的呢？张璐（2002）指出，这是因为母语为汉语的人们和母语为英语的人们的**认知策略**（Cognitive strategy）不同；说汉语的人其过程策略一般是**参照点**（Reference point）先于目标（Target），而说英语的人，一般目标先于参照点。② 同理，在空间坐标系内，介词off用于是"离开海岸向海洋相对方向"和"不远的距离"两条坐标交汇

---

① 本表引自文秋芳等《认知语言学与二语教学》，外语教学与研究出版社，2013年，P44。
② 张璐《从东西南北谈汉英语语序所反映的认知过程》，载《语言研究》2002年第4期。

点，而汉语对应词"沿海"则是"相同走向方向"。

再如，在时间坐标系内，英语沿用空间概念，可以说the day after tomorrow（后天）或者the day before yesterday（前天）。汉语也沿用空间概念来表示时间，例如"前天"、"后天"，但在表达的方向上却可能跟英语相反，例如英语用back指称"过去"、"以前"，用forward指称"未来"、"以后"，所以英语的from this time forward，不是"从此往前"，而是"从此以后"；而two years back不是"两年以后"，而是"两年以前"。汉语还有"上"跟"下"也可以代表时间，例如"上个礼拜"、"下个月"；汉语的方位词在表达时间上，各有分工："前"和"后"是水平的，"上"和"下"是垂直的。可见中国人在表达时间的时候，跟美国人的思维方式不一样。汉语方位词在表达时间概念时,特征图示如下：

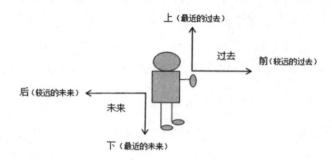

图1-12　汉语基于方位词的时间概念图（*Lantolf*，2011：41）[①]

再如，在疑问句的表达中，汉英两种语言也存在如下差异：

　　Will you come? No, I won't.（不，我不愿意。）
　　Won't you come? No, I won't.（是的，我愿意。）

从语言的对比，可以看出使用英汉两种语言的人，各自所拥有的不同思维方式：英语着眼于说话者本人言语行为的否定性质，而不管对方是否否定；汉语则着眼于对方言语行为的性质。根本的原因在民族心理的差异。

那么，**象声词**（Onomatopoeia）是对自然声音的模仿，和其意义之间存在着一一对应关系，具有直接**象似性**（Iconicity），然而不同语言的拟声方法却并不相同。例如都是表示"布谷鸟"的拟声词，汉语普通话是bùgǔ，英语里却是cuckoo[k

---

[①]　本图引自Lantolf，J.P.（2011），*The Sociocultural Approach to Second Language Acquisition:Sociocultural Theory,Second Language Acquisition,and Artificial L2 Development.In Atkinson,D.（Ed.）.Alternative Approaches to Second Language Acquisition*（pp.26-47）*.Oxford:Routeledge.*

ʊ ku:]；英语用to caw（呱呱—乌鸦叫声），而法语用croasser（呱呱）；英语用to giggle（咯咯地笑），而德语用kichern（咯咯地笑）；狗吠声在英语中是bowwow，在德语中是wau wau，在汉语中却是wangwang。**索绪尔**（*Saussure*）认为，既使是真正的**象声词**也有**任意性**（Arbitrariness）特征。首先，象声词并不象声，只是大致模仿；其次，它的发音受特定语言的语音系统的限制。在各自语音系统的**规约**（convetion）下，拟声词常因语言不同而异，所以才有猫叫声是moo、miao、murmur、susurrous的不同；鸡叫声，不同语言模仿的也是不同。例如：

英语	法语	德语	波兰语	日语
cockadoodledo	cocorico	kikeriki	kukuryku	kokekokko

表1-6

　　感叹词（Exclamation）也常被看成象声词，但是同样是表示惊讶的"哎呦"，法语用aie，英语用ouch，显然，即使是感叹词也有任意性。

　　索绪尔关于语言"任意性"论述已经成为语言学研究中的名言警句。在索绪尔之后，**布龙菲尔德**（*Leonard Bloomfield*）的**结构主义**（Structuralism）、**韩礼德**（*Halliday*）的**系统功能语法**（Systemic-functional Grammar）、乔姆斯基（*Chomsky*）的**生成语法**（Generative grammar）进一步证明：语言不仅仅在**词法**（Morphology）层面上是任意的，在**句法**（Syntax）层面上，即单个语言符号通过排列组合而构成的语言结构，以及组成它们的原词，与意义之间的关系也都是任意的。

五、人类语言的本质

（一）语言的产生

1. 语言和劳动的关系

　　人类不可能一开始就有语言。目前人类起源的分子生物学研究，甚至已经可以准确推测人类语言的起源时间。考古发现的化石表明：猿出现在二百三十万年前。Dunbar（1998，2010）设想，语言的进化起码经历了三个阶段。第一个阶段大概在五百万年前发生，大猩猩开始退化，从森林迁移到陆地；第二个阶段出现在二百万年前，出现了**直立人**（Homo erectus）；[①] 第三个阶段在四十到五十万年间，非洲出现**智人**（Homo sapiens）。Dunbar的结论是物种到了智人阶段，开始出现语言。[②] 人类的发展过程如图：

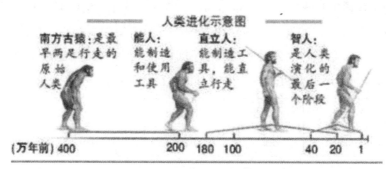

图1-13　人类进化示意图[③]

　　结合上面这样一个发展历程来看，人类是在生物进化的最后时刻（一千万年以前）才和近亲的动物（黑猩猩）分家，这一群**民族动物**（Nationaltiere）的独立发展，出现了**物种**（Species）独有的**认知能力**（Cognitive ability），人类语言正是由动物似的嚎叫声**进化**（Evolution）而来，而其促因就是群体相互间的**合作劳动**（Cooperative work），"**合作**"（Cooperation）充分利用了**同种**（Cospecifics）的现存知识和技能，大量节省时间和精力——劳动创造了语言。恩格斯在《劳动在从猿到人转变过程中的作用》一文中指出："首先是劳动，然后是语言和劳动一起，成了两个最主要的推动力。"[④]

　　意大利的人口遗传学家*Luca Luigi Cavalli-Sforzaz*在*The Application of Molecular Genetic Approaches to the Study of Human Evolution*一文中绘制了一张人口迁移图：

---

　　① 考古学家在肯尼亚北部伊莱雷特的两层沉积岩地层中发现了一百五十万年前人类脚印，这些脚印不仅与现代人步行遗留脚印相差无几，步幅也几乎一样。周口店的北京猿人就是这种直立人（Homo erectus）。

　　② *Dunbar, Robin. 1998. Grooming, Gossip, and the Evolution of Language.Cambridge: Harvard University Press.*

　　　Dunbar, Robin. 2010. How Many Friends does One Person Needs? Dunbar's Number and Other Evolutionary Quirks. London: Faber and Faber.

　　③ 图片来源：http://www.awaker.org/a/waixingwenming/2010/1230/722.html.

　　④ 《马克思恩格斯全集》，第二十卷，人民出版社，1960年，P513。

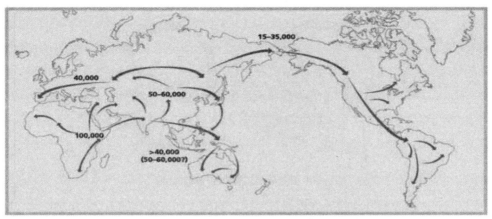

图1-14　早期人类迁移图[1]

由此可见，人类——**现代人**（Anatomically modern human）大概是在十万年以前就离开了非洲，扩散到世界各地。他们先经过亚洲，四、五万年以前，他们到了澳大利亚；一万到三万多年前，他们到了北美，然后从北美的*Bering Strait*（白令海峡）到南美的*Tierra del Fuego*（火地岛），只花了一千年。

（1）劳动使语言的产生成为可能

需要产生了自己的器官："猿类不发达的猴头，由于音调的抑扬顿挫的不断增多，缓慢地然而肯定地得到改造，而口部的器官也逐渐学会了发出一个个清晰的音节。"[2] 随着直立行走、手脚分工、制造工具、发音器官的不断进化、思维水平逐步提高，人类骨骼进化的古生物学证据也进一步表明：在哺乳动物里，喉咙的位置低，咽才能得以张开，才能发出类似人类的言语，例如各种元音，比如[i]、[u]和[a]等。大约在30万年前，人类在劳动中开始使用工具，逐渐直立行走，发音器官特别是舌头的控制有所变化，特别是舌下神经通道下移，喉的位置明显低于**哺乳动物**（Mammal）和**非人类灵长目动物**（Non-human primates），发达的**发音器官**（Pronunciation organ）已经基本形成。如图：

---

[1]　图片来源：*Cavalli-Sforzaz, L.L.,&Feldman, M.W.（2003）.The application of molecular genetic approaches to the study of human evolution.nature genetics,*33,P266—275.

[2]　《马克思恩格斯全集》，第二十卷，人民出版社，1960年，P513。

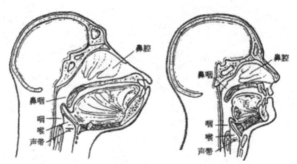

图1-15　黑猩猩与人类口腔喉咙对比图[1]

以上左侧为哺乳动物黑猩猩的口腔图，右侧为与之对比的人类的口腔。在黑猩猩的声道中，喉位于喉咙的高处，这是一种允许呼吸和吞咽同时进行的结构，但是与人类的喉咙相比，限制了咽部空间能够发出声音的范围。而人类的喉在喉咙中的位置低，成直角，长咽腔的位置在喉头之上，声道的"弯曲部分"扩大，可以起到共鸣器的作用。虽然人类不能同时呼吸并吞咽而不被噎住，但是他们能发出范围很大的声音。

（2）劳动使语言的产生成为一种需要

通过组织、协调、交流思想、组成社会等联合性的行为，人类不但能够向别人学习，即**模仿性学习**（Imitation learning），而且能通过别人来学习，即**传授性学习**（Teaching learning）和**协同性学习**（Synergetic learning）。

（3）人类的思维与人类的语言是与生俱来的

劳动使人类的大脑体积和组织增长，发展和完善人类的认知系统，使语言的进化最终完成。数据表明，人类的大脑相对于身体重量的体积比哺乳类大九倍。正是人类除了视觉和听觉之外，能够通过大脑完成**跨感觉联系**（Cross sensory connection），从而获得了**抽象思维**（Abstract thinking）的能力。正是这种高级的能力使人类建立和使用了语言符号，其生理基础是大脑皮层的下顶叶及它周围地区，大脑的这个**功能区**（POT）在人类进化中发展得异常迅速，并起着里程碑的作用。这也是人类与其近亲灵长类动物（Primate）的分水岭。

森林古猿──→直立行走──→手足分工──→使用并制造工具──→大脑发达──→劳动──→语言

图1-16　语言产生阶段示意图

①　图片来源：[英]理查德·利基（*Richard Leakey*，1913—1996）《人类的起源》，吴康汝、吴新智、林龙圣译，上海科学技术出版社，2007年，P118。

（二）人类语言和"动物的语言"的差别

哈佛的动物学家E.O.Wilson研究了很多不同动物带有信息的信号，[①] 如它们的叫声、它们的身体姿势等。研究发现斑马有二十个姿势是传递信息的，猴子、鹿都有它们自己的沟通方式和**信息系统**（Information-carrying systems），所以语言和沟通方式不能够一概而论。所有的动物都有它们的沟通方式，而语言则是人类的沟通方式。如果我们假设"禽有禽言，兽有兽语"，那么动物之间要想交流，要产生像人类这种语言学意义上的语言，必须克服三个障碍：

动物交流第一个要克服的障碍就是"**所指的稳定性**"（Fixity of reference）。许多动物的信息只能传达现实世界中的一件事，例如：嚎叫——警告、召唤、发出危险信号；发出香味、亮光（蜜蜂）——向对偶求爱等；跳舞（蜜蜂）——告诉同伴距离。而**转义**（Transferred meaning）（转换意义）是人类语言的规律（例如"偷盗"的对象可以是财物，也可以是荣誉），即人类语言符号的形式和意义在一定情况下是可以分离的。

动物交流第二个要克服的障碍就是要突破**单词句**（Holophrastic）的表达法。动物一次只发出一个独立的信息，如果交流没有简单的句法（Syntax），也就是把单词拼成句子，即语言单位的"**结合**"（Joining）和"**连接**"（Connective），就不可能有**命题语言**（Propositional language），而只能发出像命令或惊叹一样的话语，而这种话语只限于"此时此地"。动物的叫声是靠即时刺激产生出来的**条件反应**（Conditioned response），是对外部刺激的被动反应。人类语言是靠**意识**（Consciousness）产生的，用不着外部刺激，完全由**自我意识**（Self-awareness）决定，这种"知己知彼"的能力非常重要，如果没有这种能力，语言就不可能发生。

动物交流第三个要克服的障碍就是"**缺乏元语言**"（Lack of metalanguage）。实验证明，某些动物（大猩猩）有创造句法的能力，但并不等于它们已经创造出了**句法**（Syntax）。一个人的**词库**（Lexicon）如果缺少这些内指成分（例如代词、连词、介词、动词屈折变化形式等），是没有能力生成句法的。**元语言**（Metalanguage）的出现，使句法成倍增长。有了句法就不仅能一次用一个词，还能

---

① 　*Wilson，Edward D. 1972.Animal communication.Scientific American.*转载*Wang*（*ed.*）.1991b.3—15.林纫菁译《动物的沟通》，P1—19。

运用词的**组合**（Combination）。^①

以上存在三个障碍，前两个是要首先加以消除。同时，每克服一个障碍，就进一步增强了语言的"**循环性**"（Recursiveness）或"**循环力**"（Recursive power），其力量在于把语言单位足够多地固定在某一层次上，以便在另一层次上反复使用这些单位。因此，我们相信动物交流并没有用到类似人类语言的以**语言结构**（Language structure）和**基本词汇**（Basic vocabulary）为基础的真正的语言。

（三）人类语言的特点

好多种动物内部存在着特定的交际方式，可以进行简单的交流，如：狼、长臂猿、蜜蜂，但是都和人类的语言有本质区别。语言是人类区别于动物的主要特征，有了语言，人类才可以相互交流，才可以进入有组织的社会生活，成为"文化"的人。

人类语言与动物交际系统到底有哪些区别呢？**霍特克**（*Charles F.Hockett*，1916—2000）研究人类语言16种"**设计特征**"（Design features），这些特质是动物的呼叫信号所没有的。^②列举如下：

1. 语言单位（Language unit）的分立性（Discreteness）和结构性（Structure）

人说的话是按照交际的需要、语言的规则组成的句子，由界限清晰的单位单个（即独词句）或组合（即多词句）构成的，语音的符号可以分成一个一个的成分，中间有明显的界限。正是因为这些语音是分立的，人类才能用它们组成无数个词。例如语言中有一个很小的单位，就是"**音素**"（Phonemes），一种语言也许有十几个、二三十个音素，这几十个音素能够变化无穷地造出无数的句子。语言的这些单位包括"**音位**（Phoneme）——→**语素**（Morpheme）——→**词**（Word）——→**句子**（Sentence）"。如图：

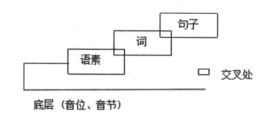

图1-17　语言的层级性

---

① 这里的"元语言"（Metalanguage）指一种被用来谈论、观察和分析另一种语言的符号语言。可以是一种自然语言，如学习外语时起解释作用的本族语；也可以是一套语言符号，如用于给语言研究的概念下定义的语言学术语。

② 详见*Hockett, C.*（1960, September 1）. *The Origin of Speech. Scientific American, 203（3）, P88—96.*

　　从上图可以看出，语言的各种有意义单位，从词、短语、句子直到话语，构成一个分等级的层次结构，语言单位具有**明晰性**（Clarity）、**层次性**（Hierarchy）。正是这种特点使人类交际与众不同，也是人类交际异常丰富的基础。有语言学家把语言的这种系统称为"**多种再投资**"，即"有限手段的无限使用"。而构成多种再投资的基础是符号系统的"**结构原则**"（Structural principle），依靠这种原则，我们不必为每个目的准备一套专门的符号，只需把基础单位重新组合就可以了。例如，只用"词"这一层次上的两个单位brick（砖）和red（红色的），加上一条修饰规则，就可以对Describe the house（描写这所房子）这一目的，做出四种不同意义的回答：

It's red.（它是红的。）　　　　　　It's brick.（它是砖的。）

It's brick red.（它是砖红色的。）　It's red brick.（它是红砖盖的。）

2. 语言的音义结合的任意性（Arbitrariness）

　　索绪尔曾提出"**任意性原则**"（Arbitrariness principle）。语言的"**任意性**"是指音义结合是任意的，即符号的**能指**（Signifier）（指称者）和**所指**（Signified）（被指称者）的结合是没有理据的，音义之间没有必然的联系。也就是说语言形式，例如词汇的声音序列与它所代表的客观事物或抽象概念之间没有内在的、必然的联系，这种指称关系是约定俗成的。而动物的叫声理据明显，例如危险大，则叫声大；危险结束，则叫声停止。所以动物"语言"的形式和意义之间往往是有关联的，只是对现场刺激的**本能反应**（Instinctive reaction）。

3. **语言系统**（Language system）**的开放性**（Openness）

　　动物传递的信息是极其固定有限的，只有十分有限的几个或十几个**信号**（Signal），而人类的语言是开放的，具有语音和意义两种系统，保证了语言的创造性。例如人类能够运用有限的**语言手段**（Linguistic means），通过**替换**（Substitution）和**组合**（Combination）造出无限多的**句子**（Sentence），表达无限的意义。此外，人的语言甚至不仅可以有**表面意义**（Literal meaning），还有根据**语境**（Context）而产生的"**言外之意**"（Implication）等。

4. **语言知识**（Language knowledge）**的传授性**（Transfer）

　　动物的呼叫系统基本上是与生俱来的，世界上猫、狗都有极为相似的叫声，而人类的语言却千差万别，虽然人类的语言能力是先天具备的，越来越多的人相信，在人的大脑中存在着一种**"语言机制"**（Language faculty），人类儿童有学会自然语言的能力，但具体学什么语言，是文化环境决定的；而最终掌握什么样的语言，更是后天学会的。也就是说，人类语言不仅是靠**"学习"**（Learn；Study），而是要经过传授才能最终**习得**（Acquire；Acquisition）。*Tomesello*（1999，2003，2010）认为人类在最后一百万年的四分之一时间里突然出现了物种独有的**认知能力**（Cognitive ability），得益于**"文化传递"**（Cultural transmission），文化传递具有积累性，必须经过几代人的稳定使用确定，再由别的人进一步修正，如此循环往复，*Tomesello*称之为**"齿轮效应"**（Ratcher effect）。[①] 由此可以看出人类**传授性学习**（Teaching learning）的重要性，这是人区别于其他动物的标志之一。

5. 语言传播（Language communication）的位移性（Displacement）

比克顿（*Bickerton*，1990，1995）认为人类有两个思维系统，一个是感官受到外界刺激产生的反应，叫**"线上思维"**（On-line thinking），遵循**"此时此地"**原则；另一个是**"线下思维"**（Off-line thinking），不受外界物质刺激的限制，不受时空限制，而是依赖抽象的语言概念系统；后者是人类独有，动物不可能有的。[②] 因为所谓动物的"语言"是受到外界刺激后在一定的环境下做出的机械反应，只限于"此时此地"，特别是不能回顾过去也不能设想未来。而人类的语言不仅具有低级动物的"刺激–反应"的生物本能，而且具有高级动物独有的"刺激–反应"层面的**学习能力**（Learning ability），可以由古到今，由具体到抽象，由现实到虚幻，可以用语言指称或谈论远离"当时当地"的东西。因而语言传播不受时、地环境的限制。

---

① 具体论述见Tomesello 的三篇论文：

Tomasello, M.（1999）. *The Human Adaptation for Culture. Annual Review of Anthropology*, P509—529.

Tomasello, M.（2003）. *On the Different Origins of Symbols and Grammar.Studies in the Evolution of Language*, 3, P94–110.

Tomasello, M., & Herrmann, E.（2010）. *Ape and Human Cognition What's the Difference?. Current Directions in Psychological Science*, 19（1）, P3—8.

② 参见Bickerton D.（1990）*Language and Human Behavior.Seattle:University of Washington Press.*

Bickerton D.（1995）*Language and Species.Chicago: University of Chicago Press.*

6.语言运用（Language use）的能产性（Productivity）

这里的"能产性"是指语言使用者能够使用并且理解无穷多的句子的创造性能力。每种语言只使用几十个音，却可排列出几万乃至几十万词汇，然后用这些词汇又可以排列出无穷无尽的句子。这是人类语言区别于其他动物交际系统的一个显著特征。

语言功能的开放性，表达信息的无限性，决定了语言要有高度的运转能力。例如语言中**音位**（Phoneme）的数目是有限的，最多71个，最少13个。音位组合的可能性却是非常大的，以汉语为例，汉语普通话约有32个音位，如果不加**声调**（Tone），每个音节的长度可以是一到四个音位不等，共有400多个音位组合，每个音位组合再配上四个声调，实际形成了1300多个**音节**（Syllable）。音节的数目虽然不大，但是它和意义结合以后，可以构成几千个**语素**（Morpheme），语素自相组合就可以构成上万个甚至几万个**词**（Word），词自相组合就可以构成无限的**句子**（Sentence），以满足人们的交际需要。例如：

任何一种语言的**音位**，其数量都是极少的，一般只有几十个，几十个不同的语音组成大批音节。这些音节又成为词的几百个或多或少有意义的**音段**（Segment）的载体，而这些音段又构成几千个词，对这几千个词我们赋予了几百万种意义，而在这几百万个意义上可能造出的句子和**话语**（Discourse）的数目是个天文数字，这在数量上是一个质的飞跃。

从**音位**（Phoneme）到**语素**（Morpheme）是由符号的形式到符号，所以有性质上的飞跃，数量上也存在着飞跃（由几十发展到成千）。从本质上说，语言的使用者能够使用并且理解无穷多的句子的创造性能力，是人类语言区别于其他动物**交际系统**（Communication system）的一个显著特征。

只有具备以上特征，才称得上人类语言。所以语言是人类特有的交际工具。语言的本质就是社会实践。

第二节　语言是符号系统

一、符号与语言符号

（一）什么是符号

关于**符号**（Sign），《韦氏第三版新国际大辞典》是这样定义的："符号是一个关于任何由感官和理性去认知的表示的非常一般的术语。"符号是一个社会全体成员共同约定用来表示某种意义的记号、标记，是主体关于对象的知识的载体。王德胜认为：任何事物之作为符号必须满足下述几方面的条件：①

1.符号必须有其所代表的对象，不管这种对象是具体的还是抽象的；

2.符号必须是由一定的载体形式来出现的，如语言、手势、仪式、军事信号等；

3.符号的解释者，符号只有对于主体而言才是符号。

对符号的解释有两种。传统概念中的**符号**（Sign）是一个**表达方式**（Expression），代表符号本身以外的一种东西，即表达**内容**（Content）。第二种是**索绪尔**在《普通语言学教程》中的解释：**符号**（Sign）**是表达方式和表达内容的综合体**。

一切符号都包括了**施指成分**（Signifier）——**形式**（Form）和**受指成分**（Signified）——所关联的意义（Meaning）两个方面的要素，在一定形式和一定意义的统一体中，二者缺一不可。② 任何一个符号，都要有一定的外在形式，这样才能让人知道它的存在，同时还要让人知道它的意义，这样它才有存在的价值，所以符号是一定的形式和一定的内容的统一体，形式和内容互相依存，不可或缺。例如，十字路口的红绿灯就是一种符号，其外在形式是一种色彩，与意义通常是一对一的关系，如红灯表示停止，绿灯表示通行。从感知的角度，人们对符号有不同的分类方法，符号的种类大致有以下三种：

1.人工的非语词符号（Artificial non-word symbols）——**标志符号**（Index）

例如：

---

① 王德胜等《科学符号学》，辽宁大学出版社，1992年，P6。

② 后来索绪尔把这种施指和受指的结合体称为"语言符号"（Sign），把声音的形象称为"符号能指"（Signifier），把概念称为"符号所指"（Signified），不是简单的术语更换，而是把术语提到抽象的、逻辑的范畴。

（1）视觉符号（Visual symbols）

　　1）**静态的**（Static）：文字、商标、红绿灯、统计图表、化学符号，数学公式等。

　　2）**动态的**（Dynamic）：手语（聋哑人的语言）、旗语、身姿语（点头、摇头）等。

（2）听觉符号（Auditory symbols）；有声语言、上课铃声、教堂钟声、音乐节拍、鼓点、军号等。

（3）触觉符号（Tactile symbol）：盲文、握手、拥抱等。

标志符号包括很多领域，在标志符号中，**施指**（形式）和**受指**（意义）是**因果关系**（Causal relationship），例如："烟"意味着火，"云"意味着雨，"十字架"是基督教的标志，交通牌中的急转弯指示等。

2. 人工语词符号——图像符号（Icon）

例如：

（1）数学中的各种变换符号，变量符号，图形等。

（2）计算机上表示指令的操作码、地址码等。

在图像符号中，**施指**（形式）和受指（意义）不是靠任意的惯例（Convention）来代表，而是靠相似程度。例如一幅肖像与其所代表的人之间的关系。

3. 自然语言符号（Natural language symbol）**——真正符号**（Sign proper）

指人们日常使用的口头和书面语言符号，如汉语、英语等。在语言符号中，施指（形式）和受指（意义）是任意的、惯例性的。

显然，上述三种符号都有其一定的载体形式及表达的对象知识，因而是符号，但符号决不仅仅只是这些符号形式，事实上，符号经历了五个阶段的历史发展。[①]

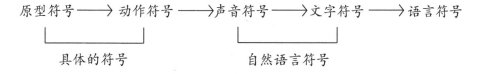

图1-18　符号的进化图

原型符号（Archetypal symbols）通俗地讲，就是原象的典型符号，就是最能代表该类事物知识的原物标本；**动作符号**（Action symbol）是关于对象的各种模

---

① 见黄连璧博客：http://blog.sina.com.cn/s/blog_4b93285d0100a3ta.html这五阶段的划分与瑞士心理学家皮亚杰（*Jean Piaget*，1896-1980）的儿童思维发展的四阶段不矛盾。（1）感觉运动阶段（18—24个月）；（2）操作前思维阶段（2—7岁）；（3）具体操作阶段（7岁左右）；（4）形式操作阶段（11—15岁）。

仿、描绘，即原型符号的表达、传递等；有意义的动作就是动作符号。但是，动作对知识的表达还是不够精确的。**声音符号**（Phonetic symbol）指的是由主体口腔发出的语音。但声音符号在古代没有记录设备，因而不能储备于后世，故最后人们又发展出了文字符号。**文字符号**（Letter symbol）是具有线条性的语言符号（Language symbol）。**声音符号**与**文字符号**构成通称的**自然语言符号**（Natural language symbol），这也是**共时语言学**（Synchronic linguistics）真正的研究对象。

由于"自然语言符号"是约定俗成的语言符号，故往往有"一义多符"，"一符多义"，"一音多符"和"一符多音"的性质。这里的一义多符，一符多义和一音多符，不但表现在各民族语言符号的不同，如汉语用"火"，英语用fire；也表现在单一民族语言内部。

※"**一义多符**"：同义词（Synonym）和近义词（Relative synonym）方面，如汉语"星期天"和"礼拜天"、"头"和"脑袋"、"医生"和"大夫"；英语的square（正方形的）和box-shaped（正方形），sight和vision（看见）、freedom和liberty（自由），表达的意义虽然相同或大致相同，但在发音上则并无共同之处。汉语的异体字（Allograph），如汉语的"峰"和"峯"、"窗"和"囱"；**繁简字**（Traditional and simplified character）如"汉"和"漢"，英语的"数学"的两种写法maths和mathematics等；

※"**一符多义**"（Homonym）：如汉语的**同音字**（Homophonous character）（"大米"和"一米"的"米"）、**多音字**（Polyphonic character）（"传chuán递"和"传zhuàn记"）、**同音词**（Homophone）（"其中"、"期中"、"期终"）和**多义词**（Polyseme）（"冰冷"和"冷门"的"冷"），书写符号相同，却表达不同的意义；英语的同音异形词，如sale（出售）与sail（帆），beer（啤酒）与bier（棺材架），beet（甜菜）和beat（击败）；法语的同音异形词，例如very（绿色），vers（朝、向、往），verre（玻璃杯）；英语的同音异义词，如bank既可以是"银行"也是"河边"，policy既可以是"政策"也是"保单"；

※"**一音多符**"：如汉语普通话méi这个声音可以是"没"、"梅"、"煤"、"眉"等，[bai]这个声音可以是英语的buy、by，[sait]这个声音可以是英语的site和sight；日语的同音异义词较多，如"机构"、"起工"、"寄稿"、"奇行"、"归航"、"气候"等都读[kiko:]。"**一符多音**"例如汉语的**异读字**（Heterophonic character）（好hǎo学生：形容词；好hào学：动词）。

综上，符号之所以是符号，就在于人们**约定**（Appointment）用什么物质形式来代表某种事物。

（二）符号的"能指"与"所指"

瑞士语言学家**索绪尔**（*F.de Saussure*）是**符号学**（Semiology）的创始人，他在《普通语言学教程》中指出："**符号**（Sign）是由能指和所指两方面构成的。"[①] 关系如下：

D（名称）　　能指（Signifier）
_____
N（概念）　　所指（Signified）

※ "**符号能指**"（Signifier）：语言符号中表明是意义的声音，是一种**音响形象**（Sound image），即用来指称者。——**替代物**。

※ "**符号所指**"（Signified）：语言符号中由声音表达的意义，是由系统规定的概念，即被指称者。——**被替代物**。

显然，符号产生于**替代物**（能指）与**被替代物**（所指）之间的关系。一方面，作为符号的替代物具有物质性，是一个客观存在的实体，是人可以感知的；另一方面，它被用来替代其他事物，与被替代物之间就形成了符号关系成为符号的能指，而某一实体只有进入这种替代关系（符号关系）才能成为替代物，才能成为它的**符号**（Sign）。因此，语言符号代表着施指和受指的结合，同时，语言能指和所指之间的关系是任意的，没有理据可言，不存在任何逻辑证明。例如不同语言对不同事物有不同的叫法，没有学过任何外语的中国人见到英语hand，法语main，俄语pyka时，不可能知道它指什么。只有通过**学习**（Study），才能认识能指和所指之间的对应关系，这种关系是**任意的**（Arbitrary）。

图1-19　符号与所指、能指的关系

---

① *Saussure,Ferdinand de.Course in General Linguistics*（*1 st ed.1915,translated from the French by W.Baskin*）.*New York/London:McGraw-Hill,1966.*中译本见[瑞士]费尔南迪·德·索绪尔《普通语言学教程》，高名凯译，岑麒祥、叶蜚声校注，商务印书馆，2007年，P102。

（三）什么是语言符号（Language symbol）

索绪尔提出："语言是一种符号系统。"传统概念中的"**符号**"是一个表达**方式**（Expression），代表符号本身以外的一种东西，即表达**内容**（Content）。索绪尔认为：符号是表达方式和表达内容的综合体。丹麦语言学家**叶姆斯列夫**（*Louis Hjemslev*，1899—1965）则把表达方式和表达内容的综合体称之为符号**依存关系**（Interdependence），把表达方式和表达内容称之为**依存单位**（Functives）。依存关系与依存单位之间存在着**一致性**（Solidarity）：不存在没有内容的表达方式，也不存在没有表达方式的内容。[①] 他同时还认为：语言只不过是赋予思想的一种形式。他的理论又被称为"**语符学**"（Glossematics）和"**新索绪尔语言学**"（Neo-Saussurean Linguistics）。

任何**符号**都是由形式和意义两部分构成的，语言也不例外。语言具有语言作为符号（Sign）的一切特征，是以语音形式（声音形象）为**能指**，以语义（概念）为**所指**的符号系统。**语言符号**与所指、能指的关系如下：

图1-20　语言符号与所指、能指的关系

首先，**语言符号**是以**语音**（Speech sound）作为一种物质形式来表示意义（词）的符号，也只有这种的符号才叫做语言符号。因此，以语音为符号的形式，也是语言符号与其他符号相区别的一个显著特征。

其次，语言是由语音和意义两个方面统一构成。语音是语言的物质外壳，是语言的存在形式；意义是语言的内容。语音和意义在具体的语言中是统一于一体的，密不可分，二者互为存在条件。

---

① 叶姆斯列夫认为在"无言无语"地进行思维时，思维本身是一个语言内容，但不是一个符号依存关系中的依存单位。

此外，这种 "语言符号" 也是人类最重要的交际工具、思维工具以及民族文化的重要载体。

总之，语言符号是由音、义的结合构成的词。其中"音"是语言符号的物质形式，"义"是语言符号的内容，即语言符号的意义。语音和词义之间是表达与被表达的关系；词义和客观事物之间是反映与被反映的关系；然而，语音只有通过词义才能成为客观事物的符号。**概念**、**语言符号**和**外界物体**之间的关系如下：

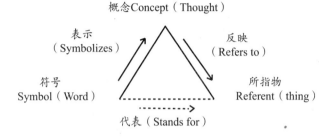

图1-21 概念和符号之间的关系

如"人"这个符号，rén是它的语音形式，"会说话、用两条腿走路、会制造和使用生产工具进行劳动的高级动物"是和这个音结合在一起的意义（词），构成符号的内容。符号的形成过程可以一步步图示如下：

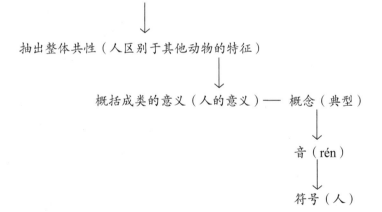

图1-22 符号的形成过程

由于人们接触的都是一个个、一件件的事物，要从中归出类来，必须开动脑筋，摄取个体的特征（比如个别的人的高矮、胖瘦、性别、职业），抽出整体的共性（人区别于其他动物的特征），概括成类的意义（人的意义），然后把这个意义（即概念）跟一组音相结合，从而形成一个符号（"人"）。

二、语言符号的特点

语言符号作为符号的一种，它肯定具有上面所述的符号的一般特点。此外，要使数量有限的语言符号能表达无限的现实世界，需要满足四个条件：一是能"**分割**"（Segment）现实世界，并加以"**命名**"（Name）；二是要求**分割体**（Segments of reality）具有"**可重复性**"（Repeatability），并能"**分辨**"（Distinguish）；三是分割体内的"**含糊性**"（Built-in vagueness）；四是"**记忆**"（Memory），即人们必须能够把语言单位储存起来以备后用。所以，语言符号在以下几个方面与其他符号存在着差别。

（一）语言符号的任意性和约定性

"**任意性**"（Arbitrariness）是就语言符号的创制来说的。所谓"任意"就是说符号的选择是没有明确的目的，是没有合理的理据的。中国古代哲学家**荀子**提出的"约定俗成"理论，第一次阐明了语言符号的社会本质。语言符号的音义关系是由社会约定的，用什么样的"音"去表达什么样的"意"结合成符号，甚至符号和符号的组合的规则，人们说不出什么道理，完全由社会约定，这种音义关系又叫**约定性**（Convention）；**马克思**说："物的名称，对于物的性质，全然是外在的。"[①] 例如英语book，汉语是"书"，日语是ほん。汉语的"书"，北京念shū，四川念sū，湖北念xū；又如汉语的"水（shuǐ）"，方言地区有不同的读音：sei、sui、fei等，英语是water，这些读音和"水"之间没有必然关系，是由社会成员共同约定的，无所谓好坏和对错。

同时，个人不能任意改变这种联系。例如我们说"电视"，不必真抬出一台电视来比划，用大家共知的记号diàn shì来表示，英语用TV别人就明白了。如果非要把"电视"说成"视电"或别的什么，别人就无法理解了。所以从本质看，语言是一种符号，只是它比任何**符号系统**（Sign system）都要复杂得多。

任意性不但是符号的根本属性，更是形成人类语言多样性的一个重要原因。索绪尔之所以提出任意性是语言符号的根本属性或第一条原则，是因为语言符号不但

[①]　马克思《资本论》第一卷，人民出版社，1953年，P89。

被动（Passive）地承载世界的信息，而且还**能动**（Active）地通过所指对能指的任意选择去创造意义。例如不同的语言可以用不同的音来表示相同的事物。例如：

	汉语	英语	俄语	日语	法语
书	[ʂu]	[buk]	[kniga]	[hon]	[liv γ]
鱼	[y]	[fiʃ]	[riba]	[sakana]	[pw a sõ]

表1-7

汉语	泰语	日语	印尼语	波斯语
树	ต้นไม้	木	ohon	تخرد
茶	ชา	茶	the	چایی
葡萄	องุ่น	ぶどう	angur	انگور

表1-8

汉语	父亲（爸爸）	母亲（妈妈）
英语	Father（dad）	Mother（mom）
马来语	Bapa	Emark
西班牙语	Papa	Mama
意大利语	Papa	Mamma
俄语	Отец（папа）	Мать（мама）
日语	お父さん	お母さん
印尼语	Papa	Mama
越南语	Cha	Mẹ
波斯语	بابابابا	ماممامانان
韩语	아버지	아빠
蒙语	Эцэг	Ээж нь
塔语	Ладар	Модар

表1-9

符号是具有社会性质的。人类语言的**交替性**（Interchangeability）表现在同**一语言社团**（Speech-community）中，[①]一切成员都能理解同样的符号，因为符号的意义也好，符号的形式也好，意义和形式结合的方式也好，都是一定的社会

[①]　"语言社团"是指通过言语来互相交往的一群人。这是由于性别、年龄和社会分工的不同而分成了不同的言语社团，在社团内部，由于人们之间的相互联系密切，交际频繁，因而在语言的使用上表现出一些不同于其他社团的特点。这样，各种言语社团就在全民语言的基础上，产生各有自己特点的语言分支。

集团赋予的，个人并不直接参与对语言符号的约定，必须继承前代所使用的语言，个人的创造必须为全社会接受才有可能成为全民语言。因此符号的社会性，可以说是语言符号的本质。

同一个概念在不同语言里，也可以有不同的表达方法。例如H_2O（水）这个概念，英语叫做water，俄语叫做voda，日语叫做mizu，汉语叫做"水"，西班牙叫做agua。当然英语经历了很多不同的变化，古英语中是akua，由于音变，到西班牙里就变成agua，有的语言从一开始保持了 akua，后来就变成agua，后来随着语音的简化，k跟g都不见了，就变成了awa，后来整体简化，就变成了 o 这个音。法语的eau/o/（水），就是由akua演化而来的。所以即使是一个语言**基因**（Gene）也可以有不同的表现方式。

同样一种语言，同一事物或概念，在不同地域就有不同的名称和说法。例如汉语里表示"太阳"这一意义，北京叫"老爷儿"，有的地方叫"日头"，有的地方叫"火神爷"，有的地方叫"阳婆"等等；如北京的"馄饨"，在四川叫"抄手"；东北人的"大娘"，在山东等地叫"大妈"，在江浙一带叫"阿姨"；"阿爹"在浙江嘉兴地区指"父亲"，而在苏州则指"祖父"。再如汉语的"玉米/苞谷/珍珠米/金豆/棒子/蜀米/包粟/玉蜀黍/苞萝"和"葵花/转日莲/日头转/朝阳花/朝阳葵/望天葵/转日葵/盘头瓜子"，分别指两种植物，有不同叫法，如果联系世界上不同的语言来看，那叫法就更多了。这就是语言中为什么存在**同义词**（Synonym）和**多义词**（Polyseme），以及同一事物在各种语言或方言中有不同的说法的原因。

语言符号中的形式和意义的结合不是必然的，完全由社会"约定俗成"，而不是它们之间有什么必然的、本质的联系。

任意性是形成人类语言多样性的一个重要原因。不同的语言可以用相同的声音表示不同的意义，也可以用相同的、类似的音来表示不同的事物，例如：

汉语：累（lèi）←→英语：lay（放下）

汉语：蜜、密（mì）←→英语：me（我）

英语：shoe（鞋子）←→法语：chou（白菜）

汉语：安（ān）←→波斯语：（心）（那个）

日语：きれい（漂亮）←→泰语：ขี้เหร่（难看）

　　日语：ほん（本）←→汉语：轰（hōng）

　　汉语：木（mù）←→波斯语：（مو）（头发）

字形不同的同音字（词）：

　　汉语（yì）：亿、易、益、翼、议、艺、意、义、异、宜、谊、

　　　　　　　　亦、役、毅、疫、逸

　　英语：[sʌn]：sun（太阳）和son（儿子）

　　　　　[tu:]：two（二）和too（也）

　　　　　[bɔ:n]：born（生）和borne（负担）

　　　　　[rait]：write（写）和right（对的）

　　　　　[bɛə]：bear（熊）、bear（负担）、bare（赤裸）

　　　　　[sait]：sight（视力）、site（场所）、cite.（引证）

字形相同的同音词：

　　英语：nail（指甲）和nail（钉子）

　　　　　sense（感觉）和sense（意义）

　　俄语：завод（工厂）和завод（钟表的发条）

　　　　　мира（世界）和мира（和平）

（二）语言符号的任意性和强制性

　　语言的音与义的结合的任意性只是祖先在最初创制符号时说的，一旦语言符号进入交际，也就是某一语音形式与某一意义结合起来，表示某一特定的社会现实现象后，对使用的人来说就具有了强制性。特定形式表达特定意义是"**有动因**"（Motivated）而非"**任意**"（Arbitrary），这里的"**有动因**"是指语言形式不是任意创造的，而"任意"则指语言符号的**声音形象**（Sound image）和它代表的概念之间像钱币的两面，不可分开，但他们之间又没有自然的、内在的或逻辑上的联系，即**无理可据的**（Unmotivated）。

　　语言符号的音和义结合的**任意性**（Arbitrariness）和它对社会成员的**强制性**（Obligatory）是一件事情的两个方面，不能够借口任意性而随意改变音和义之间的结合关系，除非整个社会接受，才能改变。只要想像一下，一个不会外语的人

到国外生活所遇到的窘迫尴尬，就知道**遵循原则**（Follow the principle）的重要性了，母语使用者正是因为掌握了大量的**规约性表达**（Conventional expressions）及**表达模式**（Patterns of expressions），才可以快速连贯地使用语言。

以日语为例，刚开始有很多**语言社团**（Speech-community），有一大部分人把"爸爸"叫做お父さん，又有一部分人把爸爸叫做dodo，还有一部分人叫做kagi。这里dodo、kagi并不是现在"爸爸"的意思，我们就假设很多年前的人自己创立了这样一种词语来称呼"爸爸"，结果用お父さん这个音在这个团体得到了大家的公认，那是在叫"爸爸"。而另外两个团体因为人数太少，当他们使用他们自创的语音跟之前大团体交流时，别人听不懂。所以，渐渐地，他们就放弃了自己的语音，而采用了お父さん这个读音。然后，这个读音就变成了现在日语中的"爸爸"的读音了。这就是任意性。事实上，只要日本人愿意，现在把"爸爸"叫做dodo也是可以的。只要所有的日本人都遵守这个规则，就能成功改变叫法。所以这里的"任意性"主要指有一定理据的俗成过程。人类语言的千变万化，正是任意性带来的结果，如罗宾斯（*Robins*, 1921—2000）所说，语言的任意性才使语言具有**"不可限量的可变性"**（Limitless flexibility）。①

（三）语言符号的组合性和线条性

一般来说，**"视觉符号"**（Visual symbols）都具有空间性，**"听觉符号"**（Auditory symbols）只能以时间为基础，是单维的**线性关系**（Linear nature），即**"语言符号"**（Language symbol）只能一个跟着一个依次出现，在时间的线条上绵延，不能在空间的面上铺开。这就是语言符号的**线条性**，它也不同于**表格**（Tables）（空间配置）。一个人在同一时间也不可能说出两个符号来。例如汉语"小王打碎了杯子"每个字只能顺着时间的先后一个跟着一个说出来，依次出现的符号要遵守一定的规则，不能随意编排，具有时间的**一维性**（One dimension）。这就是说，符号的线条性是由**规则**（Rule）支配的，对社会成员具有**强制性**（Mandatory）。如"我吃饭"不能说成"饭吃我"。即使是并列结构的成分安排也要遵循时间先后顺序，而非任意排列。例如，英语的day and night（白天与黑夜），cause and effect（因果），wait and see（观望）均为**规约性表**

---

① 详见*Robins, R. H.*（1989）. *General Linguistics*（4th ed.）. London: Routledge.

达，不可前后调整为night and day，effect and cause和see and wait。

语言符号的任意性是就单个符号的音和义之间的相互关系来说的，而符号的线条性是就符号和符号之间的关系来说的，它使符号构成不同的结构。符号和符号的组合不再是任意的，而是有条件的，是可以论证和解释的（符号和符号的组合条件就是语言里的各种结构规则），具有**理据性**（Motivationality）。例如，可以说Mary sent a book to storage和Mary sent David a book这样的句子，但不能形成Mary sent storage a book这样的句子，其原因就在于send这一**双及物动词**（Ditransitive verb）要求它的宾语是有生命体的事体，如David，但storage并不具有生命力，因而二者之间存在矛盾，在这一组合中无法进行有效合并。

总之，以任意性为基础的符号处于有条件、有规则的联系之中，使语言具备可理解、有条理的性质。

（四）语言符号的稳固性和可变性

语言一经置于社会领域，作为人类社会**共时性**（Synchrony）的最重要的交际工具，个人无权改变语言符号。语言不同于人为的、**契约**（Contract）性质的符号，无法通过多数人的决议，改变某些规则或移植某些规则，**共时**的语言符号具有**不变性**（Immutability）。

然而一切事物的发展过程，既呈现出相对静止状态，又显现出绝对的变化状态。语言也是不断发展变化的，在音义关系上呈现出**可变性**（Flexibility）特点。现代汉语和古代汉语之间出现质的差别，例如古代汉语单音词"奕"，现代汉语则要用双音节"下棋"表示。古代汉语"妻子"指"老婆和儿子"，现代汉语指"老婆"。又如一些新词的出现，例如"电脑"、"手机"等等。一些字词出现新用法。例如汉语"包袱"有两个意思：1.包裹，2.负担。"舌头"，通过**借代**（Metonymy）产生了新义"为探取情报而捉来的敌方军事人员"。其他语言亦有此现象，俄语язык还借代为"语言"；波兰语中gxaz（鹅卵石）仍然保留了俄语глаз（眼睛）的本义"圆形石头"的意义；英语的meat在古代指"食物"，现代只指"肉"，英语成语有meat and drink（吃的和喝的）；英语place（地方）就是通过法语的place（地方、广场）而借自拉丁语platea（大街、市场）的。古英语starve表示"死亡"，而现代英语表示"快饿死了的状态"。可见，语言符号具有可变性的一面。

这种变化，又从另一个方面说明了语言符号的任意性特点，即语言符号的音义联系是社会约定的，而不是天然的、本质的联系，如果变化则要经过新的约定。

（五）语言符号的有限性和无限性

语言符号能够在使用中重复出现，所以人们可以根据交际的需要用有限的语言符号说出无限的话来。数量有限的语言符号能表示无限的现实世界。语言中词语的组合规则是十分有限的，掌握了一个规则，可以推出无限多的句子。例如学会说"我吃饭"，掌握了"主-谓-宾"这个格式，就可以制造出"我看报"、"他打球"之类的句子来。人们说出和理解新句子，这些话语却不一定是过去听到过的，而是因为这些句子与过去听到过的句子相类似，它是通过**类化作用**（Nalogization）生成的。这是其他符号系统所无法比拟的。

语言中的词表达的意义具有概括性，数量是有限的。一个词可以重复使用，可以用在这个句子中，也可以用在那个句子中，从而满足人们交际的需要，所以语言系统中的句子是无穷的，但构成句子的材料（词）却是有限的，这也有利于人们学习掌握这种语言符号。例如"人"这个词，并不指哪一个具体的人，可以指男人、女人，甚至古今中外所有的人；"苹果"也可以指颜色、味道、形状完全不同的苹果。

（六）语言符号的有多样性和民族性

不同民族有不同的语言，不同的语言代表的是不同的语言习俗，不同的语言习俗反映出不同的思想观念。从远古语言产生时候起，世界上就不止一种语言。根据德国出版的《语言学及语言交际工具问题手册》，现在世界上查明的语言有5651种。在这些语言中，约有1400多种还没有被人们承认是独立的语言，或者是正在衰亡的语言。使用人数超过5000万的语言有14种：汉语、英语、印地语、俄语、西班牙语、德语、日语、法语、印度尼西亚语、葡萄牙语、孟加拉语、朝鲜语、意大利语和阿拉伯语。按被规定为官方语言或通用语言的覆盖面积来说，英语占第一位（约44国），法语第二（约31国），西班牙语第三（约22国）。不过，世界第一大语言是汉语，第二大语言是英语，第三大语言是西班牙语。

基于语言具有民族性、地域性及发展性等特性，随着从古至今各个国家、民族的扩大，世界上现已产生5000多种语言。加上个别族群社会的分化及发展，各族语言也不断发生变化而产生各类变体。语言还与人类的历史、思维和认识过程紧密联系，由于世界各地人类的演化历史、思维与认知方式不同，无形中产生了许多不同的语言。

同时，人类社会本身并不是一个统一体，而是分成了不同的部落，不同的民族，不同的国家，由于社会习惯的差别，他们在选择语音形式、语法规则方面也按各自的意愿行事，同一社会集团的成员约定俗成，共同遵守，这样就形成了不同的语言。

同样的意义内容，在不同的语言中有不同的语音形式，这是不同的社会习惯决定的，是不同的民族在创造这个词的时候选择了不同的语音形式，是各个社会的成员约定俗成的，因为语音形式和意义的联系是任意的，非本质的，所以不同语言之间出现这样那样的差异。

虽然语言不是文化的产物，但语言是文化的载体，同时反映民族的文化信息，并且不同的民族使用不同的语言符号，因而在语音、词汇、语法三个方面均显示出鲜明的差异性。

例如汉语跟大家所熟知的英语、俄语、日语等相比较，在语音、词汇、语法方面表现出很大的差别：在语音上，汉语作为有声调的语言，每个音节都有声调，几个音节连读会发生变调；在词汇上，古代汉语里的单音节词占优势，一字一词，而在现代汉语里，双音节合成词占优势，此外还有丰富的四音节成语，丰富的量词和语气词；在语法上，语序和虚词是汉语表示语法意义的重要手段，因而不同于西方语言的最突出表现就是汉语缺乏形态标志和形态变化。例如：

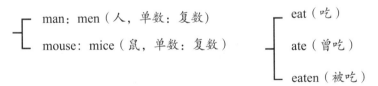

显然，以上西方语言中的**屈折变化**（Inflections）在汉语中并不是非用不可的。比如：

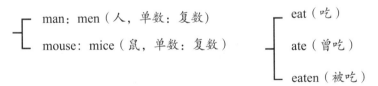

我们对比英汉两种语言的**人称代词**（Personal pronoun）和**动词**（Verb）在句子中的形态变化，情况如下：

人称代词		动词	
I	我	sing	唱
I am busy.	我很忙。	He sings well.	他唱得很好。
Do you remember me?	你记得我吗？	He sang a song.	他唱了一首歌。
This is my book.	这是我的书。	They are singing.	他正在唱歌。
This book is mine.	这本书是我的。	He will sing tomorrow.	他将明天唱歌。

表1-10　英汉两种语言的人称代词和动词在句子中的形态对比图

通过对比可以看出，汉语的各类词以及词与词之间**没有形态标记**（Unmarked），而**印欧语系**（Indo European）的词在组合成句子的时候，往往有形态的变化，是**有标记**（Marked）的。例如英语的人称代词"我"在表中有四种变化形式：I、me、my、mine；动词sing（唱）在表中的句子里也有四种变化：sings、sang、singing、sing。以上这些词形变化分别代表了关于"**人称**"（Person）与"**格**"（Case）的一致性问题，[①]以及动词的"**时态**"（Tense）等问题。

三、语言符号的表现形式

（一）语言符号的外在表现——语音、文字

1. 语言符号和语音（Speech sound）的关系

语言的本质属性存在于口语，是人类在漫长的进化中发展出来的，人类选择语音作为语言的形式，同其他形式相比，语音形式有如下优点：

第一，因为语音形式使用方便，人人都具备**发音器官**（Pronunciation organ），可以随时随地发出各种意义的音来，而不必借助身体以外的东西作为形式，因而使用起来既方便又快捷。

---

①　这里指的是传统语法中的"格"（Case），是指某些屈折语法中用于表示词间语法关系的名词和代词的形态变化，这种格一般都有显性的形态标记，例如词尾变化或者词干音变，即以表层的词形变化为依据，如德语的四格，而非菲尔墨（*C.J.Fillmore*）格语法（Case Grammar）中的"格"（Case）。

第二，语音形式的容量大，它的各个单位通过排列组合，可以组成不同的**音节**（Syllable），仅仅凭借少量的**音位**（Phoneme），就可以明显地把音区别开来，表示各种各样的意义。最大限度地利用有限的发音器官（软腭的位置，舌头的高度），无论是简单的意义还是复杂的意义，语音都能表达。

第三，用嘴说话还不影响手脚的活动，在劳动的过程中，有声的语言不会因为距离和光线（看不见对方或在黑暗中）而影响交际沟通。所以人类语言一开始就是**有声语言**（Verbal language），而不是无声的手势之类。[①]

此外，语音还带有**声调**（Tone）、**语调**（Intonation）和**轻重**（Loudness）等特性，具有感情成分与色彩意义，可藉此轻易表达个人情感等。

2. 语言符号和文字（Script；Writing）的关系

所有语言都是有声语言，所有语言都是用来表情达意的，是人有目的地发出、而他人能从中理解、体会其意义的声音，甚至可以不借助文字进行理解。从本质上说，语言的根本渠道是声音，文字是后天的，是语言产生很久以后才出现的，它充其量算是口语的记录形式，是语言的辅助手段；其次，文字是由人类创造的，不受时空限制，能表示一定的意象信息（事物和观念）、也能记录语言中的词、语素和音节的平面视觉符号。[②]文字是语言的符号，它突破时空限制、记录语言、表达语言的音义（意），这是所有**文字符号**（Character symbol）区别于**非文字符号**（Non-literal symbol，如艺术绘画、图形标识等）的共同性质。因此，从符号性质的角度，文字与语言是两套相互依存的表达交际系统，文字和语言既有着密切的联系，但它们之间又有着质的区别。

从历史上，以及发生学和逻辑学上看，语言（言语）都是先于文字的。语言是伴随着人类社会同时产生的，而文字则是人类社会发展到一定阶段才产生的，这可以从所有高度发展的文字体系所采取的形式中看出，这些文字体系都是经历了漫长时期的口语形式后才出现的。因此，文字是在语言的基础上产生的，没有语言就没有文字。文字的出现扩大了语言作为交际工具的功能，但文字只是一种

---

① 事实上，在人类的进化史上，手势语言为言语的产生创造了智力条件，而在生理上，发音机制（喉道下低及声道扩大）也做好了接替手势的准备。同时，极有可能在远古时期，工具的使用和语言本身就是连在一起的，即使是今天，声音和手势早已重叠使用，人们说话时，尤其是表达某些语调时，仍然伴随着大量的身势。

② 这里我们没有采用西方《普通语言学》对语言的定义"口语是心灵经验的符号，而文字则是口语的符号"（见亚里士多德的《工具论》、《范畴篇》、《解释论》等论著，不再逐一说明），主要是考虑到表意文字（Semantic script）汉语的特点，例如早期的汉字并不记录语音，而是直接用字形（Graphic form）反映词语的"意义"（Meaning）和"概念"（Concept），而亚里士多德（Aristotle）和索绪尔（Saussure）给文字的定义是立足于表音文字（Phonetic script）而言的。

记录符号的符号，文字和语言毕竟不是一回事，文字，它在一定程度上是独立发展的。

第一，从本质上说，语言和文字都是交际工具，但它们在社会中的作用是不一样的。语言是社会必需的交际工具，没有语言，社会就不会存在。文字是在语言的基础上产生的，语言已有几十万年的历史，文字却只有几千年的历史，在少数文明程度较高的地区首先诞生。而一个社会可以没有文字，却不能没有语言；没有语言，社会就不能生存和发展。而文字对一个社会来讲，则不是必需的，一个社会可以没有文字而照样存在。例如世界上还有三分之二的语言没有文字，中国有五十四个少数民族，只有汉族、藏族、蒙古族、维吾尔族、哈萨克族、朝鲜族和傣族等一小部分民族有自己的文字；俄罗斯有一百多个民族，但只有三十多个民族有自己的文字。因此，文字只是辅助语言的交际工具。

第二，文字打破了语言交际中时间和空间的限制，在很大程度上扩展了语言的功能；语言可以在文字的帮助下，在口头之外改换物质表现形式，形成书面语。这是其他语言辅助工具所不能比的，所以说文字是语言最重要的辅助交际工具。

第三，成熟的文字具有**字形**（Graphic form）、**字音**（Pronunciation of a script）、**字义**（Semantic meaning of a script）三个要素，这三个要素在所有文字体系中都是不可缺少的。无论是**拼音文字**（Alphabetic writing）还是**意音文字**（Semanto-phonetic script），都要有一定的**形式**（Form），又有通过这种形式所记录的音和义，三者缺一不可。然而，只有**字形**（Script figure）才是文字所特有的，字音和字义要以语言成分的发音和含义为基础。同时，"语言和文字是两种不同的符号系统，后者唯一的存在理由是在于表现前者。"[①] 所以每一种文字都必须适应自己所记录的语言的结构特点和语音特点。

（二）语言符号的内在表现——语言符号、现实现象、音、义四者的关系

符号总是代表一定的现实现象，音和义之间的关系是约定俗成的，而和音相联系的义总是人们对一类现实现象的概括反映。音义结合的统一体构成符号，成为现实现象的代表，意义是联系现实现象和音之间的桥梁。没有意义，就没有对

---

① [瑞士]费尔南迪·德·索绪尔《普通语言学教程》，高名凯译，岑麒祥、叶蜚声校注，商务印书馆，1982年，P37，P47。

现实现象的反映，音和现实现象之间便不会有联系。例如：

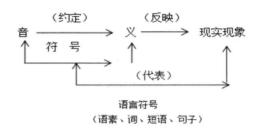

图1-23　语言符号中音义关系图示

符号包括了**形式**（Form）和**意义**（Meaning）两个方面的要素，有一定的形式和一定的意义，这里的意义是指语言形式想要传达的信息或说话者的意图。只有音和义结合才能指称现实现象，构成语言的符号系统。此符号系统内部包括音位、语素、词、短语及句子等，有语法和语义结构。而最终，人们又能根据交际的需要，将有限的符号排列组合成符号，并且能够在使用中重复出现。

四、语言符号的系统性

所谓"**系统**"（System），就是一种完整、严密的组织结构，由一组成员和一组规则构成，内部的成分不可任意增减或更替。**韩礼德**（*Halliday*）的**系统语法**（Systemic Grammar）认为，语言是由许多系统组成的**系统**（A system of systems），大系统包含小系统，小系统包含更小的系统。[①] 我们单从**内部结构**（Internal structure）来看，语言**符号系统**（Sign system）具有**双重结构**（Double structure），包括**语音系统**（Phonetic system）和**意义系统**（Meaning system）。语言这个符号系统有其独特性。例如：

（1）语言是一个由**语音**（Speech sound）和**语义**（Semantics）结合而成、由**词汇**（Vocabulary）和**语法**（Grammar）所构成的符号系统（Sign system）。

（2）语言是一个**动态**（Dynamic）的系统，存在于社会交际的过程中，它随着社会的产生而产生，随着社会的发展而发展。

（3）语言还是一个很规则变动的**结构**（Syntax），由于其发展变化的特性，使其内部具有**生成性**（Generative）、**可分割性**（Severability），从而**内含**

---

① 见韩礼德从二十世纪五十年代初至六十年代中期的论文《语法理论的范畴》（1961）、《语言中词类与连锁轴和选择的关系》和《"深层"语法札记》（*Some notes on "deep" grammar*, 1966）等。

规则性（Systematicness）。[①]

语言作为一种结构系统，同样具备"系统"（System）的三大要素：

- **整体**（Entirety）（有规则的整体）
- **成分**（Component）（包含许许多多成分，可分割）
- **关系**（Relationship）（规则，即受规则的支配而互相层层组合形成种种关系）

语言**系统**（System）是由语言单位组成的语言组织网络（如语音系统、词汇系统）。语言作为一个整体就是一个系统，通常也是一个由分系统组成的层级系统，在这个系统里，**语音**（Speech sound）、**词汇**（Vocabulary）、**语法**（Grammar）又被看作是语言的三大要素。语言就其社会属性来说是一套交际工具，但就其自然本质来说是一套符号系统，这个系统是由若干个**子系统**（Subsystem）组成的。一种语言要成为有效的交际工具，它的每个子系统都应该是完备的。

语言符号的系统性表现在**层级性**（Gradability）上。语言是一种分层的装置，语言符号是由许多层次依次组成，每一个**级阶**（Rank scale）的单位可以互相组合成更大一级的单位，这样一级一级按一定的规则层层组合，形成一个**语言系统**（Language system）。比如语言体系中有限的音位组合成音节与语素，联系起来，语素又组合成更多的词，词则组成无穷的句子来满足人们的交际需要。语言**单位**（Unit）从小到大的组合，充分体现出语言的体系性。例如：

音位→语素→词→词组→句子

每一个单位由下一级的单位组成，并为上级的单位提供组成成分。一个单位只能包含下一级的完整单位，不能包含下两级或三级的单位。此外，在这个层级中，区别性特征、音素和音节是无意义的，它们都属于**音系等级体系**（Phonological hierarchy），从语素（词素）开始才与意义有了联系，然后一直到词和句子。

（一）语言符号的结构关系（Structural relations）

语言符号的**系统性**（Systematicness），最突出的表现还是语言符号的**组合关系**（Syntagmatic relations）和**聚合关系**（Paradigmatic relations）。

[①] 参见何大安《规律与方向：变迁中的音韵结构》，（台北）学生书局，1988年，P2—3。

1. 组合关系（Syntagmatic relations）

又称“句段关系”、“结合关系”或“连锁关系”。是**索绪尔**（*Ferdinand de Saussure*, 1857—1913）在《普通语言学教程》中提出的术语。[1] 具体指语言的结构式（包括所有的分析层面）中构成成分之间线性序列上的关系，是一种**线性关系**（Linear relation）。组合关系在语音、语法等各个分析层面都存在，符号和符号的组合不是任意的，而是有规则的，有选择的，语言中的词组成句子，不是杂乱无章地堆砌的，而是按一定的语法规则组织起来的，这里的组合规则就体现了语言横向方面的关系——**组合的关系**。

简单地说，符号和符号按照一定规则组合起来的二维关系就是语言的**组合关系**。如图:

组合关系 ⟶

a	b	c
老师	分析	课文。
小王	讲	故事。
李明	写	文章。
我	看	电视。
他	学	英语。
名词 +	**动词** +	**名词**

图1–24　语言的组合图示

“组合关系”这个术语是专门用来表示属于横向“**结构段**”（Syntagmatic）方面的任何一个单位或任何一个由各种单位粘结的组合，如一个词、一个短语或一个从句，属于句法领域，不仅存在于词与词之间，有时候也成为“**组合体**”（Syntagm），存在于词组或更复杂的语言单位之间。**组合关系**（Syntagmatic relations）与语言的“**聚合关系**”相对。

2. 聚合关系（Paradigmatic relations）

又称“**联想关系**”（Associative relation）或“**选择关系**”（Paradigmatic relation）。与“**组合关系**”相对。是索绪尔在《普通语言学教程》中提出的另一个术语。[2] 具体指语言的某些组合中处在相同位置上的语言单位彼此可以互相替换的关系，有相同替换关系的语言单位可以聚合成类。例如：

---

① [瑞士]费尔南迪•德•索绪尔《普通语言学教程》，高名凯译，岑麒祥、叶蜚声校注，商务印书馆，2007年，P170。

② 同上。

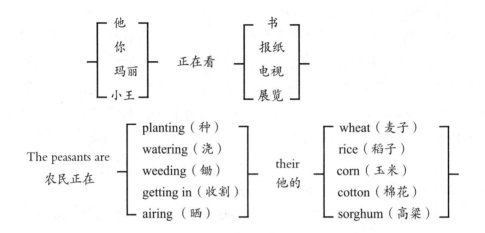

这就是说，上面几组词在一个结构中可以占据某个相同的位置，因此，语言结构中的每个词都处在既可以和别的词**组合**（Combination）又可以和别的词**替换**（Replace）的两种关系之中。

索绪尔利用语言符号施指的**线性关系**（Linear nature）区分了语言符号之间的两种关系。符号施指在言语中是一种声音，必须依照时间顺序一个一个地出现，不可能同时出现两个成分；同时，听觉符号只能以时间为基础，是单维的，所以它是一段时间，是一条线，一个连锁；变成文字时，这种时间顺序只不过被字母的顺序和字间距所代替。另一方面，一个符号可以引起许多联系，使说话人记起与之有关的词，这是意义上的联想。例如：

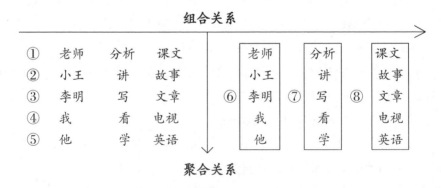

图1-25　语言的组合、聚合关系图示

以上①②③④⑤分别代表了组合关系，⑥⑦⑧则代表了聚合关系。"聚合关系"这个术语用来表示语言纵向"聚合体的"（Paradigmatic）方面由某种语法规则把它们联接在一起的各种语言单位的集合，一般是指那些在形式上和意义上都极为相似的类别。它们所代表的词类可以是次数少、分类严谨，所受结构限制非常大，只有在某种相当严格的语法规则指导下才能做出变化的类别。例如英语中代名词与它们的各种格或动词与它们表示的数、时态以及人称的词尾变化，有时也称为**"聚合体"**（Paradigm）。

索绪尔的组合和聚合观念，形象地说明了语言的系统性。用图形表示如下：

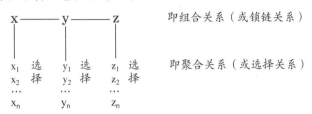

图1-26　语言的组合与聚合模式（1916，索绪尔）[1]

上图中的x、y、z代表句子的主要成分，其中$x \to y \to z$是组合关系，x_1、x_2、……、x_n是聚合关系。索绪尔这一理论不仅适用于语法，也适用于语音和词汇。经过50年的时间，这一理论得到后代学者越来越深的理解，越来越广的应用。在索绪尔的影响下，**伦敦学派**的**弗斯**（*John Rupert Firth*，1890—1960）认为语言包括**系统"**（System）和**"结构"**（Structure）两个要素。结构是语言成分的**组合性排列**（Syntagmatic ordering of elements），而系统则是一组聚合性单位（A set of paradigmatic units），这些单位能在结构里的一个位置上互相代替。结构是横向的，系统是纵向的。图示如下：[2]

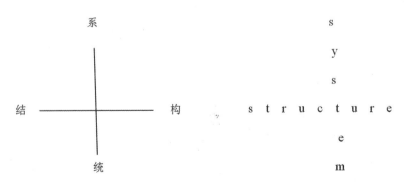

图1-27　语言的"系统"和"结构"关系图

语言是纵向的，也是横向的。呈现聚合关系的单位是**系统性单位**

---

① 本图引自《中国大百科全书》，中国大百科全书出版社，1988年，P476。
② 下图引自刘润清《西方语言学流派》（插图本），外语教学与研究出版社，2013年，P305。

（Systematic items），呈现组合关系的单位是**结构性单位**（Structural items）。当代伦敦学派的语言学家**韩礼德**（*M.A.K.Halliday*）进一步指出：一句话由许多单位组成，这些单位呈现单维、线性排列，叫**连锁轴**（Axis of chain）。连锁轴又称组合轴，相当于索绪尔的**连锁关系**（Syntagmatic relation）。出现在连锁轴上的是大小不同的结构，有音位结构、文字结构、语法结构及词汇结构，在这些结构的任何一点上，又有选择的可能，是在**选择轴**（Axis of choice）上进行的。选择轴又称**聚合轴**，相当于索绪尔的**联想关系**（Associative relation）或**选择关系**（Paradigmatic relation）。①

在连锁轴上的语法是**结构**（Structure）。聚合关系在**语音层**、**语法层**等各个分析层面都存在。例如句法中的**词类**是词在句法层面的聚合关系的产物。例如：

$$
动词系统
\begin{cases}
及物动词（小聚合类）\\
不及物动词（小聚合类）
\end{cases}
$$

语言**单位**（Unit）之所以可以进行再分类就是因为它们之间具有聚合关系。有时两个语言单位在任何情况下都不能替换，但它们有相同的组合功能，因而仍有聚合关系。例如：

$$
定语
\begin{cases}
many+可数名词（books、bags、desks、gifts、children、people）\\
much+不可数名词（money、water、time、food）
\end{cases}
$$

再比如，功能词（Function word）各类有形成纵聚合关系的明显倾向。以英语的人称代词为例。②

		主格	宾格	属格（形容词性）	属格（名词词性）
单数	第一人称	I	me	my	mine
	第二人称	you	you	your	yours
	第三人称	he（阳性）	him	his	his
		she（阴性）	her	her	hers
		it（中性）	it	its	its
复数	第一人称	we	ue	our	ours
	第二人称	you	you	your	yours
	第三人称	they	them	their	theirs

表1-11　英语的人称代词的聚合关系

---

① 详见韩礼德的《语言中词类与连锁轴和选择的关系》（*Class In Relation to the Axes of Chain and Choice*，1963）一文。索绪尔认为语言符号施指具有线性关系（Linear nature），在此基础上区分语言符号之间两种关系，一是连锁关系，一是联想关系，又称为选择关系。

② 有些形式未列入下表，例如反身代词myself、themselves等和疑问代词who、whom、whose等。

我们可以看到，这些人称代词分布于**特征矩阵**（Feature matrix），这些**特征**（Feature）包括："人称"、"第一、二、三人称"、"数"（单数和复数）、"格"（主格、宾格、属格）、"**修饰**"作用（Modification）（形容词性的、名词性的）以及"性"。

3. **组合关系和聚合关系的互动与平衡**

一般而言，句子处于组合轴上，词汇处于聚合轴上；组合是**显性**（Overt）的句法成分，而聚合则是**隐性**（Covert）的词汇成分，隐性成分支撑着显性成分；可以说连锁轴把出现的单位联系起来，选择轴把没有出现的单位联系起来。一方面单词可以从聚合轴上被抽取来替换组合轴上的**成分**（Elements），从而构成新的句子，另一方面，组合中的成分可化为聚合中的成分。例如，从聚合中抽取某个单词，该单词就从隐性变成显性，同时从词汇成分转化为句法成分；而在组合中隐含掉某个结构成分时，那么该结构成分随之也转化为隐性的词汇成分。可以说，组合中有聚合，聚合中也有组合。简言之，是组合层面与聚合层面的互动、互化与平衡才产生新的句子。

因此，组合关系和聚合关系是语言的两种根本关系，事实上，音位、意义、词、语素都处于这两种关系之中，是语言系统的纲，把握了这个纲，就基本上把握了语言系统。

（二）语言符号的层级性

语言具有**双重结构**（Double structure），包含语音和意义两种系统。大部分的语言学家一致认为，语言符号具有层级性（在层次上组织层次），下级单位经过一定的规则可以构成上一级单位，例如最小的语言符号可以通过一定的结构方式依层构成大的语言符号。波兰语言学家**克鲁斯基**（*M.Kruszewski*）认为，语言单位包括话语、句子、词、形态成分、声音和生理性发音运动。[1]韩礼德的"**系统功能语法**"（Systematic functional grammar）把语言单位分为**语素**（Morpheme）、**词**（Word）、**短语**（Phrase）、**小句**（Clause）、**复句**（Sentence），并设有一个"**级**"（Rank）的范畴，[2]将各种语法单位通过**级阶**（Rank scale）大小排列，复句为最大的语法单位，其他语法单位视其在上一级语法单位中的作用来确定。如图：

---

[1]　详见克鲁斯基（*Kruszewski*），《语言学导论》（*An Outline of the Science of Language*）（1883）。

[2]　详见韩礼德的《英语的及物性和主位札记》（*Note on Transitivity and Theme in English*,1968）等三篇论文以及1970年的《语言结构与语言功能》。

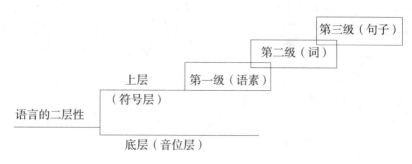

图1-28　语言的二层性图示

一方面，语言可以分为几个**平面等级**（Hierarchy of levels），每个平面上的组成成分（如音位）结合起来构成另一相邻平面上的组成成分（如词素），其中这种结合的可能性规定了它们的性质。如音位只能与音位结合，词素只能与词素结合，词素不可与短语结合等。

另一方面，底层的音位数目虽然少，却能构成数目众多的组合，为语言符号准备形式部分。上层是音义结合的符号与符号的序列，被分为了三级，各层又有交叉。尽管音位只是构成语音符号的形式，并没有与意义挂钩，而**语素**却是形式与意义结合的符号，既有一定的语音形式，又代表一定的意义，因而从**音位**（Phoneme）到**语素**（Morpheme）有性质上的飞跃。

语言是一种符号系统，这种符号系统具有**生成性**（Generative），语言符号的基本单位是有限的，语言符号的组合规则也是有限的，即有限的符号通过有限的规则组合以后可以生成无限的句子，表达无限的意义。

第三节　语言研究简史

一、"语言"与"语言学"

（一）关于语言

通过前面两节的讨论，我们对"语言"的特点有了一个全面的考察。综合各派的学术观点和古今语言研究的成果，可以客观地界定**"语言"**（Language）是一种特殊的社会现象，是人类最重要的交际工具和必不可少的思维工具，是音义结合的符号系统。这个有关"语言"的定义至少包含三层基本意思：

第一，我们所讨论的语言学意义上的语言是人类所独有的，**"动物语言"**（Animal language）不在此范围。

第二，人类可以用多种工具进行交际和思维，但只有语言是人类须臾不可离开的、最为重要的工具，这也是人类和动物最根本的区别。

第三，语言是代替事物的符号，然而这个符号不同于一般意义上的普通符号，而是由语音、语义、语汇、语法等**子系统**（Subsystem）构成的，是由人类自己创造，也只有人类自己才可掌控的超复杂体系。

目前，西方大部分语言学家暂时同意的定义是："语言是用于人类交际的一种任意的、口语的、符号性系统。"**萨丕尔**（Sapir）在《论语言》（1921）中总结说："语言是人类特有的、非本能的交际方法，是表达思想、感情和愿望等主观意志的符号系统。"[①] 语言学家**叶姆斯列夫**（Louis Hjemslev）在《语言理论绪论》（1943）总结了前人对语言的观察，全面地阐释了语言的性质："语言，即人的话语，是永不枯竭的、方面众多的巨大宝库。语言不可与人分割开来，它伴随着人的一切活动。"此外，"语言是人们用来构造思想、感情、情绪、抱负、意志和行为的工具，是用来影响别人和受别人影响的工具，是人类社会的最根本、最深刻的基础。"同时，在我们有意识之前，语言就已经存在，并伴随我们一生，而且人们一分一秒也离不开语言。因此，"语言与性格、家族、民族、人类、生活之联系如此紧密，我们甚至有时怀疑语言是这一切的反应，或者是这一切的集合，是这一切的渊源。"尽管叶姆斯列夫对语言的描述具有浪漫主义色彩，但他已经充分地注意到了语言的重要特质和内容，那就是语言的遗传性、社会性、重要性、与思维的关系，与文化的关系以及语言与言语的区别等等。[②]

（二）关于语言学

任何一门学科都有自己明确的研究对象，特定的研究任务和独特的研究方法。一门独立的学科要想区别于其他学科，一定要具备下面三个基本要素，"语言学"作为一门独立的学科也不例外。

[①] Sapir E.Language:An Introduction to the Study of Speech, New York:Harcourt,Brace,1921.

[②] 叶姆斯列夫是十九世纪丹麦"哥本哈根语言学派"的代表人物，其主要观点见其代表作《语言理论导论》（Hjemslev L.Prolegomena to a Theory of Language [1st ed., 1943, translated from the Danish by F j whitfield].2nd ed.Menasha,Wisconsin:University of Wisconsin Press,1961.）

```
┌── 研究对象（研究什么？）
├── 研究任务（解决什么问题？）
└── 研究方法（采取什么研究方法取解决？）
```

1. 语言学的研究对象

"**语言学**"（Linguistics）是研究人类语言的学科。是以语言为研究对象的科学，范围包括语言的本质、语言的起源、语言的结构、功能、类型以及语言的运用、语言的社会功能和历史发展，以及其他与语言有关的问题。索绪尔从社会角度观察问题，把"语言"看成"社会产物"，"是一个社团所遵循的必要惯例的集合"；乔姆斯基从心理学角度看问题，把**语言能力**（Competence）看成人脑的特性之一，即儿童接触语言材料之后内化了的语言规则，是下意识的语言知识。语言能力是潜含的，只有在语言行为中才能观察到；语言运用表露在外面，可以直接观察。[①]尽管索绪尔的"语言"是静态的，乔姆斯基的语言能力是动态的，是生成语言过程中的潜在能力，但是，这两位语言学家都同意，语言学的研究对象不是"**言语**"（Parole）或**语言运用**（Performance），而是"**语言**"（Langue）或"语言能力"。

2. 语言学的研究内容

语言是随着社会的发展而发展的，研究语言的学问当然也要不断前进。概括地说，语言学可分为两部分：**微观语言学**（Microlinguistics）和**宏观语言学**（Macrolinguistics）。其中宏观语言学主要研究语言多方面的外部联系，只有微观语言学才是研究语言结构本身。包括以下五个方面的内容：

```
       ┌ 语音学（Phonetics）┬ 声学语言学（Acoustic linguistics）（物理属性）
       │                    ├ 生理语音学（Physiological phonetics）（发音方法）
       │                    ├ 感知语音学（Perceptual phonetics）（感知过程）
       │                    └ 音系学（Phonology）（区别、关系）
       │ 语法学（Grammar）┬ 词法/形态学（Morphology）（构成、分类、变化）
       │                  └ 句法（Syntax）（词组→句子）
 ──────┤ 词汇学（Lexicology）┬ 词源学（Etymology）（来源、历史）
       │                    └ 词典学（Lexicography）（分类、比较、注解）
       │ 文字学（Graphology）（形态、体系、起源、演变、发展）
       └ 语义学（Semantics）（意义、变化）和语用学（Pragmatics）（使用）
```

---

① 乔姆斯基所说的"语言能力"是指在最理想的条件下说话人/听话人所掌握的语言知识；"语言运用"是只对这种知识在适当场合下的具体。此外，乔姆斯基的语言运用与索绪尔的"言语"基本相同，但是语言能力则与后者的"语言"有所区别。

3. **语言学的研究目标**

各个时期，语言学研究的目的、内容和对象不同，例如**传统的语言学**（Traditional linguistics）以研究**古代文献**和**书面语**为主，**现代语言学**（Modern linguistics）以**当代语言**和**口语**为主。不同的时代，人们对语言的认识角度、深度和运用的方法也不尽相同。例如，早在十九世纪初二十世纪末，关于语言学的任务，索绪尔就曾提出如下三条：①

（1）对一切能够接触到的语言做出描写，并整理出其历史，也就是整理出各语系的历史并尽可能重建各语系的母语；

（2）找出在一切语言里永恒地、普遍地在起作用的力量，分析出普遍性的规律，即能够概括一切具体历史现象的规律；

（3）确定语言学的界限和定义。

由索绪尔提出的三项任务，我们可以得出三项启示：

第一，站在研究方法的角度看，是"**描写**"（Describe）语言还是"**规定**"（Prescribe）语言，显然是传统语言学与现代语言学的分水岭，描写语法并非语言学研究的最终目的；

第二，从研究的结果来看，一门学科只有分析出其普遍性规律，才算达到了真正目标；

第三，从研究的内容上看，**索绪尔**早已预见到语言学这门学科的复杂性。

索绪尔提出的第三条，足见其在规定语言学任务时经过深思熟虑。**乔姆斯基**也曾高度概括说，研究语言的最终目的是解释人脑的实质，人的认识的本质和人的本质。随着生物学、神经学、认知科学的发展，到二十一世纪，**乔姆斯基**越来越认为语言学将会走向生物科学。事实证明，经过整整一个世纪后的今天，有关"语言学"的界限和定义问题还是没有很好地解决。究其原因，就是因为语言学跨越多门学科，涉及**物理学**（Physics）、**生物学**（Biology）、**社会学**（Sociology）、**心理学**（Psychology）、**数学**（Mathematics）等学科。

在以上认识的基础上，站在今天的角度，我们可以说"语言学"的基本任务是：研究探索语言的规律（本质规律、结构规律、演变规律和发展规律），使人们懂得关于语言的**理性知识**（Rational knowledge），以提高学习语言的效率和使用语言的水平。事实上，早在二十世纪三十年代，**叶姆斯列夫**（*Louis*

---

① [瑞士]费尔南迪·德·索绪尔《普通语言学教程》，高名凯译，岑麒祥、叶蜚声校注，商务印书馆，2007年，P26。

Hjemslev）就已经提出：传统的研究学研究的是语言的物质的、生理的、心理的、逻辑的、社会的、历史的各个方面，唯独没有研究语言本身，这样做必然忽略语言的本质。因此呼吁：要把语言学变成真正的科学，而不是辅助性科学，就必须研究语言本身，必须把语言看成独立配套的自足体系。现在就需要建立一种真正的语言理论，提出理论原则和研究方法，指出研究方向。①

二、语言学的分类

随着语言研究的不断深入，**宏观语言学**（Macro Linguistics）已经扩展到其他领域，也就是说，人们已经开始从不同的角度去研究语言，由此产生了相应的分支学科。例如

※从研究对象的范围分：

具体语言学（汉语、英语、法语、俄语等）

普通语言学（General linguistics）（人类所有语言）

※从研究对象的时间分：

历时语言学（Diachronic linguistics；Hiatorical）（动态）

共时语言学（Synchronic linguistics）（静态）

※从研究方法的不同分：

比较语言学（Comparative linguistics）

历史比较语言学（Historical and comparative linguistics）

其他边缘语言学（Para-linguistic）

※从研究涉及的内容的不同分：

社会语言学（Sociolinguistics）（社会方言）

心理语言学（Psycholinguistics）（儿童语言习得、第二语言习得、言语的产生、听辨、语言和思维）

人类语言学（Anthropological linguistics）（语言结构、语言变化、社会结构）

副语言学/伴随语言学（Paralinguistics）（有声现象、无声有形现象）

应用语言学（Applied linguistics）（一般应用语言学、机器应用语言学）

由此可见，从不同角度，可以将语言学划分为不同的门类或分支。目前较为

---

① 叶姆斯列夫的主要观点见其代表作《语言理论导论》（*Prolegomena to a Theory of Language*，1943）。

全面的分类如下：

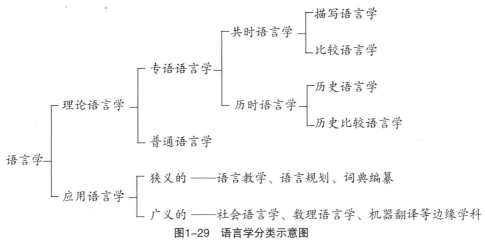

图1-29　语言学分类示意图

（一）理论语言学（Theoretical linguistics）

是语言学学科的主体，它包括对个别的、具体的语言的研究和综合各种语言的研究，探索人类语言的共同规律。探讨人类语言的本质，考察人类语言的共同规律和普遍特征，从具体的语言现象中总结、归纳出普遍规律，为语言学的各个分支学科建立共同的理论框架。

1. 专语语言学（Special linguistics）

以某一种具体的语言为研究对象的语言学，其研究对象是具有某些特定使用范围的**语言变体**（Variety in language）。

（1）共时语言学（Synchronic linguistics）

又称"**静态语言学**"（Static linguistics）。语言学的一个分支。描写与研究一种或多种语言在其发展历史的某一时期的状况，即**语言状态**（language state）。是从语言发展的一个横断面，对一种语言在特定时期的相对静止的状态进行静态研究的语言学分支。主要学派有**描写语言学派**（Descriptive linguistics）、**转换生成学派**（Transformational generative model）、**层次语言学派**（Stratificational grammar）等，为美国"**结构主义流派**"（Structuralism）和"**行为主义**"（Behaviorism）的产生提供了理论基础。

（2）历时语言学（Diachronic linguistics）

语言学的另一个分支。描写与研究一种或多种语言在一定时期跨度内所经历的种种变化，又称"**演化语言学**"（Evolutionary linguistics）。在现代语言学出现之前，大部分语言学家所进行的一种语言的历史性演化的研究，主要研究语言在一定的时间跨度内所经历的种种变化，采用**正视法**（Prospective method）（以文献考证为基础按时间顺序来叙述一种语言的历史）和**回顾法**（Retrospective method）（通过比较来重建一种语言）来研究问题。共时语言学与历时语言学的分立，标志着语言学从印欧语系的**比较声韵学**（Comparative phonology）进入**结构语言学**（Structural linguistics）。

以上"**共时**"（Synchrony）和"**历时**"（Diachrony）的区别来源于不同的**透视域**（Perspective），而非来源于语言事实本身。"**共时**"研究语言在特定时间的情况，不考虑它的演化变化；"**历时**"研究语言在较长历史时期所经历的变化。这也是索绪尔引入语言学研究的两大时间维度。索绪尔的结论是："任何共时事实都有一定的规律性，但是没有命令的性质；相反，历时事实却是强加于语言的，但是它们没有任何一般的东西。"①

1）**比较语言学**（Comparative linguistics）

历时语言学的一个分支。对非同一起源的语言进行比较，以发现其异同为目的；主要通过比较不同语言来证明语言间的历史相关性，即不同的语言可能从某种共同的始源语演化而来。

2）**历史比较语言学**（Historical and comparative linguistics）

从历史发展的角度用比较的方法对有关语言进行研究，以发现有无同一起源为目的，探讨其演变过程。

3）**描写语言学**（Descriptive linguistics）

又称"**描写性语言学**"，是对某一特定时间的某一特定语言或方言的各种形式或用法作出全面的、客观的、精确的说明。强调客观性是为了与**规定性语言学**（Prescriptive linguistics）相对比：描写语言学提倡如实**描写**（Describe）语言用法，不是**规定**（Prescribe）语言应如何使用。

4）**历史语言学**（Historical linguistics）

起始于十八世纪晚期，由**文献学**（Philology）发展而来。最初采用**比照法**（Comparative method）和**内部测拟**（Internal test），主要进行语言谱系的梳理和**史前语言**（Language in prehistory）的构拟。后来语言范围扩大，包括以下四个方面：①对特定语言的变化进行描述和解释；②对**语言共同体**（Linguistic

---

① ［瑞士］费尔南迪·德·索绪尔《普通语言学教程》，高名凯译，岑麒祥、叶蜚声校注，商务印书馆，2015年，P180。

community）的历史进行描述；③重构语言群的史前史，并确定它们之间的亲缘关系，按亲疏远近分别归派到相应的**语系**（Language family）、**语族**（Language group）和**语支**（Language branch）中；④阐述有关语言变化的成因及方式的普遍原理。

（二）普通语言学（General linguistics）

又称"一般语言学"。是以人类一般语言为研究对象，研究人类语言的性质、结构特征、发展规律，提供基本概念、理论、模式和方法的那些语言研究分科的科学，包括**语音**（Phonology）、**语汇**（Vocabulary）和**语法**（Grammar）等研究方面的分析和描写原则，还包括文字、历史比较语言学和方言学，是综合众多语言的研究成果而建立起来的语言学的重要理论部分。狭义的普通语言学强调语言研究者理论和方法的普遍适用性，偏重于语言的描写、理论建构和比较研究；广义的普通语言学除了一般的理论问题外，还包括语音、语法和词汇等。

（三）应用语言学（Applied linguistics）

十九世纪末叶，J.N.**博杜恩.德.库尔德内**（*Baudouin de Courtenay*，1845—1929）提出"应用语言学"这个概念，是语言学的一大分支。研究语言在各个领域中的实际应用，注重解决现实当中的问题，一般不接触语言的历史形态，这是同有关学科结合起来研究问题而产生的新的学科。应用语言学也有狭义和广义之分，前者主要指语言教学、辞书编纂、标准语的建立和规范化、文字的创制和改革等，后者还包括计算语言学、机器翻译等领域。

如何认识语言、如何研究语言、研究语言的哪些方面目前都存在着很大的区别，因此，根据语言学研究的范围、方法和目的的不同，我们还可以把语言学分为不同的分支学科。例如，根据语言学不同的研究取向，把语言学分为**形式主义**（Formalism）的语言学和**功能主义**（Functionalism）的语言学。前者是从形式角度来分析语言，也是生成分析所追求的目标，指支配一种分析法的规则、原则、条件等，能以精确和严格的方式加以界定。后者与此相对，是从功能角度来分析语言。注重语言的社会方面，采用归纳的方法，重视语境、语用和功能的因素，侧重语言结构变异的描写和解释。主要流派有**西蒙·狄克**（*Simon Dik*）语法模型、**韩礼德**（*Halliday*）"**系统–功能语法**"（Systematic-functional grammar）以及**托马斯·齐翁**（*Thomas Givón*）**功能语言学**（Functional linguistics）理论，这两种研究取向对语言的基本认识截然不同，研究方法更是大相径庭。

第四节　语言学研究简史

语言研究有着悠久的历史。有人说，人类对语言的研究同语言一样古老，语言学上许多根本问题早已被提出，经过几千年的探讨，到现在仍没有定论。据文献记载，大约两千五百年前，人们就开始了对语言问题的研究，古代中国、古代印度、古代希腊和古代阿拉伯都具有悠久的历史文化传统，更是语言研究的四大发源地（B.C 600—B.C 300）。从公元前四、五世纪到十八世纪末被称为**传统语言学**（Traditional linguistics）阶段，前辈们对语言研究有着筚路蓝缕的开创之功，他们的观察和思考至今深深地影响着当今的研究者。

一、古代中国

中国古人给研究中国语言文字的学问起了一个十分别致的名字，叫做"**小学**"（Philology）。早在周代，"小学"还不是研究中国语言文字的学问（《周礼》："八岁入小学，十五入大学。"）它是与"大学"对举，是指为贵族子弟而设的初级学校。从东汉至隋唐五代，人们才赋予"小学"以更为丰富的内容，明确地以"**小学**"指称**文字**（Script）、**音韵**（Phonoloy）、**训诂**（Exegesis on ancient Chinese language）之学，当从宋代开始。

1. 先秦时期是汉语文研究的萌芽时期。这时候有关语言问题的讨论主要集中在语言与意义、事物名称与事物本身的关系方面，即所说的"名实关系"。语言学的先哲荀子（B.C 335—B.C 255）在其《正名篇》里，进一步就词和概念、语言和思维等关系进行了深刻的论述，提出了"约定俗成"的著名论断。[①]

2. 两汉时期，随着时代的变迁和语言文字的发展，语言文字和先秦相比发生了较大的改变，阅读先秦典籍自然会遇到一些困难。因此，汉代的语言文字研究学者为了阐明经义，解释经典，撰写了一批比较系统的语言文字研究著作，随着《尔雅》、《方言》、《说文解字》和《释名》等语言文字研究的专著诞生，郑

---

① 战国末期的荀况曾在其《正名篇》中指出："名无固宜，约之以命，约定俗成谓之宜，异于约则谓之不宜。名无固实，约之以命，约定俗成谓之实名。"

玄等人的注本的先后问世，标志着中国古代语言科学的建立。

3. 魏晋南北朝至五代是汉语言研究的发展时期。由于佛教的传入，此阶段语文研究的重点是音韵问题。汉末出现了**反切**（Sinigraphic spelling）拼音法，①反切的使用使汉字注音更为准确，随后在反切的基础上出现了**韵书**（Rhyme dictionary），为后世研究古代汉语语音保存了大量的资料。韵书的编撰促进了**音韵学**（Historical phonology）的建立，传统"小学"的**文字**、**音韵**、**训诂**三大组成部分在这一时期均取得了一定的成就。

4. 宋元明时期的语文研究是承前启后的。一方面，不同领域的发展出现不平衡现象，另一方面，在一些领域的内部出现了学科的分化，建立了新的分支学科。例如，宋代的训诂学出现了与汉代古文经学家不同的"义理"学派。同时，宋代也是**文字学**（Graphology）和**音韵学**（Historical phonology）兴盛的时期，尤其是音韵学的研究进入了学科奠基阶段。音韵学中兴起了以研究分析汉语发音原理和发音方法的**"等韵学"**（Study of rhyme tables），开始对汉语音节的**声母**（Initial）和**韵母**（Final）作进一步的研究分析。且在建立等韵学的同时，宋代的学者开始了**古音学**（Old Chinese phonology）的研究，元代周德清的《中原音韵》一书的出现，开创了中国韵书史上一个新的类别——**北音**（North Chinese sounds）**韵书**。其次，古文字学也初露端倪，明代的《字汇》和《正字通》在部首方面有很大改进，其编排体例为后世所采用。如果说汉语语法从**虚词**（Function word）研究开始，而汉语虚词系统的研究就开始于元代卢以纬的《语助》。

5. 清代时期建立了完整科学的古音系统，在研究范围和研究方法上都取得了辉煌的成就，取得的成就远远超过了以往任何一个时期，被后人称为小学研究的"黄金时代"。**古音学**（Old Chinese phonology）取得的成就，促进了**音韵学**（Historical phonology）、**训诂学**（Classical Chinese semantics）和**文字学**（Graphology）的全面发展。中国现代科学意义上的中国语言学研究则是以1898年马建忠的《马氏文通》为标志的。

在西方的语言学里，有**语音学**（Phonetics）、**词义学**（Lexicology）、**语法学**（Grammar）等分支，不像中国的"小学"（Philology）那样兼包**文字学**

---

①　"反切"是中国古代在"直音"、"读若"之后创制的一种注音方法，又称"反"、"切"、"翻"、"反语"等。一般认为这种独特的注音方法最早见孙炎作《尔雅音义》，用反切注音。所谓的"反切"就是利用汉语音节双声叠韵的原理，用两个字来拼注另一个字的读音，反切上字以双声之理取其声母，反切下字以叠韵之理取其韵母。

（Graphology）。汉语的**传统语言学**（Traditional linguistics）与西方**现代语言学**（Modern linguistics）之间的关系如下：①

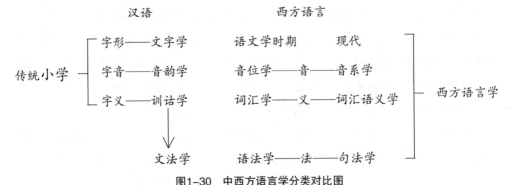

图1-30　中西方语言学分类对比图

中国的汉语研究是从研究字词的形音义开始的，其中只有**音韵**（Phonology）对语言的物质外壳进行了归类分析，才算触及到了语言自身的问题。② 从上图可知，被称为"小学"的传统**语文学**（Philology）分文字、音韵、训诂三门，是以"字"为核心，其研究对象大致就是汉字的"形、音、义"三要素，也是由文字的三个要素生发出来的，其中主要是**字形**（Graphic form）和**字义**（Semantic meaning of a script）的研究，其中**字音**（Pronunciation of a script）的研究又是附属于字形和字义研究的。西方**普通语言学**（General Linguistics）认为，语言是由语音、词汇、语法构成，因而有"语言三要素"之说。石定果认为"建立在印欧语系基础上的普通语言学，通常把文字排除在语言要素之外，而只强调语音、词汇、语法，因为这些语言所使用的拼音文字只是单纯记录其音系的符号。但就汉语而言，文字却存在特殊性。"所以，"汉字也应该视为汉语的要素之一"。③ 由此可见中西语言学分类的差异所在。同时，在语文学时期，西方语言学中的**语音学**（Phonetics）、**词汇学**（Lexicology）和**语法学**（Grammar）三者并列，而在现代语言学里，一般认为**音系学**（Phonology）、**句法学**（Syntax）、**语义学**（Semantics）是语言的三个组成部分，而词汇学是语义学的一支，也称**词汇语义学**（Lexical semantics）。

---

① 按照历来的学科分支，西方语言学里并不包括文字学，即使是当前西方经典的语言学教材框架，也不将文字纳入语言学的研究领域。而与之相反，中国传统的"语文学"（Philology）往往并不去刻意区分语言和记录语言的符号——文字，因而早期中国的语言研究就是围绕文字而展开的。

② 以隋代陆法言的《切韵》为代表的韵书，对声母的发音部位、发音方法、韵母的介音、韵尾，对主要元音开口度大小等问题都有了明确的认识，语音分类已达到相当高的水平。

③ 石定果《会意汉字内部结构的复合程序》，载《世界汉语教学》1994年第2期。

二、古代印度（公元前六至公元前三世纪）

古印度是语言学的摇篮，在这个古老的、具有独特文化和哲学的国家，人们最先产生了研究语言的兴趣。古印度宗教圣典《吠陀经》（Vede）是用古印度的书面语"**梵语**"（*Sanskrit*）写成。[①] 吠陀古文献（《吠陀本集》）本身就记载了一些语言学问题。其中第一集谈到了语音学与正字法，第二集论述了作诗法，第三集（Vyâkarana——语法分析）包含语法材料，第四集讲述词汇。总之，对语音、语法、词汇都进行了仔细的研究。公元前五世纪，梵文就不再用作日常生活中的交际手段了，但仍然是精神生活和宗教生活的工具。传授经典要力求准确，正是基于这种需要，因而在古代印度人那里产生了语言学。**梵文**作为一种规范的特殊标准语需要对它进行专门研究。为此目的开始编写描写性的规范语法，它不仅包括语音规则，同时还规定应该怎样正确使用梵文的模式。

古印度的语言研究早在公元前四世纪就已蓬勃发展。古印度的语言研究有两个方面是西方传统语言学望尘莫及的：一是对语音问题的研究；二是对单词内部结构的研究。

到公元前四世纪，出现了一位著名的学者**巴尼尼**（*Pānini*），其活动时期为公元前四世纪，他在前人研究的基础上，于公元前600年至前300年之间写成《梵语语法八篇》（*Astādhyāyī*）。这部著作对梵文词法分析准确、细致，对语音充分的描述也很详尽。其讨论问题的深入程度、自身的系统性以及表述的简练性是其它语法书无法比拟的。**布龙菲尔德**（*Leonard Bloomfield*，1887—1949）称巴尼尼的语法名著是"人类智慧的最伟大的里程碑之一，极为详细地描写了梵语中的每一个屈折变化、派生现象、组织结构和各种句法的用法。迄今为止，没有任何其他语言学有过如此完善的描写"[②]，对当代**描写语言学**（Descriptive linguistics）有着重大影响。判断古代印度语言学发展的水平一般都首先依据巴尼尼的著作。在巴尼尼之后，古印度的语言研究更加兴旺，先后出现了十多种语法派别。**威廉·汤姆逊**（*Vilhelm Thomsen*，1842—1927）曾评价说："印度人在语言学上所达到的高度，那真是罕有的，欧洲的语言科学直到十九世纪才达到了

---

① 梵语（*Sanskrit*）是古代印度的标准语言，是文学、艺术、学术著作的语言；与此相对，巴利语（*Pali*）是古代印度写佛经的语言。

② 引自刘润清《西方语言学流派》（修订版），外语教学与研究出版社，2013年，P43。

那样的高度，而且就是这样，也还多是从印度人那里学来的。"①

　　直到十八世纪末，西方学者才开始大量接触到古印度学者的语言研究成果，但正是因为古印度学者对梵语语音所作的准确详尽的描写，才使得梵语同拉丁语、希腊语和其它日耳曼语言的比较成为可能。可以说，梵语研究的发现开启了整个十九世纪的**比较语言学**（Comparative linguistics）和**历史语言学**（Historical linguistics）。印度古代语言学的贡献，包括语言理论的贡献、语音学和语法学的贡献以及对世界语言的影响。

三、古代希腊（公元前五世纪）

　　早期的希腊学者对语言的研究主要侧重于词源学、语音学和语法学三个方面。其中语法学所取得的成绩最为突出，对传统语言学的发展有着很大的影响。古代希腊语言学问题在哲学家们的言论中占据着显著的地位。希腊人不仅从哲学的角度认识所讨论的语言问题实质，而且也从哲学角度解决这些问题，这在有关思维与词、事物与名称的关系的辩论中反映最为突出。

　　关于词的性质是"本质的"，还是"约定的"争论，把古希腊的思想家们分成了两个敌对的阵营。这次关于事物及其名称之间的关系的辩论，反映在**柏拉图**（*Plato*，B.C 428—B.C 348）著名的《对话录》中，在这本《对话录》中列举了关于名称本质的对立双方传统的观念。《对话录》本身就把语言学说向前发展了一步。例如，柏拉图以"逻辑"为基础划分语言中的词类，分出了"静词"和"动词"两大范畴，把词分为"主词"和"述词"两大类（大致相当于名词和动词），是西方语言学史上第一个对词进行分类的学者。古希腊的语言学研究特色就是语言研究与哲学研究相随。其后，柏拉图的学生**亚里士多德**（*Aristotle*，B.C 384—B.C322）联系语法形式来研究**"范畴"**（Category），列出十个范畴：本体、数量、性质、关系、地点、时间、姿态、状况（具有）、动作、遭受。上述范畴反映到语言中，本体表现为主语，其他九个范畴表现为谓语。这是古希腊哲学家对人类语言本质的朴素而深刻的把握，也是传统语法的基础。

　　受哲学的巨大影响，古希腊学者**亚里士塔尔库斯**（*Aristarchus*,B.C 215—B.C 143年）对《罗马史诗》进行了编辑与整理。公元前100年，他的学生**狄奥尼**

---

　　① 威廉·汤姆逊《十九世纪末以前的语言学说史》，黄振华译，科学出版社，1960年，P75。

修·斯特拉克斯（*Dionysius Thrax*，BC 170—BC 90）为罗马人写出了第一本系统的希腊语法书——《语法艺术》（*Ars grammatica*），被称为"语法最伟大的权威"。最著名的希腊语法学家**阿波罗尼·狄斯柯里**（*Apollonius Dyscolus*，）在公元前二世纪写出了关于希腊语句法的著作《论句法》（*Peri Syntaksēos*），总结并发展了狄奥尼修的观点。他把句子分为主语、述语两部分，这是两千年来传统语法分析句子结构的基本原则。

继希腊语法学者而起的是拉丁语法学者。**拉丁语**（*Latin language*）是整个罗马帝国的官方语言，分布广，使用时间长（约一千多年），由于拉丁语和希腊语结构相似，可用希腊语法的理论和范畴直接来描写和分析拉丁语，因此，拉丁文语法以希腊语法为蓝本，哲学家们往往用逻辑研究语言，它们确立了词和句子的定义，建立了**词类**（Parts of speech）。最有名的拉丁语法书是多纳图斯的《语法艺术》（约400年写成）和普里西安的《语法规则》（约500年写成）。这些都是中世纪长期奉为经典的著作。

总之，希腊人为语音学、词法学、句法学、词源学奠定了基础，也奠定了西方句法研究的基本模式。当时创造的一套语法术语沿用至今。

四、古代阿拉伯

公元七至十三世纪，在阿拉伯以及被阿拉伯人占领的前亚细亚、北非和比利牛斯半岛各国的领土上兴起了一个巨大的国家——阿拉伯哈里发国。阿拉伯语逐渐成为伊斯兰世界拉丁语式的语言。对阿拉伯语的研究主要是围绕着《可兰经》进行。《可兰经》是伊斯兰教的圣书，它是统治整个阿拉伯帝国的思想工具。然而像《可兰经》这样死的语言和阿拉伯活的方言之间出现了很大的差异，伊斯兰教徒的圣书有很多地方需要做出解释。阿拉伯语言学利用了印度和古希腊罗马语言学传统的范畴，但是，由于阿拉伯语和梵语、古希腊语在结构上有显著的差异，因此，阿拉伯学者只有经过重大改造以后，才能把这些语音、词法和词汇等方面的成果加以利用。

古典阿拉伯语言学的三大语法学派：巴士拉学派、库法学派、巴格达学派。到十八世纪末，巴士拉的语法学家**西巴维伊希**（*Sí bawaíb*，卒于793年）撰写了内容丰富的著作《书》，对阿拉伯的语法体系进行了概括,规定了该语言的语法描写和教学的原则，在语音学方面取得了突出进展。此外，还产生了体现近代阿拉伯语言学发展的重要著作《突厥语词典》。对阿拉伯语的研究，打破了希腊语和拉丁语统治语言学的局面，对一些所谓的土著语也开始了分析和描写。

从以上早期四大语言研究的整体情况来看，主要呈现以下特点：

1.无论哪种传统，研究语言，都是为了阐释古代经典，例如古代印度人研究语言主要是为了保存口头相传的**婆罗门**（*Brāhmana*）教义《吠陀经》的原文和梵语文学，使之不致因时间的流逝而面目全非，因此注重的是音和义的研究，以及相关的文字的研究。

2.古代的语言学研究主要以书面语为主要研究材料，不重视口头语言的研究。

3.古代的语言学还不是独立的学科，处于附属地位，还没有发展成为一门独立的学科。

第五节　语言学的发展历史及主要流派

一、语言学的发展史

语言学的发展过程，大致分为以下四个阶段（四大思潮）：古典语言学（传统语言学）、历史比较语言学、现代语言学和当代语言学四个阶段。

（一）古典语言学阶段

一般将十九世纪历史比较语言学产生以前的历史时期称为"传统**语文学**（Philology）"时期，通常指研究语言使用及其历史文化背景知识的学科。这一阶段关注文化、文学等经典作品中的文字、读音、语法、修辞，以及对作品的阐释。从严格意义上说，这一时期的语言学尚未成为一门独立的学科。由于人们认为古代的经典著作的语言是学习的榜样和写作的典范，需要好好掌握，因此**古代书面语**（*Ancient written language*）成了语言研究的对象，**口语**（Oral language）则被看作不能登大雅之堂的俚言俗语，不予重视。

当时语言研究的目的是为了阐述经典中的"微言大义"，让人们更好地理解经典著作，例如对阿拉伯语的研究是围绕《可兰经》，中国古代对先秦典籍的训释，古代印度对《吠陀经》和梵语文学的研究，中世纪末期研究希伯来语也有着特殊的历史意义，因为《圣经》中的《旧约全书》的原文由希伯来语写成。此阶段语言学研究的主要任务就是给古代流传下来的政治、哲学、宗教、历史、文学等方面的经典作注解，而不是探索语言的规律，所以称之为传统的语文学。

（二）历史比较语言学（Historical and comparative linguistic）阶段

十九世纪有着划时代的意义。十九世纪三十年代，欧洲社会发生了巨大的变革，资本主义的发展，海外探险、贸易和殖民使人们认识了许多过去不了解的国家、民族和语言，大大开拓了语言视野，要求语言研究面对现实和语言现象本身，这样便从研究古代经典著作中的书面语的语文学发展到了全面研究语言的语言学。

"**历史比较语言学**"从前又称**比较语文学**（Comparative philology），通过语言亲属关系的比较，研究语言的发展规律，拟测它们的共同原始母语。例如比较各种语言在不同时期在语音、词形、屈折变化、语法结构上的相同特点，建立起语言族系，如拉丁语系、罗曼语系、日耳曼语系、斯拉夫语系等，并对这些语系的**始源语**（*Parent language*）做出假设，如**原始印欧语**（*Proto-Indo-European*）。

十九世纪初，德国的植物学家**施莱登**（*Schleiden*,1804—1881）和动物学家**施旺**（*Schwann*,1810—1882）提出了"**细胞学说**"（Cell theory）；1859年，**查尔斯·达尔文**（*Charles Darwin*，1809—1882）在《物种起源》中提出的"**进化论**"（Evolution），德国的**迈尔**（*Mayer*，1814—1878）和英国的**焦耳**（*Joule*,1818—1889）发现了"**能量守恒与转化定律**"（Law of conservation and transformation of energy），这些都是人类科学史上的里程碑。特别是受**达尔文进化论**（*Darwin's theory of evolution*）的影响，西方的一些学者开始运用**历史比较法**（Comparative-historical method）研究语言，从而建立了历史比较语言学，使语言学成为一门独立的学科。十九世纪是历史比较语言学的世纪。

几个世纪以来，**拉丁语**一致被认为是一种**蜕变**（Degenerate）了的希腊语，拉丁语与其他欧洲语言之间的相同之处，一直被简单地认为是拉丁语在欧洲占有文化上的优势的结果。1786年，英国的东方学学者**威廉·琼斯**（*William*

Jones,1746—1794年）爵士在亚细亚研究会的一次学术讲演中，指出梵语与希腊、拉丁语和日耳曼语具有亲缘关系。[①] **琼斯**在对**梵语**（*Sanskrit*）做了深入研究后，提出了著名的"印欧语假说"来解释印欧诸语言之间的相似性。他认为**梵语**（*Sanskrit*）同**拉丁语**（*Lantain*）和**希腊语**（*Greek*）之间存在对应关系。例如：

意义	英语	梵语	希腊语	拉丁语
三	three	trayas	treis	tres
父亲	pater	pitar	pater	pater
哥哥、弟弟	father	phrater	phrater	rater

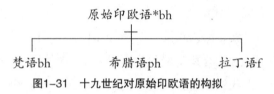

图1-31　十九世纪对原始印欧语的构拟

在上面的三种语言当中，"三"的词首辅音都是t，"父亲"的词首辅音都是P，即日耳曼语的/f/音，相当于其他印欧语的/p/音，其它元音也都有整齐的对应规律。此外，他根据梵语、希腊语和拉丁语在动词词根和语法形式上的相似性断言，这三种语言源于同一**原始语言**（Protolanguage）。其后，欧洲的语言学家把琼斯的经验性见解提高到科学的论证，丹麦学者**拉斯克**（*Rasmus Christian Rask*,1787—1832）通过《试论古斯堪的纳维亚语或冰岛语的起源》（1818）一文做了进一步探索；而德国学者**葆朴**（*Franz Bopp*,1791—1867）的《梵语、亚美尼亚语、希腊语、拉丁语、立陶宛语、古斯拉夫语、哥特语和德语等比较语法》（1816）则第一次把梵语、波斯、希腊、拉丁、德语诸语言同出一源的情况做了详细的考证，从而揭开了语言学史的新的一页。

1. 历史比较语言学在语言学史上的地位

历史比较语言学是在十九世纪逐步发展和完善的，中心在德国，主要是**印欧语系**（Indo-European family）的历史比较，通过语音和词形的比较研究语言的发展和演变。十九世纪之前，这种研究不是没有，但都是孤立的分散的研究，到十九世纪才进入系统的研究，并使语言学走上独立发展的道路。

2. 历史比较语言学在语言学史上的贡献

十九世纪历史比较语言学家为语言学的发展做出了重要贡献。他们收集了

---

① 琼斯1786年在加尔各答皇家亚洲学会上宣读的著名论文题为*Third Annivery Discourse to the Asiatic Society of Calcutta*.详见*Jones*，*W.*（1993）.*The Collected Works of Sir William Jones.New York:New York University Press.*

丰富的语言材料，进行了广泛深入的调查和比较，弄清了世界上很多语言的同源关系（例如原始印欧语的拟测和系属归类），不仅提出了人类语言演变过程的假设，建立了世界语言的谱系分类，而且还创造出了比较科学的研究方法，提出了有关语言起源、语言本质的新理论，为后来**结构主义**（Structural linguistics）和**描写语言学**（Descriptive linguistics）的产生和发展创造了有利条件，在西方，语言学作为一门科学也因此得以确立。

作为一种科学的研究工具，二十世纪以来，瑞典汉学家**高本汉**（*Bernhard Karlgren*，1889—1978），中国语言学家**罗常培**、**陆志伟**、**王力**、**李方桂**、**李荣**运用此方法曾构拟上古和中古的汉语语音系统。

3. 历史比较语言学的代表人物

十九世纪历史比较语言学在理论和方法上大致可以分为三个阶段：

（1）在初始阶段，丹麦的**拉斯克**（*R.Risk*，1787—1832）、德国的**格里姆**（*J.Grimm*，1785—1863）和**葆朴**（*F.Bopp*，1791—1867）成为历史比较语言学的奠基者。

（2）十九世纪中期，历史比较语言学发展到第二阶段，最有代表性的人物是德国的**施莱歇尔**（*August Schleicher*，1821—1868），他根据语言的共有特点而将其分为不同的**语族**（Language group），并用"谱系树形图"（Language tree）来表示语言的历史渊源和体系，谱系树模式至今仍然被研究谱系分类的学者普遍采用。

（3）十九世纪的最后25年是历史比较语言学的"**新语法学派**"（Neogrammarians）时期。这个学派的代表人物是德国的**奥斯特霍夫**（*Hermann Osthoff*，1847—1909）和**布鲁克曼**（*Karl Brugmann*，1847—1919）。1878年，他们在自己创办的刊物《形态学研究》上正式宣布：语音的演变规律不允许任何**例外**（Exception）。即**语音的变化**（Lautverschiebung）完全受特定的语言环境的支配，一旦发生了某个语音变化，那么同一语言地区中处于该特定语音环境中音全都发生变化，不应该有例外情况发生。[①]

随着历史比较语言学研究的深入，人们对语言的本质、语言的发展的规律等方面的问题进行探讨，开始了**普通语言学**（General linguistics）的研究。其后，

---

① "音变"（Lautverschiebung）这个术语由格里姆（*Jacob Grimm*，1785—1863）在1822年发表的《德语语法》（第二版）中创造，他系统论述了日耳曼语和其他印欧语之间的辅音的一致性（Correspondences），这种一致性被后世称为"格里姆定律"（*Grimm's Law*）。

德国语言学家**洪堡特**（*W.V.Humboldt*，1767—1835）就语言的本质，语言发展与思维的关系，语言与民族精神以及语言类型学等问题提出了新见解，[①] 对后世**索绪尔**（*Saussure*），**乔姆斯基**（*Chomsky*）等人有一定的影响，被认为是普通语言学的奠基人。

4.历史比较语言学的局限

※强调了语言的历史比较，忽视了语言的共时研究。

※孤立地研究语言单位，缺乏对语言系统性的研究。

（三）现代语言学阶段

在十九世纪末的语言学界，绝大多数的人都认为语言研究已到达顶点，科学的语言研究方法就是**历史比较法**（Comparative-historical method）。二十世纪初，语言学经历了一个巨大的转折而进入到现代语言学时期。瑞士语言学家**索绪尔**（*Ferdinand de Saussure,* 1857—1913年）是这个时期最伟大的语言学家，他是**结构主义**（Structuralist）的创始人，建立了"**普通语言学**"（General linguistics），也是现代语言学的奠基人。他的划时代的著作——《普通语言学教程》（1916年），开创了**结构主义语言学**（Structural linguistics）的新天地，被誉为语言学的"圣经"。他的学说在不同程度上影响了二十世纪各个语言学派，没有一派不从索绪尔的思想中受到启发，吸收营养。

1.索绪尔语言学理论及其贡献

索绪尔倡导从**共时**（Synchrony）角度分析语言系统内部的规律，运用"**二分法**"（Dichotomy）：（1）将"语言交际能力和活动"切分为"**语言**"（Langue）（语言的系统）和"**言语**"（Parole）（个人话语），从而明确了语言研究的对象；（2）又对语言进行"内部"和"外部"二分，再把内部语言区分为**共时语言学**（Synchronic linguistics）（"静态语言学"）和**历时语言学**（Diachronic linguistics）（"动态语言学"），促进了**描写语言学**（Descriptive linguistics）在二十世纪的发展；（3）据此确立了现代语言学的研究目标，研究共时系统（Synchronic system）中的"形式关系"，描写了两类关系，**符号内关系**——"**能指**"（Signfier）和"**所指**"（Signified）和符号间的关系——"横向

[①] 洪堡特的论文主要见《论人类语言结构差异及其对人类精神发展的影响》。*Losonsky, M. (1999). Humboldt:'On Language': On the Diversity of Human Language Construction and Its Influence on the Mental Development of the Human Species. Cambridge University Press.*

组合"和"纵向聚合"，并把**组合**（Syntagmatic）关系和**聚合**（Paradigmatic）关系看作语言这个符号系统的两大基本关系。

索绪尔指出，语言是一个**符号系统**（Sign system），**语言符号**（Linguistic sign）由"**能指**（Signifier）（形式）"和"**所指**（Signified）（概念）"两部分组成。[①] 这种从结构上研究语言的"形式关系"的做法，几乎构成了整个现代语言学的基础。

索绪尔的语言学理论构成了**结构主义语言学**（Structural linguistics）的理论基础，他是欧洲**结构主义**（Structuralism）的鼻祖。自从索绪尔的《普通语言学教程》问世之后，几乎一切语言学研究都沿着他指出的方向探索、前进。例如后面的布拉格学派、哥本哈根学派、美国的结构主义语法，英国的系统语法，甚至乔姆斯基的转换生成语法，无不与索绪尔的《教程》有这样或那样的联系。

2. 结构主义语言学（Structural linguistics）的贡献

结构主义语言学是在二十世纪二三十年代形成和发展起来的一个语言学流派，中心在美国。它产生的实践要求是美洲印第安语言的普查。由于这些语言没有文字，没有书面文献材料供调查者使用，结构类型又和欧洲语言迥然不同，而且又是调查者第一次接触，因此形成了结构主义语言学。其目标是以一批足够数量的语句作为素材，通过分析程序找出语言的结构，即语言中的单位及其组合模式。

该学派在理论上继承了**索绪尔**的一些重要的基本观点，并进一步加以发展和具体化，分为捷克的"**布拉格学派**"（Prague School）（强调语言符号的功能）、[②] 丹麦的"**哥本哈根学派**"（Copenhagen School）（强调语言符号间各种关系）[③] 和美国"**描写语言学派**"（Descriptive linguistics，又称"**结构语言学派**"）（强调共时描写语言事实）三大流派。其中以美国"**描写语言学派**"的影响最大，成果最为显著。主张用**共时研究**（Synchronic study）的方法，通过可

---

① [瑞士]费尔南迪·德·索绪尔《普通语言学教程》，高名凯译，岑麒祥、叶蜚声校注，商务印书馆，2007年，P100。

② "布拉格学派"创始于1926年10月6日。该学派的主要代表人物有特鲁别茨柯依（Nikolai Trubetzkoy,1890—1938）、雅克布逊（Roman Jakobson,1896—1982）布龙达尔（V.Bröndal），卡尔采夫斯基（Sergel Karcevski,1884—1955）、特伦卡（B.Trnka,1895—1984），哈佛兰尼柯（B.Havránek,1893—1978），瓦赫克（J.Vachek,1909—1997）。二十世纪五十年代以来，捷克斯洛伐克学者自称是"新布拉格学派"（Neo-Orague School）。

③ "哥本哈根学派"是二十世纪三十年代有叶姆斯列夫（Louis Hjemslev,1899—1965）所创建的，代表著作是《语言理论绪论》（1943）。其他代表人物还有乌达尔（H.J. Uidall,1907—1957），约根逊（JØrgen JØrgensen）和拉斯姆逊（Edgar Tranekjar Rasmussen）。

以观察到的语言材料科学地、客观地描写语言的内部结构，揭示系统内部的关系。美国语言学上的代表人物是鲍阿斯、萨丕尔和布龙菲尔德。美国人类学家**鲍阿斯**（*F.Boas*，1858—1942）和人类语言学家**萨丕尔**（*E.Sapir*，1884—1939）是美国描写语言学的先驱。**鲍阿斯**为《美洲印第安语手册》（1911）所写的序，[①]**萨丕尔**的*Language:An Introduction to the Study of Speech*（《语言论——言语研究导论》，1921）被誉为早期经典文献。[②] 美国描写语言学最重要的人物是**布龙菲尔德**（*Leonard Bloomfield*，1887—1943年），他于1933年出版的《语言论》（*Language*）被称为美国描写语言学派的《圣经》，甚至是当时每个从事语言研究人员的必读书。[③] 虽然他们的理论并不完全相同，但基本上都属于结构主义和描写主义语言学。该学派对语言的结构系统进行了全面的、深入的描写，并形成了一套完整的结构分析和结构描写的方法，不仅对语言学本身的发展产生了巨大的影响，而且作为一种普遍意义上的方法也影响到其它学科的研究。

3. 结构主义语言学的局限

结构主义语言学只注重描写语言的形式，分析语言内部结构关系和相关特征的指导思想，忽视对语言意义的研究，不但割裂了语言学与其他人文学科的联系，并且使语言学应有的实用或应用价值大为降低。

（四）当代语言学阶段

形式学派（Fomalism）、**功能学派**（Functionalism）、**认知学派**（Cognitive Linguistics）和**类型学派**（Typology）可以看做当今世界语言学四大主流范式。

1. 形式语言学派（Formal linguistics）

二十世纪五十年代后期，美国麻省理工学院的**乔姆斯基**（*N.Chomsky*，1928—），以**生成语法**（Generative grammar）为主，强调语法的**天赋性**（Innateness）、**自足性**（Autonomy）。不同于**结构主义**（Structuralism）以及传统语法学的认识论基础，**乔姆斯基**所关心的不再只是某种具体语言的内在规律的描写，而是整个人类语言的普遍规律或原则、人的**语言机制**（Language faculty），即人的大脑中的语言能力本身，以及人的**语言习得**（Acquisition），探索人类如何获得语言知识系统的。因此，不仅强调对各种语言、各种语言现象

---

① *Boas，F.A Handbook of American Indian Languages.Cambridge:Cambridge University Press.*（2013）
② *Sampson E.Language:An Introduction to the Study of Speech.New York:Harcourt.Brace,*1921.
③ *Bloomfield L.Language.Neew York:Henry Holt,*1933.

进行充分的考察，达到"**观察充分性**"（Observational adequacy），还强调要正确解释原始语言材料，达到**描写的充足性**（Descriptive adequacy），更强调对各种语言现象进行充分的解释，达到**解释的充足性**（Explanatory adequacy）。乔姆斯基的理论观点问世，在语言学界掀起了一场语言学的革命，被人们誉为 "**乔姆斯基革命**"（Chomskien revolution）。

2.功能语言学派（Functional Linguistics）

兴起于二十世纪六十年代中后期，直接受到结构主义学派"**布拉格学派**"（*Prague School*）的"**语言功能论**"（Functional theory）的影响。功能语言学尽管没有普遍认同的学术纲领，但是重视语言的功能，即从**功能**（Function）和**认知**（Cognition）的角度对各种语言现象作出解释。这里的功能有两个含义：一是语言形式在所处结构中的作用；二是语言（形式）在交际中的职能或功用。功能语言学的兴起，首先起因于对乔姆斯基"**转换生成语言学**"（Transformational generative grammar）的批判。基本观念是认为语法和语言是**不自足**（Non-self-sufficient）的，认为语言和语法受制于语言的功能、意义和认知等，主张通过功能、意义、认知来解释语言现象和语法现象；有些语言和语法现象是历史发展演变的结果。因此，也可以通过语言研究的发展历史来对某些语言和语法的**共时现象**（Synchronic phenomenon）作出解释。就此而言，也可以把功能语言学称作"外部解释派"。

3. 认知语言学派（Cognitive linguistics）

美国加州大学圣地亚哥分校的*Langacker*教授于二十世纪七十年代初，跳出生成语法的框架，从语言的内部系统转向从"**心智**"（Noema）角度解释语言成因，认为语言具有**体验性**（Embodiment）、**差异性**（Discrepancy）、**非自治性**（Non-autonomy），认为语言与人类其他认知能力相交融，不能切分为不同模块，而是一个**整体**（Entirety），开始着手创建一个全新的理论体系。认知语言学派认为，人类的语言能力和感觉、记忆、推理等其他能力都是认知能力的一部分。它继承了功能主义语言学的传统，对一些重要的语言学问题提出新的解释。

4. 语言类型学（Linguistic typology）

全称"**语言共性与语言类型学**"（Language universals and Linguistic typology），简称"**类型学**"。起源于十九世纪欧洲（尤其是德国）的一批语言学家对母语以外的大量"**异族语言**"（Alien language）的兴趣和初步的归纳尝试，催生了早期的语言类型学。代表人物有*Friedrich von Schlegel*（1772—

1829）、*August Schlecher*（1821—1868）、*Wilhelm von Humboldt*（1767—1835）、*August Wilhelm Schlegel*（1767—1845）。语言学界公认**格林伯格**（*J.H. Greenberg*）的《人类语言学导论》（1968）是当代语言类型学的开山之作。类型学家致力于从跨语言（及跨方言）的角度观察人类语言，通过跨语言比较寻求或验证**语言共性**（Language universal），再以语言共性为背景更透彻地揭示具体语言的特点并以此将众多语言归为若干类型。语言类型学好比是语言学内的文化人类学，它存在于跨语言的比较中。就其研究对象来说，类型学是当代语言学的一个分支。它同时区别于形式、功能两大流派，从而成为语言学中的"第三条道路"。①

纵观语言学的发展的历史，从研究方法和切入的角度看，二十世纪三十年代之前的语言学把语言研究作为工具，而不是作为目的；例如把语言看成符号系统为的是研究人类思维系统和人类心理实质，把语言看成一种社会制度位的是研究一个民族的特征，把语言看成一种不断变化的现象为的是研究个人语体变化和人类的变迁。二十世纪三十年代之后的语言学都不同程度地受到索绪尔的影响，把语言看成一个完整系统去研究，开始关注语言本身。从产生的影响看，由于各派的基本理论有所不同，产生的影响也就大不相同。结构主义语言学派将语言视为一个符号系统，强调语言符号的任意性和规约性，由此产生了后来的**"听说法"**（Audio lingual method）和**"视听法"**（Audio visual method）教学流派；生成语言学派认为语言是一个独立的、自治的逻辑系统，是人类大脑中独立的认知机制，相应地便产生了**"认知教学法"**（Cognitive approach）；系统功能语言学派则重视语言的社会性及功能性，认为语言是社会交往的工具，语言系统是人们长期交流中为实现不同的语义功能而逐渐形成的，于是产生了**"交际教学法"**（Communicative approach）和**"活动教学法"**（Activity teaching method）。从地域角度看，欧洲大陆的几个语言学派（例如布拉格学派和哥本哈根学派）的**功能主义者**（Functionalists）更多地注意到语言的**功能性**（Function）和**符号性**（Symbolic nature），美国的**结构主义**（Structuralism）更注意形式分析和客观描写，**转换生成语法**（Transformational-generative grammar）则从**心理学**（Psychology）的角度去研究语言，而英国**"伦敦学派"**（London school）的语言学家则更多地注意到语言出现的**情景语境**（Context of situation），从**社会学**

---

① 刘丹青《语言类型学与汉语研究》，载《世界汉语教学》2003年第5期。

（Sociology）角度去研究语言。

　　语言学发展到今天，当代语言学的另一个特点也日益显现，那就是注重对语言学与相关学科关系方面的研究，从而产生了不少新兴学科。如研究语言与社会的关系就产生了**社会语言学**（Sociolinguistics），研究语言与心理的关系就产生了**心理语言学**（Psycholinguistics），研究语言与生物的关系则产生了**生物语言学**（Biolinguistics）。沿用同样的方法，还产生了**人类语言学**（Anthropological linguistics）等等。当前，产生了大批语言学的新兴学科和交叉学科，如**语义学**（Semantics）、**语用学**（Pragmatics）[①]、**篇章语言学**（Text linguistics）、**认知语言学**（Cognitive linguistics）、**神经语言学**（Neurolinguistics）、**逻辑语言学**（Logic Linguistics）、**应用语言学**（Applied linguistics）、**模糊语言学**（Fuzzy linguistics）、**计算语言学**（Computational linguistics）、**实验语音学**（Experimental phonetics）、**语言病理学**（Speech-language pathology）等，这些学科正在飞速发展，从而形成了当今语言学多元的兴盛局面。

二、 语言学的主要流派简介

　　鲍林杰（*D.Bolinger*）在其《语言要略》中把语言学的发展分为五个阶段：传统语法、历史语言学、描写语言学、结构语言学和形式语言学。[②] 每个阶段跟前一个阶段有交叉，不过在某些问题上又与前一个阶段决裂，自己构成一个个阵容齐整的学派。下面所要介绍的"**流派**"（Schools）主要是着眼于其理论背景和方法。

（一）转换生成语言学（Transformational-generative grammar）

　　"**转换生成语言学**"是二十世纪五十年代中后期在美国兴起的一个语言学流派，它的创始人是美国语言学家**乔姆斯基**（*Noam Chomsky*，1928—）。其活动中心是在美国麻萨诸塞州的麻省理工学院。**乔姆斯基**一直任教于麻省理工学院，他是美国当代一位有巨大影响的语言学家，几十年来，他不断修正和发展他的转换生成语法的学说，代表作为《句法结构》（1957）和《句法理论面面观》（1965）。

---

① 当前语用学研究涉及情景、任务关系等，已经不再是纯粹研究语言本身了。
② [美]*Dwight Bolinger*《语言要略》，方立，李谷城等译，胡壮麟审校，外语教学与研究出版社，1993年，P748—756。

乔姆斯基认为，研究语言能力就是为了建立一种反映语言能力的生成语法。生成语法不是说话过程的模式，而是语言能力的模式，是对语言能力做出的形式化的描写，用一套公式将其内容表现出来。它不以具体语言的描写为归宿，而是以具体语言为出发点，探索出语言的普遍规律，最终弄清人的认知系统、思维规律和人的本质属性。乔姆斯基提出的"**转换生成语言学**"（Transformational-generative grammar）理论，打破了当时**结构主义**（Structuralism）一统天下的局面。

首先，**乔姆斯基**提出区分"**语言能力**"（Linguistic competence）和"**语言表现**"（Linguistic performance）。其中"**语言能力**"代替索绪尔的"**语言**"（Langue），是指人们内化了的语言规则体系；而"**语言表现**"则是指语言能力的实际运用，即人们实际说出来的话语，代替索绪尔的"**言语**"（Parole）。

此外，**乔姆斯基**还提出了"语言习得机制"和"普遍语法"假说，以及"深层结构"和"表层结构"理论，把语言学引向人类认知领域，探讨语言的心理过程。他的"**语言习得机制**"（Language acquisition device）认为，人类具有一种先天的、与生俱来的习得语言的能力，这种能力是受遗传因素所决定的，又称"**LAD假说**"。"**普遍语法**"（Universal grammar）或"**语言普遍现象**"（Linguistic universals）即人类语言所普遍具有的语言原则。当接触到具体语言时，就会不断地通过"假设–验证"的演绎过程对"普遍语法"的参数进行定值以形成具体语言的规则系统。

"转换生成语法理论"还提出语法是**生成**（Generate）的。**乔姆斯基**认为每一个句子都有两个层次——深层结构和表层结构。"**深层结构**"（Deep structure，简称DS）指短语或句子成分之间的内在语法关系，说明作为**表层结构**的基础的语法关系，但这种语法关系不能直接从它们的线形序列上看出来。深层结构显示基本的句法关系，决定句子的意义；**表层结构**（Surface structure，简称SS）则表示交际中的句子形式，决定句子的语音。"表层结构"实际上形成的句子各成分间的关系，这些句子是对这些成分进行线形排列的结果。句子的深层结构通过**转换规则**（Rule of transference）变为表层结构。通过转换可以看出：以下1，2句式的表层结构均为"名词+动词+名词+带to的动词不定式+冠词+名词"，然而其深层结构却不尽相同。例如：

1. John expected mother to bring a present.（约翰期待妈妈带一个礼物）
2. John persuaded mother to bring a present.（约翰说服妈妈带了一个礼物）

1'. John expected that mother would bring a present.（约翰认为妈妈会带一个礼物。）

2'. * John persuaded that mother would bring a present.[①]

所谓的"生成语法"是语言能力的模式，是对语言能力作出的形式化的描写，生成语法理论假设一套规则来描写语言（用语内Intralingual规则来描述句子、词组等各种语内的内部结构）的**生成规则**（Generative rule）。例如：

S	NP +	VP
句子（Sentence）	名词词组（Noun phrase）	动词词组（Verb phrase）

然后采用更加灵活的规则——**转换规则**（Transfomation rule）：

他吃了这个苹果。

他把这个苹果吃了。

这个苹果他吃了。

$$X——V——NP \rightleftarrows NP——X——V$$

这就是把一个语法规则转换成另一语法规则的**程序原则**（Procedural principle）。这样的转换规则可以把一类句子变成另一类句子，也可以增减某些成分、改变成分的次序、用一个成分去代替另一个成分等等。例如：

$$\text{The man was a soldier} \rightleftarrows \text{Was the man a soldier?}$$
$$\text{NP+Pas+be+X} \qquad \text{Pas+be+NP+X}$$

（NP=名词结构，Pas=过去式，X =可替换部分）

生成语法理论的这种研究原则就形象地被叫做"**句法自治**"（Autonomy of syntax）。在这种观念指导下，生成语法理论建立的"**语法模型**"（Grammar model）中就包括如下几个部分：

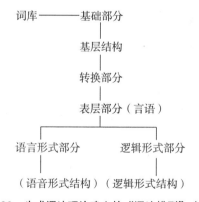

图1-32　生成语法理论建立的"语法模型"（1982）

----

① 加*表示此句不成立。

上面的模型（Model）中只包括"**基础部分**"和"**转换部分**"两个语法规则模块，另外再加一个"**词库**"（Lexicon）。"**基础部分**"（PSR）主要是通过使用"**语类规则（PSR）**"生成"**深层结构**"（DS）；然后再经过使用"**转换部分**"（Transformational component）的"**转换规则**"（Transformation rule，简称TR，最终生成"**表层结构**"（SS）。这种"**语法模型**"的主旨就是：人类全部的语言结构就可以看作是经过这样的操作程序实现的。这也是目前被广泛认可的反映人的语言生成机制的**语法模型**（Grammar model）。

总之，一切语法规则，一切心理运算，最终都要表现为相应的人脑的物质机制。乔姆斯基坚持认为，语言机能内在于心智/大脑，对语言的研究是对心智的研究，最终是抽象的水平上对大脑结构的研究。因此，有人认为，"生成语法研究在学科归属上应该属于'**认知心理学**'（Cognitive psychology），最终属于'**人类生物学**'（Human biology）。它实际上应该叫做'生物语言学'（Biolinguistics）。这是生成语言与其它任何传统的语言研究的根本区别。"[①]

（二）系统—功能语言学（Systematic-functional linguistics）

二十世纪六十年代末七十年代初，功能主义语言学兴起，由英国语言学家**弗斯**（*J.R.Firth*，1890—1960）教授开创，后来由他的学生英国的**韩礼德**（*M.A.K.Halliday*）继承和发展，并于八十年代出版了《功能语法概要》（1996）和《功能语法导论》（1985）两部力作。[②] 首先，韩礼德从弗斯那里继承了"**情景语境**"（Context of situation）的概念，认为语言与典型的社会情境有密切联系，并受其影响，进一步发展了"情景语境"学说，从**社会学**（Sociology）的角度去研究语言，提出语言学中的**社会符号学**（Social Semiotics）；此外还吸收了**布拉格学派**（*Prague School*）、**哥本哈根学派**（*Copenhagen School*）和**沃尔夫**（*Whorf*,1897—1841）的某些观点，着重探讨语言的意义和功能，即研究语言如何使用的，分析语言与社会的关系，以及语言功能与语言系统的关系。事实上，系统—功能语言学正是在对语言的"**系统**"

---

① 刘润清《西方语言学流派》，外语教学与研究出版社，2013年，P200。

② *Halliday M.A.K.An Introduction to Functional Grammar.Edward Arnold.2004/1994(2004 third edition revised by C.M.I.M.Matthiessen)*（《功能语法导论》第三版）。

（System）和"**结构**"（Structure）进行了充分研究的基础上，[1] 以"系统语法"（Systemic grammar）为框架，论述语言的功能。韩礼德的理论常被称为"**系统—功能语法**"或"**系统—功能语言学**"，是目前世界上最有影响的语言学流派之一，与生成语法、认知语言学平分秋色。

韩礼德的语言理论比较全面，早期着重探讨语言的形式，中期重点研究语言的意义和功能，后期分析了语言与社会的关系。在系统—功能语言学理论模式中，除了"**系统**"（System）和"**功能**"（Function）以外，还有三个关键词："**词汇语法**"（Lexicogrammar）、"（语篇）**语义**"（Text semantic）和"**语境**"（Context）。韩礼德指出，词义、句义在很大程度上是情景赋予的。情景受社会制度的支配；社会制度规定着行为系统，是一套符号性的活动。同时，行为在很大程度上受环境的制约，语言形式的选择同样在很大程度上受文化环境制约。因此，韩礼德把语言与社会结构联系起来研究，提出了一个完整的理论模式。他建立的语言使用的基本原理如下：

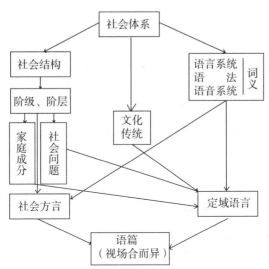

图1-33　"系统语法"框架下的语言功能（韩礼德，1978）

韩礼德还指出，语言既然是在完成其功能中不断演变的，其社会功能一定会影响到语言本身的特性。例如，不同的社会阶层使用不同的语言形式（社会方言），不同性别也会引起语言差异，职业不同的人用词也带不同特点。这就

---

[1]　韩礼德的论文《"深层"语法札记》（1966）区分了表层结构（Surface structure）和深层结构（Deep structure），明确指出"结构"代表"组合关系"（Syntagmatic relation），"系统"代表"聚合关系"（Paradigmatic relation）。此区分表明，韩礼德之前在《语法理论的额范畴》（1961）中建构的"阶和范畴语法"（Scale and Category Grammar）已经发展成为"系统语法"（Systemic Grammar）。

说明，语言的功能与语言系统有直接关系。而语言如何实现社会上的**意义潜势**（Meaning potential）？[①] 这就要研究社会制度与语言系统的关系，要研究意义潜势如何决定着语言意义的组织和如何影响到语言形式的选择。

（三）认知语言学（Cognitive Linguistics）

语言的认知研究已经有很长的历史，有基于**心理学**（Psychology）的语言认知研究，有基于**语言学**（Linguistics）的语言认知研究，两者都可以称为认知语言学。我们这里所说的是后者。这是二十世纪七十年代末兴起的一种语言学思潮或者叫做语言学流派，认为人类的语言功能和感觉、记忆、推理等其他能力都是**认知能力**（Cognitive ability）的一部分。这个流派没有形成固定的研究范式，内部差异也很大，但是这些认知语言学家声称要研究语言和**心智**（Noema）的关系（*Pinker*，1994），[②] 研究语言现象背后的动因，研究**隐喻**（Metaphor）机制在语言和思维中的表现，研究**概念化**（Conceptualization）的过程，研究语言**编码**（Code）和**解码**（Decode）的机制，等等。这种研究路径是功能主义研究。

认知语言学家认为，人的生理基础和身体经验在意义构建和理解过程中具有重要作用，其出发点是通过对认知活动的主体（人的身体构造和身体经验）的研究来理解**意义**（Meaning）。基于此，认知语言学提出一些基本问题和基本假设，以及在此基础上建立起来的理论，比如**原型范畴理论**（Prototype theory）、**范畴化理论**（Categorization theory）、**标记理论**（Markedness theory）、**隐喻理论**（Metaphor theory）、**语法化理论**（Grammaticalization theory）、**意象图式理论**（Image schema theory）、**象似性理论**（Iconicity theory）、**物像的可触知性理论**（The palpability theory of figure）、**概念化理论**（Conceptualization theory）等等。

认知语言学继承了功能主义语言学的传统，对一些重要的语言学问题提出新的解释。例如在**范畴化**（Categorization）问题上提出了**原型理论**（Prototype theory），认为在**多义词**（Polysemy）的诸多意义中，**原型词义**（Prototype meaning）是中心，其他义项向外**辐射**（Radiation）形成网络；又如，把**隐喻**

[①] 针对乔姆斯基区分"语言能力"（Competence）和"语言运用"（Performance），韩礼德区分"语言潜势"（Language potential）和"实际语言行为"（Actual linguistic behaviour）。这里的"潜势"（Potential）指供语言使用者选择的各种可能性，有大量语言资源；最后说出的话，那才是选择的实际行为。意义潜势是行为潜势在语言上的体现。

[②] Pinker, S., & Prince, A. (1994). Regular and irregular morphology and the psychological status of rules of grammar. *The reality of linguistic rules*, 321, 51.

（Metaphor）视为人类认识世界的一种思维方式，认为语法结构与**格式塔心理学**
（Gestalt Psycology）的某些原则具有相似性等。

由于"认知语言学"的基本理论背景与"形式语言学"的基本理论是对立的，所以认知语言学的一些基本假设主要也就体现在与形式语言学理论的区别上，主要表现在以下几个方面：

1.人的心智和思维一样都产生于人们在后天跟外界世界相互作用的过程中通过自己的身体得到的实际经验。语言的结构特别是语法结构跟人们对客观世界（包括人自身）的人是有相当程度的对应或**象似**（Iconicity）关系，或者说语法结构在很大程度上是人的经验结构（即人认识客观世界而在头脑中形成的概念结构）的模型。

2.句法作为语言结构的一部分并不是自足的，句法跟语言的词汇部分、语义部分是密不可分的，后者甚至更重要。从词法到句法到语义再到语用，这是一个渐变的连续统。

3.语义不仅仅是客观的真值条件，而是主观和客观的结合，研究语义总要涉及人的主观看法或心理因素。例如，同一现象由于人们的注意点不同或观察角度不一样，就会在头脑中形成不同的**意象**（Image），也就可能有不同的意义。

4.语言中的各种单位范畴和人所建立的大多数范畴一样，都是**非离散性**（Non-discreteness）的，边界（Boundary）是不明确的。一个范畴内部成员之间并没有绝对的共同特征，只是某些地方多种方式的相似，称为"**家族相似性**"（Family resemblance）。①

此外，认知语言学在承认人类认知共通性的同时，充分注意不同民族的认知特点对语言表达的影响。认知语言学的研究目标概括起来有两条：一个是"**认知性**"（Cognitive），另一个是"**概括性**"（Generalization）。一个实例就是认知上的"**时间顺序**"（Temporal sequence）对不同语句顺序的平行现象做出概括解释，另一个实例就是根据认知上"**有界/无界**"（Boundedness /unboundedness）对不同词类表现的平行现象做出概括解释。

---

① 哲学家维特根斯坦（*Ludwig Wittgenstein*,1889—1951）是发现柏拉图、亚里士多德、康德、黑格尔、胡塞尔、海德格尔的古典范畴理论缺陷的第一位哲学家，他的理论"家族相似"具有划时代的意义，成为古今范畴理论的分水岭。

（四）语言类型学（Linguistic typology）

语言类型学研究各种类型语言的特征，呈现不同语言结构上的异同，而不管语言的历史发展如何，目的是建立适用于各种语言的分类法。语言类型学把语言视作人类的一种行为，其研究目标是求得不同语言所共有的"**蕴含共性**"（Implicational universal）。所谓不同语言所共有的"蕴含共性"是说某个语言假定具有语言现象p，那么也一定同时具有语言现象q。因此，语言类型学着眼于语法结构与语义的关系研究，着眼于语法结构与交际需要的关系研究；重视的是统计和归纳，并以四种**参数**（Parameter）来区分人类语言的语序类型：（1）动词和宾语的次序，是VO还是OV？（2）介词的性质，是"**前置词**"（Pr）还是"**后置词**"（Po）？[①]（3）修饰性的形容词（A）与被修饰的名词（N）的次序，是AN还是NA？（4）领有格成分（G）与所领有成分（N）的次序，是GN还是NG？在此基础上，根据四个参数，得出如下结论：

（1）VO：Pr, NG, NA

（2）OV：Po, GN, AN

（1）的意思是：如果是VO型语言，在这种语言里，有前置词（Pr），领有格成分在名词之后（NG），形容词性修饰语在名词语之后（NA）。（2）的意思是：如果是OV语言，那么在这种语言里，有后置词（Po），领有格成分在名词语之前（GN），形容词性修饰语在名词语之前（AN）。

1.语言类型学的贡献

类型学致力于拓宽语言学的材料视野，在更加广阔因而也更加可信的基础上构建语法理论，发现语言演变的趋势，揭示人类语言的特点，探索语言与历史背景、文化背景的关系。类型学的**测试**方法可以避免单一语言研究以偏概全的毛病，可以说语言类型学的的研究弥补了单一语言研究的不足，为观察人类语言的本质提供了单一语言研究所不能提供的视角，也为单一语言的研究提供了在语言内部所达不到的视角。因此，类型学家的工作和其他语言学家的研究有互补作用。凭着自身特有的范式，语言类型学业已成为当代语言学中的一个重要学派，是一个与**形式学派**（Formalism）和**功能学派**（Functional linguistics）都有交叉、都能沟通的学派。对于构拟原始语言，改进外语教学，创造人工智能，语言类型研究也能给予一定帮助。

---

① 作为类型学的一个重要"参项"，即"介词"的位置，世界语言可以分为前介词（前置词）（Prepositional）和后介词（后置词）（Postpositional）两种。例如欧洲语言多数是前介词语言，韩语、日语等语言则是后介词语言。

2.局限

目前可以拿来进行大量语言比较的项目，只限于少数基本的语法现象，**验证**（Attest）通常只关注表达基本范畴的句法或形态现象，因此不可能像功能学派那样去研究高度依赖内省语感的非常细致的句法问题，也不能像功能学派那样仔细观察有关结构的出现环境，就不可能通过一般语言描写报告和著作来验证。因此，尽管在理论追求和洞察力方面也许有其不俗的表现，但其类型学的**充分性**（Typological adequacy）尚无法在普遍性方面获得最大的说服力。

通过以上流派的介绍，我们可以看出：由于时代、背景、传统、研究方法不同，各流派提出了不同的语言理论。各语言思想都不否认语言具有形式、意义和功能三个方面，其间的核心差异主要在于如何界定（形式、意义和功能）三者之间的关系，以及到底将哪一方面视为其研究的焦点。例如结构主义语言学和生成语法关注语言的形式，聚焦于脱离意义的形式分析；功能主义则强调语言的社会功能，主张"功能"是"用语言去做事"，因而，语言就是"做事"的一种方式（A form of "doing"）；认知语言学则主张语言是意义和形式共同构成的理据性符号系统，二者密不可分。因此，语言学家之间的这些分歧，与其说是谁对谁非的问题，不如说是从不同的角度观察语言、分析语言的问题；各有各的道理，各有各的优势，只是研究者试图从语言的不同侧面探究语言的本质，都是对语言研究进行的不懈尝试，但有一点可以明确：语言学能有今天的形势和水平，是与各个流派的贡献分不开的。

第六节　语言学基本研究方法

一、传统的语言学研究方法

任何科学研究都必须运用一定的方法和手段，以达到研究的目的。科学方法按照其普遍性程度可以分为三个层次：一是**哲学方法**，这是一切科学最普遍的方法；二是**一般研究方法**，比如各门科学中都采用的观察、分析、综合、归纳、演绎等；三是**特殊的研究方法**，这是各门科学中各自使用的一些特殊的方法，比如天文学运用的天体观测仪器，地理学运用化石测定地层年代，方言研究运用的"**田野调查**"（Field study）等。语言研究常用的方法除了其他学科通常采用的一些研究方法外，还形成了自己专门的研究方法，常用的语言学研究方法列举如下：

（一）归纳法（Induction）

一种由个别到一般的论证方法。由一系列的具体事实概括出一般原理的方法。在语言研究中，我们常常是搜集许多例句，从中分析出某种规律，比如一个词的用法或某个句型的特征。

（二）演绎法（Deduction）

由普遍性结论或一般原理推导出个别性或特殊情况下的结论的论证方法。演绎推理的思维运动方向与归纳推理相反，演绎的前提是一般性知识，是抽象性的，而它的结论却是个别性知识，是具体的。

（三）实证法（Empirical method）

主张从经验和观察入手，采用程序化的、定量分析的手段，使社会现象的研究达到自然科学的精细和准确水平。实证研究的方法可以概括为：通过对研究对象大量的观察、实验和调查，获取客观材料，从个别到一般，归纳出事物的本质属性和发展规律的一种研究方法。实证研究方法既可以是**质性**（Qualitative）研究，也可以是**量性**（Quantitative）研究，具体包括**观察法**（Observation method）、**谈话法**（Conversation method）、**测验法**（Test method）、**实验法**（Experimental method）等。

以上三种方法是互相联系的，目前在语言研究和外语教学研究中，这种方法运用很多。例如研究者从观察开始，搜集数据，通过分析数据得出假设（运用归纳），又从假设出发推导出结果或预示（运用演绎），再用新的数据验证其结果或预示（运用实证），最后评价所得结论是否正确（运用评估）。图示如下：

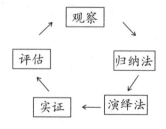

图1-34　语言研究的多种方法

（四）历史比较法（Comparative-historical method）

通过对不同语言的比较研究，揭示语言间的亲属关系以及它们在历史上的发展道路。应用此法，可以找出亲属语言的共同来源——原始基础语，确定同一或多种语言成分间的对应关系。

（五）分布法（Distribution method）

用于揭示语音、语法和词汇成分在较大的序列中的**分布**（Distribution）情况。它是**结构主义语言学**（Structural linguistics）所运用的一种分析语言的方法。最早在语音研究中运用，后来运用到语法研究。在具体使用过程中，有两种情况，一种是**"等同分布"**（Coincident distribution，也叫一致分布），一种是**"互补分布"**（Complementary distribution）。例如语音的互补分布；在词的分类中，用的就是分布分析法——分布相同的归为一类，分布对立的，归为另一类。

二、当前语言学研究方法

形式学派（Formalism）、**功能学派**（Functionalism）和**类型学派**（Typology），这是当代语言学的三大**范式**，[①] 在研究方法上形成了各自的特点。刘丹青（2003：21）将它们各自的核心方法归结为**测试**（Test）、**语篇**（Text）和**验证**（Attest）。[②]

（一）测试（Test）

依靠说母语者（通常是研究者本人）的内省式判断，是诉诸说话者内心语感的研究方法，这是形式主义的主要研究方法。这种研究方法具体表现为内心的测试。事实上传统语法也部分采用**内省测试**（Intuition testing），到二十世纪五六十年代，中国少数学者开始主要依靠内省测试而不是收集例句来进行语法研究，获得了比多数语法学家都突出的成绩。当代形式语言学的发展是在一些新理论思考的指导下，自觉应用内省测试来探测语法合格性在不同向度的极限，从而确定这些极限背后的规则和原则。其中有些测试是注重收集实际材料

[①] 当今的语法研究的有"两分论"，一般是把"认知学派"归入"功能学派"。
[②] 刘丹青，《现代汉语介词研究》，商务印书馆，2003年，P21。

的研究者很难想到的。形式语言学对测试的方法的又一重要发展在于不仅关注能不能说，而且关注句法成分在语义方面的同一性或差异性，从而引导学者进行更加深入的研究。

测试法的特点是致力于发现合格句和不合格句的界限，注意相关句法成分的语义同一性或差异性，尽量采用简短的撤开了无关成分的例句。其缺点是形式学派注重**定性**（Qualitative）（合格和不合格）往往忽略**定量**（Quantitate），而语法中合格和不合格的纯粹定性标准在事实上并不存在。

（二）语篇（Text）

指真实语篇中的句子，这是功能学派的研究方法。功能语法强调，语言包括其语法是服务于其交际等功能，所以语法分析应在实际语篇（尤其是口语）中进行。功能语法关注实际语料中一切语法单位，包括倒装、残缺、结构累赘等"结构不完整"的句子，注重语料整体的同质性，不同的语体分别考察，并且更加注重真实自然的言谈的研究，同时特别注重**量化分析**，例如有关结构的出现**频率**（Frequency）等。

语篇法的特点是选取真实语料，尤其是口语和会话语料，关注一切出现在语料中的单位，特别是语法单位和语境的关系，一般采用统计方法进行量化的分析。其缺点是实际语料牵扯的因素很多，语篇内的句法成分受内容制约较大，语篇分析得出的结论缺乏形式语法所追求的**可重复性**（Repeatability）和**可预测性**（Predictability）。

（三）验证（Attest）

即考察某种句法结构在不同语言（不同方言或同一种语言不同时代）之间的分布和表现，验证某种结构在什么样的语言里会存在。这种跨语言的**验证**（Attest）是**类型学**（Typology）的核心方法。在方法上首先列出逻辑上的所有可能性，然后拿各种逻辑可能性到大量语言中去验证。得到验证的是符合**语言共性**（Language universal）的，得不到验证的就是违背某种**语言共性**的。验证法关注表达基本范畴的句法或形态现象，因而验证法的基础是一个尽可能大而分布均匀的语种库。

验证的特点是通常从某种基于语义或语用功能的范畴出发，将人类语言的共性作为比较的基础。其缺点是验证法对语言描写的质量非常依赖，引用者难辨其质量高低，难免有时会受低质描写材料所累。

第二章　语音

　　大约距今四百万年以前，人类开始直立行走。人类的直立使发音器官有可能发出清晰的语音信号，不过这时候的发音还不是语言，而只是兼有表达情感和传递信息作用的意义含混的有声符号。例如，一个原始人看到野兽时，可能惊呼，这种惊呼既表达惊恐的情绪，也是警告同伴的信号。这种原始的混沌的语音即是语言的最初的出发点。

　　原始的混沌的语音混有表达感情和传递信息的双重作用。在此基础上发展起来的语言，其作用以**传递信息**（Transfer information）为主，**表达情感**（Express emotion）为辅。**布龙菲尔德**在《语言论》中用一个实例来说明语言是"刺激-反应"过程：杰克和他的女朋友吉尔散步，吉尔饿了，看到树上有苹果，她用喉咙、舌部和唇部发出某种声音，杰克爬上树摘下苹果给吉尔，吉尔吃了苹果。这一系列活动可以分为**语言行为**（Act of speech）和**实际事件**（Practical event）；这个故事可以分为三部分：（1）言语行为之前的实际事件；（2）语言；（3）语言行为之后的实际事件。吉尔腹内肌肉收缩，胃中产生液体，苹果的光波等，构成**说话人的刺激**（Speaker's stimulus）；杰克的实际行动叫**听话人的发应**（Hearer's reaction）。吉尔是说了句话，便得到了苹果。再看语言行为，吉尔运动自己的口腔部位，使空气变成**声波**（Acoustic wave），这是对外部刺激（饥饿）的反应，是**语言反应**（Speech reaction）或**代替反应**（Substitute reaction），然后声波又撞击杰克的耳膜，耳膜震动又刺激杰克的神经，使杰克听到吉尔的话，这就是对杰克的刺激。过程如图：

图2-1　声音的传送原理

这个实例也说明，人可以对两种刺激做出反应：一是**实际刺激**，一是**语言刺激**。**布龙菲尔德**通过这个实例，得到第三个结论：说话人和听话人身体之间原有一段距离——两个互不相连的神经系统——由声波作了桥梁。[①] 由此，**布龙菲尔德**（*Bloomfield*）提出了一个著名的公式：

$$S \longrightarrow r \cdots\cdots s \longrightarrow R$$

这里的S指外部实际刺激，r指语言的代替性反应，s指语言的代替性刺激，R指外部的实际反应。语言最后发展成为一种结构严密的符号系统。从理论语言学的角度看，**语音**（Speech sound）是**语言**（Language）的**声音**（Voice），也是**语言符号**（Language symbol）的外在表现形式之一。它是由**人的发音器官**（Vocal organ）（包括肺、气管、喉、咽、口、鼻、声带、硬腭、软腭、舌齿、唇等）发出来的、承载一定意义、能起**交际作用**（Communicative function）的声音，因此我们说"语音是语言的物质外壳"，是"语言的意义的载体"。同时，语音不同于一般的**声音**（Sound），有着其特殊的意义，比如：

> 语音不同于自然界的风声、雨声等声音；
>
> 语音也不同于其他动物发出的叫声；
>
> 语音也不是人类发出的咳嗽声、鼾声等声音。

总之，以上纯粹的**物理声音**（Physical sound）可能没有信息内容，也可能需要特殊的环境（例如医生检查时病人的咳嗽声），而只有人类用来表达意义的声音是可以**再分析**（Reanalyze）的。

从研究的角度看，语音由人的发音器官产生，发出后变成声波，传到对方耳中，被对方接收理解而构成"言语交际"的一套链环，我们可以把它称为"言语链"。如图：

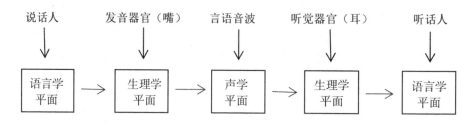

图2-2　言语链

---

①　布龙菲尔德在《语言论》（*Language*，1933）中用"杰克和他的女朋友"的故事来说明语言是"刺激-反应"过程，得到的前两条结论，见第一章"语言的社会功能"部分的论述。

因此，语音由发音器官产生，由听觉器官接收，这两部分的研究属于生理学和心理学范围；而言语**音波**（Sound wave）的特性则属于物理声学范围，至于言语的控制和理解，则属于语言学范围。具体来说，语音就是把无意义的声音组成**词素**（意义），再组成**词**（独立运用）和**句子**（完成表达）。既然语音是代表"一定意义"的声音，其对应着以下内容：

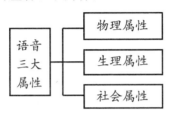

图2-3　语音的三大属性

1.除了声音的一般特性外，语音应该还具有**物理属性**（Physical properties）、**生理属性**（Physiological attributes）、**社会属性**（Social attributes）。

2.语音的**发音**（Pronunciation）、**传递**（Transmission）、**感知**（Perception）三个环节，分别对应语音的**生理**（Physiology）、**物理**（Physics）、**心理**（Psychology）三个方面的属性。

3.正是由于语音具有的**社会属性**，是使语音从根本上与一般声音区别开来的**本质属性**。

人类语音的特质表现如下：

$$
\text{语音}\begin{cases}\begin{array}{l}\text{声音传递}——\text{物理性质}\\\text{发音器官}——\text{生理性质}\end{array}\Big\}\text{自然属性}\\\text{代表意义}——\text{社会性质：社会属性}\end{cases}
$$

从研究的内容上说，一般把研究"**声音**"（speech）的学科称之为"**声学**"（Acoustics），研究言语"**语音**"（Phone）叫做"**语音学**"（Phonetics），研究语言中系统运用语音的则叫做"**音系学**"（Phonology）。"**语音学**"又可分为二："**发音语音学**"（Articulatory phonetics）和"**声学语音学**"（Acoustic phonetics）；前者考察言语语音发出的**方法**（Manners），后者考察如何用物理术语，例如波浪形式的形状，"音强"、"周期性"与"噪音"、"陪音"出现等，来表达言语语音。

第一节 语音的属性

一、语音的物理属性

语音属于一种物理的运动，所以具有物理属性。语音的物理属性是指语音具有物理方面的性质，主要是**音响**（Sound）分析，因此，也叫语音的**自然属性**（Natural attributes）。表现在以下方面：

第一，从语音产生的角度看，声音产生于发音体的振动，并通过媒介传播。语音也不例外，传播声音的最重要的**媒介**（Medium）是空气。

第二，声音有**噪音**（Noise）和**乐音**（Musical sound）之分，与之相对应，语音中的**辅音**（Consonant）是噪音，**元音**（Vowel）是乐音。

第三，语音是音高、音强、音长、音色的统一体。任何一个实际的语音单位，都是这四个要素的统一体。

（一）关于声音的四个要素

1. 音高（Pitch）

音高是声音的高低，取决于发音体声带振动的**频率**（Frequency），即**基频**（Fundamental Frequency，通常用符号F0表示）。频率越高，则音高也越高，**同声带**（Vocal cords）的长短、厚薄、松紧有关。例如我们听人说话能分清男女老幼，主要是靠**音高**决定的，男人声带是比较长而且厚，大约18—24毫米，震动频率少，声音较低；妇女的声带大约是14—18毫米，小孩声带大约12—13（男孩）和10—12毫米（女孩），因而妇女和小孩声带较短较薄，震动频率多，声音较高；男性的声音频率大致在60—200赫兹之间，而女性声音频率大致在150—300赫之间，儿童声音频率大致在200—350赫兹之间，这样就把男女或大人、小孩区别开来了。

音高在语言中具有区别意义的作用，汉语的**声调**（Tone）是音节的高低升降变化，其实就是**音高**的变化形式。同样的音素组合，声调不同，音高不一样，代表的意义也不一样。例如汉语拼音的shuzi，加上不同的声调，可以表示"数字"（shùzì）、"梳子"（shūzi）、"树籽"（shùzǐ），可见，声调在汉语中具有十分重要的作用，而英语的音高变化主要表现为**语调**（Intonation），那么汉语则是既利用音高的起伏升降组成声调（字调）来区别词汇意义，又利用不同的音高模式组成语调（句调）来表示语法意义以及说话人的感情态度，在汉语中，**声调**（Tone）和**语调**（Intonation）是两种并存的音高体系，它们互相影响。①

2. 音长（Duration）

音长是语音成分在时间维度上所持续的长度，是声音的长短，取决于发音体振动持续时间的长久，是发某个**音段**（Segment）或语音成分所用的时间。由**声波**（Sonic wave）持续的时间长短确定，以**秒**或**毫秒**为单位。世界上不少语言或**方言**（Dialect）有长、短元音，发**长元音**（Long vowel）时声带振动的时间长，发**短元音**（Short vowel）时，声带振动的时间短，因而可以利用语音成分的长短对立来区别意义。例如：

英语：bit[bit]（一点儿）—beat[biːt]（打）；ship[ʃlp]（船）—sheep[ʃiːp]（羊）；sit[sit]（坐）—seat[siːt]（座位）；be[biː]（是）—bee[biː]（蜜蜂）

日语：おばさん（伯母、叔母）—おばあさん（祖母、外祖母）；

　　　おじさん（伯父、叔父）—おじいさん（祖父、外祖父）；

　　　いえ（房子、家）—いいえ（不）；

　　　せんしゅ（运动员）—せんしゅう（上星期）；

　　　じゅよう（需要）—じゅうよう（重要）

英语beat、sheep、seat、中的元音[iː]是长的，而发bit、ship、sit、be中的元音[i]就是短的。

汉藏语系许多语言的元音分长短，音长也有区别意义的作用。汉语、壮侗语族、苗瑶语族Times New Roman长短元音的对立大多出现在带韵尾的主要元音上。例如广州话"三"[saːm⁵⁵]和"心"[sam⁵⁵]，"鸡"[kai⁵⁵]和"街"[kaːi⁵⁵]，水语的"肝"[tap⁵⁵]和"挑"[taːp⁵⁵]，勉语大坪江话的"舅父"[nau²³¹]和"老鼠"[naːu²³¹]等，其区别表现在：前一个元音a长，后一个元音a短。同样，日语"路"[toːri]和"鸟"[tori]，拉丁语"苹果树"[maːlus]和"邪恶、罪恶"[malus]，

---

① 在语音学中，"声调"和"语调"是两个不同的概念，"声调"是字词层面具有区别自此意义功能的音高对比模式，而"语调"是语句和篇章层面的音高运动模式，具有区别语气（Mood）、情态（Modality）、焦点（Focus）、边界（Boundary）等言语（Parole）交际功能。后面章节有论述。

阿拉伯语"与……相一致"[ka:taba]和"写"[kataba]（"写"的过去式），都是利用元音的长短差异形成的能够区别意义的**超音段**（Suprasegment）音位。

在有些语言中，辅音成分的长短也可以区别不同的语音形式，从而区别不同的词语或语素，从而达到区别意义的目的。如日语"作者"[sakka]和"斜坡"[saka]，意大利语"祖父"[nonno]和"第九"[nono]等。

3. 音强（Intensity）

音强是语音的强弱，主要取决于发音时声门下压力（Subglottal pressure）的大小，也跟声腔共鸣特征有关。声音的强弱，取决于发音体**振动幅度**（Amplitude）（**振幅**的单位是"**分贝**"（Decibel/DB）的大小，同说话时用力的大小有关。"**响度**"（Loudness）是与音强相应的知觉量。音强是一种客观的物理量，而响度是一种主观的心理量。响度不仅跟音强有关，还跟**频率**（Frequency）有关。

轻声（Neutral tone）和**重音**（Stress）（音重增加）并非只是简单地将词音发得特别轻或特别重，它是一种复杂的语音现象，与音高、音长、音强和音质都有一定的关联，但主要的声学征兆表现在前三个方面。例如在汉语中，音长在辨别**轻声**（Neutral tone）中起着最重要的作用，其次是音高，音强的作用反而不太重要；而英语中**重音**最重要的征兆是音高，其次是音长，第三才是音强。关于音强举例，见本章有关韵律特征及其语法章节。

4. 音色（Timbre）

音色又叫"音质"，是声音的个性、特色。音色的差别取决于振动形式的不同，或者说主要**音波波纹**（Sound wave）的曲折形式不同，与三个因素有关：

音色 ┬ 发音体不同：例如小提琴与笛子
　　　├ 发音方法不同：例如弹钢琴时十指齐按和单指弹
　　　└ 共鸣器不同：例如胡琴的琴筒和小提琴的音箱

关于"不同音质的声音"的形成与"不同音质的语音"的形成，人们有下列认识：

"不同音质的声音"的形成，有三个方面的原因：

┬ 一是发音体（Corps sonore）不同
├ 二是发音方法（Manner of articulation）不同
└ 三是共鸣腔（Resonant cavity）形状不同

（2）"不同音质的语音"的形成，也有三个方面的原因：

  ┌── 一是呼出气流是否受阻（obstruction），在什么部位受阻
──┤ 二是解除阻碍（Release）的方式不同
  └── 三是声带（Vocal folds）振动与否

（二）声音四要素在语言中的作用

任何语言的语音都是音高、音强、音长、音色的统一体。任何语言中，音色都是最主要的辨义因素。音高、音长和音强的作用相对来说要小些。

声音要素	含义	决定因素	语音中的影响因素	能否区别意义举例
音高（pitch）	声音的强弱	频率（Frequency）	声带的长短、厚薄、松紧	◎ 汉语声调：妈、麻、马、骂。 ◎ 汉语语调：他不来。他来不来？
音强（Intensity）	声音的高低	振幅（Amplitude）	用力大小、呼出气流量大小	◎ 英语轻重音：content ['kɒntent]（内容）（重音在前，名词）；content[kɒn'tent]（满意的）（重音居中，形容词）。 ◎ 汉语轻声：地.道；东.西；买.卖。
音长（Duration）	声音的长短	时间（Time）		◎ 英语pull[pul]（拖）（短音），pool[pu:l]（水池）（长音）； ◎ 藏语拉萨话"麕"[la⁵⁵]和"工钱"[la⁵⁵]；广东话"三"[sa:m]和"心"[sam]区别都在长短音； ◎ 汉语的四个声调也和音长有关，例如"妈"（mā）（长音），"骂"（mà）（短音）。
音色（Timbre）	声音的个性或特色	声波的形式（Wave form）	发音体、发音方法、共鸣器	f—v；g—h；i—u发音不同

表2-1　声音四要素在语言中的作用

（三）实验语音学对语音"四要素"的测查

实验语音学（Experimental phonetics）是借助实验仪器对语音进行分析研究的科学。到二十世纪五六十年代，实验语音学逐渐发展到以声学实验为主，主要使用物理学方面常用的示波器、频率分析计、声级记录仪等仪器来测量分析语音的波形和频谱，研究语音的物理特性。尤其是动态声谱仪被引进语音分析领域以后，大大促进了实验语音学的发展。那么音色、音长、音高和音强是语

音的四大基本要素，在实验语音学中，又是使用哪些**参量**（Parameter）来**表征**（Characterization）它们呢？

通常用**记纹器**（Kymograph）或示波器做出语音声波的**波形图**（Oscillograph），从不同的**波形**（Waveform）可以分辨它们不同的音色，从语音的波形图上还可计算出音高。音高实际上就是每秒钟里声带振动的次数，在物理上叫做基本**频率**（Frequency），在语言**声波**（Sound wave）中表现为每秒钟里相同波形出现的次数（重复一次叫一周，每秒钟重复几周就叫几**赫兹**（Hertz，简写为Hz），就是这个音的基本频率。计算出这个次数，就得出了该音的音高。从语言声波震动幅度的大小可以得出该音的相对强度，从整个音节声波持续的时间可以计算出它们的音长。

用波形图测量语音四要素的物理特性比较麻烦而粗糙，可以采用语音的另一种可见图形——**语图**（Sound spectrogram）。它是利用一种叫做**语谱仪**（Sound spectrograph）的**语图仪**（Sonagraph）对语音进行**频谱分析**（Sound spectral analysis），把各要素的物理特性综合地表现在一张图上。例如：

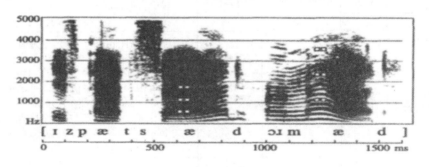

图2-4　语图[①]

这种声谱仪记录的语图，是反映声音的频谱能力随时间变化。其中，横轴标示时间，纵轴标示频率，并用颜色的深浅来标示强弱。语图包含了代表语音四要素信息的所有声学特征——**频率**（Frequency）、幅度和时间延续。音色的物理特性表现为不同的波形和不同的**共振峰**（Formant）结构形式，音高特性表现为不同的基本频率，音长特性表现为不同的时间延续，音强特性表现为不同的**振幅**（Amplitude）。这种图形生动直观，不仅可供研究，而且可作定量分析。

---

① 语图引自[美]彼得·赖福吉《语音学教程》（第5版），张维佳译，北京大学出版社，2011年，P194。

二、语音的生理属性

现代**发音语音学**（Articulatory phonetics）是专门研究人类发音器官是如何产生语音的。**言语产生**（Speech production）是语音产出的全部活动，这包括大脑和神经系统的作用以及**发音器官**（Vocal organs）的活动。而发音器官的活动，又可分为四个方面：动力（气流）、声源、共振和辐射。

语音的**生理属性**（Physiological attributes）是指语音是由人的发音器官发出来的，而语音单位的差别则是由发音器官的不同而造成的。根据发音器官在语音形成中的作用，人类的**发音器官**首先可以分成以下三个部分：

1.提供发音原动力的肺（Lung）和气管（Trachea）

2.作为发音体的喉头（Larynx）和声带（Vocal folds）——其功能是调节气流的阀门

3.作为共鸣器（Resonant）的口腔（Oral cavity）、鼻腔（Nasal cavity）和咽腔（Pharyngeal cavity）——其功能主要是调节气流

人的发音器官及其名称见下图：

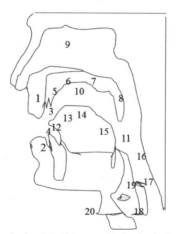

[（1）上唇（Upper lip）（2）下唇（Lower lip）（3）上齿（Upper teeth）（4）下齿（Lower teeth）（5）齿龈（Teethridge）（6）硬腭（Hand palate）（7）软腭（Soft palate）（8）小舌（Uvula）（9）鼻腔（Nasal cavity）（10）口腔（Oral cavity）（11）咽腔（Pharyngeal cavity）（12）舌尖（Tip of the tongue）（13）舌叶（Tongue）（14）舌面前和舌面中（Blade of the tongue）（15）舌面后或舌根（Tongue root）（16）会厌软骨（Cartilago epiglottica）（17）食道（Esophagus）（18）气管（Vocal cords）（19）声带（Vocal folds）（20）喉结（Laryngeal prominence）]

图2-5 发音器官示意图1

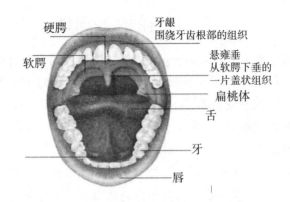

图2-6　发音器官示意图2

作为一种代表"一定意义"的特殊**声音**（Sound），语音也是由物体的**振动**（Vibration）引起的，只不过这个振动的物体是**声带**（Vocal folds）或者发音器官的其他部分，引起振动的动力是由**肺叶**（Lung lobe）伸缩产生的气流。其工作的原理是：气流在通过**声门**（Glottis）时声带或者发音器官的其他部位可以通过调节自己的位置**形成阻碍**（Approach），气流冲破阻碍时声带就产生了振动。在这些发音器官中，发**辅音**（Consonant）时，成阻（构成阻塞或阻碍）的两个发音器官中，可活动的那个发音器官，如**唇**（Lip）、**舌头**（Tongue）、**软腭**（Hard palate）、**小舌**（Uvula）等都是能够活动的，叫做"**主动的发音器官**"（Active articulator）；发辅音时，构成阻塞或阻碍的两个发音器官中，相对静止的那个发音器官，如上唇（Upper lip）、**齿龈**（Gingiva）、**硬腭**（Hard palate）等都是不能活动的，叫做"**被动的发音器官**"（Passive articulator）。

三、语音的社会属性（本质属性）

一旦声音开始获得意义，其内容就变得**社会化**（Socialization）了。语音的**社会属性**（Social attributes）指语音具有社会性质。一方面，语音是一种**社会现象**（Social phenomenon），它所表示的意义是社会赋予的；另一方面，不同语言的语音现象也不会完全相同。

如前所述，语音都是含有一定意义、作为意义的载体而起交际作用的。这就决定了语音具有社会的属性，这也正是语音区别于自然界其它声音的最根本的性质。语音的社会属性表现在多个方面，例如：

> 1. 音义的联系是社会约定的；
> 2. 语音的民族特征（National characteristics）和地域特征（Local characteristics）；
> 3. 语音的系统性（Systematicness）。

语音本质上是一种**社会现象**（Social phenomenon），主要体现为：

（一）音义结合的任意性（Arbitrariness）

语音是和语言的意义联系在一起的，这种联系是由社会**约定俗成**（Established by the people through long social practice）的。音义结合的任意性表现如下：同一个语音形式可以表示不同的意义，同一个意义也可以有不同的语音形式。例如：

同形异音：血（xuě-xiě）、调（tiáo-diào）、行（xíng-háng）、参（cān -shēn-cēn）

同义异音：汉语：电灯—英语：lamp（中外差异）

　　　　　　母鸡—草鸡；菜花—花菜（方言差异）

　　　　　　头（tóu）—脑袋（nǎodai）—脑壳（nǎoke）

　　　　　　玩儿（wánr）—耍（shua）—白相

　　　　英语：policeman（警察）—cop（美国俚语）

同音异形：汉语：长—常—尝—肠—偿

　　　　　英语：air（空气）—heir（继承人）；sea（海）—see（看见）

　　　　　　buy（购买）—by（旁边）；site（地点）—sight（视力）

同音异义：汉语：仪表（外表）—仪表（仪器）；角（牛角）—角（一毛）

　　　　　　别（动词）—别（副词）；回（动词）—回（量词）

　　　　　英语：table（桌子）—table（表格）；ball（球）—ball（舞会）

　　　　　　seal（印记）—seal（海豹）；match（火柴）—match（比赛）

　　　　　　shoe（英语：鞋子）— chou（法语：白菜）

（二）语音具有系统性（Systematicness）

特鲁别茨柯依（*Nikolaitrubetzkoy*，1939）提出，在语言中语音关系是普遍存在的，这叫**语音普遍性**（Phonetic universal），但是具体的语言又可能改变这种逻辑上的语音关系，构成自己的**音位系统**；[①] 并且，不同语言系统所包含的音素数目及其相互关系不同。不同的语言有不同的音位系统，有的只有15个音位，有的多达50个音位。例如英语有22个元音，24个辅音，总共52个音位。汉语音位系统中也有22个辅音。如表：

语言	音位系统
汉语	22个辅音，10个单元音，13个复元音。
英语	22个元音，24个辅音，共52个音位。
俄语	33个字母，10个元音，21个辅音.（两个符号：硬音和软音）
西班牙语	24个字母，5个元音，19个辅音。
现代日语	5个元音，2个半元音，23个辅音，40个音节。
乌克兰语	38个字母，6个元音，32个辅音。
马来语	6个单元音，3个双元音，26个辅音。
法语	元音16个，辅音20个，共36个音位。

表2-2　不同语言的音位系统

元音系统也是如此。例如英语有九个元音，意大利语有七个元音，西班牙语只有五个元音，菲律宾的**他加禄语**（*Tagalog*）仅有三个元音。如表：

	前元音			中元音			后元音		
	意大利	西班牙	他加禄	意大利	西班牙	他加禄	意大利	西班牙	他加禄
高元音	i	i	i				u	u	u
中高元音	e						o		u
中元音		e						o	
中低元音	ɛ						ɔ		
低元音		a		a	a	a			

表2-3　不同语言的元音系统

（三）语音具有民族性（Nationality）和地域性（Regionalism）

在不同的语言中，语音成分及其之间的差别在不同的语言中有不同的心理"价值"，一些音在各自语音系统中的作用和地位不一样。汉语普通话中的b[p]和p[pʰ]都是独立的语音单位，具有区别意义的功能。例如："八/趴"、"白/

[①]　特鲁别茨柯依的《音位学原理》（1939）。原书出处：*Trubetzkoy N（1939）.Grundzu' ge der Phonologie. Travaux de Cercle Linguistique de Prague 7.[English Translation（1969）:Principles of phonology.Berkeley:University of California Press.]*

排"、"抱/泡"、"特/吐"、"姑/哭"、"肚/兔"、"弟/替"。在英语中，time的t[tʰ]和sting的t[t]，其实是不一样的两个音素；塞音[p]**送气**（Aspirated）[pʰ]与**不送气**（Unaspirated）[p]没有区分意义的功能：如park和pen，它们只不过是同一语音单位的两个变化形式，没有区别意义的功能。如果把peak[pʰiːk]发成[piːk]，或者把speak[spiːk]发成[spʰiːk]，最多使人觉得发音别扭、不标准，而不会使人误解。然而对说汉语的人来说，这一发音差别有举足轻重的功能上的"价值"。

总之，对说汉语的人来说，一个词的**音高**（Pitch）变化具有相当高的心理价值，而对说英语的人来说，**音强**（Intensity）的价值更高。在有些语言中，长短音基本是对立的，有区别意义的作用。例如，英语sit（坐）和see（看见）中都有[s]这个音素，但前一个短[sit]，后一个长[siː]，就是利用音长的不同来区别意义的。再如：

泰　语：/a/：[pa] 补　　　　　　/aː/：[paː] 抛
　　　　/u/：[du] 骂　　　　　　/uː/：[duː] 看
蒙古语：/uː/：[ud] 中午　　　　　/uː/：[uːt] 门
　　　　/i/：[iːm] 这样的　　　　/iː/：[im] 牲畜的耳记
　　　　/o/：[ot] 羽毛　　　　　/oː/：[oːt] 朝上，向上
　　　　/i/：[ʃit] 法术，魔法　　/iː/：[ʃiːt] 决定
广州话：/a/：[haːu³⁵] 考　　　　/aː/：[hau³⁵] 口
　　　　/a/：[kaːi⁵⁵] 街　　　　/aː/：[kai⁵⁵] 鸡

第二节　语音的单位

一、音素（Phoneme）

（一）音素的概念

根据**音质**（Timbre）不同，对一串语音不断加以切分，直到不能再分为止，这样得到的**语音单位**（Phonetic unit）就是"音素"。音素是按照音质的不同划分出的最小的语音单位，与音高、音长和音强没有关系。既然**音**

素（Phoneme）是从音质角度划分出来的最小语音单位，那么音素就是音位（Phoneme）在具体语音环境里的**语音实现**（Phonetic implementation），一个音位可能实现为一个或多个音素，比如汉语"乐开了花"（lè kāi le huā）这一串音流，往下切分可以得到lè-kāi-le-huā四个音节，这是我们可以自然感觉到的最小**语音片段**（Phonetic fraction），音节还可以往下继续切分出更小的语音片段：l、e、k、a、i、l、e、h、u、a，共十个单位。在语言学上，这些小的语音片段不能继续往下分了，因为从音质角度看，它们已经是最小的单位了，每一个**单位**（Unit）都只体现为一个发音定位，这就是音素。音素是语音研究的最小单位。以下是汉语普通话音素表：

书写办法	音素符号
一个字母代表一个音素	a、o、e、u、b、p、m、f、d、t、n、l、g、k、h、j、q、x、r、z、c、s
一个字母代表几个音素	i（bi 的i; zi 的i; zhi的i）
两个字母代表一个音素	er、ng、zh、ch、sh
一个字母加一个符号代表一个音素	ê、ü

表2-4　汉语普通话音素表

（二）音素的分类

音素可以分为元音和辅音两类。**元音**（Vowel）是指发音时气流在**声门**（Glottis）以上的**气流通道**（Vocal tract，包括气管和声门以上的口腔、鼻腔和咽腔）内可以自由流通不受口腔部位阻碍而发出的音，可以充当**音节核**（Nucleus），例如普通话音节"啊"[a]、"哎"[ai]、"标"[piɑu]中的[a]、[ai]、[iɑu]等都是元音。元音一般可以再分为**单元音**（Monophthong）和**复合元音**（Compound vowel），例如英语bed[bed]（床）中的[e], bike[baik]（自行车）中的[ai], 其中[e]是**单元音**，[ai]是**复合元音**。

1. 元音

（1）元音发音特点

元音发音的特点是与辅音发音相对比得到的。例如：

1）发元音时，呼出气流不受阻碍，发辅音时，呼出气流要受阻碍；

2）发元音时，声带要振动，发辅音时，声带有的振动，有的不振动；

3）发元音时，发音器官保持均衡紧张，发辅音时，只有形成阻碍部分保持紧张；

4）发元音时，呼出气流较弱，发辅音时，呼出气流较强。

（2）元音的分类

口腔（Oral cavity）是人类声腔中最富变化的部位，口腔中任何一个部位的变化都可以造成口腔形状的变化，从而产生不同的**共振**（Resonance），对原始的声带音进行不同的调节，使原始的声带音变成不同的元音。

那么**舌头**（Tongue）在发音中是否起作用？哪些音需要舌头的参与？众所周知，舌头是口腔中最灵活的**发音器官**（Vocal organs），在发音中起很大的作用。不仅是因为舌头在口腔中的活动会造成口腔形状的变化，其突出作用还在于通过它的活动，能与口腔许多部位构成**阻碍**（Approach），阻挡气流，改变口腔**共鸣腔**（Resonant cavity）的形状，从而发出不同的音素来。例如：**舌尖**（Tongue tip）和上齿龈或上齿背接触，能发出舌尖前音t、n、l、ts、s等，**舌根**（Tongue root）与**软腭**（Soft palate）接触能发出k、h、x等音素，元音i，y，a，ɑ，o，u，e等也与舌头的活动位置密切相关的。如果没有舌头的活动来改变共鸣器形状，人类能发出如此复杂的声音是不可想象的。此外，嘴唇的变化也会造成口腔形状的变化等。因此，可以根据**舌位**（Tongue position）的前后、舌位的高低和口腔的开合以及唇形的圆展几个方面对元音进行分类。如下所示：

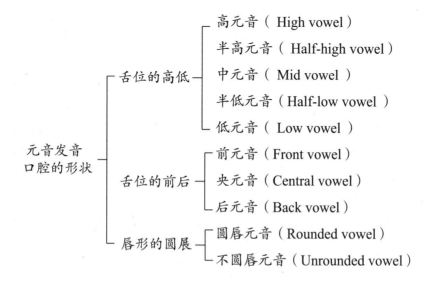

元音图（Vowel chart）是用来标示发**元音**（Vowel）时的**舌位**（Tongue position）高低、前后、唇形圆展等信息的示意图。通常采用四边形来表示，其纵向表示舌位高低，横向表示舌位前后，成对出现的两个元音中，左边的为**不圆唇元音**（Unrounded vowel），右边的为**圆唇元音**（Rounded vowel）。图示如下：

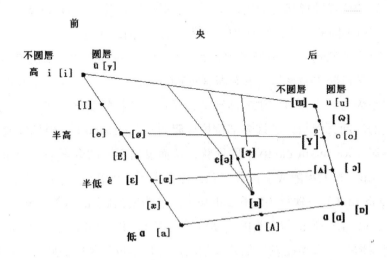

图2-7　国际音标元音舌位图①

从上图可以看出，元音与其说是通过阻碍气流发出，不如说是在气流经过口腔时它进行**"造形"**（Shaping）而产生的。因而，**舌面元音**（Dorsal vowel）的性质可从**舌位**（Tongue position）的前后、高低、圆展三个方面来确定。例如，元音根据舌的高度（接近腭的程度）有**"高"**（High）、**"中"**（Mid）、**"低"**（Low）之分；根据在水面轴线上舌头最高部分的位置，元音也有**"前元音"**（Front）、**"中元音"**（Central）和**"后元音"**（Back）之别；大部分的元音是**"圆唇元音"**（Rounded）和**"不圆唇"**（扁唇元音）（Spread）。对英语来说，舌高还需有两种中介位置：一种介于"高"和"中"之间，称之为**"低高元音"**（Lower high），另一种介于"中"和"低"之间，叫做**"低中元音"**（Lower mid）。举例如下：

[i]：前、高、不圆唇元音；例如：北京话"衣"[i]；英语beat[bi:t]（打、鼓）

[u]：后、高、圆唇元音；例如：北京话"布"[pu]，英语pull[pul]（拉）

———————————

① 本元音图是后世语言学家在英国语音学家D.琼斯的八个标准元音（五个不圆唇元音，三个圆唇元音）图的基础上进一步修订的。

[ɔ:]：低、中后、圆唇元音；例如：英语bought [bɔ:t]（买）

[ɪ]：低、高前、不圆唇元音；例如：英语bit [bɪt]（一点）

2.辅音（Consonant）

辅音又叫"**子音**"，是指发音时气流在**声门**（Glottis）以上的声道某处受到阻塞或阻碍而发出的音，不可以充当**音节核**（Nucleus），例如普通话音节"办"[pan]中的[p]和[n]都是辅音。是发音时气流**受到阻碍**（obstruction）形成的音。辅音的不同是由不同的发音部位和不同的发音方法造成的。

（1）发音部位（Place of articulation）

"发音部位"是指发辅音时气流在发音器官受到阻碍的部位。发音部位有十一处，分别是**双唇**（Two lips）、**唇齿**（Bottom lip/top teeth）、**齿间**（Tooth space）、**舌尖前**（Frontal tongue-tip）、**舌尖后**（Post tongue-tip）、**舌叶**（Blade）、**舌面前**（Front part of the tongue）、**舌面中**（Middle part of the tongue）、**舌面后**（舌根）（Tongue root）、**小舌**（Uvula）、**喉**（Larnx）。在这十一个阻碍点上可以发出十一类辅音：**双唇音**（Labio-dental）、**唇齿音**（Labio-dental）、**舌尖–齿音**（Apico-dental）、**舌尖–齿龈音**（Apico-alveolar）、**舌尖–硬腭音**（Apico-palatal）、**舌叶–齿龈音**（Lamino-alveolar）、**前舌面–前硬腭音**（Dorso-prepalatal）、**中舌面–后硬腭音**（Dorso-prepalatal）、**后舌面–软腭音**（Dorso-velar）、**舌根前–小舌音**（Uvular）、**舌根–喉壁音**（喉音）（Laryngeal）。

（2）发音方法（Manner of articulation）

指**发音**时**成阻**（Approach）、**持阻**（Hold）和**除阻**（Release）的方式。例如汉语的21个声母发音方法如下：

发音部位	发音方法	声母	例字
双唇	上唇和下唇形成阻碍	b、p、m	把、跑、每
唇齿	上齿和下唇形成阻碍	f	飞
舌尖前	舌尖和上齿背形成阻碍	z、c、s	做、才、四
舌尖中	舌尖和上齿龈形成阻碍	d、t、n、l	到、他、年、了
舌尖后	舌尖和硬腭前部形成阻碍	zh、ch、sh、r	这、出、上
舌面	舌面前部和硬腭中部形成阻碍	j、q、x	就、去、西
舌根	舌面后部和软腭形成阻碍	g、k、h	个、可、换

表2–5 汉语声母发音方法

发音方法除了除阻方式外，还要考虑以下因素：

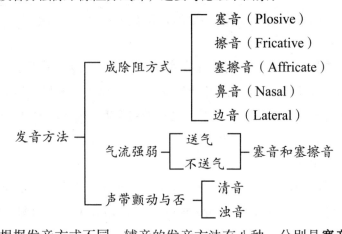

根据发音方式不同，辅音的发音方法有八种，分别是**塞音**（Plosive）、**塞擦音**（Affricate）、**鼻音**（Nasal）、**擦音**（Fricative）、**颤音**（Trill）、**闪音**（Fap）、**边音**（Lateral）、**半元音**（Semivowel）。如表：

名称	部位	例字
塞音[p] [t] [k] [t] [c] [ʔ]	双唇、舌尖、卷舌、舌面、舌根、喉	北京话"爸"[pʌ]、"大"[tʌ]、"刚"[kɑŋ]、"超"[tʰau]、"经"[ciŋ]、"百"[paʔ]
擦音[f][θ][s] [ş] [ʃ] [x]	唇齿、齿间、舌尖、卷舌、舌叶、舌根	北京话"发"[fʌ]、英语thin[θin]"、北京话"三"[san]、北京话"杀"[şʌ]、英语shoe[ʃu:]、北京话"花"[xuʌ]
塞擦音[pf][tθ][ts][tş][tʃ][tɕi]	唇齿、齿间、舌尖、卷舌、舌叶、舌面	西安话"猪"[pfu]、山东话"租"[tθu]、北京话"在"[tsai]、北京话"住"[tşu]、山东话"家"[tʃɑ]、北京话"鸡"[tɕi]
鼻音[m][n][ŋ][ȵ]	双唇、舌尖、舌面、舌根	北京话"妈"[mʌ]、"那"[nʌ]、成都话"泥"[ȵi]、苏州话"咬"[ŋæ]
边音[l][ɬ]	舌尖	北京话"里"[li]、藏语[ɬa]（神）
颤音[r][R]	舌尖、小舌（连续）	俄语рука[ruka]（手）、法语Paris（巴黎）[paʀi]
闪音[ɾ]	舌尖、小舌（一次）	英语very[veɾi]（非常）中的[ɾ]
半元音[j][w][ɥ]	舌面、双唇	北京话"一"[ji]、"五"[wu]、北京话"鱼"[ɥy]

表2-6　辅音发音表

1）清（Voiceless）和浊（Voiced）

根据发音时**声带**（Vocal folds）是否颤动，辅音可以分**清**（Voiceless）和**浊**（Voiced）。发音时声带颤动的辅音叫**浊辅音**（Voiced consonant）（例如**鼻音**Nasal和**边音**Lateral）；与之相对，发音时声带不颤动的则叫**清辅音**（Voiceless consonant），例如汉语普通话中除了[m][n][l][z][ŋ]以外的辅音都是清辅音。所以**塞音**（Plosive）、**擦音**（Fricative）、**塞擦音**（Affricate）才有"清"和"浊"之分。例如：

清	浊	清	浊	清	浊
[p]	[b]	[f]	[v]	[pf]	[bv]
[t]	[d]	[θ]	[ð]	[tθ]	[tð]
[k]	[g]	[s]	[z]	[ts]	[dz]
[t]	[d]	[ʂ]	[ʐ]	[tʂ]	[d]
		[ʃ]	[ʒ]	[tʃ]	[dʒ]
		[ɕ]	[ʑ]	[tɕ]	[dʑ]

表2-7　国际音标清、浊对照表

汉语**北京话**（Beijing dialect）里没有和清辅音相对的浊辅音，比如它有清音f、s，而没有像英语里的v、z那样的**浊音**（Voiced）。而在上海话音节"白"[baʔ]中的[b]、"地"[di]中的[d]都是浊辅音，而"百[paʔ]"中的[p]、"底"[di]中的[t]就是相对的清辅音。英语中则多清浊音对立，例如[p-b]、[t-d]、[k-g]、[f-v]、[s-z]（根据声带是否震动分为：清辅音/p/、/t/、/k/；浊辅音/b/、/d/、/g/），如：bin（箱子）和pin（别针）；再如英语的seal（图章）和zeal（热心）是靠/s/和/z/来区别意义的，清和浊两个语音特征使/s/和/z/形成对立。但在汉语普通话中并不区别意义，例如汉语"爸爸"[pA^{51}pA^0]——[bA^{51}bA^0]（声带是否震动，舌位前后），都不影响理解。在外语的学习中，这种差别的影响是显而易见的，如外语向**母语**（Mother tongue）的**负迁移**（Negative transfer）现象：把all right（好的）、room（房间）、run（跑）中的[r]发成[l]（例如泰语NaRaYa和Paragang中r的发音），而在双语互译中这种替代似乎是不可避免的，如shampoo[ʃæmˈpuː]译为"香波"（xiāng bō）。

目前有语音实验研究表明，与**清**（Voiceless）和**浊**（Voiced）对立相关的语音基础，除了**声带**（Vocal folds）是否震动之外，还有送气与不送气、**发声**

（Phonation）时的**声门**（Glottis）调节方式,如**气嗓音**（Breathy voice）与**常态嗓音**（Modal voice）,以及后接元音起始音高的高与低的区别等等。

2）送气和不送气

发音时气流强的叫**送气**（Aspirated），例如**塞音**（Plosive）或**塞擦音**（Affricate）在**除阻**（Release）之后有一股不带声的气流呼出，[1] 如发英语的pin（别针）这个词，发音时气流弱的叫**不送气**（Unaspirated），例如塞音或塞擦音在除阻之后没有一股不带声的气流呼出，而是紧接着就发出元音。如英语p[p^h]是送气音，[p]是不送气音。普通话的送气、不送气对立非常明显，例如"肚子饱了"和"兔子跑了"。汉语"爸爸"[pA^{51}pA^0]——[p'A^{51}p'A^0]（送气/不送气）就不同了。另外"三弟"和"三替"，"姑姑"和"哭哭"也完全不同。西方语言则不体现：

不送气（音标）	送气（音标）	例子（拼音）
b [b]	p[b^h]	伯伯 bóbo、婆婆 pópo
d [t]	t [t^h]	读书 dúshū、图书 túshū
g [k]	k[k^h]	个体 gètǐ、客体 kètǐ
z [ts]	c [ts^h]	草案 cǎo'àn、早安 zǎo'ān
zh [tʂ]	ch [tʂ^h]	知心 zhīxīn、痴心 chīxīn
j[tɕ]	q [tɕ^h]	集部 jíbù、棋布 qíbù

表2-8　汉语送气与不送气对照表

3）鼻音和口音

发出来的辅音是**鼻音**（Nasal）还是**口音**，这是**软腭**（Soft palate）（连带**小舌**Uvula）在起作用。软腭低垂，堵住口腔的通道，让气流从**鼻腔**出来，就产生**鼻音**（Nasal），例如**后鼻音**（Back Nasals）ng[ŋ]和**前鼻音**（Front Nasals）n[n]；**软腭**（Soft palate）上升，堵住鼻腔的通道，让气流从口腔出来，就产生**口音**（Oral speech sound）。

4）关于复辅音（Consonant cluster）

复辅音又叫**辅音串**或**辅音丛**，是同一音节内连续出现的两个或多个辅音所组成的序列。例如英语单词phonetics[fə'netɪks]（语音学）中的[ks]。很多语言里

---

[1] 塞音又称"爆发音"、"闭塞音"、"破裂音"。发音时，先是相关部位完全阻塞，导致其后形成高压气流，然后突然打开声道（Vocal tract），让高压气流爆发释放而成音。在与塞擦音对举的时候通常用"塞音"。例如[p]、[t]、[k]。

都有复辅音，比方英语里的spring，s-p-r就是一个辅音串，一共有三个辅音，再如blow[blou]（吹）中的[bl]、last[lɑːst]（最后的）中的[st]、spring[sprɪŋ]（春天）中的[spr]；俄语глаз[glɑːs]（眼睛）中的[gl]，план（计划）中的[pl]。甚至有的复辅音由四个到五个辅音组成，如英语glimpsed（瞥，过去时）中的[mpst]、俄语встреча [fstrietʃæ]（遇见）中的[fstr]。像这样的现象，目前汉语、藏语、土家语和日语里都没有复辅音。但J.Edkins在China Review（1888年）杂志上，发表的单篇论文The Evolution of the Chinese Language，首次提出**上古汉语**（Old Chinese language）中有复辅音的观点。[①] 后据王士元考证，在上古汉语里是有的，他列举一些字的声旁，寻找到辅音串消失的痕迹，例如"京"和"凉"，单独这个字念"京"（jīng），但如果加了部首就念"凉"（liáng），现代汉语的"京"在很多别的方言里面读k，比如广东话是[king]，"北京话"是[pak king]，所以是反映了以前的k-l辅音串，这种情况还有"裸"和"果"；还有"庞"跟"龙"、"绿"和"剥"都是p-l串。这类辅音串很多别的语言里有，所以很可能古汉语也有。[②]

二、音节（Syllable）

"音节"（Syllable）由一个以上的音素构成。例如英语的communication（通信）一词有五个音节，而come（来）一词只有一个音节，是音素和音素组合起来而形成的最小语音结构单位，也是说话时自然发出、听话时自然感到的最小的语音片断。一个音节可以由一个音素构成，也可以由两个或两个以上的音素结合而成。例如在现代汉语中，会出现如下情况：

汉语拼音	汉字	音素	音节
ā	啊	1	1
yā	呀	2	1
yāo	腰	3	1
jiāo	交	4	1

表2-9　汉字与音节、语素对照表

---

① Edkins J.（1888）.The Evolution of the Chinese Language:As Exemplifying the Origin and growth of Human Speech. Trübner.

② 王士元《语言、演化与大脑》，商务印书馆，2015年，P118—119。

一般来说，汉语用一个汉字来代表一个音节，一个词包含一个到五个音节不等，但绝大多数是两个音节，只有**儿化韵**（Rhotacized）的两个汉字记录一个音节；例如："花儿"（huār）、"小孩儿"（háir）是用两个汉字代表一个音节。

（一）音节的构成特点

西方语言学曾以辅音和元音的**线性序列**（Linear sequence）来分析音节，认为一般的音节都是以元音为中心的，音节的主要组成成分就是**音节核**（Nucleus），既可以是**单元音**（Monophthong），也可以是**复合元音**（Compound vowel），自成音节的辅音也可以充当音节核；辅音作为音节的辅助成分而置于元音前后。音节的四种最基本的结构形式如下（用V代表元音 Vowel，用C 代表**辅音**（Consonant）：

（1）V	（2）CV	（3）VC	（4）CVC
汉语： 阿	爸	安	搬
英语： ah	me	an	but

其中以元音收尾的音节称作**"开音节"**（Open syllable），如V、CV类型的音节，例如英语buy[baɪ]（买），而大多数的汉语音节是以元音收尾的开音节；以一个或多个辅音收尾的音节称作**"闭音节"**（Closed syllable），如VC、CVC类型的音节，例如英语bike[baɪk]（自行车）。几乎所有的语言都具有这样四种音节结构类型，特别是CV（辅音+元音）这种音节结构在世界各种语言中都存在。世界上大多数语言既有开音节也有闭音节，但也有一些语言如彝语、哈尼语、纳西语等，只有开音节，没有闭音节。同时以上这四种类型还可以扩展成更多的**音节结构**（Syllable structure），一个音节最多可以不止三个音位。比如不同位置上的V可以扩展成**元音连缀**（Vowel clusters）VV（例如：爱、熬、欧；I，/ai/），甚至VVV（卫、油、咬），不同位置上的C也可以扩展成**辅音连缀**（Consonant cluster）CC、CCC乃至CCCC。例如英语[spai]（spy间谍）中的[sp-]、[sprait]（sprite,鬼怪）中的[spr-]；[plæn]（plan，计划）中的[pl-]，[skru:]（screw，螺丝）中的[skr-]，以及[tɛkst]（text，文本）中的[-kst]。在语言的自然结合中，最常见是：

辅音+元音	半元音+元音	流音+元音
（tea）	（year）	（lie）

音位特性常用辅音/元音对立来加以解释，因为自然语言中常见的结构是：

辅音+元音+元音（CVC）

其中的辅音可以是真正的辅音，也可以是**半元音**（Glide）和**流音**（Liquid）。这是因为辅音、半元音和流音有一个共同特点，就是都不构成音节，而元音永远会构成音节。

1. 英语的音节结构（Syllable structure）特点

各种语言都有自己独特的音节结构，英语的音节特点如下：

（1）音节中最少也须有1个元音，但最多可以有八个音；
（2）因为结合比较自由，音节类型比汉语普通话多得多；
（3）音节中以辅音占优势，存在大量复辅音，且以闭音节居多。

西方的语言学把**音节结构**分析为音节首和韵基，这样英语音节由三部分组成：**音节首**（Onset）、**音节核**（Nucleus）和**音节尾**（Coda）。音节首指音节中处于元音成分之前所有的辅音，音节尾指音节核后面的辅音部分，音节中最**突显**（Prominence）的部分是音节核。

英语音节结构：

音节结构

音节首+韵　　　　　　　　基

音节核　+　音节尾

图2-8　英语音节结构图

		韵	基
		音节核	音节尾
bed[bed]	[b]	[e]	[d]
bike[baik]	[b]	[ai]	[k]

表2-10　英语音节结构示例

2. 汉语音节结构（Syllable structure）的特点

以上是音节中元、辅音的线性序列，中国传统的音韵学巧妙地将这些类型归入一个简单统一的模型，这就是声韵调的组合。传统的汉语**音韵学**（Historical phonology）从字音入手，把汉字字音结构分为声母、韵母、声调三部分。这样，普通话音节实际上由五部分构成：

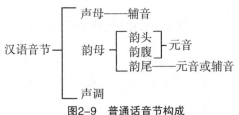

图2-9　普通话音节构成

汉语**普通话**（Putonghua）的**音节结构**（Syllable structure）通常可以分析为**声母**（Initial）、**韵母**（Final）、**声调**（Tone）三个部分。声母指音节开头的辅音，汉语中有的音节开头没有辅音，如"安"ān[an⁵⁵]，普通话的音节"啊"（ā）、"亚"（yà）、哇（wā）"等，但我们也可以设想其中也有一个声母，只是那个声母是个不发音的ø，这种声母就叫做"**零声母**"（Zero initial），零声母在语音上有时实现为喉塞音或弱擦音；韵母又分为"**韵头**"（Medical）、"**韵腹**"（Main vowel）、"**韵尾**"（Syllabic ending）三个部分。汉语音节结构如图：

音节结构

图2-10　普通话音节结构图

韵腹是韵母中开口度最大或听起来最响亮的那个元音，它是韵母的核心。韵头又叫介音，是韵母中位于韵腹之前的成分。韵尾是韵母中位于韵腹之后的收尾成分。汉语最简单的一个音节可以没有声母、韵头和韵尾，但必须有韵腹和声调。普通话音节结构如下：

声调			
声母 [辅音/零声母]	韵母		
	韵头 [i、u、y]	韵腹 （主要元音）	韵尾 元音[i、u]/鼻韵母[n、ŋ]

表2-11　普通话音节结构示例

※汉语的普通话的音节有如下特点：

（1）音节中最少须有一个元音（例如：阿、姨、饿），最多可以有四个音素（例如：六、角、边、团）；

（2）音节中元音占优势，可以有两个或三个元音连排（例如：宝、牌、包、表），而且以**开音节**（Open syllable）居多；

（3）音节中可以无辅音（例如：五、鱼、叶、月），不存在辅音连缀（复辅音）。

所不同的是：汉语的声母、韵腹、韵尾的位置只能出现一个音素，而英语的音首和音尾的位置可以出现若干个辅音，即**复辅音**（Consonant cluster）。在汉语普通话中，**辅音**中有的只能充当声母t［tʰ］，有的只能充当韵尾ng[ŋ]；此外，汉语的韵尾除了n、ng两个辅音以外，大部分都是元音韵尾，而英语却以辅音音尾居多。

3. 英汉两种语言的音节结构对比

特别需要注意的是，一些初学语音的人，常常会把声母、韵母和辅音、元音混淆起来。其实，二者并不是同一概念，它们的主要区别是：

（1）角度不同

辅音、元音是就音素本身的性质来说的，声母、韵母是就汉语语音结构的特点来说的。

（2）范围不同

声母是由辅音充当的，但不能说辅音就是声母，因为一部分辅音还可以做韵尾，韵母的主要组成成分是元音，但韵母并不等于元音。韵母中除**单元音**（Monophthong）韵母外，**复元音**（Compound vowel）韵母和带鼻音韵母都是几个元音和辅音的组合。

1）从音节的外部来看，汉语的音节是封闭的甚至是孤立的，它在声调和意义的制约下，界限分明，决不允许本音节内音素与前后别的音节中的音素发生串联；而英语则比较开放，由于英语的基本结构单位是词而非音节，音节不受意义制约，音节内的音素在音流中经常会打破原来的音节界限而与别的音素形成新的音节。

2）从音节内部来看，汉语的音节同样具有封闭性特征，音节内的音素被"打包"到封闭的一个音节之中，凝聚为一团，没有"拼"的痕迹；而英语的音节内部的音素组合"透明度"比较高，比较开放，音素的"个性"明显，拼合过程可以比较清晰地分辨出来。

4. 汉语普通话（Putonghua）的声调（Tone）

声调（Tone）是**声调语言**（Tone Language）中字词层面具有区分字词意义功能的音高对比模式。在声调语言里，元音有高低调之别，使得一个元音成为几个元音。例如在**铁克钠语**（*Ticuna*，一种上亚马逊河的语言）里，可以观察到五种不同等级的声调。例如čanamu这个词，实际上等于四个词，这完全取决于该词带有的声调组合，如果数字1表示最高声调，5表示最低声调，那么，下面的句子有不同的意思：[1]

$$\text{ča}_3\text{na}_3\text{mu}_3 \text{（我编织的）；} \quad \text{ča}_3\text{na}_3\text{mu}_4 \text{（我寄发的）}$$

$$\text{ča}_3\text{na}_3\text{mu}_5 \text{（我吃的）：} \quad \text{čanamu}_{3-5} \text{（我刺的）}$$

据王士元考订，两三千年以前，汉语的音节跟现在的音节很不一样，是有**复辅音**（Consonant cluster）（辅音串）的，后来由于古汉语的这些辅音串消失，很多音节没有办法区别，就成为**同音字**（Homophonous character）了。为了适应这个变化，声调出现了。[2] 普通话的全部字音分属四种**基本调值**（Tonal value）惯称为**阴平**（Level tone with a Voiceless consonant）、**阳平**（Level tone with a voiced consonant）、**上声**（Rising tone）、**去声**（Departing or going tone），统称"**四声**"（Four tonal categories）。这也就是大家现在所熟悉的第一声、第二声、第三声和第四声。

此外，声调还可以从**调值**和**调类**两个方面来进行分析。那么，怎么将这四个声调类别（简称"**调类**"（Tonal category）与音高的数值（简称"**调值**"[Tonal value]是相对音高）联系起来呢？著名的语言学家**赵元任**先生（1892—1982）几十年前发明了"**五度标调法**"（5-letter tone system），很好地解决了这个问题。用五个音高等级"1、2、3、4、5"分别表示"低、半低、中、半高、高"来度量和标记声调。它们的高低升降变化如下图：

---

① 卜例引自[美]*Dwight Bolinger*《语言要略》，方立、李谷城等译，胡壮麟审校，外语教学与研究出版社，1993年，P64。

② 详见王士元《语言、演化与大脑》，商务印书馆，2015年，P118—122。他认为汉语声调起源大概不会太早，不只上古没有声调，中古的时候的声调现在在不同的方言里也都有不同的结构。例如南方的声调系统最为复杂，声调最多的是广州，共有九个调，三个入声，有辅音尾[p]、[t]、[k]。

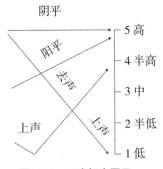

图2-11　五度标声图示

国际音标表内所定的声调符号只有分为高低的平、升、降和两个凹、凸调共八种，这对研究描写声调语言是不够的。赵元任提出了声调的**"五度制调符"**来描写声调的**调值**（Tonal value），称为**"声调字母"**，发表于1930年的《语音教师》上（*Le Maître Phonétique*）。它适用于一切声调语言，已为国际多数学者所采用。汉语普通话的四声标为[55]、[35]、[214]、[51]已成为常识。例如：

	调类	调型	调值	例
5	第一声：阴平	高平	55	花
4	第二声：阳平	高升	35	团
3	第三声：上声	降升	214	锦
2、1	第四声：去声	全降	51	簇

图2-12　普通话声调图

（1）声调的作用

我们把用声调来区分词汇和语法意义的语言称为**"声调语言"**（Tone language），如汉藏语系的汉语、泰语和非洲南部以及西非的约鲁巴语和美洲印地安语言等；[①] 例如非洲南部语言普遍使用声调来表达语法意义（偶尔用于区别词义），刚果的**班达语**（*Banda*）有三种调，据说当地人使用三调的鼓来传递信息；**艾菲克语**（*Efik*）有四调；墨西哥中部**奥托-曼吉语系**（*Oto-Manguean Family*），其中也是很多有声调。在现代汉语方言里，声调更是表现出多种多样的类型；把不用声调来区分词汇或语法意义的语言称为**"无声调语言"**（Non-

----

① [美]维多利亚弗罗姆金、罗伯特罗德曼《语言导论》："说全世界大部分语言是声调语大概不会有错。单在非洲就有1000多种声调语，许多亚洲语言，如汉语、泰语、缅语，也是声调语，还有好多美洲原住民语言也是。"（北京语言学院出版社，1994年，P93）

tonal language），如英语、日语等。需要说明的是，在声调语言中，词的声调也是词的结构的一部分，如现代汉语普通话中的阴平声"梯"的意义不同于去声的"剃"，而在非声调语言中，词的意义与声调无关，如英语tea[ti:]，不管用什么声调念，意义都是"茶"。

汉语普通话的声韵母组合成的**音节**（Syllable）有400个左右。每一个音节有不同的**声调**（Tone）。声调可以使音节抑扬顿挫，形成优美的韵律。汉语的广西博白话有十个声调，广州话有九个声调，苏州话有七个声调，**客家话**（*Hakka*）有六个声调，合肥话有五个声调。泰语也是声调语言，在泰国北部有六个声调，曼谷有五个声调，分别是[33]、[21]、[14]、[45]、[41]，调型基本涵盖了汉语普通话的四个声调。以汉语的声调为例，声调的作用如下：

1）声调在区别意义方面非常重要：

事shì——实shí；买mǎi——卖mài；

主力zhǔlì——助理zhùlǐ——伫立zhùlì；

登记dēngjì——等级děngjí——登基dēngjī；

检举jiǎnjǔ——艰巨jiānjù；联系liánxì——练习liànxí；

涂改túgǎi——土改tǔgǎi；簸箕bòji——波及bōjí——搏击bójī

2）声调有时可以区别词性：

$$背\begin{cases}bèi（名词）\\bēi（动词）\end{cases}\quad 好\begin{cases}hǎo（形容词）\\hào（动词）\end{cases}\quad 钉\begin{cases}dīng（名词）\\dìng（动词）\end{cases}\quad 磨\begin{cases}mò（名词）\\mó（动词）\end{cases}$$

在英语中，那些受非洲语言影响的方言也有各种声调等级。在西印度，brother（弟兄）这个词的"高-低"调指自己的家属，而它的"低-高"调则表示教会或兄弟会的成员，sister（姐妹）、mother（母亲）和father（父亲）的情况类同。同样，用"高-低"调念worker（工人）这个词，它指"劳动者"，用"低-高"调来念则表示"女裁缝"。①

三、音位（Phoneme）

从语言学角度，研究某个民族的语言的语音，把那些能够跟别的声音在区别

---

① 英语例子引自[美]*Dwight Bolinger*《语言要略》，方立、李谷城等译，胡壮麟审校，外语教学与研究出版社,1993年，P64。

意义上有所不同的声音单位归纳出来，就得到音位。我们把某个语言中能够区别词汇意义或语法意义的，一组有关声音的最简单的语音单位，称作这个语言的**音位**（Phoneme）。布拉格学派的**特鲁别茨柯依**（*Nikolaitrubetzkoy*，1890—1938）用索绪尔的理论，在《音位学原理》（1939）中详细阐述了"音位"这个概念。通俗地说，音位就是能够区别意义的最小的语音单位。例如法语bas（低的）使我们能够区别beau（美的），boue（泥）；就是说，/a/（a音位）的存在才使我们有可能分开许多与之类似的词。再如，英语中的tar，tea，two中的物质特征不完全相同（如在发two时是圆唇的），但人们还是能听出是/t/，意义没有改变；普通话里"大"[ta]、"地"[ti]、"度"[tu]这三个词开头的辅音一样，意义的不同靠后面的元音[a]、[i]、[u]来区别；[a]、[i]、[u]就是普通话里的三个不同的音位。

音位是从一个**语音系统**（Phonetic system）中所抽象出来的，能够区别意义的最小语音单位，它与该语音系统中的其他音位相**对立**（Contrast），所以，音位不是声音本身，而是声音的对比功能。如汉语"布[pu^{51}]⟷铺[p^{h}u^{51}]"、"怒[nu^{51}]⟷路[lu^{51}]"，是从**社会功能**（Social function）角度划分出来的语音单位，它是特定语言或**方言**（Dialect）中具有区别意义作用的最小的语音单位。研究这种具有意义的语音就叫**音位学**（Phonology）或叫实用**语音学**（Practical phonetics）。

（一）音素和音位的区别

在全部**音响特征**（Gross acoustic features）中，有些特征与意义无关，**没有区分作用**（Non-distinctive），有的特征与意义有关，有区分作用（Distinctive）。一般地说，一个音位，在具体的音节中总是表现为具体的一个**音素**（Phoneme）。音位是在音素的基础上归纳出来的，有的音位，总包含着好几个音素，没有音素，也就谈不上音位。因此，在研究语音时，光是根据**物理学**（Physics）和**生理学**（Physiology）的观点，是不能说明相同的音素何以在不同的语言（或方言）中具有不同的作用。①

人类的发音器官非常灵巧，可发出数以百计的音素，但即使在一种语言中，也并不是所有的音素都有辨别意义的作用，用来辨义的音素只是其中一部分。所

---

① 研究语言的声音时，不去过问它的意义，这叫语音学（Phonetics）或实验语音学（Experimental phonetics,laboratory phonetics）；研究发音器官运动的叫生理语音学（Physiological phonetics），研究声波特征的叫物理语音学（Physical phonetics,acoustic phonetics），只有这种研究具有意义的语音就叫音位学或叫实用语音学（Practical phonetics）。

以音位的数量比音素要少得多。某些音在一种语言里是区别意义的两个音位，在另一种语言里可能只是一个音位。比如n和l这两个辅音音素，在北京话里有辨义作用，分别很清楚，"女客≠旅客"、"男服装≠蓝服装"，而在南京话里n、l不分，都念成l声母；而在重庆话里，则把该念l声母的字都念成n声母，n和l在普通话中则是两个音位，但在南昌话、重庆话里又是一个音位。同样的音素在不同的语言中所起的作用不同，所以两种语言可以有相同的音素，但音系不一定相同。例如[p]、[pʰ]、[b]三个音素，在现代汉语普通话中跟现代俄语中的辨义作用并不相同，普通话中的"霸"[pa]这个词里的[p]，绝不可念成送气音[pʰ]，因为那样念就成了另外一个词"怕"[pʰa]了，但是我们把它念成浊音[b]，把"霸"念成[ba]，虽然不那么标准，却不至于引起词义上的误解。又如英语和泰语都有[p]、[pʰ]、[b]三个音素，但这三个音素在泰语中是相互对立的，例如ป่า[pa:]（森林）、แตก[pa:]（裂）、ไหล่[ba:]（肩），应该归为三个音位，但在英语里，[pʰ]与[p]互补（送气与不送气），[p]出现在s之后，如spill（溢出），而[pʰ]出现在其他语音位置上，如cup[kʌpʰ]（杯子），如果s之后的p发成送气[pʰ]，其他语音位置上的p发成不送气的[p]，只是让人感到发音不地道，却不会造成意义的混淆；[p]与[b]也互补，但[pʰ]与[b]却是对立的，如pill[pʰil]（药丸）与bill[bil]（账单）。又如：汉语与法语都有元音音素[a]和[ɑ]，它们在汉语中不区别意义，例如"爸爸"[pa⁵¹paᵒ]——[pɑ⁵¹pɑᵒ]，不影响理解，但在法语中却区别意义，如：tacher[taʃe]（弄脏）和tâcher[taʃe]（努力）。音素是从语音自然属性的角度划分的，音位是从语音的社会属性的角度划分的，音位是对发音近似并且没有区别意义作用的数个音素的概括。为了把音素和音位区别开来，把音素写在方括号[ ]内，把音位写在两道斜线/ /之间。

我们再来看[p]、[pʰ]两个音素，在不同语言中，它们所起的作用可能是不一样的。[p]和[pʰ]在汉语里是两个音位，而现代俄语中却正相反，[p]可以念成[pʰ]，但绝不可念成[b]，例如不能把палка[palka]（棍儿）中的[p]念成[b]，因为那样念就成了另外一个词балка[balka]（洼地）了，但是把其中的[p]念成[pʰ]却不会引起词义上的误解。在英语里，[p]和[pʰ]没有区别意义的作用，假如把port[pʰɔ:t]（港口）和sport[spɔ:t]（运动）里的[pʰ]念成[p]，只会使人感到发音不地道，却不会使人误解成另一个词。因此，可以归纳出：[p]和[pʰ]在俄语和英语里都只是一个音位/p/。

（二）音位的特点

布龙菲尔德注意到，不同的语言有不同的音位系统。例如英语的**软腭音**（Velar）/k/,/g/在king,give和cook,good中，位置有所不同，一前一后，但仍属于相同的音位。而在**匈牙利语**（*Hungarian*）中，则分**舌面前音**（Prepalatale）/c/和**舌面后音**（Postpalatale）/k/，是两个不同的音位。在阿拉伯语（*Arabic*）中，则分**软腭清塞音**（Velar voiceless stop）/k/和**小舌清塞音**（Uvual voiceless stop）/q/两个音位。音位是个**语音段**（Speech segment），它有三个特点：（1）它具有区分功能；（2）不能再分成具有区分功能的更小的语音段；（3）只能用**区别性特征**（Distinctive feature）来确定。在确定音位时，**布龙菲尔德**在《语言论》（1933）中还用了"**最小音差对词测验**"（The minimal pair test）。以pin（别针）为例：[①]

1.pin—fin, sin, tin；	2.pin—man, sun, hen
3.pin—pig, pit, pill；	4.pin—pat, peg, push
5.pin—pen, pan, pun；	6.pin—dig, fish, mill

这样就证明含有三个不可分割的、有区别意义的最小单位，这就是音位。不同的语言有不同的音位系统，在音位系统内部，即使是同一特征，在有些语言中具有区分意义的作用，在另外一些语言中则没有，但它都具有如下特征：

- 1.音位是区别词的语音形式的最小语音单位；
- 2.音位具有区别词的语音形式进而区别词的意义的作用；
- 3.音位总是属于特定的具体语言或方言的，总是某个具体语音系统的成员，不存在跨语言或跨方言的音位；
- 4.一个音位与该语音系统中的其他音位相对立。

语音中的一个音位，由于它在词里所处的位置不同，或与前后音位的组合关系不同，发音是会出现一些不尽相同的音，所以一个音位实际上是一个包含多个音素的语音类型。例如汉语中的[ban]、[ba]、[bang]是三个不同的音素，却是同一个音位。这三个音节中的/ɑ/音位，实际上是三个不同的音素，三个ɑ，即[a]、[A]、[ɑ]——/a/，其中[a]（舌位前）、[A]（舌位中）、[ɑ]（舌位后），在"掰"[pai]这个词里，发音时舌位偏前，是个[a]；在"搭"[ta]这个词里，发音时舌位偏央，是个[A]；在"高"[kau]这个词里，发音时舌位偏后，是个[ɑ]；在

---

① 引自刘润清编著《西方语言学流派》，外语教学与研究出版社，2013年，P185。

"颠" [dian]、"天" [tʰian]等词里，发音时舌位偏前偏高，是个[æ]或[ε]；这样，/a/音位就有[ɑ]、[a]、[ʌ]、[æ]、[ε]五个互补音素。这几个汉语音节，互相交换位置并不影响意义的表达，即在音节[bɑn]中的念成[ʌ]或[ɑ]，在意义上并没什么不同，虽然在听觉上略感别扭，但意义是一样的。因此，它们五个音素就归纳为一个音位。①

	前[a]	央[ʌ]	后[ɑ]
拼音	ai uai an uan	ɑ iɑ uɑ	ao iao ang iang uang
例子	干 gān [kan⁵⁵]	旮 gā [kʌ⁵⁵]	光 guāng [kuaŋ⁵⁵]

表2-12　汉语 / a /音位出现的条件

（三）音位的分类

音位可以分为"音质音位"和"非音质音位"两种。

1. 音质音位（Segmental phoneme）

是以音素为材料构成的音位，是由归并音素而得到的音位，通过音质差别来起辨义作用的，其特点与发音的音质有关。

2. 非音质音位（Non-tone quality phoneme）

指在音质音位相同的条件下，具有区别词的语音形式和辨义作用的音高、音重、音长等。

例如[i]和[y]这两个音位，发音时由舌位前后、高低、圆唇与否决定，就是音质音位；汉语普通话**声调**中的阴平、阳平、上声、去声，是由音高的变化形成的，而不是音质变化形成的，就是非音质音位。汉语普通话"妈"、"麻"、"马"、"骂"四个词的音质音位都是/m/，所不同的是词的声调：妈[ma⁵⁵]、麻[ma³⁵]、马[ma²¹⁴]、骂[ma⁵¹]，这四个词的意义是靠声调来区别的，由声调充当的非音质音位叫**调位**（Tone phoneme）。

此外，音质音位可以独立地存在，而非音质音位则不然，它必须依附于一定的音节或音质音位。

（1）音位变体 （Allophone）

音位变体是一个**音位**（Phoneme）在各类语言环境中表现出来的两个

① 在汉语拼音方案中用 ɑ 一个字母代表三个音素，说明已经把这几个音素看做一个音位了。

或多个语音上不同的音素，是同一个音位中具有**互补关系**（Complementary relationship）的各个音素。例如/ a/有一组不同的发音，但不影响对原词的识别，这些不同的音可成为**音子**（Phone），这一系列的音子构成音位/a/，其中每一个音子都是/ a/的**变体**（Variant），音位学上称之为"**音位变体**"（Allophone）。例如俄语的над-、под-、пред-，虽然同样的词素写法一致，但其中的д发音是有区别的的，例如д有时是读成清音的。我们可以把前面例子中一切把/a/与/o/，/p/，/u/等区别开来的特征都叫**区别特征**（Distinctive features）。相反，区别这些不同音子的特征（如一个高些，另一个低些；一个长些，另一个短些），叫**非区别特征**（Non-distinctive features）。但是有些非区别特征是由语音环境造成的，例如在bas中，/ a/距离/ b/太近，受其发音部位和发音方式的影响；而/ a/在table中又受/ t/的影响，于是产生了**音子的差别**，这种特征叫**冗余特征**（Redundant features），因为它们可有可无。例如英语不定冠词有a和an两个变体，同时，a又有强式的[ei]和弱式的[ə]两种读音，an也有强式的[æn]和弱式的[ən]两种读音，它们是同一个音位的不同的变异形式。英语中/p/这个音位就包括送气[pʰ]（例如pill，药丸）和[p⁼]（例如spill，溢出）不送气这两个音位变体。

确定两个或更多的语音是否是一个音位变体，"**语音相似性**"（Phonetic similarity）往往是关键因素，此外，还有依靠"**互补分布**"（Complementary distribution）。音位变体包括条件变体和自由变体两类。

1）条件变体（Conditioned variant）

条件变体中的音位，具体出现在什么样的环境中与其前后出现的音素有关。例如英语bad和bat中的a在语音上是不相同的，但还都属于一个音位/æ/。这是因为，使他们不同的特征是非区别性的，是语音环境引起的，/ d/前面的/ æ/长些，/ t/前面的/æ/短些。再看英语intent—indent，satin—sadden和sat—sad这几个词。这里可以列出/t/的三个音位变体：第一个是送气的（在实足元音前面以单辅音出现），第二个是含有停顿的（在绝大部分辅音之前），最后一个是不同于位于加长元音后面的（即在词尾位置的/t/）。同样，/n/的音位变体包含一个齿间音（例如tenth），一个腭音（例如inch，英寸）和一个齿龈音（例如tint，色泽），这是/n/后面的音迫使它进入这些部位的。再如，汉语普通话句末语气词"啊"，随着前一个语素收尾的音的变化分别有a（啊）、na（啊）、ia（哪）、ia（呀）、wa（哇）、nga（啊）、za（啊）、ra（啊）几个读音。英语的不定冠词有a和an两个变体，a用在辅音之前，an用在元音之前。如果两个音素属于同一个音位且它们出现的语音环境呈**互补分布**（Complementary distribution），则这两个音素为同一个音位的"**条件变体**"，这又叫**语境变体**（Contextual variant）。例如：三个a在汉语普通话中就是属于同一个音位/a/的条件变体。其条件为：A往往自成一个音节或单独跟韵母组合，ɑ出现在u的后面或舌根鼻韵母前面。而汉语/e/的条件变体如下：

> a.跟在辅音后或者单独使用，用[ɣ]
>
> b.在i前用[e]：ei
>
> c.在i与y之后用[ɛ]：ie、üe
>
> d.在鼻韵母及儿化音前用[ə]：en、eng、un、ueng、er

普通话的e的同一音位有四种:跟在辅音后或者单独使用用[ɣ]，在ei、ui中用[e]，在ie、üe中用[ɛ]，在en、eng、un、ueng、er中用[ə]；i的同一音位有三种：跟在z、c、s后用[ɿ]，跟在zh、ch、sh、ri后用[ʅ]，跟在其它辅音后用[i]。英语中的［p］和[pʰ]情况也类似，在词的开头时读送气双唇清辅音[pʰ]，而在s［s］的后面时就读不送气双唇清辅音［p］，例如spat[spæt]（掌声）、speech[spi:tʃ]（言语）和spell[spel]（拼写），尽管即使混读也不会使原来的词产生新的意义，但真正会说英语的人是不能搞错的。这说明［p］和[pʰ]形成**互补分布**，［p］只在s后出现，不在其他场合出现；而[pʰ]决不在s后出现，只在别的场合出现，我们把这种属于**互补关系**（Complementary relationship）的音位变体称为音位的**条件变体**（Conditioned variant）。

英语表示"过去时"的语素-ed在不同的辅音（Consonant）后面有三个变体：

> a.在清辅音之后：[t]（例如finished [结束]）
>
> b.在浊辅音及元音之后：[d]（例如borrowed [借]）
>
> c.在[t]、[d]之后：[id]（例如planted [种植]）

再如，英语名词后加-e（-es）变成**复数**（Plural），其语音变化条件如下：

a.清辅音（Voiceless consonant）后读/s/。例如：

> map [mæp]—maps[mæps]; book[buk]—books[buks]

b.浊辅音（Voiced consonant）和元音后 s读 /z/。例如：

> car [kɑ:]—cars[kɑ:z]; day［dei］—days［deiz］
>
> bag [bæg]—bags[bægz]; dog[dɒg]—dogs[dɒgz]

c. 以s,sh,ch,x等结尾的词 加 -es 读 /iz/。例如：

bus [bʌs]—buses [bʌsɪz]；bench[bentʃ]—benches [bentʃɪz]；

watch [wɔtʃ]—watches[wɔtʃɪz]

d.以ce、、se、ze、（d）ge等结尾的词 加 –s 读 /ɪz/。例如：

license [laɪsns]—licenses [laɪsənsɪz]；bridge[bridʒ]— bridges[bridʒɪz]

e.以辅音字母+y 变 y 为i结尾的词 再加es 读 /z/。例如：

baby [beibɪ]—babies [beibɪz]；company [ˈkʌmpəni]—companies[ˈkʌmpəniz]

事实上，**调位**（Tone phoneme）也可以有变体，例如汉语普通话的上声调位就有以下三个变体：

- 在上声音节前[35]，　　　　　例如：雨水、领导
- 在阳平、阴平、去声音节前[21]，例如：领会、体操
- 在其他位置上[214]，　　　　　例如：眼睛、打听

再如"一"的变调：

- 在作为序数词或只单独作数的情况下读阴平（55），例如：第一、十一
- 在去声前面应读成阳平yí（35），例如：看一看、一致、一切
- 在阳平和上声前应读去声yì（51），例如：一杯茶、一丝不苟、一条河、一群羊、一本万利

2）自由变体（Free variant）

如果两个音素属于同一个音位且它们可以在相同的语音环境中互相替换，则称这两个音素为同一个音位的"自由变体"。即这是一种不受语言环境影响的音位变体。例如汉语"一"的变调[yi⁵⁵]、[yi⁵¹]、[yi³⁵]属于条件变体，而自由变体的几个音素可以互相替换，不受前后的其他音素的影响，没有任何条件限制。例如电话号码2115787和房号218中的数字"1"，汉语读作yāo或yī，都属于自由变体。再如，英语的which（哪一个）、why（为什么）、white（白色的）等以wh开头的词，wh有[w]和[hw]两种读音。汉语普通话中"波"有bō和pō两种读音；"弄"有nòng和nèng两种读音。在俄语里，[p]和[pʰ]**分布**（Distribution）相同，它们属于**等同分布**（Coincident distribution，即一致分布），但不造成意义上的对立或差异，所以可以认为是同一个语言成分，属于同一个音位，[p]和[pʰ]看作是同一个/p/音位的不同变体。由于它们分布相同，这种变体称为自由变体。而在英语里，虽然[p]和[pʰ]分布相同，它们属于等同分布，却能造成意义上的对立，因而它们分别分析为两个音位/p/音位和/pʰ/音位。例如：

| bat[bæt]（砖块） | ben[ben]（内室） | bin[bin]（箱子） | rebel[ribel]（造反） |
| pat[pʰæt]（轻拍） | pen[pʰen]（铅笔） | pin[pʰin]（别针） | repel[ripʰel]（击退） |

表2-13　/p/音位和/pʰ/音位发音对比

在中国南方的大部分地区，人们不区分舌尖前音和舌尖后音，把普通话的卷舌音发成平舌音，例如把diànshì（电视）读做diànsì，把lǎoshī（老师）读做lǎosī，平舌音亦可发成卷舌音，例如把xiězì（写字）读做xiězhì等，这种变化不需要任何语音条件，当然也不区别意义。

又如，法语中的/r/可以是**卷舌音**（Retroflex sound），也可以是**小舌音**（Uvular consonant）。这一点因人而异，因地不同，所以这两种发音方式可以互换，不会造成混乱，因为它们属于一个音位（在阿拉伯语中，它们是两个音位），它们的变化就是不以语音环境为转移，所以是自由变体。同样，汉语方言四川话中n［n］和l［l］是不分的，"你"ni［ni］可以说成"理"li［li］，"不理你"说成［pu ni ni］或者［pu li li］都不影响意义的理解。再比如汉语有很多方言，湖南有的地方的方言n和l属于同一个音位，f和h属于同一个音位，所以有的湖南人把"湖南"两个字读作fulan。n和l在这个地方的方言中，是同一个音位/l/的自由变体，f和h在这个地方的方言中，也是同一个音位/f/的自由变体。

再如，马来语中，音位的自由变体例子如下：

/h/　　　　　　　　　　　　　　/x/

hala [hala]　方向　　　　　　bersih[bɤrseh]　清洁

helai[hɤlai]件　　　　　　　tengah[təŋah]中间

事实上，语言中不光音位有变体，语素也有不同的变体，即同一个语素有几个语音形式，这几个语音形式就是这个语素不同的语音变体。有些语素的语音变体出现的时候需要一定的条件，例如英语表示"不"、"非"的前缀语素的语音变化条件如下：在齿音前读[in]，如indefinite（不确定的），在唇音前读[im]，如impossible（不可能的），在软腭音前读[iŋ]，如incorrect（不正确的），在l前读[il]，如illegal（不合法的），在r前读[ir]，如irregular（不规则的）。

第三节 语音的组合

一、语流音变（Contextual variation）

两个以上的音节连在一起说出时，原来的单字调常有变化。例如初学英语的人常常对语言里的一些现象迷惑不解。例如：think的n要发成[ŋ]，books的s发成[s]，而dogs的s却变成了[z]；同样的前缀in，在indefinite[in'definit]（模糊的）中是[in]，在incomplete中是[in]，而在impossible中是[im]。现在我们可以通过语音学知识来解释这些特殊的语音现象。

语音当中连续的语流（Flow of speech）是由**音段**（Segment）特征（元音、辅音）和**超音段**（Suprasegmental）特征（音长、音重、音渡、声调、语调等）共同构成的。音素的单独发音和在语流中的发音有很大的不同。在语流中，有些音会弱化（变得较弱或不太清晰）；有些音会脱落（弱化的音消失），例如：

星期天，我们一起去买衣服。

弱化　　脱落wom　　脱落yif

一方面，人们在连续发音时，为了适应发音器官的活动，邻近音常常因为互相影响而使得某个音发生一些变化；另一方面，音位和音位组合的时候，或者由于受邻近音的影响，或者由于说话时快慢、高低、强弱的不同，可能发生不同的变化。这种变化，我们叫做**语流音变**（Contextual variation）。

语流音变的原因和情况都比较复杂，它跟前后音的性质特征，相互影响和声音形式在词中的地位、轻重音以及说话的速度等都有关系，在各个不同语言里，反映出的形式、特点都不尽相同。一般常见的语流音变有同化、异化、增音、减音、弱化、脱落等。例如：

1. 同化（Assimilation）

语流中的两个原本不相同或不相近的音在发音时，其中一个因受前面或后面的另一个的影响，变成跟它相同或相近的音位，称为同化作用。比如英语名词复数词尾s本来读清音[s]，受它前面浊音[g]、元音[ɔi]的影响变成浊音[z]，例如bags[bægz]（"袋子"复数）和boys[bɔiz]（"男孩"复数）；英语books的s发成/s/，可是dogs的s却变成了/z/，这是因为dogs中的/g/是浊音，/s/受/g/的影响也变成了浊音/z/。相反，词尾辅音由浊音变成清音也是一种同化作用，例如英语动词词尾ed本来读浊音[d]，受它前面清音[k]的影响变成清音[t]，例如helped[helpt]（帮助）；cat [kʹæts]（猫）中的复数词尾[z]附着在cat [kæt]之后，语音发生了清化，变为[s]了。再如现代汉语普通话里nán mén（南门）在实际语流中读作nám mén，前面音节的鼻尾音n，受后一音节声母辅音m的影响，为了协调发音器官的动作，变得前后一致；再如汉语"羡慕"[ɕiɛn mu]连读时变为[ɕiɛm mu]，前字韵尾[n]被后字声母[m]同化为[m]。同样，在英语中，舌尖鼻音[n]后面出现双唇音、舌根音时，[n]都要受到后面辅音的同化，进而变成与后面辅音同部位的鼻音。例如ten pigs（十头猪）的读音[ten]+[pigz] →[tempigz]；ten gifts（十份礼物）的读音由[ten]+[gifts]→[teŋgifts]。

此外，同化也分顺同化和逆同化两种，一般"邻近"（Contact）的两个音，前音影响后音为顺同化，反之为逆同化。我们以汉语普通话为例：

顺同化："鸡蛋"[ji tan] →[ji dan]

逆同化："南门"[nan mən] →[nam mən]

前后都被同化："三八"[san pa] → [sam ba]

2. 异化（Dissimilation）

与同化的作用相反，是指两个本来相同或相近的音位，但由于发音拗口，发音器官反复动作不方便，为了避免重复而变成不相同或不相近似了，也就是一个音位被另一个音位所替代。汉语普通话里，最为突出的异化现象，表现在声调异化上。比方普通话两个上声相连，第一个上声214要变成阳平35（例如"土改"念成"涂改"的音），即：上声+上声=阳平+上声，例如"粉笔"fěn bǐ第一个上声音节的fěn变读为近乎阳平的fén，"领导"lǐngdǎo变读为língdǎo，这是调位的异化。在俄语中，有大量的异化现象，比如在同一词中出现两个相连的塞音时，前一个塞音要变成同部位的擦音。例如доктор（医生、博士）中的k本应读[x]，这个词的实际读音却是[ˈdɔxtər]，显然，这里的k被后面的塞音 т 异化成了舌根擦音[x]。再如俄语легко（容易）中的r本应发成浊塞音[g]，而这个单词的实际发音却是[liexˈkɔ]，显然，r被后面的塞音k异化成了舌根擦音[x]。

3. 增音（Epenthesis）

增音是由于音素的相互影响或某些其他原因，在语流中增添一些语音串里原来没有的音素。例如现代汉语里的语气词（Mood particle）"啊" a，由于受前面音节韵尾的影响而增加音素，变读为yɑ、wɑ、nɑ、ɑ；在北京话中，"是啊"、"唱啊"、"好啊"有时读为[ʂ̺la]、[tʂʰɑŋ ŋa]、[xɑu wa]，各自增加了[ɻ]、[ŋ]、[w]，汉语普通话的**儿化韵母**（Rhotacized final）也存在增音现象，如"面皮儿"[piər]、"马驹儿"[tɕyər]等儿化词语，韵母元音i、y儿化卷舌之后，都增添了元音[ə]。俄语硬辅音бв、м、л等和软辅音结合时，经常增加一个软辅音 л，如любовь（爱）→ люблю（爱）。英语的标准音和非标准音的读法不同。

标准音　　　　　　　　　非标准音

athlete['æθli:t]（运动员）→ athlete['æθɑli:t]（运动员）

film [film]（电影）　　　→ film[filum]（电影）

在英语非标准音里，athlete['æθli:t]（运动员）和film [film]（电影）的读音分别为['æθɑli:t]和[filum]，词语内部分别增加了元音[ɑ]和[u]。

4. 弱化（Reduction）

在语流中，有些音的发音可能变弱，不那么清晰，这种现象叫做**弱化**。例如汉语的轻音就是弱化音节，其中的元音往往发生了变化：复元音可能变为单元音。比方miɑn huɑ（棉花）弱化读为[miɛn xuə]（"花"字变轻声，同时，a→ə）；mù tou（木头）弱化成[mutʰə]，韵母部分原为二合元音，弱化变为模糊的单元音。事实上，在语流中，清辅音变成浊辅音，塞音变成擦音，复元音变成单元音，高元音、低元音、前元音、后元音向央元音靠拢或变成央元音，这些变化都是弱化。例如：

妈[mA⁵¹]妈[mA⁵¹]→妈妈[mA⁵¹mə]；　　　弟[ti⁵¹]弟[ti⁵¹]→弟弟[ti⁵¹dɪ]

姑[ku⁵⁵]姑[ku⁵⁵]→姑姑[ku⁵⁵gʊ]；　　　回[xuei³⁵]来[lai³⁵]→回来[xuei⁵¹lɛ]

交[tɕiao⁵⁵]代[tai]→交代[tɕiao⁵⁵dɛ]

英语telegraphy [tɛˈlə͵græf]（拍电报）与telegraphy [təˈlɛgrəfi]（电报通讯），随着重音后移，第一个音节由重音变为轻音，轻音音节内的元音也由**前半低元音**（Front half-low vowel）[ɛ]变成了**央元音**（Central vowel）[ə]。在俄语中，o[ɔ]和a[a]两个字母，在重读音节中读**本音**（Original pronunciation），在重读音节前的第一个音节都读如хорошо[xʌrʌˈʃɔ]（好），在距离重音更远时读如карандаш[kərʌnˈdaʃ]（铅笔）。声调的轻声也属于弱化现象。

此外，在有词重音的语言中，与重音音节相比，非重读音节往往是弱化的音节。例如：

		强式发音	弱式发音
英语：冠词：	a	[ei]	[ə]
	an	[æn]	[ən]
连词：	but	[bʌt]	[bət]
介词：	of	[ɔf]	[əf]

5. 脱落（Dropping）

又称"**减音**"（Deletion）或"删音"。脱落和增音现象正好相反，它是指音素组合在语流中，为了发音省力或发音速度快而丢掉了某一音素，在弱化音节中，很容易出现音的脱落，因为**弱化**音往往会进一步在语流中被减省或丢失。比如在俄语中，两个辅音之间的т或д也常常出于发音的方便而省略，如известно[iz'vesn]（知道）中的т，поздно['pozn]（晚）中的д根本就不发音。再比方北京话的ni men（你们）常发成[nim]，wǒ men（我们）常发成[uomn]，tiān qi（天气）[tʰiantɕʰi]常常读成[tʰiantɕʰ]，就是把[mən]和[tɕʰi]中的元音[e]和[i]脱落掉了；再如把dòufu（豆腐）说成[touf]，丢掉了后面的[u]，在汉语普通话里，把bù zhī dào（不知道）念成[pu-tʂ-tau]，辅音[tʂ]脱落了。在连续的发音中也会产生脱落现象，比如汉语普通话里因儿化音变常常有脱落某一音素的现象。如xiǎo hǎir（小孩儿）读作[xar]，脱落了i，"盆"[pʰən]读作[pʰər]（盆儿），"位"[uei]读作[uər]（位儿），脱落了鼻韵母韵尾[n]。英语cupboard['kʌpbəd]（碗橱）读为['kʌbəd]，丢失了[p]。

在英语中，一些词在连续发音中，很多会出现**省读现象**（Omission of pronunciation）。事实上"省读"也是一种"脱落"现象，例如：

and[ænd]（和）──→[ənd]──→[ən]──→[n]

them[ðem]（他们，宾格）──→[ðəm]──→[ðm]──→[m]

还有一些则是语音成分的脱落，如：

I（我）+ am（是）──→I'm（我是……）

He（他）+will（将要）──→He'll（他将……）

此外，还有**移位**（Metathesis）、**元音融合**（Synaloepha）、**清化**（Devoicing）、**浊化**（Voicing）、**央化**（Centralization）、**鼻化**（Nasalization）、**连读变调**（Tone sandhi）等等语流音变现象。

二、韵律特征

在连续说话中，有些特征不局限于一个音或**音位**（Phoneme），而是跨越几个音、几个音节，甚至几个词或短语，如**音调**（Pitch）、**重音**（Stress）、**连音**（Liaison）、**语调**（Intonation）等。美国结构主义语音学家称这种现象为**超音段特征**（Suprasegmental feature），也叫**韵律特征**（Prosodic feature）。

"**韵律**"（Prosody）主要指发生在大于一个**音段**（Segment）上的语音现象，例如音调、重音、节奏等**超音段**（Suprasegmental）特征，韵律成分主要包括**重音**（Stress）和**声调**（Tone）等。从韵律的角度来看，同一个民族的语言和音乐在语音结构上有某种一致性。例如英语、德语、俄语都是词重音现象较为显著的语言，词语的音节轻重分明，因而有利用轻重音交替形成诗歌节奏十四行诗。以英语为代表的印欧语言，主要是以轻重音作为**超音段**的主要特征，轻重音能够辨义，所以西方的诗歌和声乐作品的节奏是以强弱拍相间为基础。再如，捷克语的词重音落在第一个音节上，二声乐或弦乐作品中的乐句重音也落在首音上。而汉语超音段的主要特征则表现为声调（Tone），汉语这种有声调的特点也反映在传统音乐上，可以利用声调的平仄交错形成诗歌的节奏，对于旧体诗歌和声乐作品的节奏和旋律尤其有明显的影响。例如中国的声乐作品大都是以字音的声调为基础的，它们的旋律的进行是以字调的升降作为基础的。

（一）关于汉语的"变调"（Changed tone）

"**变调**"与"**本调**"（Basic tone）相对，是指在本调基础上，**声调**（Tone）发生变化而派生出来的调值。[①] 汉语的变调主要包括如下内容：

※ **连读变调**（Tone sandhi）

"连读变调"是汉语的多音节词或短语在实际语流中表现出来的声调组合形式。有一定的声调模式，前字音节或后字音节在一定条件下往往与**单字调**（Independent）不同。根据连读音节的多少不同，可分为**两字组**（Bi-syllabic）连读变调和**三字组**（Tri-syllabic form）连读变调等。例如：

---

① 汉语的"变调"还包括动词完成体变调等。连读语流中跟单字调值不同的连读调也称连读变调。

（1）上声变调

上声（三声）在单念或句中、句尾停顿时念本调，其他场合均有变化：例如：

条件	例字
上声+上声→阳平+上声（214→35）	你好、领导、涂改、讲演、管理、所以
上声+非上声→半上（21）+非上声	体操、演出、体格、演员、体育、演变
上声+轻声（非上声）→半上（21）+轻声	母亲、讲究、枕头、暖和、扫射、爽快
上声+轻声（上声）→阳平/半上+轻声	小姐、打扫、起火、老虎、想想、跑跑

表2-14　汉语上声变调

此外，还有一些例外。一是轻声的"子"前的上声字读为"半上"，例如"剪子"、"李子"、"饺子"等；二是亲属称谓中前一个重叠的上声字读为"半上"，例如"奶奶"、"姐姐"、"姥姥"等。

（2）"一"的变调

条件	例字
单念、用在词语末尾时、表序数时，读本调yī	第一、统一；专一、初一、大一、一班、一楼
在阴平、阳平、上声前读去声	一生、一天；一起、一生、一成不变、一往情深
在去声前读阳平	一个、一定；一世、一块、一路平安、一日千里
在重叠的单音动词中间读轻声	听一听、瞧一瞧、看一看、试一试、想一想

表2-15　"一"的变调

（3）"不"的变调

条件	例字
单念、用在词语末尾时、处在阴平、阳平、上声之前时，读本调bù	不通、不多、不详、不就、不少、不冷、不理、不仅、不禁、不依不饶、不声不响、不争不抢

条件	例字
在去声前读阳平	不去、不对、不够、不过、不愿、不上不下
在正反并列提问式和可能补语否定式中读轻声	行不行、去不去；来不来、泣不成声、通不过

表2-16　"不"的变调

除此之外，还有"不骄不躁"、"不离不弃"（bù、bú）等。

（二）关于汉语的轻声（Neutral tone）

一个词或一句话里有的音节失去原有的声调，而成为一种又短又弱的声调。汉语中的有些汉字或音节自身没有声调或失去了原有的声调，音高随着前后音节的声调而变化的现象称为轻声。声调主要决定于音高，而轻声的形成取决于音强和音长。发轻音时，用力较小，时长较短，音高的变化幅度大大压缩，原有的声调无法保持，因而变得短而弱。例如：

爷爷、奶奶、爸爸、妈妈、看看、尝尝、谢谢
由于、我的、石头、桌子、去过、回来、去了
看一看、泣不成声、写得好、拿出来、爬起来

轻声本身没有固定的音高，它的的调值决定于前一个音节的声调。如：

类型	例字	轻声调值
阴平+轻声	吩咐、丫头	2
阳平+轻声	由于、篱笆	3
上声+轻声	骨头、码头	4
去声+轻声	大方、下巴	1

表2-17　汉语的轻声发音方法

在汉语中，轻声与非轻声形成对立，从而可以分辨词与非词、分辨词义和分辨词性。例如：①

东西（非词）——东.西（词）；买卖（非词）——买.卖（词）
裁缝（非词）——裁.缝（词）；狼头（非词）——榔.头（词）
文字（名词）——蚊.子（名词）；　莲子（名词）——帘.子（名词）
大意（名词）——大.意（形容词）；报仇（动词）——报.酬（名词）

---

① 汉语读轻声的的音节，用汉字前打黑点的方法表示，用汉语拼音注音时不标调号。

（三）关于汉语的重读（Stressed）

重读与"**轻读**"（Unstressed）相对。是为突显词或句子里的某个或某些语音成分而特别用力的发音方式。[①] 在日常话语中，通过重读的不同位置去表示特定含义，例子很多。例如汉语普通话中的"兄弟"（xiōngdi）一词，后一音节轻读，往往指"弟弟"，但如果发成xiōngdì，并将后一音节重读，则是"兄和弟"的统称；汉语的"大意"一词，后一音节念去声**重读**，含义是"主要意思"，是名词，如果**轻读**（Unstressed），含义是"疏忽"、粗心"，是形容词；"地道"轻读的含义是"正宗"，前一音节念去声重读，含义是"地下通道"；"东西"轻读的含义是"物品"，是名词，两个音节都重读时，则含义是表示方位的"东边和西边"；重读在汉语中具有区别词汇意义和词性的作用。

（四）关于汉语的儿化（Rhotacized）

普通话卷舌韵母er不与声母拼合，除自成音节外，还可以附加在别的音节的后面，和前面的韵母融为一体，使前面的韵母变成卷舌韵母，这种现象叫"儿化"。"儿化"是汉语特有的一种音变现象。汉语在表示"小"、"喜爱"等与"小"义密切相关的意义时，多用"儿"等带有**小称**（Diminutive）等语法功能的语音形式，例如"门缝儿"（表示"小"）、"小孩儿"（表示"喜爱"）、"慢慢儿"（表示"和缓"）。这些表小义的附加语素与词干成分通过组合、融合、**合音**（Fusion）等声韵调变化的方式表示小称，如北京话的"狗儿"[kour^{214}]。"儿化"在语音上的表现是：词干音节与表小称义的儿尾音节融合成为一个音节，"儿"字是词缀，在汉语里不能自成音节。"儿化"广泛出现在汉语北方话里,多体现为卷舌词尾"儿"同其前面音节相结合而形成**儿化韵**（Rhotacized final），例如北京话"花"[xuA^{55}]，儿化韵是"花儿"[xuar^{55}]；在南方方言中，由于儿尾音节本身不读卷舌韵，儿化大多也因此不用卷舌韵形式，往往表现为鼻音尾韵等形式，例如屯溪话"栗"[lε^{11}]，儿化韵是[lεn^{11}]。汉语儿化韵数目一共是26个，遵循"**可共存发音的同时性**"原则，[②] 其发音情况大致可以

[①] 汉语的"轻读"和"重读"并非只是简单地将词音发得特别轻或特别重，它是一种复杂的语音现象，与音高、音长、音强和音质都有一定的关联，但主要的声学征兆表现在前三个方面，汉语的"重读"和英语的"重音"不是一个概念，虽然都跟"音强"有关，但区别是：在汉语中，音长在辨别轻声中起着最重要的作用，其次是音高，音强的作用反而不太重要，而英语中重音最重要的征兆是音高，其次是音长，第三是音强。

[②] "可共存发音的同时性"原则指原韵母的发音如果可以直接伴随卷舌动作，那么原韵母的发音没有明显变化，原韵母的发音如果不能跟卷舌动作同时存在，那么原韵母的发音就要发生变化以适应卷舌。

分成以下几类：

条件	发音方法	例字
韵尾是a、o、e、ê、u	原韵母直接卷舌	月牙儿yuèyár[ia-iar]
韵尾是i、n	失落韵尾，韵腹加卷舌动作	小孩儿xiǎoháir[xai-xar]
韵母为i和ü	原韵母加[ər]	毛驴儿máolűr[ly-lyər]
韵母-i[ʅ]和-i[ɿ]	原韵母变作[ər]	棋子儿qízǐr[tʂ-tʂər]
韵尾是ng	丢掉韵尾，韵腹鼻化并卷舌	药方儿yàofāngr[faŋ-fãr]

表2-18　汉语儿化韵发音方法

汉语中的一些词存在着儿化与非儿化的对立，这些词儿化以后，意义也会发生变化，甚至词性也会变，并增加细小、亲切的色彩。[①] 例如：

头（名词）——头儿（名词）；　　信（名词）——信儿（名词）

画（动词）——画儿（名词）；　　亮（形容词）——亮儿（名词）

树枝（名词）——树枝儿（名词）；小鸡（名词）——小鸡儿（名词）

（五）关于重音（Stress）

语音的轻重由发音气流的强弱来表现。一个句子中的词有重有轻，代表这个词的加强与否。汉语的"**重读**"（Stressed）和英语的"**重音**"（Stress）不是一个概念。这里所说的"重音"是指相连的音节中某个音节发音突出的现象，是音节的相对**突显**（Prominence）程度。**重音**一般可分为**句重音**（Sentence stress）和**词重音**（Word stress）两类，**句重音**是句子中的某个词被重读，说话者要强调哪个词哪个词就可以读得响亮。[②] 一般"词重音"是指在非声调语言中，词的某个音节重读，是词的语音结构的一部分，因而具有区别词汇意义的作用。法语和德语的的重音很不一样，一个在后头，一个在前头。比如汉语"语言学"在不同语言中的重音的位置情况如下：

中	后	前
英语：lin'guistics	法语：linguis'tique	德语：'Sprachwissenschaft

表2-19　不同语言的重音位置

---

① 在普通话里儿化的词很多，但也有一些词只有语音的意义，并不具有词汇和语法的意义。例如："小偷儿"、"老头儿"、"刀把儿"并没有细小、亲切的色彩。

② 本节不讨论"句重音"，相关内容见"第三章语法"的"语法手段和语法范畴"部分。

在声调语言中，重音一般只代表语气，而不区别词义。而在非声调语言中，音重不同，意义往往有很大差别。在英语和俄语中，可以和汉语的声调一样起到辨义功能的是**重音**，重音也具有区别词义或词性的功能。例如re'fund（偿还），ob'ject（反对），im'port（进口）是动词，而'refund（偿还额），'object（事物），'import（进口的商品）是名词。英语中，这样的例子很多。如：

英语：commune[kəˈmjuːn]（交谈）——commune[ˈkɔmjuːn]（公社）

rebel[ˈrebl]（叛逆者）——rebel[reˈbl]（反叛）

refuse[ˈrɪfjuːz]（垃圾）——refuse[rɪˈfjuːz]（拒绝）

digest[ˈdaidʒest]（文摘）——digest[daiˈdʒest]（消化）

conduct [ˈkəndʌkt]（品行）——conduct[kənˈdʌkt]]（引导）

abstract [ˈæbstrækt]（摘要）——abstract[æbˈstrækt]（提取）

desert [dɪˈzət]（抛弃）——dessert [dɪˈzɜːt]（甜点）——desert [ˈdezət]（沙漠）

俄语：замок[zaˈmɔk]（锁）——замок[ˈzamɔk]（城堡）

муки[muˈka]（面粉）——мука[ˈmuka]（痛苦）

按照**重音**在词中所处的位置的情况，还可以把"词重音"分为固定重音和不固定重音。有的语言的词重音为"**固定重音**"（Fixed accent）。例如捷克语、拉脱维亚语、芬兰语、匈牙利语、蒙古语的词重音在词的第一个音节上，法语、维吾尔语、哈萨克语的词重音在词的最后一个音节上，波兰语、马来语的词重音在词的倒数第二个音节上。有的语言的词重音虽然在词里的位置是固定的，但就整个语言来说，重音并不固定在词的某个音节上，这样的重音叫"**自由重音**（Free stress）"，比如英语、俄语等。

重音落在第一个音节上	重音落在第二个音节上	重音落在第三个音节上
baby [ˈbeɪbɪ]（婴儿）	envelop [enˈveləp]（包围）	distribution [ˌdistriˈbjuːʃən]（分配）

表2-20　词重音的不同位置

自由重音中的**移动重音**（Transposition stress），由于位置不同，而表示不同的语法意义。如：

俄语：手：руки（单数、属格）；　　　руки（复数、主格）

城市：города（单数、属格）；города（复数、主格）

土地：земли（单数、属格）；земли（复数、主格）

英语的词汇以多音节为主，在一个多音节词中，根据其突显程度的不同，又可分为**主重音**（Primary stress）（表示为[']）、**次重音**（Secondary stress）（表示为[,]）等，例如英语单词application[ˌæpliˈkeiʃən]（申请）的主重音落在音节[kei]上，次重音落在音节[æ]上，同样的还有correspondence [ˌkɔrəˈspɑndəns]（一致）、information[ˌɪnfəˈmeɪʃən]（通知）中也有重音和次重音两个重音音节；英语词重音的位置的变化还可以起到区别词义和词性的作用，如content，重音在第一音节['kɒntent]，含义是"内容"、"容量"，重音在第二音节[kɒn'tent]，含义是"满足"、"满意"。英语名词变成动词时，有时变重音，有时改形态，但有时也可以完全不变。例如：

insult ['insʌlt]（无礼）（n）——insult [in'sʌlt]（侮辱）（vt）

conduct ['kɒndʌkt]（行为）（n）——conduct [kən'dʌkt]（执行）（vt.& vi）

advice [əd'vais]（建议）（n）——advise [əd'vaiz]（劝告）（v）

practice['præktɪs]（实践）（n）——practice ['præktɪs]（练习）（vt.& vi）

Digest ['daɪdʒɛst]（文摘）（n）——digest [daɪ'dʒɛst]（消化）（v）

record [re'kɔːd]（记录）（n）——record ['rekɔːd]（记录）（v）

import ['ɪmpɔrt]（输入）（n）——import [ɪm'pɔrt]（输入）（v）

重音在不同的语言中呈现出不同的形式，用音强的增加来表示的重音叫力重音，用音高的变化来表示的重音叫乐重音。乐重音作为一种语法手段比较少见，如在塞尔维亚、霍尔瓦特语言中，нoe（鼻）、град（雹）的第三格式是нocy、граду（抑低语调），而处所格（第六格的另一形态）则为нocy、граду（音高上扬）。

（六）关于连读（Liason）

在**印欧语系**（*Indo-European family*）中，音节不是与意义相关联的语音单位，英语的音节不是与词和概念一一对应的，而是一个词对应N个音节。也就是说，和意义相关联的音节既可以是一个，也可以是两个、三个，或者更多。英语音节由于失去了意义的制约，因此在音素组合成音节、音节组合成词音、词音又组合成音流时就呈现出不同于汉语的特点。无论是在词的内部，还是词和词之间，英语的音节都不像汉语那样具备封闭性特点，音节内的音素有较大的出入自由度，词间的音节界限也容易被打破，在由不同的词组成的语流中，前一个词的词尾辅音很容易和后一个词的首元音结合起来，组配成新的音节，称为"**连读**"（Liason）。例如：

英语的a pear and an apple（一个梨和一个苹果），连读时听起来就好像a pea（r）-ran-da-pple；另外，a name（一个名称）和lan aim（一个目标）的读音听起来也都是[əneim]。在英语的句子当中，存在很多"连读省略"现象，例如：

I am [aiæm]…（我是……）——→I'm[aim]…

I will [aiwil]…（我将要……）——→I'll [ail]…

Last night [la：st nait]（昨天晚上）——→[la:s nait]

Is not [iznɔt]（不是）——→[iznt]

（七）关于语调（Intonation）

语调是带有重音余波的音高曲线的广泛波动，两者在一起被称为"**言语旋律**"（Speech melody）。从**语音学**（Phonetics）的角度看，"语调"的三个特征在所有的语言中都具有相似的用途，即幅度、方向和相对高度。"**幅度**"（Range）表达感情，例如兴奋的时候，嗓子会提高其音高，不高兴时，会用单调的语调；"**方向**"（Direction）通常与**停顿**（Pause）相联，两者合在一起就是言语中的标点符号。在**陈述句**（Declarative sentence）中，所有语言都倾向于在句首有相当高的音高，然后在句尾转入最低的音高，方向与后面的停顿或沉默共同形成一种句号。相反的方向则是一种逗号，出现在非结尾的主要间歇。例如：

<pre>
                              y
                        let's
                  read
         If you're
                              g
                                 o.
</pre>

（如果你准备好了，我们就走吧。）

在If you're ready中，音高总的来说是上升的，而在let's go.中，音高则是下降的。在回答yes或no的问句中，方向则总是倾向于全部上升。再如：

<pre>
               them?
         like   Very
   Do you   m
                                 u
                                   c
                                     h.
</pre>

（"你喜欢他们吗？"）（"很喜欢。"）

在上面的情况中，不完整的成分语调上升，完整的成分语调下降。升调常被说成是一般问句的一个语法标志。

语调的另一个特征"**相对高度**"（Relative height）与重要性有关。例如说话人想表明或假装表明某事不重要时，他会确确实实降下来，使重音降到最低的音高上。例如：

```
Don't                          It's
        y.                            ing.
        r                      noth
    wor
（别担心。）              （这没什么。）
```

第四节　记音符号

一、音标标音法

记音符号（Phonetic symbol）是**语音学**（Phonetics）上用来记录语音的符号。为了准确地分析语音，需要有一套书面上的音素标写符号。音标标音法（Phonetic transcription）运用专门用来记录语音的符号——国际音标或其他音标系统标注出字、词读音的注音方法。是记录音素的符号，是音素的标写符号，也是研究语音的重要工具。当前最为流行的也是最为常用的记音符号系统主要有汉语拼音字母、英语的韦氏音标和国际音标等。

有些音标是专门为某种具体语言的语音标写而设计的。例如汉字是**意音文字**（Semanto-phonetic），不能表示音素，因此不可以作为记音的符号，那么**汉语拼音字母**（Chinese Phonetic Alphabet）和**汉语拼音方案**（Scheme for the Chinese Phonetic Alphabet）就是汉语的标音方式。有些音标则是适用于多种语言标写的书面符号，如英式发音的国际音标（IPA）和美式发音的KK音标，美式APA音标等。

由于音素文字本身往往只能够近似地标记本族语的语音。例如英文字母只能标记现代英语标准音。即使是同一体系的字母，在不同的语言中记录的音素也可能不相同。例如，同样是拉丁字母，英文的字母S和C都可以表示[s]，C还可以表示[k]；z在英语里读[z]，在德语中读[ts]；在英语中读[v]，在德语中读[f]；英语的cat（猫）、any（任何）、want（要）、can't（不能）、call（叫）、came（来，过去时）、alone（沿着）这几个词都有一个a，但这几个a的发音却是不同的。①因此，需要专门制定一套明确的各国通用的音素标写符号。

二、国际音标

目前，国际上最为通行的**音标**（Phonetic Transcription）是国际音标（International Phonetic Alphabet），由于"国际语音字母"简称IPA，所以又称"**IPA音标**"（IPA transcription）。历史上第一个国际音标表于1888年，由英国的H·**斯维斯特**（*Henry Sweet*）倡议，由法国的P·**帕西**（*Passy*）和英国的D·**琼斯**（*Daniel Jones*）等人完成，发表在《语音教师》杂志上（这是"**国际语音学会**"（International Phonetic Association）前身"**语音教师协会**"的会刊），后经过不断修正，是用国际标音符号系统标记世界上各种语言或者方言的语音记音符号。其内容包括辅音表、元音舌面图、附加符号表、超音声调符号和词重调等**音标符号**（Phonetic Alphabet），是一套可国际通用的记录音素的标记符号。

（一）音标的制定原则

以"一符一音"为原则，即"一个音素一个符号，一个符号一个音素"。以一个符号代表一音，并避免各人使用一套自己的符号所产生的不便。一个音素只用一个音标表示，一个音标只表示一个音素（一音一符，一符一音）。音标是在**拉丁字母**（Latin letter）的基础上创制的，不够用就用**希腊字母**（Greek letter）等补充，另外还使用一些附加在一个音标上以描写其音值的**附加符号**（Diacritic），例如字母上标~为鼻化，强送气（左上角的小h），P'弱送气，**鼻化**（Nasalization）的[a]等标记为[ã]，**清化**（Devoicing）的[a]标记为[ḁ]等。

（二）音标的分类

一般分为严式标音法和宽式标音法两种。

---

① 英语的cat（猫）、any（任何）、want（要）、can't（不能）、call（叫）、came（来，过去时）、alone（沿着）这几个词，如果用国际音标来标注，其中的a的读音应该有[æ]、[e]、[ə]、[ɑ]、[ɛ]、[ɔ:]、[ei]等。

1.严式标音（Narrow transcription）

即"音素标音法"，尽可能细致地记录所听到的实际语音音素，必要时利用各种音标附加符号予以记录，即根据语音的物理和听觉特性来标记语音。例如，现代汉语中，较低的舌面元音可归纳为一个**音位**/a/，若用严式标音，则必须分别标为[ɛ]、[ʌ]、[a]、[ɑ]、[œ]、[æ]等。它的特点就是，对一种语言或方言中实际存在的每一个音素（不论它们是否属于同一个音位），都用特定的音标加以标记。因此，严式标音使用的音标很多，对语音的刻画描写很细致，大多是在调查第一手材料时使用，在其它场合只是间或使用。

2.宽式标音（Broad transcription）

即"**音位标音法**"，是根据**音位**（Phoneme）是否**对立**（Opposition）（区别意义）的原则，忽略同一音位内部的具体**音素**（Phoneme）差异，选用代表性的**音标**（Phonetic Transcription）予以记录，这是根据语音的**音系学**（Phonology）功能来标记语音的**音位**（Phoneme）类别。例如，现代汉语中，舌面低元音有[ɛ]、[ʌ]、[a]、[ɑ]等多个，用宽式标音只用/a/就可以了。用宽式标音，可以把音标数目限制在有限范围之内，因而能把一种语言或方言的**音系**（Phonology）反映得简明清晰。

（三）音标的使用符号

国际音标采用方括弧[ ]，以别于普通**字母**（Alphabet、letter、character）。另外，为了记录的方便，对于一些重要的语音伴随现象，国际语音学会还规定了一套"形容符号"、"通代符号"和"特别符号"。如：pʰ（强送气），P（弱送气），a：（全长a），a。（半长a），**（轻声）等。

特别要注意的是，国际音标所代表的音对于全世界的语言或方言都是一致的，我们不要把它和具体语言中性状相同的字母的读音混为一谈。例如

英语音标表（英语国际音标表，dj音标）①		
单元音	短元音	[i] [ə] [ɔ] [u] [ʌ] [e] [æ]
	长元音	[i:] [ə:] [ɔ:] [u:] [ɑ:]
双元音		[ei] [ai] [ɔi] [au] [əu] [iə] [ɛə] [uə]
清浊成对的辅音	清辅音	[p] [t] [k] [f] [θ] [s] [ts] [tr] [ʃ] [tʃ]
	浊辅音	[b] [d] [g] [v] [ð] [z] [dz] [dr] [ʒ] [dʒ]
其他辅音		[h] [m] [n] [ŋ] [l] [r] [j] [w]

表2-21　英语音标表

---

① "DJ音标"的作者是*Daniel Jones*，属于英式音标。"DJ音标"符号共计有47个，其中辅音有24个，元音有23个。

三、汉语拼音（Chinese phonetic alphabets）

因为汉字不是拼音文字，不能从字形中看出读音来，所以需要记音符号给汉字注音。**汉语拼音**（Chinese Pinyin）是于1955年至1957年，文字改革时，由原中国文字改革委员会（现国家语言文字工作委员会）汉语拼音方案委员会研究制定出来的。1958年2月11日的全国人民代表大会批准正式公布该方案——《汉语拼音方案》，该拼音方案主要用于汉语普通话读音的标注，作为汉字的一种普通话音标；1977年，联合国地名国际标准化会议决议采用《拼音》作为拼写中国地名的国际标准；1982年，成为国际标准ISO7098（中文罗马字母拼写法）。

汉语拼音是一种辅助汉字读音的工具。虽然也是一种记音符号，但只能标记现代汉语普通话，还不是像国际音标那样严格意义上的音标，因为汉语拼音的字母符号与音素并不是一一对立的，如/a/代表了四个音素（[æ]、[A]、[a]、[ɑ]），/i/代表了三个音素；另外，汉语拼音的运用还涉及到一些比较复杂的拼写规则，如i和u在音节前要写作y、w；iou、uei、uen与辅音声母相拼时要省略韵腹写作iu、ui、un；üe、üan、ün自成音节时，写作yue、yuɑn、yun。以ɑ，o，e开头的音节连接在其它音节后面的时候，如果音节的界限发生混淆，要用隔音符号（'）隔开，例如pi'ɑo（皮袄）等。所以汉语拼音与单纯的记音符号——**音标**相比，还有一定的距离。

汉语拼音的性质和地位表明，它只是汉语普通话的拉丁拼写法或转写系统，而非汉语**正字法**（Orthography）或汉语的**文字系统**（Writing system）。而**汉语拼音字母**（Chinese phonetic alphabet）也只是对方案所用**拉丁字母**（Latin alphabet）个体的称谓，并不意味着汉语拼音是一种**拼音文字**（Alphabetic script /phonetic writing）（全音素文字）。

汉语拼音字母和国际音标对照表：[①]

拼音字母	国际音标	拼音字母	国际音标	拼音字母	国际音标
b	[b]	g	[k]	s	[s]

---

① 一个字母在具体语言和国际音标中会代表不同的音素，不可混为一谈。比如b、d、t、g（全清）与[b]、[d]、[g]（全浊）。

拼音字母	国际音标	拼音字母	国际音标	拼音字母	国际音标
p	[bʰ]	k	[kʰ]	zh	[tʂ]
m	[m]	h	[x]	ch	[tʂʰ]
f	[fʰ]	j	[tɕ]	sh	[ʂʰ]
d	[t]	q	[tɕʰ]	r	[ʐ]
t	[tʰ]	x	[ɕ]	y	[j]
n	[n]	z	[ts]	w	[w]
l	[l]	c	[tsʰ]	v	[v]

表2-22　汉语拼音声母表

拼音字母	国际音标	拼音字母	国际音标	拼音字母	国际音标
a	[ʌ]	e	[ɣ]	u	[u]
o	[o]	i	[i]	ü	[y]
ai	[ai]	ing	[iŋ]	uai	[uai]
ei	[ei]	ia	[ia]	ui（uei）	[uei]
ao	[ɑu]	iao	[iɑu]	uan	[uan]
ou	[ou]	ian	[iæn]	uang	[uɑŋ]
an	[an]	iang	[iɑŋ]	un（uen）	[uən]
en	[ən]	ie	[iɛ]	ueng	[uəŋ]
in	[in]	iong	[yŋ]	üe	[yɛ]
ang	[ɑŋ]	iou	[iou]	üan	[yæn]
eng	[əŋ]	ua	[ua]	ün	[yn]
ong	[uŋ]	uo	[uo]	ng	[ŋ]

表2-23　汉语拼音单、复韵母表

第三章 语法

第一节 语法单位

一、什么是语法

语法（Grammar）就是用词造句的**规则**（Rule），这种规则是客观存在于一种语言之中，是在语言长期发展过程中形成的，说这种语言的全体成员必须共同遵守。简言之，**语法**也就是人们常说的"遣词造句"。[①]

语法规则（Grammar rules）是人们从语言具体的词和语句结构中抽象概括出来的组词造句规则，也是句子的衍生规则，是大家说话的时候必须遵守的习惯，但同时它也不是语言学家规定的。语法规则有其自身的特点。从规则所包括的范围来看，这里的"规则"应该包括**语音规则**（Phonetic rules）、**语义规则**（Semantic rules）和**语用规则**（Pragmatic rules）；从规则的形成过程来看，应该是由小的音义结合体组合成大的音义结合体所依据的一系列规则；从规则的构成方式看，一种语言的语法规则应该包括**组合规则**和**聚合规则**。语法的**组合规则**（Syntagmatic rule）是指语法单位一个接一个组合起来的规则。具体指语言的**结构式**（Structural formula）（包括所有的分析层面）中构成成分之间在线性序列上的规则。如汉语"我吃饭"不能说"饭吃我"，这里就有汉语语法的一条组合规则。这条规则提出了三个可替换的位置，只要用适当的词在某一位置上**替换**（Substitution），就能造出一个新的句子。然而每个位置上能用什么词去替换，除了意思要配合以外，在语法上还有聚合规则。**聚合规则**（Paradigmatic rule）具体指语言的某些组合中处在相同的位置上的语言单位彼此可以互相替换的规则；语法上能够出现在某个位置中的词形成一个聚合，如果用来替换的不是从这个聚合里选出的词，句子不能成立。语法聚合规则实际上就是指语法单位的归类和变

[①] "语法"这一术语从广义上说，指对全部语言规则的总述，甚至可与"语言学"、"语言理论"等术语互用；从狭义上说，指关于词的形态变化（即词法）和用词造句的规则（即句法），因而不包括语音学和语义学。

化的规则。

聚合规则是**潜在**的，它储存于人们的脑子中，组合规则是**现实的**（Realistic），它存在于**话语**（Words）中。

二、语法单位和语法层次（Grammatical level）

语法分析通常分层次进行，不同的层次有不同的单位。凡是能在语言组合的某一位置上能被替换下来的片段都是**语法单位**（Grammatical unit）。一般分为四种：**语素**（Morpheme）、**词**（Word）、**短语/词组**（Word group；phrase）和**句子**（Sentence），它们分别是不同结构层面上的语法结构单位，又可以分为三级六种。

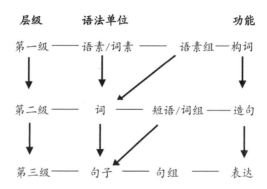

图3-1　语法单位内部层级关系图

这里的"三级"是指**构词级**（语素、语素组）、**造句级**（词、词组/短语）和**表达级**（句子、句组）；"六种"是指构词级的"语素/词素"、"语素组"，造句级的"词"、"短语（词组）"，表达级的"句子"、"句组"。级内部的单位之间是**组成关系**（Component relationship），级外部的单位之间是**现实（形成）关系**。

追溯百年来语法研究的方法，传统语言学过去通常是以词为界，进行二元切分，词以上的规则叫**句法**（Syntax），即短语和句子的结构方式，表现为词在其中的排列及其相互关系。词以下的规则叫做**词法**（Morphology），即词的构成规则和变化规则，其中构成规则表现为词的结构形式，变化规则表现为词的形态样式（例如"马虎"的变化形态是"马马虎虎"、"马里马虎"）。

随着人们认识的深入，在当前的语法研究中我们发现，语言中的"词素（语素）–词汇–词法–句法"往往构成**一个连续体**（Continuum）和**渐进体**（Gradation），**词法**和**句法**之间已经很难再像传统语法那样划出严格的分界线，因而，语言的各个分析层面，例如词汇和短语、词法和句法之间也是不可分割的。

（一）句子（Sentence）

句子是前后都有停顿，并且带有一定的语调，通过一定的语法手段组织起来，表示相对完整意义的语言实际使用和运用的基本单位。句子是词和短语的实现形式。从形式上看，句子的最大特点是具有一定的**语调**（Intonation），[①]表示一定的**语气**（Mood），前后有较大的**停顿**（Pause），表达一个相对完整的意义，能完成一个简单的交际任务；书面上体现为句末点号，如"。""?""！"。句子是语言中最大的语法单位，又是语言交际中最小、最基本的表达单位。

1. 句子的特征

（1）句子表达相对完整的思想；

（2）句子是最基本的言语单位；

（3）句子有特定的语调（Intonation）。

有时候书面上同是那几个字，口头上可以有两种不同的念法，也会使句子的数目发生变化。例如：

"你看！我从不骗人。"——两个句子。

"你看我从不骗人。"——一个句子。

需要说明的是，在印欧语言里，句子与词组是对立的，作为句子有一个**定式动词**（Finitive verb）；而作为词组，一定没有定式动词。例如：

I study Chinese grammar. 我学习汉语语法。

To study Chinese grammar is important.

It is important to study Chinese grammar. 学习汉语语法很重要。

Studying Chinese grammar is important.

* Study Chinese grammar is important.

* It is important study Chinese grammar.

在以上例子中，英语的**句子**（Sentence）一定是**主谓关系**（Subject-predicate

---

① 这里的"语调"（Intonation）不同于"句调"（Sentence intonation），是指在语句和篇章层面的音高（Pitch）运动模式，具有区分语气、情态、焦点（Initial Focus）、边界（Boundary）等言语交际功能。

relation），但**短语**（Phrase）一定不是主谓关系。因此，在印欧语言中，唯独**主谓结构**（S-P construction），是不列为短语的范围。汉语则不同，由于汉语没有形态变化，汉语里的动词就没有所谓**定式**（Finitive）、**不定式**（Infinitive）的不同表现形式，汉语的句子也就不一定是"主语+谓语"的模式。在汉语里，词或词组只要加上一个**句调**（Sentence intonation），就能成为句子，甚至句子中可以只是一连串的名词，没有一个动词，例如"今天下午全校留学生大会"。此外，在英语的句子中，主语、谓语、宾语都是不可**省略**（Ellipsis）的，例如：

Who is Wang Lin？（谁是王琳？）

——I am Wang Lin．（我是王琳。）

——Wang Lin is me．（王琳是我。）

——It's me．（我是。）

——* I．（我。）

——* Is me．（是我。）

Do you eat one apple every day?（你每天吃一个苹果吗？）

——Yes,I eat one apple everyday．（是的，我每天吃一个苹果。）

——* Yes, I one apple everyday．（是的，我每天一个鸡蛋。）

——* Yes, eat everyday．（是的，每天吃。）

可是在汉语里，只要**语境**（Context）允许，句法成分，包括重要的**虚词**（Function word）都可以省略。例如：

你想吃什么？	你现在正在干什么？
——面。	——听音乐。
你去吗？	今天上什么课？
——不去。	——汉语。
——想去。	——上汉语。

在印欧语言里，词、短语、句子之间是层层组成关系，即"词→短语→句子"；而在汉语，词和短语之间是**组合关系**（Syntagmatic relation），短语和句子之间则是**实现关系**（Realization relation），即短语加上句调就成为句子了。二者关系如下：

英语： 汉语：

词→短语→句子　　　　　词→短语→句子

句子

图3-2　两种语言词、短语、句子组合对比图

2. 句子的类型（Sentence mode type）

（1）句子按其语气类型，在语义功能上可以分为**陈述句**（Delarative sentence）、**疑问句**（Interrogative sentence）、**祈使句**（Imperative sentence）、**感叹句**（Exclamatory sentence）等不同的**句类**（Sentence mode type）。一般来说，汉语的陈述句、祈使句和感叹句的语调在句末是下降的，而疑问句的语调则是上升的。此外，还有很多次要类别，如命令、请求、吩咐、乞恕、问话、告辞等等。

（2）句子从结构形式上可以分为**单句**（Simple sentence）和**复句**（Compound; complex sentence）两大类型，简称**句型**（Sentence pattern）。其中单句又可分为**主谓句**（Subject-predicate sentence）和**非主谓句**（Non–subject-predicate sentence）；复句又可以分为**联合复句**（Coordinate complex sentence）、**偏正复句**（Subordinate complex sentence）、**"多重复句"**（Multiple complex sentence）和**紧缩复句**（Compressive complex sentence）（例如"钟不敲不响"）等。

（3）按照句子的局部特点还可以划分出不同的**句式**（Construction），比如具有特定语义的**固定结构**（Fixed structure），例如**把字句**（Ba-construction）、**被字句**（Bei-construction）、**双宾语句**（Double-object construction）、**兼语句**（Pivotal construction）、**连动句**（Serial construction）等。

（4）根据口语句法特殊的使用情况，还有**"倒装句"**（Inversional sentence）和**"省略句"**（Ellipsis sentence）等。倒装句整个结构不能按照正常短语结构来分析，一般语义重点在前半部分，句子语音上前半部分重读，补充部分轻读。省略句中被省略的部分一般可以补出，但只有一种添补的可能。

（二）短语（Phrase）

"短语"又称"短句"、"词组"，是词和词按照一定的语法关系形成的组合，它是句子里面作用相当于词而本身又是由词组成的大于词的单位。由于短语一般是（当然某些单个的词也可以是）完整概念的负荷者，因此也是句法单位的体现者。短语可以从内部构造和整体功能上进行分类。例如：

根据**短语**（词组）内部结构，大致可以分为**固定短语**（"固定词组"）

（Fixed phrase）和**自由短语**（"自由词组"）（Free Phrases）两大类。**固定短语**（固定词组）指结构比较固定的惯用的短语（词组），如英语的介词短语to the west（向西），**动词短语**ran fast（跑得快），stay put（坚守、保持在固定或确定的位置不动）、anything but（绝不是、根本不）、nothing but（不过是）、check it out（检查、查看）、in the face of（面对、面临）、rustle up（张罗、费力寻找）等。首先，**固定短语**（词组）在结构上具有固定性，固定短语中的成分一般不能更换、增删，次序不能颠倒；其次，固定短语（词组）在意义上具有整体性，组成固定短语（词组）的各词往往不能再作字面上的个别解释，如成语和民间口头流传的熟语。与固定短语相对应，自由短语结构则比较自由。

根据短语的整体语法功能，词组可以分为以体词性成分为中心语的"**名词性短语**"（Nominal phrase）、以动词为中心语的"**动词性短语**"（Verbal phrase）和以形容词为中心语的"**形容词性短语**"（Adjectival phrase）。从功能看，可以分为**限定短语**（即形容词性短语）、**述状短语**、**补足短语**。根据不同语言，例如英汉的对比研究，还可以划分出分词短语、不定式短语、介词短语、副词短语等大类。

根据短语内部两个词的句法结构关系划分，词组可以分为多种类型，例如：汉语的"国家栋梁"（偏正结构）、"宣布开会"（动宾结构）、"心情激动"（主谓结构）、"去得很急"（补充结构）、"跳了两次"（补充结构）、"热烈欢迎"（偏正结构）、"坐办公室的"（的字结构）、"成绩和缺点"（并列结构）、"轻一点"（补充结构）、"在里面"（介宾结构），"和他们"（介宾结构）、"所闻"（所字结构）。英语on the move（在逃、逃跑）、pick off（挑选）都属于"**介词短语**"（Prepositional phrases）。

（三）词（Word）

什么是词，目前在国际上还没有一个为大家都能接受的定义。[①] 目前比较通行的一种说法是：词是语言中具有固定语音形式并能独立运用的最小的结构语义单位，人们用它组成长短不等的句子相互进行交际。从这个定义可以看出，词是最重要的一级语法单位，它是造句的时候能够独立运用的最小单位，所谓"独立

---

① "词"（Word）本身如何界定是词汇学中的一个难题，许多学者注重从书写形式上加以描述，例如很多拼音文字（如英语等）中的"词"前后都有间隔或空格（Space），但这一说法显然又不适合汉语、日语和其他语言。也就是说英语中的Word这个概念不一定在所有的语言中都能找到对应的术语。

运用"，就是它在造句中能够到处作为一个单位出现；所谓"最小"，就是说不能分割和扩展，中间不能插入别的成分。由于汉语形态不发达，所以给汉语词下定义更是难事。词虽然可以定义为最小的自由形式，但汉语的词由语素构成的，因此可以由一个自由词素构成（如"房"），也可以由一个自由词素加上一个粘着词素（如"房子"），或一个自由词素加上其他自由词素（如"楼房"）构成。中国古代语言学研究传统是字词不分的，长期以来使用汉字的人没有"词"的概念，语言学意义上的"词"是二十世纪初才在我国出现的。[①]

从意义和作用看，**词**可以分为**实词**（Content word）和**虚词**（Function word）两大类，其中实词是能够独立充当句子成分，既有**词汇意义**（Lexical meaning）又有**语法意义**（Grammatical meaning）的词；"虚词"与"实词"相对，不能够独立充当句子成分，只起语法作用的词。例如汉语的"了"、"着"、"过"、"的"、"来着"、"呢"、"吧"、"吗"、"把"、"在"、"对于"；英语的of、by、for、to、with等都是虚词。在所有的语言里，"虚词"的结构意义、关系意义都是纵横交错，往往不易掌握。

根据音节的数量，词又可以分为**单音节词**（Polysyllabic word）和**复音节词**（Monosyllabic word）。例如古代汉语以单音节词为主，现代汉语则以双音节词为主。

从结构方式来看，词又可以分成**单纯词**（Simple word）和**合成词**（Compound word）。单纯词是由一个语素构成的词。例如"天"、"崎岖"、"巧克力"。合成词是由两个以上词素构成的，例如"窗户"、"姐姐"、"爱情"、"老师"、"计算机"、"冰糖葫芦"等。汉语**复音词**（Disyllabic and polysyllabic word）绝大多数是**合成词**，这些**词素**（Semantic morpheme）都是有独立意义的**实词素**（Content semantic morpheme）。例如：

"父"＋"母"——"父母"；"买"＋"卖"——"买卖"（并列式）

"欢"＋"喜"——"欢喜"；"恐"＋"惧"——"恐惧"（并列式）

"香"＋"蕉"——"香蕉"；"松"＋"树"——"松树"（偏正式）

"头"＋"疼"——"头疼"；"眼"＋"红"——"眼红"（主谓式）

"动"＋"员"——"动员"；"开"＋"心"——"开心"（动宾式）

---

① 据吕叔湘考证，"首先提出'词'作为现代语言学意义的术语，并且跟'字'加以区别的是章士钊的《中等国文典》（1907）。"现代汉语已经不再是"单音节语"，划分汉语的词，必须考虑多方面的因素，即语法、语音、语义以及心理学、信息论等方面的因素。见吕叔湘《汉语语法论文集》（增订本），"汉语里'词'的问题概述"，商务印书馆，1984年。

"打"＋"到"——"打到"；"推"＋"广"——"推广"（动补式）

"打"＋"字"——"打字"＋"机"——"打字机"（混合式）

合成词再分为**复合词**（Compound word）和**派生词**（Derivative）两类。复合词至少由两个不相同的词根构成，例如汉语的"电脑"、"冰箱"、"糊涂"、"水果"、"电线"、"胆结石"、"出租车"等等就是由两个语素构成的**复合式合成词**，英语的sweetmeat（甜点）也是由sweet＋meat两部分构成的；再如：①

泰语：dōk（花）＋bua（莲）——dōk bua（莲花）（偏正式）

nām（水）＋tā（眼）——nām tā（眼泪）（偏正式）

mεŋ（虫）＋t'aŋ（糖）——mεŋt'aŋ（蜜蜂）（偏正式）

mān（薯）＋t'āŋ（糖）——mān t'āŋ（红薯）（偏正式）

壮语：sim（心）＋nai（虚弱）——sim nai（丧气）（主谓式）

bej（胆）＋lek（惊乱）——beilek（害怕）（主谓式）

mak（果子）＋ta（眼）——makta（眼珠）（偏正式）

mak（果子）＋dei（地）——makdei（荸荠）（偏正式）

德语：finger（手指）＋hut（帽子）——fingerhut（顶针）（偏正式）

派生词是由**词根**（Root）和**词缀**（Affix）（包括前缀、后缀、中缀）构成的合成词。例如汉语的"第一"、"老鼠"、"帽子"、"花儿"、"巴不得"等。尽管加上"第"、"老"、"子"、"儿"、"不"这些词缀之后，这些词的原始意义基本上没有改变，但它们在词形上已经有所不同了。例如名词beauty（美丽）可通过加–fy（后缀）而转化为动词beautify（使美丽）；形容词lovely（可爱的）通过添加表示"性质"的后缀–ness构成名词loveliness（可爱）；equation（相等）由equate（使相等）附加表示"状态"的后缀–ion而成。不管附加的是什么样的词缀，词根的基本意义保持不变。

此外，词的派生法并不只限于加词缀，例如，汉语的中的"本"—"本本"（例如"本本主义"），"框"—"框框"（例如"打破条条框框"），"条"—"条条"（例如"路条条"），以至"哥"—"哥哥"，"妹"—"妹妹"，"星"—"星星"等等。

---

① 以下泰语和壮语的例句引自岑麒祥《历史比较语言学讲话》，湖北人民出版社，1981年，P75—76。在现代汉语中都把主限成分置于受限成分之前，例如"荷花"、"松树"、"金鱼"等等，但在汉藏语系其他语言和方言中，常把主限成分置于受限成分之后，见上例。

我们以英语为例，看看英语的"**复合法**"（Compounding）或"**合成法**"（Composition）、"**派生法**"（Derivation）以及"**重叠**"（Reduplication）构成的词。例如：

	名词	形容词	动词	副词	介词
合成（复合）	face-lift（整容）、shoot-out（交火）	high-rise（多层高楼）、childlike（孩子般天真）	overwork（劳累过度）、playact（表演）	crosswise（横向的）、nevertheless（仍然）	notwith-standing（尽管）
派生	cupful（满怀）、dedication（献身）	foolish（愚蠢的）、eatable（可食用的）	bedevil（使着魔）、outbid（出高价于）	neatly（整洁地）	despite（不管）
重叠	jimjams（神经过敏）			flim-flam（胡言乱语）	

表3-1　英语三种构词举例

词汇系统的详细分类见下图（具体的构词方法见后面章节的论述）：

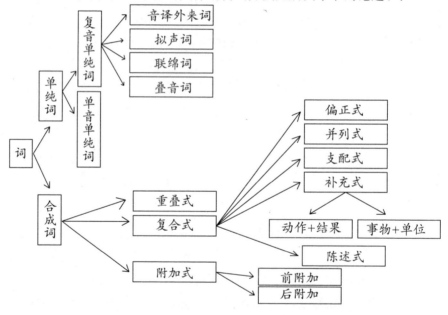

图3-3　词汇系统分类图

（四）语素/词素（morpheme）

语素是语言中音义结合的最小单位，是语法中最小的区别性单位，也是它的变体的总称，语素又称之**"词素"**（morpheme）。[①] 作为构词材料的最小意义单位，语素既有语音形式，又有意义内容。例如英语的{s}是词素,既是名词复数的词尾，又是动词单数第三人称的词尾，所以是一个同形词素；当它在名词词尾出现时，代表名词的复数，区别于单数。它有三个变体，如：

/s/:picks

/z/:dogs

/iz/:kisses

汉语的"啊"也是词素，在句末出现，表示一定的语气。用{a}表示，有四个变体：/a/（这是高兴的事啊！）、/jia/（快来啊！）、/wua/（多高啊！）、/na/（多好看啊！）

布龙菲尔德（*Bloomfield*）为了区分词汇特征与意义单位的关系，曾制定了下列术语对立关系：

		词汇的
最小的没有意义的单位	语位（Phememe）	音位（Phoneme）
最小的具有意义的单位	义位（Glosseme）	词素（Morpheme）
最小单位的意义	义素（Noeme）	语素意义（Sememe）

表3-2 词汇特征与意义单位的关系

就汉语来说，汉语的语素以单音节为主，一个有意义的带调的音节基本上就是一个语素，特别是在古代汉语中，一个汉字就是一个语素，如："君"、"臣"、"民"、"贤"、"驱"、"寒"、"佳"等；但现代汉语中也有两个字表示一个语素的，如："咖啡"、"玻璃"、"葡萄"等，前者叫做**成词语素**（Word-morpheme）。其他语言也是这样，如英语中I（我）、go（走）、big（大）、like（喜欢，像），就既是语素又是词，如like除了单用之外，作为词素又可称为形容词的词尾，如lifelike（栩栩如生的）；而像"历"、"民"、"究"、"净"、"老~"、"~子"、"~头"，英语的–ly等，不能独立运用，只能依附于词干，则被称为**不成词语素**（Non-word morpheme）。

---

① 汉语传统语法习惯称"词素"为"语素"，因为汉语有些单位（如"吗"、"呢"）可以称为词，不称为词素，但在普通语言学著作中，仍常用"词素"这个术语，特别是分析词的内部结构时，语法著作则一般把"语素"称为"词素"似更为准确。本书在一般情况或讨论汉语时称之"语素"，考虑到其他语言的特点，在讨论构词法时，特意称之为"词素"。

词由语素（或词语）构成，有的词由一个语素构成，如汉语的"火"、"山"、"人"、"咖啡"，英语的pen（钢笔）、bake（烤）、red（红）等；有的由两个或多个语素或词素构成，例如汉语"儿女"、"朋友"、"铁路"和英语的classroom（教室）、underwear（内衣）、reader（读者）等；再如"开心"中"开"和"心"是两个语素，而"开心丸"、"豆腐脑"中"开心"和"豆腐"等则都是**合成词素**（Compounding semantic morpheme）。表示一种实在意义的词素我们把它叫做**"实词素"**（词汇语素）（Content semantic morpheme），表示一种意义不太实在的词素我们称为**"虚词素"**（语法语素）（Grammatical semantic morpheme）。例如汉语的"人"是实词素，"们"则是虚词素，此外，汉语中还有"子"、"儿"、"头"、"巴"、"么"等虚词素；在英语中，in、on、of等就既是虚语素，也是虚词。根据语素的独立程度，可以把英语的语素类别概括如下：①

语素的种类	独立程度	
	词	词缀
实语素	1.通过"复合法"可并入新词的词。例如：clam（蛤）+bake（烤）→clambake（海滨野餐会）； 2.通过"派生法"可并入新词的词。例如：push（推）+y（有…的）→pushy（有进取心的）；mis-（误）+fire（射子弹）→misfire（射不出）	1.具有构词能力的前缀。例如：undenatured（非变性的）中的un-； 2.无构词能力的前缀。例如：digest（消化）中的di-； 3.有构词能力的后缀。例如：orbitable（可作为轨道运行的）中的-able； 4.无构词能力的后缀。例如：verbose（啰嗦的）中的-ose（多……的）； 5.词的成分：例如：cheese-burger（干酪肉饼）中的-burger
虚语素	功能词。例如：the,of,which,my,when,and,if…	屈折变化形式的后缀：例如：-s,-ed,-ing

表3-3　英语语素的类别

任何语言的语素都有成词或不成词、自由或不自由（黏着）、定位或不定

---

① 本表英文例引自[美]*Dwight Bolinger*《语言要略》，方立、李谷城等译，胡壮麟审校，外语教学与研究出版社,1993年，P186。

位、实义或虚义的区别。下面是语素的分类和对比图：

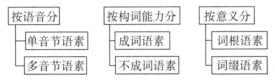

图3-4　语素分类图

汉语语素		英语词素	
书、走、好	成词、自由、不定位、实义语素	head（头）、art（艺术）、red（红）	成词、自由、不定位、实义语素
被、了、吗、的	成词、黏着、定位、虚义语素	of、on、in、to、with、from	成词、黏着、定位、虚义语素
企、民、机	不成词、黏着、不定位、实义语素	bio-（生命、生物）、cogn-（知道、了解）、-er（从事某种职业的人）	不成词、黏着、定位、实义语素
-子、-儿、-头	不成词、黏着、定位、虚义语素	-s、-ing、-ed、-ly、-ful、-tion	不成词、黏着、定位、虚义语素

表3-4　汉英语素对比

根据词素在构词中的作用，可以把这些**附加词素**（Bound morpheme）分成**构词词素**和**构形词素**。

1. 构词词素（Morpheme）

构词词素是附加在词根或词干上组成新词的附加词素，也称为词缀词素。**萨丕尔**（*Sapir*）在分析语言成分时也提出，词中有**词根成分**（Radical element）和语法成分或词缀成分。例如英语中sing，sings，singing，singer等，sing是词根成分，-s，-ing和-er是语法成分。语法成分可以是前缀或后缀，也可出现在词的中间，这些语法成分不能独立出现，而要附加在词根成分上。下面我们看看构词的具体情况。

（1）词根（Root）

是有实在意义的构词词素。是构词词素的一种，是词义的核心部分，词的基本（词汇）意义主要是由它体现出来，它可以单独构成词，也可以彼此组合成词。如：汉语的"桌"、"椅"、"水"、"电"；英语rebuild（重建）、incomplete（不完整）、childish（幼稚）、unfair（不公平）、cooperation（合作）、worker（工人）、disagree（反对）、helpful（有帮助的）中除了

re-、in-、ish、un-、-er、dis-、co-、-ful以外的build、complete、child、fair、operation、work、agree、help都是词根。再如，英语词根tri-是"三"的意思，这样组成的词还有tricycle（三轮车）、triangle（三角形）、trio（三重唱）等等。

词根根据自由度还可以分为"**自由词根**"（Free root）和"**黏着词根**"（Bound root）两种，前者能够单独成词，例如"人"、"跑"、"天"，后者不能单独成词，必须跟其他词素结合才能成词。再如现代汉语的"农民"中的"农"和"民"。汉语中绝大多数的词都是由词根构成的。

（2）词缀（Affix）

是一种不能独立使用的构词成分，只能粘附在**词根**（Root）上构成新词的词素，常表示词的附加意义或语法意义，它本身不能单独构成词，但给该词根带来新的语义成分，甚至改变所附词干的语法类别。从构词的角度看，世界上许多语言中的词都是由这样两种符号构成的：一种是可以单独使用的字或根词，另一种是不可单独使用的**黏着词素**（Bounded morpheme）。[①] 从构词能力上来说，前者十分有限，后者却更为活跃。据研究统计，英语中500个左右的词素按照意义可以分为四部分，十六单元。[②] 例如：

第一部分：数字前缀及可与之结合成较多单词的词根；

第二部分：动作、方向等方面的词素；

第三部分：科技方面的词素；

第四部分：人体、医学方面的词素。

根据**词缀**在词中所处的位置的不同，可以分为以下三类：

> 粘附在词根前面起辅助表义作用，并和词根一起构成新词的词素称为**前缀**（Prefix）；
>
> 粘附在词根后面起辅助表义作用，并和词根一起构成新词的词素称为**后缀**（Suffix）；
>
> 插入词根中间的词缀称为**中缀**（Infix）。

前缀、中缀和后缀都是黏附在词根上的附加成分，它们的作用就是构成新词。从词缀的分布情况看，世界上的语言，除了汉语和暹罗语外，大部分语言都用词缀，其中后缀使用最为广泛。像土耳其语，爱斯基摩语、努特卡语、雅

---

① 有人曾经提出英语的词素在汉语中的作用大致相当于汉字中的偏旁部首。例如汉语中的"水"字构成的复音词只有20个左右，而偏旁"氵"却可构成600个汉字，英语中的water仅一词而已，还有十几个由构成的复合词，而表示意义的黏着词素hydro-可构成多300多个单词。

② 统计见1986年出版的《英语词素分析及练习》和1996年出版的《英语词汇速记教程》。

纳语、**霍顿屯语**（*Hottentot*）这些语言，它们根本不用前缀，但有复杂的后缀系统，有的多达几百个后缀成分，只用前缀不用后缀的语言很少，如高棉语，大部分语言是既用前缀又用后缀，中缀多用于南亚和马来群岛。具体使用情况举例如下：

1）前缀（Prefix）

前缀又称"**前加成分**"，黏附在词根前面起辅助表义作用，并和词根一起构成新词的的词素。例如在东非的班图（*Bantu*）语系中，分布最广、使用人口最多的Swahili语，其名词系统非常复杂，因为性别、数目的不同，跟名词临近的一些词往往都得跟着名词做屈折变形，产生一系列相应的前缀，来表达和名词相关的语法意义。例如，Swahili语中，"一个好人摔倒了"的单、复数的表达是靠**前缀**系统来完成的：

> 单数：Mtu mzuri mmoja yule ameanguka.
> 复数：Watu wazuri wawili wale wameanguka.

以上表示单数的句子中，五个词都要有自己的前缀：m、m、m、yu、a，这是第一个类别规定的；如果要表示复数，就要变作前缀wa、wa、wa、wa、wa。俄语的вы-ход（出口）、пере-ход（越过）中的вы和пере也都是前缀。我们再以英语为例，前缀所表达的语法功能也各异，例如：

①英语中的un-、im-、ir-、in-、dis-、mis-等都是表示否定的前缀。例如：
unknown（未知的）、incorrect（不正确的）、irregular（不规则的）、
miscount（误算）、impossible（不可能的）

②英语中表示"方向"的pro-、pre-、retro-、con-、in-、e-、im-、ex-、re-、trans-、dis-。例如：
progress（进步）、retrogress（退步）、ingress（入口）、import（进口）、prewar（战前的）、export（出口）、report（报告）、transport（运输）、disport（离开）、review（复习）

③英语中还有en-、sub-等前缀。例如：
en-able（使能够）、subway（地道）

④英语中的mono-、uni-、bi、tri-等都是表示数字的前缀。例如：
monovalent（单价的）、unilateral（单边的）、bilateral（双边的）、trilateral（三边的）

⑤英语前缀a加一个动词可以构成形容词，例如：

alive（活泼的、有活力的）、afire（着火的）、awake（醒着的）、asleep（睡着的）、asway（摇动的、摆动的）、afloat（冒着泡的）

相比较而言，汉语的词缀不多，比如"第一"的"第"，"小李"的"小"、"阿姨"的"阿"、"初一"中的"初"以及"老鼠、老师"的"老"等等。

2）后缀（Suffix）

后缀是决定一个词的词性的重要标记。英语的后缀较为丰富。例如slow、slowly、slowness三个词的意义都是"慢"，但由于形态变化不同，词类可以分别划归形容词、副词和名词。以下是英语中常用的后缀。

①名词后缀有-er、-or、-ar、-ize、-ist、-ian、-tion、-en、-ship、-ment、-ness等。例如：

reader（读者）、actor（演员）、scholar（学者）、normalize（使正常化）、historian（历史学家）、artist（艺术家）、action（行动）、development（发展）

②形容词后缀-ful、-ous、-ent、-ant、-able、-ible、-lish、-al。例如：

powerful（有力的）、dangerous（危险的）、assistant（辅助的）、dependent（依赖的）、testable（可测试的）、possible（可能的）、foolish（愚蠢的）

③副词后缀-ly。例如：

friendly（友好地）、carefully（仔细地）、delightfully（欣然地）、obviously（显然）、frankly（坦白地）

④-less作后缀表示"缺乏"、"没有"。例如：

harmless（无害的）、ceaseless（无休止的）、doubtless（无疑的）、voiceless（无声的）、senseless（无意义的）

⑤后缀-ism表示"主义"。例如：

Socialism（社会主义）、Communism（共产主义）、Capitalism（资本主义）、Idealism（唯心主义）、Marxism（马克思主义）、Racism（种族主义）、Aestheticism（唯美主义）、Naturalism（自然主义）、Darwinism（达尔文主义）

⑥英语"形容词+后缀（-en/-ize）"=动词。例如：

wide（宽）— widen（拓宽）；deep（深）— deepen（加深）；dead（死）— deaden（使死亡）；sad（悲伤）— sadden（使伤心）；white（白）— whiten（变白）；wide（宽）— widen（加宽）；central（中心）— centralize（使集中）；real（真的）— realize（实现）；visual（视觉的）— visualize（设想）

⑦英语的颜色词带有后缀-ish往往表示较浅的颜色。例如：

brownish（褐色）、yellowish（浅黄）、reddish（浅红）

汉语的后缀不多。例如：

小鸟儿、盘儿、棍子、饼子、苦头、石头、由头、读者、作者、美化、地方性、新手

虽然汉语中的词缀数量极少，但能产性高，又具有很强的词性类化规律，因此往往可以根据词缀的类化规律来判断词性。如后缀"子"构成的词一般都是名词。例如：

桌子、椅子、柜子、骗子、傻子、儿子、戏子、燕子、狮子

帽子、鞋子、肚子、脑子、脖子、鼻子、辫子、李子、杏子

性子、空子、模子、袖子、领子、橘子、猴子、桃子、帘子

此外，在一些语言中，前后缀可以同时出现。例如英语nonsensical（无意义的），它带有一个前缀non和一个后缀al；再如noncommittal（态度不明朗的）、nonsocial（非社会性的）、nonresidential（非居住的）、nonprofessional（非专业的、业余的）、nonessential（非本质的）、nonclassical（非古典的）等等。

3）中缀（Infix）

"中缀"又称"中加成分"，是附加在词根中间起辅助表义作用，并和词根一起构成词的词素。多见于亚洲、非洲语言和美州印地安语。在马来语中，有一些中缀，例如patuk（啄）和pelatuk（啄木鸟）中的-el-就是插在词根中间的中缀；再如gemuruh（雷声隆隆）和 gerigi（锯齿形的）中的em和er都是中缀，gurub和gigi都是词根。藏语中，kazgur是"驼背"的意思，kasazgur是"弄弯"的意思，加中缀-sa-构成新词。例如：

马来语：patuk（啄）—pelatuk（啄木鸟）

　　　　gemuruh（雷声隆隆）—gerigi（锯齿形的）

藏　语：kazgur（驼背）—kasazgur（弄弯）

嘉戎语：kakʃut（出去）—kanəkʃut（自动出去）

　　　　korjap（站起）—kanərjap（自动站起）

汉语中的"词根+中缀+词根"，例如：

巴**不**得、黑**不**溜秋、酸**不**溜丢、花**不**棱登、来**不**及（"不"）

马**里**马虎、叽**里**呱啦、土**里**土气、古**里**古怪（"里"）

对**得**起、买**得**起（"得"）

2. 构形词素（Grammatical morpheme）

"**构形词素**"又叫"**变词词素**"，是黏附在词干上起构形作用的附加性语素，它的作用是构成词的语法性质，只表示语法意义。例如small（小的）为形容词，而smallness（小）则为名词；speak为动词，speaker则为名词（说话人）；特别常见的派生法是在形容词和动词基础上造出名词，以及在名词基础上造出动词。英语中有一大批这样派生变化，例如books（书）中的s（复数），sewed（缝合）中的ed（过去式），working（工作）中ing（进行式），taller（高）中er（比较级），smallest（小）中的est（最高级）；同样，俄语的написать（写）中的на（完成体），книга（书）中的а（阴性、主格、单数），новый（新的）中的ый（阳性、主格、单数）、читает（读）中的ет（第三人称，单数、现在时、未完成体）等。

1) 词干

一个词除去表示语法意义的词头和词尾，剩下的就是它的词干。例如：

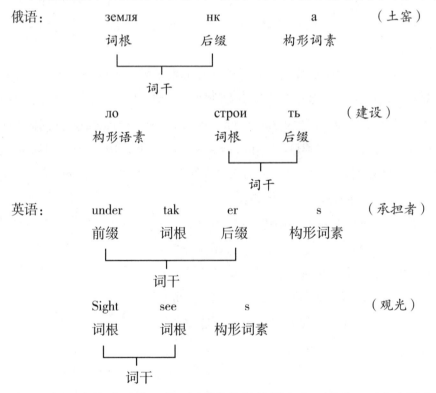

由于汉语没有构形词素，所以词干往往就是词本身。词干又可分为词头和词尾两种。

2）词头（Proliyics；prefix；headword）

是附加在词根和词干前面只表示语法意义的构词性语素。它附加在词根前面只起构形作用，而不能构成新词，这是"**词头**"与"**前缀**"（Prefix）的本质区别。例如古汉语中"有唐"、"有宋"中的"有"；专门用在动词前的"言"、"于"和"薄"（如《周南·茉苢》"薄言采之"、"薄言有之"）等。

3）词尾（Enclitics；Inflecional suffix）

附加在词根和词干后面，不表达词汇意义，也不参与构词，只起到表示语法意义的构形语素。构形语素黏附在词根之前的词头比较少，黏附在词根之后的比较多。

需要特别注意的是，词尾属于词的形态变化部分，是附加在词根或词干后面只起构形作用，表示同一个词的不同语法形式（性、数、格、时、体、情态、语气等语法范畴方面的行为和属性），只能改变一个词的形式，而不改变所附词干的概念意义和语法类别，是不能构成新词的语素。例如英语的"漂亮"一词，作定语或表语时要变成beautiful，做状语时要变成beautifully，而如果出现在主语或宾语位置就要变成beauty，这也体现了"**词尾**"与"**后缀**"（Suffix）的本质不同。

在形态比较发达的语言中，词尾是用来表达语法范畴的重要手段。例如，英语词尾–s、–ing、–ed分别表示"复数"、"现在进行式"、"过去时"等语法意义，这只能改变一个词的形式，不能构成新词，因而是**构形语素**。再如英语book加上s以后成为books，walk加上–s、–ing、–ed，之后而成为walks、walking、walked。它们不是不同的词，而是一个词的不同形式而已，词尾并没有改变这个词根的语法类别和概念意义。又如汉语表示集合概念的名词后的"们"（例如"老师们"、"同学们"），"看着"的"着"，"看了"的"了"，以至"喊起来"、"干下去"中的"起来"，"下去"，都没有加在词上，"们"、"着"、"起来"，"下去"和"了"也并不是词尾，它们不是词的语法形式部分，而是**虚词成分**（The function component）。① 严格地说，汉语是没有**词尾**的。

在汉语和英语中，词干没有词尾能单独出现，但是在俄语中，词尾却非常

① 早期在有的汉语文献或教材中，有学者除了把汉语名词后缀"子"、"儿"、"头"等看作词尾，甚至认为汉语表示集合概念的名词后的"们"表"多数"的语法意义；动词"看着"的"着"表"看"的进行体，"看了"的"了"表"看"的完成体，认为"看着"和"看了"都是"看"的构成形式，因而"着"和"了"都是词尾，是一种特殊的后缀。

丰富。俄语的книга（书）、хорошо（好）和читать（读）中的книг-、хорош-和чита-也都是词干，但是它们都得带上相应的词尾-а、-о、-ть才能单独出现。

第二节　聚合规则

一、词类的划分

词（Word）是自然语言中的基本单元。根据目的和要求的不同，词的分类可以是各种各样的。对于有形态变化的语言，当然可以用形态变化作词类标准；但是对于不具形态变化的语言，只能用句法功能做词类标准。

（一）词类及其划分标准

一般认为"**词类**"是对词汇项目分类的结果，是根据词的"**语法功能**"（Grammatical function）划分的词的类别。*Croft*（2005）用Parts of speech和word class这两个术语。[①] 也有学者提出用Parts of speech指言语层面词形分类的结果，用Word class指语言层面词位分类的结果。"词类"是按照词在结构中所起的作用，即句法功能分出来的类，因此，词的分类属于语法的聚合规则（Paradigmatic rule），语法的聚合规则也就是语法单位的分类和变化的规则。词可以根据下列原则分类：

（1）　根据形态特征；

（2）　根据分布；

（3）　根据功能。

传统的划分词类的标准是根据词在结构中所起的作用即词的**句法功能**（Syntactic function）来给词分类的。也就是说，在一种语言里，凡是能在同样的组合位置中出现的词，它们的句法功能相同，就可以归成一类。

目前，现代语法学对于词类的区分，倾向于多层次分类。**夸克**（*R.Quirk*）和**利奇**（*G.Leech*）把词类第一层次分为"**开放类**"（Open class）（名词、形容词、副词、动词）和"**封闭类**"（Closed class）（冠词、代词、指示词、介词、连词、感叹词），"开放类"可以无限扩展，新词可以不断出现（谁也不知道英语词汇里究竟有多少名词）；"封闭类"基本上都是虚词，这类词一般无法扩

---

① *Croft*（2005），*W.Radical Construction Grammar*，*Cambridge:The Cambridge University Press.*

展，即使种类多种，但数量有限。① 第二层次按形态或句法功能进行分类，单类之下再按语义细分；由于各种语言特点不同，区分出来的类别也不尽相同。

1. 英语词类传统分法

※ 英语词类传统分法有十大类（根据冠姆 *G.O.Curme*；桑德沃尔特（*R.W.Zandvoort*）：②

名词（Noun）、**代词**（Pronoun）、**形容词**（Adjective）、**副词**（Adverb）、**动词**（Verb）、**介词**（Preposition）、**连词**（Conjunction）、**感叹词**（Interjection）、**冠词**（Article）和**数词**（Numeral）。

2.汉语词类传统分法

※ 汉语词类传统分法有十大类（根据丁声树、吕叔湘等）：③

名词（Noun）、**代词**（Pronoun）、**形容词**（Adjective）、**副词**（Adverb）、**动词**（Verb）、**语助词**（Particle）、**连词**（Conjunction）、**象声词**（Onomatopoeia）、**量词**（Classifier）和**数词**（Numeral）。

《现代汉语语法信息词典详解》④ 根据语法功能分布的原则，建立了面向语言信息处理的现代汉语分类体系，把汉语的词分为十八个基本词类，即**名词**（Noun）、**时间词**（Temporal noun）、**处所词**（Place noun）、**方位词**（Locative noun）、**数词**（Numeral）、**量词**（Classifier）、**区别词**（Non-predication adjective）、**代词**（Pronoun）、**动词**（Verb）、**形容词**（Adjective）、**状态词**（State adjective）、**副词**（Adverb）、**介词**（Preposition）、**连词**（Conjunction）、**助词**（Auxiliary word）、**语气词**（Mood particle）、**拟声词**（Onomatopoeic word）、**叹词**（Interjection），另有七类语言成分，即**前接成分**、**后接成分**、**语素**、**非语素字**（标点符号）、**成语**（Idiom）、**习用语**（Formulaic expression）、**缩略语**（Abbreviations）。

---

① *Quirk.R.,Greenbaum,S.,Leech,G.,Svartvik,J.,&Comprehensive Grammar of the English Language.Cambridge:Cambridge University Press.*

② 冠姆*G.O.Curme*和桑德沃尔特*R.W.Zandvoort*的相关分类，参见*Curme,Oliver Curme,and Hans kurath;1931.A Grammar of the English Language,Vol.III:Syntax.New York:D.C.Heath & Co. Zandvoort,Reinard Willem,and Jan Ate van Ek.1953.A Handbook of English Grammar.London:Longman.*

③ 丁声树、吕叔湘等《现代汉语语法讲话》，商务印书馆，1961年，P4—8。

④ 俞士汶等《现代汉语语法信息词典详解》，清华大学出版社，1998年，P27。

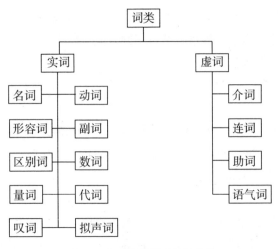

图3-5　汉语的词类系统的分类

　　以上按照传统理论所划分的十大词类，由于理论背景不同，显示了不统一：有的依据内容、有的依据性质、有的依据功能、有的依据实用性；在分析语法时虽然具有一定的解释力，但也留下了很多问题。

2. 当代认知语法的词类分法

　　布龙菲尔德（*Bloomfield*）反对传统语法把词分成动词、名词、形容词等，主张用"**形类**"（Form class）这个概念。他指出："作为一个具体的语言形式，总是伴有某种语法形式的；它在某种功能中出现，而这些出现的特权整个儿组成了这个词汇形式的语法功能。"因此，"所能够占据某一特定位置的形式因而就构成了一个形类。"① 也就是说，布龙菲尔德认为，形类应依据其在**句法结构**（Syntactic structure）中的**位置**（Place）来区分。显然，传统语法试图用**类别意义**（Class meaning）来区分形类，即指出一个形类中的词汇形式所共有的意义特征，这就把哲学家和科学家的分类与语言学上的分类混为一谈；而布龙菲尔德对语言形式的归类，采取的则是功能归并法，而这里的"**功能**"（Function），其实就是以后**描写语言学**（Descriptive linguistics）提出的"分布"（Distribution）；从本质上说，"**分布**"就是**形态功能**（Morphological and function）的具体表现形式。布龙菲尔德进一步指出，类别意义是很难做出明确的规定的，只能通过描写所出现的**情景特征**（Situational characteristics）来区分形类。而形类的划分绝对的形类有两种，小的形类只区分个别词汇，大的形类可把全部词汇归类，这叫**范畴**（Categories），各种语言的范畴（性、数、格、

────────────

　　① 见布龙菲尔德《语言论》9—16章。

时、体、态）不同，语言之间就会有很大差别。

　　近年来，随着认知语言学的发展，**兰艾克**（*Langacker*），**莱柯夫**（*Lakoff*,1941—），**泰勒**（*Taylor*）等认知语言学家运用人类有限的几种基本认知方式，如**原型**（Prototype）、**识解**（Construal）（主要是**突显**Prominence）、**隐喻**（Metaphor）等，来划分词类。例如在传统语法中的十大类划分方法的基础上，兰艾克在《认知语法基础》（Foundations of Cognitive Grammar）（1991：18）一书中，运用"**突显原则**"（Principle of prominence）来划分词类，将词汇分为两大类：**事体**（Thing）和**关系**（Relation）。① 名词明显地指向事体本身，突显其**事体性**（Thingness）；动词被定义为勾画**动作**（Profile action）、**过程**（Processes）、**特性**（Properties）、**关系**（Relations）等，突显其动作性。这样，传统语法中所划分出的名词、代词、冠词、指示词、数量词等主要突显事体性；动词、形容词、副词和介词主要突显各种不同的**关系性**（包括动作、过程、性质、状态、关系等）。这样，语言中的词汇可大致分为两大类：事体类和关系类。前者突出标示一个事体，起名词的语义极作用；后者可分为两个基本类型：**过程关系**（Process relation，相当于*Taylor*所说的**时间性关系**）和**非时间关系**（Atemporal relation）。**过程关系**（即Temporal relation，又叫**时间性关系**）对应动词词类，非时间关系的词类对应形容词、副词、介词、连接词。*Taylor*（2002:221）将*Langacker*的分类法总结图示如下：②

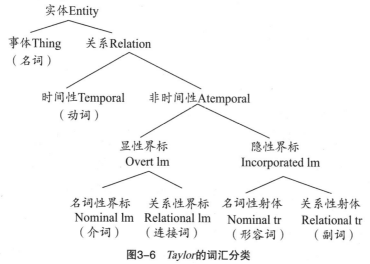

图3-6 *Taylor*的词汇分类

---

　　① *Langacker.R.W.1991, Foundations of Cognitive Grammar, vol.11: Descriptive Application.Stanford.California:Stanford University Press.*

　　② 引自王寅《认知语法概论》，上海外语教育出版社，2011年，P40。

这样就可抛开以实体本身固有的内容、属性、用法为依据的划分方法，可以说认知语法在词类划分上做出了一个很有意义的尝试，大大地扩展了人类**抽象思维**（Abstract thinking）的能力。

二、划分词类应注意的问题

虽然英语和汉语都有凭借**功能**（Function）决定词性的传统，但仍然要考虑**形态**（Form）和**意义**（Meaning）。在词类划分上有以下四个问题需要注意：

第一、在鉴别词类时可以参照词的意义，但不能完全根据意义，而需要有句法功能（Syntactic function）和形式上的实证；

第二、在同一个词类当中，具体的成员有**典型**（Typical）与**非典型**（Atypical）；

第三、词类具有**模糊性**（Fuzziness），很多词可能有多种词类；一个词可以兼属两个或两个以上的词类；

第四、两种语言所用的词类名称不完全一样，即使完全一样，内涵也往往不同。[①]

汉语的实词缺少**形态变化**（Accidence），同一个词的句法功能往往有比较大的灵活性，因而跨类的现象比较多，这是汉语词类系统的一个特点，也是划分汉语词类的一个难点。如果沿袭西方传统语法理论来划分汉语词类，更是一笔糊涂账，很多场合只能根据具体**语境**（Context）、句法指示（Syntax directed）来做具体分析。

汉语很多词孤立地看，很难确定词性，例如："钦佩"、"调查"、"批评"、"发展"、"分析"、"保险"等；英语仅凭形态和意义也有不能决定词性的，如hope、help、love、sleep、fire等，既是动词也是名词；clear、clean、brave、dry、equal、wet、thin、pale既是动词也是形容词；quick、high、loud、hard既是形容词也是副词；fast、slow、clean既是形容词、动词也是副词，动词与助动词、实词与虚词之间的界限往往并不分明。

所以，给词分类主要还是得看它的语法功能。例如汉语还把可以作句子的主

---

① 例如英语的preposition，汉语翻译为"介词"，英语翻译为"前置词"，包括汉语的"介词"，但相应的还有postpositional（后置词）。俄语翻译为предлог，日语却翻译为"助词"。

要成分，其中许多还能够单说或单独回答问题的，就划为实词；能够帮助造句，但一般不能单说，不能作句子的主要成分的，就划为虚词等等。

我们在前面讲到词的组合时，给结构分出了主语、谓语、宾语、状语、补语等成分，这同时也是句子结构里的组合。给词分类，主要就看在结构中所起的作用，也就是能够充当结构中的哪些成分。如英语，一般能充当主语和宾语的大多是名词，能充当谓语的大多是动词，能充当定语、表语的大多是形容词。当然，英语是有词形变化的语言，还要根据词形变化来给词分类。汉语是没有词形变化的语言，因此分类时更多地依赖于语法特征的异同。

有时，一个词可能既有这一类的语法特征，又有另外一类的语法特征，我们就把它看成是**兼类词**（Cross-category word）。如汉语的"报告"兼有名词和动词的特性；例如"锁"，当我们说"一把锁"的时候，它是名词，说"锁了门"时，它却是动词。英语中的fire，既是名词（表示"火"的意思，常充当主语和宾语），又是动词（表示"点火"的意思，常充当谓语）。又如英语：

> hope、love、sleep（既是动词又是名词）
> chief、general、vegetable（既是形容词又是名词）
> clean、dead、wide（既是副词又是形容词）

英语的bare这个词，原本做形容词，意思是"裸露的"，用作动词意思是"袒露"；desert作为名词是"沙漠"，而作为动词则是"逃离军队"。英语的since可以是副词、介词、连词等等。而while则一词兼数职，形态不变，可以是名词、也可以是动词、连词等，例如：

> I stayed there for a little *while*.（名词）
> Don't *while* away your time.（动词）
> I made many friends *while* I was in Japan.（连词）

同一个词，词性不同，意义也有所不同。例如length是形容词long的名词形式，但在a length of中又可作量词；动词set在one set of people中是量词，意思是"一组"、"一群"、"一套"；drop在a drop of中是量词"一滴"、"一束"等；严格地说，任何一个词由某一词类转变为另一个词类，都变成了另一个词，各属于它自己的词形变化系统。例如词根**重叠**（Reduplication）是汉语中一个不容质疑的语法手段，它应用于不同的词类所采取的手法是不同的。例如"高兴"一词，我们说"高高兴兴"，例如"让他高高兴兴"，那是动词；说"他高高兴

兴干了一个上午",却是副词。^①

在大多数语言里,实词主要可以分为名词、动词、形容词、代词、数词等几种类型。但这些类型中,还会有不同的语法特征。如有的动词可以带宾语,有的动词不能带宾语,我们就根据这一不同的语法特征,把动词又分为**及物动词**(Transitive verb,简称vt)和**不及物动词**(Intransitive verb,简称vi)两类。而及物动词和不及物动词还可以再根据不同的语法特征往下分,如及物动词所带的宾语是名词性的还是非名词性的,等等。词类分得越细,就越能看出词在组合时的不同特点和要求,就越能探索出组词的规律。

※ 划分词类对句法描写的价值

一般来说,语法分析只能在一种可靠的基础上才能进行,这个基础就是词的合理分类,因为划分词类正是概括句法格式、发现组合规则的基础。词类之于句法描写的重要性还表现为,给词分小类可以大大深化句法描写;同时,根据语法特征分类和根据语义特征分类,是各类信息处理所共同需要的,没有这样的信息,任何分析都无从谈起。

第三节 语法手段和语法范畴

一、语法意义的分类

语法意义(Grammatical meaning)与**词汇意义**(Lexical meaning)相对而言,是语法单位在组合和聚合中通过一定的**语法手段**(形态变化、语序、辅助词等)所表现出的内部(关系)意义和外部(功能)意义。也是词进入组合之后由语法结构所赋予的意义。例如"红太阳"是**偏正结构**(Subordinate phrase),"红"修饰"太阳";"太阳红"是**主谓结构**(Subject-predicate phrase),"红"陈述"太阳"怎么样,这里的**修饰**与**陈述**,就是语法意义。

语法意义的类型可以概括成**词类**(Parts of speech)(包括性、数、格、时、体、态、级等语法范畴)、句子**成分**(Syntactic constituent)、**句类**(Sentence

---

① 因此,有学者反对"一词跨类"之说,认为它们是不同的词,各属于不同的词形变化系统。再如德语schreiben(写)和das Schreiben(书札,文书),表面看来虽然相同,但schreiben是动词,das Schreiben是名词,各属于不同的词形变化系统,das Schreiben实是一个由schreiben派生出来的新词。

mode type）、**句式**（Construction）、**句型**（Sentence pattern）。但从方法论的角度概括为抽象意义、关系意义、功能意义。

（一）抽象意义（Abstract meaning）

从具体的词义、句义中按照语法特点概括而成的语法意义。抽象意义分析方法适用于划分各类实词和各类实词再分，也适用于按照句子语气和用途划分的句类。按照谓语性质划分的动作句、判断句、存在句、形容句等，除了功能意义，也跟抽象意义有关。

（二）关系意义（Structural meaning）

是各语法单位结合以后所发生的结构关系。它适用于词法结构（合成词），也适用于句法结构（词组、单句和复句）。单句的各种句子成分，如主语、谓语、定语、状语、补语等，都是从关系意义上命名的。复句的各种类型，如并列、递进、选择、承接、让步、因果、条件、目的等，也都是根据各分句之间的关系概括出来的。

（三）功能意义（Functional meaning）

是指各语法单位的用途。功能意义可以用来切分语法单位，可以帮助划分词类，也可以帮助确定句子成分，给句子分类等。

以上三种分析法不是唯一的方法。在语法分析中，要想得出正确的结论，还必须同别的分析方法，特别是同语法形式方面的特点结合起来配合运用，因为各自的适用范围是有限的。

二、语法形式、手段与过程

语法形式（Grammatical form）相对于语法意义而言，是表达语法意义的方法或手段，例如**形态变化**（Morphological change）、**语序**（Word order）、**辅助词**（Function word）、**重叠**（Reduplication）、**重音**（Accent）等。也就是说，语法意义在语言中的外部表现就是语法形式。例如汉语"同志们"中的"们"和英语comrades中的s，语法意义是复数，它们就是"复数"（Plural）这一语法意义的语法形式。

　　语法手段（Grammatical device）是对"语法形式"的进一步概括归类，它是根据表达语法意义的同一性质的语法形式所概括出来的类别。各个语言的语法形式虽然纷纭复杂，但归纳成语法手段却是有限的。比如英语动词seeing（看）附加上词尾ing，表示"进行体"、英语名词vases（花瓶）附加上词尾s，表示"复数"。这两种语法形式不同，表示的语法意义也不同，但它们语法形式的性质是相同的，即都是通过词形变化来表现语法意义，所以可以把这两种具有相同性质的语法形式概括为同一个"语法手段"，即**"词形变化"**（Accidence），也即**"形态变化"**或**"屈折变化"**。下面是英语的屈折变化形式：

名词	复数	cat（猫）—cats
名词	所有格	cat—cat's
动词	现在时	to earn（赚得）—earns
动词	过去式	to earn—earned
动词	现在分词	to earn—earning
动词	过去（或被动）分词	to earn—earned; to fall（跌倒）—fallen（they have earned（它们赚到钱了），they have fallen（他们跌倒了）
形容词	比较级	sweet（甜的）—sweeter（更甜的）；beautiful—more beautiful
形容词	最高级	sweet—sweetest（最甜的）；beautiful—the most beautiful

表3-5　英语的屈折变化形式举例

　　以上像-er、-ed、-ing和more、most这样的语素，是某一语言的语法的一部分，因此叫做**"语法语素"**（Grammatical morphemes）。它们大致具有两种功能：一是表示语言中的各种关系；二是表示某些意义，这些意义在交际中至关重要，需要反复表达；此外，在非形态语言中，常见的语法手段还有强调、停顿、语序、虚词、词形变化、句重音、语调等等，它们可以统称为**"作用标记"**（Operators）。

　　语法过程（Grammatical process）是表示一个附属概念与词根成分主要概念的关系的形式手段。萨丕尔（Sapir）在《论语言》（*Language:An Introduction to the the Study of Speech*,1921）中提出六种最常见的语法过程。[①] 第一是词序；第二是组合，即把两个或多个词根成分结合为一个词；第三是加词缀，又分加

---

　　① Sapir E. Language:An Introduction to the the Study of Speech.New York:Harcuourt,Brace,1921.

前缀、后缀和中缀；第五是词根的全部重复或部分重复；第六是重音区别，包括词重音，词的语调。**布龙菲尔德**（*L.Bloomfield*）在《语言论》（*Language*，1933）中指出："一种语言中有意义的形式排列就构成这种语言的语法。"这种排列有四种方式来实现。第一是**词序**（Order），即组成成分出现的先后；第二种是**变调**（Modulation），也就是次要音位的使用；第三是**语音修饰**（Phonetic modification），即主要音位发生变化；第四是选择（Selection），就是说排列相同而成分不同，意义也就不同。句法结构中的组成成分都是自由形式，所以排列的方法大不相同。

（一）语序

"**语序**"（Word order）是利用词在短语或句子中的排列的前后顺序（主语、宾语、修饰语）表示语法意义的手段，又称"**词序**"。"语序"是一种**句法范畴**，是由一个词或一串词组成的，各个与造句法有关的单位的次序，不仅意味着简单句中各**成分**（Elements）的**位置**（Places），还意味着更大的句法单位（复合句中的分句）的位置。在词形变化较少的语言如汉语里，词序较为固定，词序是最为重要的句法手段。例如"我爱她"和"她爱我"，主语和宾语完全靠语序来确定；而"生活好"和"好生活"的不同结构关系也全靠语序来表达。

"**语序**"在各种不同的语言中起着不同的作用，在一些语言里它只是次要的语法手段，但在另一种语言中它却起着非常重要的或甚至是主要的作用。例如，在汉语中"吃饭"讲得通，"饭吃"讲不通；"猫捉老鼠"没问题，而"老鼠捉猫"则不合事实；即使可以互换，意义也大不相同，甚至相反。例如"笑我"（述宾短语）和"我笑（主谓短语）"、"我们理解"（主谓短语）和"理解我们"（述宾短语）。对于汉语这种**语素文字**（Morphemic script）而言，"语序"的范围应该包括**字序**和**词序**两方面的内容。例如：

1. 字序

作为"**语素–音节**"（Morpheme–syllable）文字，"语素"的顺序表现为"**字序**"（Script order）。在无形态的汉语中，语素又以单音节为主，用方块汉字表示，差不多每个音节语素都具有意义，可以为构词提供依据。在由"**单音节语素 → 合成词 → 复合词**"的演变中，"字序"起了重要的作用。《现代汉语词典》中一千余组反序词（逆序词Reversible words），就是字序不同的词。

（1）意义大致相同，只是体现出时代、地域、语体方面的少许差别。例如：

介绍—绍介；整齐—齐整；要紧—紧要；代替—替代；

存储—储存；词语—语词；逃窜—窜逃；互相—相互

（2）部分意思相同，部分不同。例如：

情爱—爱情；风暴—暴风；关闭—闭关；喘气—气喘；怜爱—爱怜；

青年—年青；动摇—摇动；产生—生产；和平—平和；合适—适合

（3）意义不同，在所指的名与动或形，或是事物的类型上，有明显差异。例如：

舞伴—伴舞；警报—报警；银白—白银；来历—历来；牛奶—奶牛；

过错—错过；演出—出演；火柴—柴火；昏黄—黄昏；人工—工人

2. 词序

词用在语句中或跟其他词语组合在一起，该放在什么位置，涉及语序问题。

"词序"是指词在词组（短语）里的先后次序，具体说就是词语在语句中的位置，体现了词的语法属性。位置不同，表义往往也不同，例如英语的John hit Bill和Bill hit John意义就大不相同。再看汉语，"我看他"和"他看我"、"房子比树高"和"树比房子高"，前后位置不同表达的意义完全相反；而"不轻易"和"轻易不"、"了不得"和"不得了"以及"不更好"和"更不好"，由于词序不同，表达的程度和范围也不尽相同。再看以下的例子：

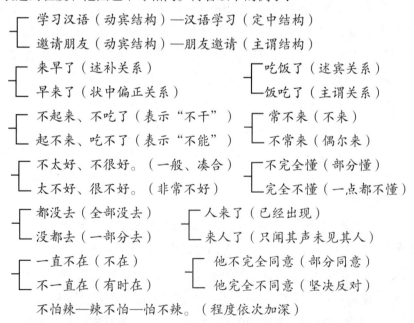

学习汉语（动宾结构）—汉语学习（定中结构）
邀请朋友（动宾结构）—朋友邀请（主谓结构）

来早了（述补关系）　　　　　吃饭了（述宾关系）
早来了（状中偏正关系）　　　饭吃了（主谓关系）

不起来、不吃了（表示"不干"）　常不来（不来）
起不来、吃不了（表示"不能"）　不常来（偶尔来）

不太好、不很好。（一般、凑合）　不完全懂（部分懂）
太不好、很不好。（非常不好）　　完全不懂（一点都不懂）

都没去（全部没去）　　人来了（已经出现）
没都去（一部分去）　　来人了（只闻其声未见其人）

一直不在（不在）　　他不完全同意（部分同意）
不一直在（有时在）　他完全不同意（坚决反对）

不怕辣—辣不怕—怕不辣（程度依次加深）

在汉语中，表示处所的介词（短语）放在动词前和放在动词后语义表达不同，如：

在床上躺着——躺在床上；　　　在大街上走——走在大街上

往北京开——开往北京；　　　来自北京—自北京出

我们按照词的语法功能可以把词分为名词、动词、形容词等，词性相同的词往往具有句法功能特征。比如名词一般可以作主语、宾语，动词一般可以作谓语，形容词可以作定语，副词可以作状语。特别是汉语的语序，一般是比较固定的，在通常情况下，其规律是：主语在谓语之前；宾语在动词之后；定语、状语在其所修饰的词语之前；补语在其所补充的词语之后；典型的副词一般要放在动词（短语）或形容词（短语）前边。从类型学的角度，我们可以归纳出汉语的"语序"主要涉及以下几个方面：

┌　动词位置；
│　时间、处所词语的位置；
└　副词的位置；

当代语序类型学在表示"语序"这一概念时用Constitue-nt order（成分序列）来表示，而不是惯用的Word order（词序），其实际关注面小至低于词的语素（包括虚语素），大至高于词的短语、小句等，从而将传统语序的范围扩展到句子层面。

在俄语、拉丁语中，由于有明确的**格标记**（Case-marker），词与词的语法关系都可以通过**词形**（Word form）清楚地显示出来，语序更多地起到修辞的作用，因而语序较为灵活。而汉语、英语、法语、德语的语序非常重要。以主语、谓语、宾语在句子中的位置来说，汉语、英语、法语、德语都用宾语在后的"主-谓-宾"（S-V-O）的次序；日语、朝鲜语、景颇语、维吾尔语、彝语蒙语、藏语、傈僳语却是"主-宾-谓"（S-O-V）的次序，属宾语在前的类型，"饭吃"，"字写"为其正常语序。以定语和中心语的位置来看，汉语、蒙古语用"定语—中心词"的次序，例如"红酒"、"快跑"、"铁皮房子"、"爸爸的书"，而法语、越南语、泰语、阿拉伯语、马来语则用"中心词—定语"的次序，例如法语的vin rouge（酒红）、Courir（跑快）、La maison de fer（房子的铁皮）、Le livre de papa（书的爸爸）。

同时，不同的"语序"可以构成不同类型的句法结构，例如：

（1）（英）It is necessary to study the history and grammar of Chinese language.

（2）（俄）это необходимо для изучения истории и грамматику китайского языка.

（3）（法）il est nécessaire d'étudier l'histoire et la grammaire de la langue chinoise.

（4）（汉）必须学习历史和汉语语法。

（5）（汉）必须学习汉语历史和语法。

以上是修饰关系的表现差异，英、俄、法语的修饰语"汉语"都在被修饰语后面，前面有两个名词，究竟修饰两个还是其中的一个（例如后一个），分不清没有什么关系，属于**后修饰**（Postmodification）语言；而汉语属于**前修饰**（Premodification）语言，因而翻译成汉语就出现了大问题，如修饰两个，则翻译为"必须学习汉语历史和语法"；如修饰后一个，则翻译为"必须学习历史和汉语语法"。

此外，在英语中，否定词（Privative）位置及语序的改变也会改变并影响句子语义的变化，例如：

a.Not many arrows hit the target.（没有很多箭射中这个靶子。）

b.Many arrows did not hit the target.（有些箭没有射中这些靶子。）

c.The target was not hit by many arrows.（这个靶子没有被很多箭射中。）

以上三句中，词语没有改变，但是如果否定词出现的位置不同，则仍然能改变全句的语义。其中，a是说"没有很多箭射中这个靶子"，b并不否认"有很多箭射中靶子"，c则形式上是b的被动式，但意义却相当于a，所以后两句转换后的语义仍然有所不同。

再如，英语和汉语的量词的位置及语序改变也会影响到句子的语义。

a.Everyone in this room knows two languages.

（房间里的每个人都懂两种语言。）

b.Two languages were known by everyone in this room.

（有两种语言房间里的每个人都懂。）

a说"房间里的每个人都懂两种语言"，但却不一定是懂相同的"两种语言"，比如有人懂英语和汉语，有人懂汉语和日语，等等；而b说"有两种语言房间里的每个人都懂"，这里的"两种语言"却一定是指相同的两种语言。

（二）虚词（辅助词）（Function word）

语言可以分为**实词**（词汇词/内容词）（Content word）和**虚词**（语法词/功能词/辅助词）（Function word）两大类，虚词是实词的外部语法形式，也叫外部形态。与**实词**相对，虚词不能够独立充当句子成分，专门用来表示语法意义，没有虚词，不同的语言单位就联系不到一块儿。各种语言中都有虚词，如冠词、介词、连词、助词、语气词等。虚词数量不多，但使用频率很高，是常用的语法手段。例如现代汉语的"把"、"被"、"但是"、"而且"、"吗"、"吧"等；汉语的"当……时"，在印欧语中，常用when（英语）、wenn（德语）、quand（lorsque）（法语）、k（俄语）连接时间状语。汉语"如此……以致……"，在印欧语中有so…that…（英语）、so…，da…（德语）、si…que…（法语）、tak…（俄语）的形式与之对应。

从语言类型学的角度说，虚词按照其在句中与实词直接结构的位置，一般分为**前置词**（Preposition）（汉语中的介词"从"、"在"、"对"、"把"等，英语中的介词of、in、at、after、before等）、**后置词**（Postposition）、连接词、语气词、冠词等（英语冠词有the、a、an等）。①

虽然我们往往可以把"意义"作为划分的参考，看它能否表达实体意义，例如实词有实在的意义，虚词则是意义比较虚的词。但在一些语言中，虚词却并不虚。如汉语中的时态助词"着"，我们可以认为它跟前面的动词比较意义是虚的，"吃着"中的"吃"是动作，意义实在，"着"的意义就不那么实在；但"着"从另一个角度说也有实在的意义，这就是表示"正在"的意思。特别是汉语中有一大批特殊虚词，比如"着"、"了"、"过"和"的"、"地"、"得"，在句中往往具有固定的位置。② 例如：

　　1）V+着、V+了、V+过（例如"吃着"、"吃了"、"吃过"）
　　2）（定语）的+名词（例如"他的书"）
　　3）[状语]地+V（例如"认真地说"）
　　4）V+得<补语>（例如"学得不错"）

以上这些虚词，如"着"、"了"、"过"可以明确时态，"的"、"地"、"得"分别可以成为"定语"、"状语"和"补语"的标志，它们不但

---

① 关于"前置词"和"后置词"的相关内容，参见刘丹青《语序类型学与介词理论》，商务印书馆，2003年，P168—169。

② 由于这些虚词，位置固定，语法功能明确，人们也称它们为"语法词"（Function word）。

使中心成分和修饰补充成分的关系得以显现，也使二者的语序得以固定，由此可以看到，虚词在汉语语法中的独特作用。

此外，尽管虚词没有实在意义，但它在句子里起联系语言单位的作用，使不同的语言单位产生一定的关系，变成可以理解的句子。即使联系到一起构成句子，但它的意思跟用了虚词的意思却大不相同，甚至不用虚词还常常可以有不同的理解。如汉语的"病了不参加"，由于没有关联词，这个句子至少有三种表达：

- 1）因为……所以……
- 2）既然……就……
- 3）如果……就……

再如汉语说"学生家长"，本身的意思并不是很明确，或者说有多种意思，但可以在中间加上不同的虚词，突出表示不同的语法关系。如：

- 学生**的**家长（"的"突出表示领属关系）
- 学生**和**家长（"和"突出表示并列关系）
- 学生**或**家长（"或"突出表示选择关系）

虚词又称为"辅助词"，是专门表示语法意义的词，它表示实词的语法变化，表示实词与实词、句子与句子间的相互关系，说明说话内容与主客观的关系。如果没有这些辅助词，人们也就只能表达一些简单的概念。正是由于这种虚词中的结构意义、关系意义纵横交错，往往不易掌握。例如汉语的介词不仅是指示句中实词之间有某种关系的词，而且借助本身的意义，进一步指示和确立这些关系的内容和性质。这里的介词或介词的等价词在句中起着重要的媒介作用，许许多多的介词又组成各种各样的短语，它们的句法作用不尽相同，它们的语义又丰富多彩，因此，介词的分析关系到句中各类成分（尤其是定语、状语）的区分和配列，关系到各种结构意义的确定。

虚词作为语法手段在不同的语言中的作用如下：

- 1）标明词语的结构关系（连词、汉语助词"的"、"地"、"得"）
- 2）表示某种语法范畴（汉语"着"、"了"、"过"，德语的冠词，日语的助词）
- 3）标明某种功能类型（英语、德语、法语的冠词）
- 4）表示某种语气（汉语的语气词）

正如前面所述，汉语的句子加上不同的虚词，可以表示的语义关系可以是各种各样的，以"下雨了，不去公园"为例：

　　┌ **因为**下雨了，**所以**不去公园。（因果关系）

─┤　**如果**下雨了，**就**不去公园。（假设关系）

　　└ **只要**下雨了，**就**不去公园。（条件关系）

这种复句中分句与分句之间如果没有出现连接词，那么到底是哪种语义关系，从结构本身是看不出来的，同样必须借助于语境或者凭对两个分句关系的理解来确定，而分句之间可以加上不同的连接词，则正好说明了虚词的重要性。

虚词是汉语中除了词序以外的最为重要的组合手段。以汉语虚词"的"为例，有"的"无"的"，表达的意义截然不同：

爸爸妈妈（父母）	爸爸**的**妈妈（奶奶）
北京饭店（饭店的名字）	北京**的**饭店（在北京的饭店）
生物历史（两个不同门类）	生物**的**历史（有关生物的历史）
两斤鲤鱼（多条共计两斤）	两斤**的**鲤鱼（一条两斤）
小张师傅（小张本人）	小张**的**师傅（小张的老师）

表3-6　汉语虚词"的"的语法意义

即使是同一个虚词，位置不同表达的意义亦有所不同：

　　┌ 今天上三节课。（未然）

─┤　今天上**了**三节课。（强调动作的完成）

　　└ 今天上**了**三节课**了**。（强调事情的完成）

┌ 眼睛大大**的**（主谓关系）　　　┌ 吃饭**了**（强调新情况）

└ 大大**的**眼睛（定中偏正关系）　└ 吃**了**饭（强调动作完成）

（三）句重音（Sentence stress）

在一个语句中，突显程度最高的重音就是句重音。**重读**（Stressed）往往在客观上会抬高音阶、扩大音域、延长音程或增加音强，还会使音色对比更加饱满。出现在句子中叫**句重音**（Sentence stress），出现在单词上叫**词重音**（Word stress）。[1] 句重音是句子中的某个词被重读，说话者要强调哪个词，哪个词就可以读得响亮。例如：

　　┌ 我们都三十多岁了。（表示时间：已经）

　　└ 我们**都**三十多岁了。（表示范围：全部）

---

[1] 关于"词重音"（Word stree）已经在"语音"一章有论述，不在本节的讨论范围内。本文讨论的"句重音"还包括汉语短语结构中的重音。以下例句中的"句重音"一律用斜体黑字表示。

以上副词"都"和代词"什么"的重读，表现的意义并不相同。虽然重读的变化是语音形式的变化，并没有引起词语和词义的变化，如上例，但带来的却是信息和语气的变化。句重音又可分为语法重音、对比重音和强调重音。

（1）语法重音（Grammatical stress）

语法重音是由句法结构和语义特点决定的重音，包括语法重音和语义重音。语法重音的位置相对固定，如汉语的主谓句在谓语上，主谓补语句在补语上，疑问句在疑问代词上。如：

> 他**写**得好。（可能）
> 他写得**好**。（结果）

在汉语中，对量词"一个"重读与否，或"一"能否省略，可以区别它是相当于英语中的不定冠词，还是数量词。例如：

> 我看到（一）个人。I saw a man.（名词的不定性）
> 我看到一个人。I saw one man.（名词有定性）

在汉语中，轻重音对语法有一定的影响。甚至可以化解歧义（Ambiguity），例如：

述宾结构	偏正结构
学习**文件**	**学习**文件
进口**设备**	**进口**设备
出租**汽车**	**出租汽车**

表3-7

以上分析的区别就在轻重音上：如果分析为述宾结构，重音在后面的名词上，如果分析为"定中"偏正结构，重音在前面的动词上。再如：

> **洗**得干净。（带可能补语的述补结构）——（能洗干净）
> 洗得**干净**。（带情态补语的述补结构）——（洗得很干净）

（2）对比重音（Contrastive stress）

在语句中，重音常落在一个特定的意群（语词的结合体）上，有时也能改变这个句子的意义，这种"**对比重音**"又称为"**逻辑重音**"。由于重音是作用于某些句子成分之上，使这些成分同话语里其它成分，或上下文中的其它成分形成对比，因而是上下文的语境关系中需要强调的部分。例如：

　　┌─　马克明天去上海。
　　│　　**马克**明天去上海。（强调人）
　　│　　马克**明天**去上海。（强调时间）
　　│　　马克明天去**上海**。（强调处所）
　　└─　马克明天**去**上海。（强调动作）

　　┌─　（谁今天有现代汉语课？）**我**今天有现代汉语课。（强调人）
　　│　　（你哪天有现代汉语课？）我**今天**有现代汉语课。（强调时间）
　　│　　（你今天有现代汉语课吗？）我今天**有**现代汉语课。（强调有无）
　　└─　（你今天有什么课？）我今天有**现代汉语课**。（强调课程）

　　（3）强调重音（Emphatic stress）

　　"强调重音"又称"**心理重音**"，作用于某个句子成分之上，以引起**听话人**（Receiver）对这个成分的特别注意，因而视说话人的情绪而定。例如：

　　┌─　这件衣服好在**哪里**？（表示怀疑和不认同）
　　│　　你怎么爱上**他**了？（问对象）
　　└─　你**怎么**爱上他了？（问原因）

　　┌─　我没有做错事，你**为什么**说我？（追问原因）
　　└─　别人做错事，你为什么说**我**？（追问对象）

　　一个虚词往往可以表示多种不同的语法意义，而这又往往是通过轻重音来表示的。这在汉语的副词身上表现得特别明显。例如"都"：

　　┌─　我们**都**看完了。（"都"总括主语所指的全范围）
　　│　　**我们**都看完了。（"都"虽然仍表示总括，但全句含有"甚至"的意思）
　　└─　我们都看**完**了。（"都"是"已经"的意思）

　　强调重音与前面的**节律重音**（Rhythm stress）不同，它不是语句节奏自然赋予的，而是说话人根据表达需要有意识添加上去的。

　　（四）语调（Intonation）

　　"**语气**"（Mood）是说话人对句子所表达的内容的主观情态，"语气"通过"语调"表现出来，而整句话或整句话中的某个片段往往有语音上的抑扬顿挫，这就是"**语调**"（Intonation）。语句的声调变化称为语调，在言语交际中，"语调"具有区分**语气**（Mood）、**情态**（Modality）、**焦点**（Focus）、**边界**（Boundary）等功能。事实上，语调是句子必要的特征，各种语言都有。英语的词没有固定的声调，在词的平面上不具有区别性，但句子必有语调，因此，不管是"**声调语言**"（Intonation language）还是"**非声调语言**"（Non-intonation language），语调现象是共有的。

具体地说，语调包括**音高**（Pitch）的变化、**句重音**（Sentence stress）、**停顿**（Pause）等，主要作用就是区别不同的**句类**（Sentence mode type），表示各种语气和种类。

有声调的语言（如汉语普通话），以单字调和二字连调的调型为基本单元，语调能表明说话人的态度和语气，如肯定、怀疑、高兴、生气、赞扬、批评、惊讶、感叹等。陈述句语调呈相对平调，而祈使句一般用急速降调。例如：

升调：提问、疑问、惊诧、号召（你是谁？↗）

降调：陈述、肯定、感叹、请求（你不要打搅他。↘）

非声调语言，如英语、德语等，以语调变化为主，依语气态势的不同而变调。**疑问句**（Question）有两大类：**是非问句**（Yes-no question）和**特指问句**（Specific interrogation）。是非问句要求对一个命题给出肯定或否定回答，语调多为升调，语调特征更常表现在句末位置，有些语言仅用语调表示是非问。而是非问的表现手段之一是主谓换位，普遍见于欧洲语言，在其它语系并不常见。即兴问的一种常见表达方式是使用疑问助词，多出现在句首或句末，也有出现在句中的某个固定位置，也有甚至没有固定位置的。例如"OV（宾语+谓语）语言"多使用句末助词，"VO（谓语+宾语）语言"则与句首疑问助词有一定的对应性。还有些语言使用附加法（词缀）表示是非问。特指问句要求命题中要填入说话人未知的部分信息，所以往往使用与是非问句完全不同的手段来表达，不同之处在于特指问句语调通常不用升调。在特指问句中，疑问代词通常会离开其原位，出现于句首或动词前，留在原位的如汉语。在疑问代词移位的语言中，如遇到多个疑问点并存，有的语言只移一个，如英语When did you go and how? 有的语言所有疑问代词都要移位，如匈牙利语。

在表示**陈述**（Statement）、**祈使**（Imperative）、**感叹**（Sigh）、**疑问**（Doubt）各种不同的语气时，句调发生细微的变化，用来表示一些更为微妙的意义，如坚决、果断、终结、直率、欢乐、忧郁、怀疑、试探、紧张、恐惧、惊讶、严肃、讽刺、讨好、诙谐等等。同时，汉语句子的语调与语气词（虚词）关系也十分密切，比如：

> 他不去**吗**？
>
> 他不去**吧**！
>
> 他不去**啊**！
>
> 他不去**了**。
>
> 他不去**呢**？
>
> 他不去**嘛**。
>
> 他不去**呗**。

以上句子所使用的**语气词**（Mood particle）不同，意思就大不不同。但在不使用语气词的情况下，也完全可以独立使用语调来表示不同的语法意义，如："你去↗？"（疑问）"你去！↘"（命令）。因而语调作为一种重要的语法手段，它可以表示整个句子的语法意义。例如：

> ⌈ 老师来了。（平降调：表示陈述语气）
> ├ 老师来了？（升调：表示疑问语气）
> ⌊ 老师来了！（降调：表示感叹语气）

此外，还要特别重视汉语的**反问**（Rhetorical question with a negative answer implied）句式所表现出来的的特殊语气和语义。例如，"克服困难不也是一种享受嘛？"用疑问形式表达确定的意思，以加强语气，即无疑而问，无须**回答**，答案寓于问话的反面。

英语是"**语调语言**"（Intonation language），它的语调是重要的**区别性特征**（Distinctive feature）。一般是陈述句的句尾降低，而提问句的句尾升高。例如：

> ⌈ He is a Chinese .↘（肯定）
> ├ He is a Chinese?↗（疑问）
> ├ Did you see her.↘（肯定）
> ⌊ Did you see her?↗（疑问）

尽管英语要用其他形式一起表示某种**语气**（Mood）（疑问语气、助动词、语序），但下面的句子中的语调在很大程度上决定这些话是问题呢还是命令。例如：

> ⌈ Your name （你的名字）
> ├ Your age （你的年龄）
> ⌊ Your present address（你现在的地址）

其次，**停顿**（Pause）往往能构成语法意义的差别，可以区别不同的句法关系。如：

> ┌ 我/想起来了。（表达"想"的结果）
> └ 我想/起来了。（表达"起床"的愿望）

> ┌ 他说，不来。（"不来"是宾语）
> └ 他说不来。（"说不来"是谓语）

> ┌ 哥哥，他走了。（"哥哥"是呼语）
> └ 哥哥他走了。（"哥哥"和"他"是同位语关系）

停顿还可以区别**单句**（Simple sentence）和**复句**（Compound）。例如：

> ┌ 你爱他不爱？（单句）
> └ 你爱，他不爱。（复句）

（五）重叠（Reduplication）

重叠是整个词或词根全部重复或部分重复出现以表示语法意义的手段。两个相同的语法结构形式相叠，既有词法上的重叠，也有句法上的重叠。在汉语里，往往是通过词根或整个词重叠来表示语法意义的，是一种重要的语法手段。重叠形式在**印欧语**（Indo-European languages）中用得不多，而在**汉藏语系**（Sino-Tibetan Family）中使用比较普遍，特别是汉语更是较多利用重叠形式，如动词的重叠、形容词重叠、单音名词和量词的重叠等（以下A代表形容词，V表示动词，N表示名词）。例如：[1]

（1）形容词重叠

汉语：AA——大大（的）、高高（的）、胖胖（的）、红红（的）、大大（的）、圆圆（的）（程度增加）

　　　AABB——清清楚楚、平平安安、漂漂亮亮、干干净净、整整齐齐（程度加深）

　　　ABAB——雪白雪白、碧绿碧绿、湛蓝湛蓝、黢黑黢黑、火红火红（程度增加）

　　　BBA——喷喷香、滚滚圆、邦邦硬、漆漆黑（程度加深）

　　　ABB——慢吞吞、晃悠悠、胖乎乎、圆溜溜、黑黝黝、脏兮兮（A的生动形式）

阿昌语陇川话：na^{55}（红）——$na^{55}na^{55}$（红红的）

　　　　　　　lum^{31}（圆）——$Lum^{31}lum^{31}$（圆圆的）（程度增加）

勉语大坪江话：nje^{52}（重）——$nje^{52}nje^{52}$（重重的）

　　　　　　　$p\varepsilon^{12}$（白）——$p\varepsilon^{12}p\varepsilon^{12}$（白白的）（程度增加）

---

[1]　以下（1）—（4）关于汉藏语系重叠的例句，除汉语外，其他语言的例句均引自《中国大百科全书》，中国大百科全书出版社，1988年，P195。

（2）动词重叠

汉语：V重叠——看看、走走、帮帮忙、游游泳（表示尝试、短时、量小）

　　　　　　喜喜欢欢、走动走动、休息休息、整理整理

纳西语：V重叠——la^{55}（打）—la^{55}la^{33}（打架）

　　　　　tsha^{55}（咬）—tsha^{55}tsha^{55}（互相咬）（表示"相互"）

彝语凉山话：V重叠——la^{33}（来）—la^{33}la^{33}（来吗？）

　　　　　　bo^{33}（去）—bo^{33}bo^{33}（去吗？）（表示疑问）

（3）量词/名词重叠

汉语：量词/名词重叠——天天、年年、月月、人人、家家（表示"遍指、逐个"）

壮语武鸣话：量词重叠——pou^{42}（个）—pou^{42}pou^{42}（每个）

　　　　　　pai^{31}（次）—paipai^{31}（每次）（表示"每"的意思）

景颇语：名词重叠——phun^{55}（树）—phun^{55}phun^{55}（有些树）

　　　　　kǎ^{31}thoŋ^{31}（寨子）—kǎ^{31}thoŋ^{31}thoŋ^{31}（有些寨子）（表示多数）

（4）代词重叠

载瓦语：疑问代词重叠——o^{55}（谁）—o^{55}o^{55}（哪些人）

　　　　　xai^{21}（什么）—xai^{21}xai^{21}（一些什么）（表示多数）

彝语凉山话：人称代词重叠——ŋa^{33}（我）—ŋa^{55}ŋa^{55}我自己）

　　　　　　ŋo^{31}（我们）—ŋo^{31}ŋo^{44}（我们自己）（构成反身代词）

"**重叠**"这种过程往往用来表示众多、分配、反复、习惯活动、强烈程度等，英语中这种现象不太普遍，只有少数例子。例如：

goody-goody（伪善的人）；　　　pooh-pooh（小熊维尼）

sing-song（唱首歌）；　　　　　riff-raff（群氓）

wishy-washy（优柔寡断）；　　　roly-poly（不倒翁）

long long ago（很久以前）

除此之外，其他语言中也有重叠，如马来语、日语名词重叠、俄语动词重叠等等。例如：

梵语：danie（房子）；　　　danie danie（各个房子里）

拉丁语：quis（谁）；　　　　quis quis（无论谁）

越南语：nguoi（人）；　　　　nguoi nguoi（人人）

马来语：anak（小孩）；　　　anakanak（孩子们）

霍屯督语：go（看）；　　　　go-go（仔细地看）

索马语：fen（咬）；　　　　　fen-fen（从各个方向咬）

彻努克语：iwi（出现）；　　　iwi iwi（仔细看看周围）

在霍屯督语中，变使役动词也用到重复手段，例如：

gam（告诉）；　　　　　　　gam-gam（使告诉）

以上重复手段对这些语言具有重要的语法意义。利用词根重叠后，并没有变成一个新词，只是语法意义上的不同。

（六）内部屈折（Internal inflection）

"内部屈折"就是以语音变化为手段的一种词形变化，内部屈折也叫语音交替，指通过词的内部词根中的语音变化构成语法形式，表示某种语法意义，这种手段就是内部屈折。印欧语系是屈折语，这种类型的语言主要是依靠词的内部屈折和外部屈折来形成词的语法形式，以表示一定的语法意义。例如英语中man（男人）表示单数，表示复数不是通常的那样加s，而是改变内部的音素变为men；又如swear（宣誓），表示过去时变为swore，表示完成体变为sworn；又如happily是形容词happy的副词形式，length则是形容词long的名词形式。以下是一连串英语通过内部屈折而派生于某个共同词根的的词：

to bind（捆住）— a bond（契约）— a bundle（一捆）

thieve（偷）— theft（盗窃）— thief（贼）

to rise（上升）— to rouse（激起）— to raise（提高）

由于它们都是通过**音变**（Sandhi）手段，从词根内部的语音变化来构成同一个词的词形变化的方法，它们很容易就能归并为**词族**（Word family），在词族中有一个基础词根，通过辅音、元音和尾音的变化而派生出了成组的**同源词**（Cognate word）。这种构词手段属于内部构形形态（内部音变），包括元音屈折、前后屈折、后补屈折等多种形式。

（1）元音屈折

英语通过词根中元音[u]或[uː]与[iː]的交替表示名词数的变化。元音的这种变化规律又被雅克布·格里姆称为元音**交替**（Ablaut），或称**元音递变**（Vowel gradation）。例如：

英语：sing（唱歌，现在时）；sang（唱歌，过去时）；sung（唱

歌，过去分词）

strike（罢工，现在时）；struck（罢工，过去时）；stricken（罢工，过去分词）

foot [fut]（脚，单数）；　　　feet [fi:t]（脚，复数）

tooth [tu:θ]（牙齿，单数）；　teeth [ti:θ]（牙齿，复数）

goose [gu:s]（鹅，单数）；　　geese [gi:s]（鹅，复数）

mouse [maus]（老鼠，单数）；mice [maɪs]（老鼠、复数）

阿拉伯语：kitab（书，单数）；　　　kutub（书，复数）

balas（地方，单数）；　　　bilad（地方，复数）

gild（皮，复数）；　　　　　gulud（皮，复数）

ragil（男人，复数）；　　　rigal（男人，复数）

shibbak（窗子，复数）；　　shababik（窗子，复数）

西班牙语：gato（公猫，阳性）；　　　gata（母猫，阴性）

汉语普通话"盖"（动词）和"盖儿"（名词）也属于替换元音的内部屈折即：盖（gài）+儿（ér）—盖儿（gàir），丢韵尾i加卷舌。

（2）辅音屈折

非洲南部**弗吉尼语**名词通过变换**词首辅音**来表达语法意义，如：

jese（脸）；　　　gese（脸的复数）；　　　ngesa（大脸）

班图（*Bantu*）语族中的*Swahili*语的名词第四个类别单数和复数也是通过变换词首辅音来表达语法意义，如：

单数		复数
kapu（篮子）；	kikapu；	vikapu

（3）前后屈折

富尔贝语：puio（人，单数）；fulbe（人，复数）

（4）后补屈折

意大利语：figlo（儿子，阳性）；figla（女儿，阴性）

此外，英语还利用辅音d与t的交替表示动词时态的变化。

现在式	过去式
build —	built
send —	sent

拉丁语不同人称的动词有不同词尾形式，例如：

amo（我爱）— amas（你爱）— amat（他爱）

内部屈折不仅可以通过辅音、元音等音质形式体现，元音辅音的替换还可以通过音高、重音、送气不送气等非音质形式体现。俄语就是通过用**重音**（Stress）的不同，表示不同的"格"和"数"等语法范畴；而阿拉伯语也会用内部屈折表示形态变化。

此外，**藏缅语**（*Tibeto-burman language*）的动词大都有丰富多样的**形态变化**，例如通过声母、韵母、声调的变化和加不加前缀等表示不同的语法意义。在藏语动词变位中，其中**元音转换**（Vowel alternation）现象是非常规则的。例如：

e   a   o

藏语：   skem-pa（弄干）—baskan（将来式）—skom（祈使式）

藏语梭磨话：

	自动	他动
滚	[k-nd-ap]	[k-ndt-ap]
着火	[k-nd-op]	[katʃop]（点火）
垮	[k- ŋ græk]	[kakræk]（拆）

藏语拉萨话：

	自动	使动
起来	[laŋ¹³]	[laŋ⁵⁵]
睡	[--ε:¹³]	[--ε:⁵⁵]

	自主	非自主
看（现在时）	Ita	mthong看见（现在时）

景颇语：①

	自动	使动
垮	[pja²⁵⁵]	[phja²⁵⁵] 使垮
直	[mã³¹laŋ]	[mã³¹lan] 使直
挂	[noi³³]	[noi⁵⁵] 挂上
骑	[tʃon³¹]	[ʃã³¹tʃon³¹] 使骑

---

① 以下例句引自戴庆厦《汉语的特点究竟是什么》，载《民俗典籍文字研究》十五辑，商务印书馆，2015年，P12。

粘　　　　　　[kap⁵⁵]　　　　　　　[ʃã³¹ kap⁵¹] 使粘

裂，碎　　　　[pʒep³¹]　　　　　　[a³¹ pʒep³¹] 打裂，拍裂、拍碎

通过不同的**声调**（Tone）也可以表示不同的语法意义，这是现代许多西方语言不具备的内部屈折语法手段，而每个音节有固定的声调是**汉藏语系**（*Sino Tibetan*）语言在语音上的重要特征。汉语是有**声调**的语言，在古汉语中，声调成为汉语构词的一种手段，如古汉语的"冠"，原是"弁冠的总称"（名词，平声），由此派生出"冠束"的"冠"（动词，去声）；"数"读第三声表示"查点数目"，读第四声表示"数目"的意思；"饮"读第三声是"喝"的意思，读第四声表示"给牲畜水喝"；再比如汉语的"买烟"和"卖盐"，"美化"和"梅花"，"简短"和"间断"等等，都是声调不同构成的不同词语。因而汉语声调不管是在字上还是在词上，都有着明确的别义功能。汉语中这样的例子很多。例如：

事shì—实shí；买mǎi—卖mài；　　　联系liánxì——练习liànxí

背bèi（名词）—bēi（动词）；　　　好hǎo（形容词）—hào（动词）

钉dīng（名字）—dìng（动词）；　　磨mò（名词）—mó（动词）

打dá（量词）—dǎ（动词）；　　　　传chuán（动词）—zhuàn（名词）

恶è（形容词）—wù（动词）；　　　　度dúo（动词）—dù（名词）

这些声调的改变，往往会导致语音的交替。上面"传chuán（动词）—zhuàn（名词）"这种送气清音和不送气清音的交替，"度dúo（动词）—dù（名词）"这种清尾音和浊尾音的交替，也是一种屈折形式。水语也用声调区别词类。例如：

kəm⁵⁵（锅盖，名词）—kəm³⁵（盖，动词）

又如汉语方言陕西商县话中的人称代词，在表示"我"和"我们"、"你"和"你们"、"他"和"他们"的单复数的区别时，不是在单数后面加上"们"，而是把"我"、"你"、"他"发成不同的声调：

[ŋɣ⁵³]（我）—[ŋɣ²¹]（我们）

[--i5³]（你）—[--i²¹]（你们）

[tʰa⁵³]（他）—[tʰa²¹]（他们）

汉语彝族凉山话的单复数人称代词也是用声调区别的：

ŋa³³（我，主格）ŋa⁵⁵—（我，属格）—ŋa³¹（我，宾格）

汉语声调是词固有的特征，这种现象在个别语言中有着特殊的重要意义。例如在艾维语（*Ewe*）中，动词"服务"的派生形式为：

动词原形	不定式	形容词形式

subo; subosubo（前两个音节低，后两个高）；subo-subo（四个音节都是高的）

在尼罗河发源地附近的一种语言中，词的调可以区别单数复数和代词的格。例如：

yit ┌ （高调）：耳朵（单数）
　　└ （低调）：耳朵（复数）

e ┌ （高调）：他
　├ （低调）：他（宾格）
　└ （中调）：他的

以上大量存在于屈折语中的这些特点，决定了在屈折语（如英语、俄语等）里不仅各类词各有一定的形态标志，而且通过不同的形态变化，可以表示不同的语法意义和语法功能。

8. 异根法（Suppletion）

异根法是用不同的词根来表示同一词汇意义的不同语法意义。是同一个词的不同的语法形式的语法手段。英语里只有极少数动词的过去式用异根形式，如go/went（走）。不过，英语"是"这个动词现在时（Present tense）和过去时（Past tense）的异根形式却非常典型。例如：

　　　　　　是
be　am　is　are　was　were

英语：　see（动词，看见）— sight（名词，视野）

　　　　long（形容词，长的）— length（名词，长度）

再如印欧语的人称代词构成格变，蒙语、俄语、法语等很多语言的**人称代词**都有不同的格，大多数都是利用**异根**（Suppletion）这种语法手段构成的。法语的"我"、"你"、"他"有三种人称代词的形式，同时，不同的人称配合动词，也有不同的词尾形式，它们分别是：

je（我）　　　　　tu（你）　　　　　il（他）

je donnè（我爱）　　tu donnes（你爱）il donne（他爱）

又如人称的表达，在不同语言中往往有不同的人称体系。如"我"的"主格—宾格"形式如下：

	主格	宾格
英语：	I	me（我）
	we	us（我们）
	he	him（他）
	she	her（她）
法语：	je	me（我）
俄语：	я	меня（我）
拉丁语：	ego	me（我）

在一些语言中，具有"好"、"坏"意义的形容词的比较级也多用异根法。如：

英语：good（好，原级）— better（好，比较级）— best（好，最高级）

　　　bad（坏，原级）— worse（坏，比较级）— worst（坏，最高级）

　　　little（少，原级）— less（少，比较级）— least（少，最高级）

俄语：хороший（好，原级）— лучше（好，比较级）

　　　плохой（坏，原级）— хуже（坏，比较级）

拉丁语：bonus（好，原级）— melior（好，比较级）

在新几内亚岛上许多语言的共同特征是有**双数代词**，用不同词语表示"我们"、"我们俩"、"你们俩"等。同样，澳大利亚南部的土著语言*Pama-Nyungan*语系拥有复杂的代词系统，例如：

　　yunmi（我们俩，你和我）；　　　mintupals（我们俩，他和我）

　　mipala（我们所有人，包括你）；　melabat（我们所有人，不包括你）

澳大利亚南部的土著语言*Adnyamathanha*语有十套代词系统，用于不同的亲人交谈；在法国和西班牙交界处的比利牛斯山区西部约有五十万人说的**巴斯克语**（*Basque*）代词"它"有三种形式，分别指离说话人较近距离、中距离和远距离的事物。此外，澳大利亚南部的土著语言*Jiwarli*语有三个不同的动词表示"搬运"的意义，以区分物体在手上、在头上或背上。然而，总体来看，以上大多数异根法在现代语言中是一种不能产的形式。

9. 附加法（Affixation）

给一个词增添或变换词缀来表示词的语法意义的方法叫附加法。**外部附加**这是最常见的**词形变化**（Accidence）。常见的是"前加"、"后加"和"前后加"：词缀附加在词根前叫"前加"，附加在词根后叫"后加"。**尼日尔–刚果语系**（*Niger-Congo Family*）的大部分语言使用丰富的前后缀来修饰名词和动词，名词和动词从不单独出现。弗吉尼语有18个名词限定后缀，非洲南部恩德贝勒语有16种名词限定前缀和丰富的表达亲属关系的词语。

外部附加又叫"**外部屈折**"（Outer inflexion），指变化词尾的音位，以达到表示某种语法意义的目的。例如在俄语中，рука 和 руки都是"手"的意思，前者词尾为–a，表示阴性、单数、主格；后者词尾为–и，表示阴性、复数、主格。显然，在俄语里名词词尾由–a变为–и，性、格不变，但"数"变了，由单数变为复数。再如：[①]

	单数	复数
橱窗	витрина	витрини
河	река	реки

其他附加的例子也是多样的。例如：

（1）前加

德　语：schreiben（写）— das schreiben（书札，文书）

泰　语：luk（子）— lukk'a（顾客）— luklɔ（轮子）

嘉戎语：ka — rtsom（文章）— kartsom（编写）

俄　语：на —писать（写，完成体）

爱努语：kema — ukema（脚，复数）

汉　语：师 — 老师、虎 — 老虎、鼠 — 老鼠（"老"是名词的标志）

　　　　姨— 阿姨、妹 — 阿妹、阿 — 阿哥（"阿"是名词的标志）

藏　语：nan（压制）— m（a）nan（将压制）— g（a）nan（已压制）

　　　　nub（没落）— s（a）nub（使没落）

景颇语：[②]

$mã^{31}ni^{33}$（笑）— $a^{55}mã^{31}ni^{55}$（经常笑）

$ŋa^{31}$（在）— $a^{55}ŋa^{31}$（经常在）

$a^{55}lã^{31}wan^{33}kã^{31}lo^{33}u^{231}$! 你快做吧！

（前）快 做（尾）

$a^{55}tsom^{51}ʃa^{31}ka^{33}mu^{231}$!你们好好地写吧！

（前）好地 写（尾）

---

① 俄语例子引自陆俭明《八十年代中国语法研究》，商务印书馆，2004年，P84。

② 以下例句引自戴庆厦《汉语的特点究竟是什么》，载《民俗典籍文字研究》十五辑，商务印书馆，2015年，P12。他证明藏缅语许多语言能够通过形态变化来区别动词和形容词，见例句。

以上景颇语的形容词能加上a⁵⁵前缀构成副词做状语用；而动词不能；动词能通过加前缀表示"经常"义，而形容词不能。

（2）后加

英语：act（表演，动词原形）— acting（表演，动词现在分词）— acted（表演，动词过去时）

　　　　hot（热，形容词原级）— hotter（热，形容词比较级）— hottest（热，形容词最高级）

　　　　book（书，名词单数）— books（书，名词复数）

维吾尔语：at（马，单数）— atlar（马，复数）

汉语：同志 — 同志们（复数）

　　　　盖 — 盖儿、笑话 — 笑话儿、画 — 画儿（动词—名词）

　　　　头 — 头儿（身体部位名词—人称名词）

　　　　个 — 个儿（量词 — 名词）、错 — 错儿（形容词 — 名词）

以上这些不同的语法形式之间有个共同的特点，就是"**附加**"。"**儿化**"（Rhotacized）是汉语表示**小称**（Diminutive）[①]意义的一种语法手段，即通过词干音节与表小称义的儿尾音节（附加语素）融合成为一个音节。在有变格或变位的词中，常常通过变换词缀以表示不同的语法关系，例如俄语单数名词газета（报）有各种格位：

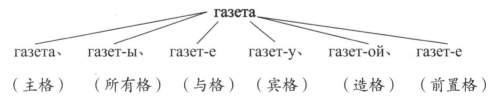

газета、　　газет-ы、　　газет-е　　газет-у、　　газет-ой、　　газет-е

（主格）　　（所有格）　　（与格）　　（宾格）　　　（造格）　　（前置格）

以上除主格外，其余各格都是通过词尾变化来表示的。至于газета因没有词尾而表示主格，这叫做"零词尾"（Zero ending），与有词尾的相比，零词尾也是一种词形。

（3）前后加

巴布亚语言**奇瓦伊语**（*Kiwai*）有目前一致的，最复杂的动词变化结构，依靠在动词上加前后缀来表达句子意义。例如：

---

① 　"小称"指用于表示"小"、"喜爱"等于"小"义密切相关的意义。

1.Odi.（给弓装弦）

2.Ri-mi-bi-du-mo-i-odi-ai-ama-ri-go.（在遥远的将来某个时候，他们三个人一定会为两把弓装弦）

形态（Accidence）是指同一个词在造句时因其句法位置的差异而发生的不同变化，而表达性、数、格、时等语法意义的词，其结构的变形也叫做词形变化。如英语可通过形态来辨别其词性，例如：

动词	名词	动词	名词

investigate—investigation；　criticize—criticism

development—development　　analyse—analysis

形容词	动词	形容词	动词

fat　—　fatten　　　　deep—deepen

sharp — sharpen　　　　kind—Kindness

wide—widen

形容词	副词	名词

slow　　　slowly　　slowness（慢）

凡由陈述形态转化来的指称形态，又可细分为两种情况：一种是**转指**（Transferrd-designation），一种是**自指**（Self-designation）。英语有自指和转指之分。例如：

陈述【动词】	指称【名词】

connect（连接）　　　　connection（连接）

deduct（扣除）　　　　deduction（扣除）

demonstrate（示威）　　demonstration（示威）

以上是自指，也就是由陈述形态转化为指称形态。

陈述【动词】	指称【名词】

read（读）　　　　　reader（读者）

write（写）　　　　　writer（作家）

build（建筑）　　　　builder（建筑师）

paint（画）　　　　　painter（画家）

visit（参观、访问）　　visitor（参观者、访问者）

以上是转指，动词加上后缀以后，便转成名词，而且意义也发生了变化，不再指动作本身，而是指动作者。

10.零形态（式）（Zero representation）

"零形态"又称"零位"。就是代表原则上应该有而实际上不存在的单位的标记。一种语言可以采取某种语法手段表示某种语法意义，例如前面说的屈折、异根、重叠等形式可以产生某种语法意义，那么相对来说，词在变化之前的形式，即原形，当然也有某种语法意义。所以，原形也就可以看作是一种词形变化，或者说变化的是一个零成分，用符号ø表示。在有词形变化的语言中，零形式的运用是很普遍的。比如英语，单数和复数的对立中，复数用**附加法**（Affixation）表示，要在词尾加上词素-s，而sheep（羊）的复数不变，即单数形式却没有形态变化，就是用零形式表示的，用/ʃi:p/ø来表示，ø代表零位。

以上九种语法手段可以分成两类。通过含有词汇意义的实词本身以外的成素表示语法意义的，叫**分析性语法手段**（Analytical grammatical device），如词序、虚词、语调；而语法意义由具有词汇意义的实词本身表示的，叫**综合性语法手段**（Synthesized grammatical device），如附加法、内部屈折、异根法、重叠、重音。在不同的语言中，各种语法手段的作用大小不一样。俄语虽然几种语法手段都有，但内部屈折、附加法是最主要的；而汉语、英语，词序和虚词又是最重要的。此外，对于形态语言来说，同一个形态成分可以为几个全然不同的语法目的服务，即同一个形态成分可以起多种不同的作用。例如，许多英语的词尾-s可以表示名词属格：dog's（狗的），也可以表示名词复数dogs（一些狗），还可以表示动词第三人称：comes（来）。

三、语法意义与范畴

通俗地讲，"**范畴**"（Category）就是"类"。语法范畴与词的形态变化有密切的关系，是由词的语法形式所表示出来的语法意义的概括。同一性质的语法意义进一步概括成类，因而称为"**范畴**"（Category）。这些范畴不是主观感觉的，而是对同类语法现象所包含的共同语法意义所作的抽象概括和归纳。如俄语名词有阴性、阳性、中性，这是语法成分所具有的**语法意义**（Grammatical meaning），这些语法意义都是语法成分所具有的语法意义，把这些语法意义归为一类，就成为"性"这个**语法范畴**（Grammatical category）。语法意义和语法范畴的关系如下：

语法意义	语法范畴
单数	数
复数	
普通体	体
进行体	
完成体	
过去式	时
现在时	
将来时	

表3-8 语法意义和语法范畴对应表

"语法意义"指的是任何语法成分所包含的意义，而"语法范畴"则指的是某些可以概括成类的语法——**综合**（Synthesize）。"语法范畴"和具体"语法意义"是一般和个别、共性和个性的关系。一般的（狭义）"语法范畴"指的是各词类内部各类型语法现象所包含的共同语法意义的概括和归类，如印欧语言里名词的"性"、"数"、"格"，动词的"体"、"时"、"式"、"态"，形容词的"级"等范畴。广义的解释，则把"词类"也看作是不同的语法范畴，如名词范畴、动词范畴等等。更广义的解释，则把各种句法关系也包括在语法范畴内。

"语法范畴"具有鲜明的民族特点，各种语言的"语法范畴"的系统是各不相同的。我们初步把"语法范畴"分为"体词性语法范畴"和"谓词性语法范畴"两大类。

（一）体词性语法范畴

体词（Substantive）是指主要充当主语、宾语，一般不充当谓语的词。名词、数词、一部分代词属于体词。"体词性语法范畴"主要是由名词的词形变化形式表示意义，是名词所有的语法范畴。

1. "性"（Gender）范畴

"性"（Gender）是某些语言里，一般是名词、代词所具有的分类。有的语言形容词也有"性"的区别，"性"的范畴在不同语言中使用的范围不尽相同。在德语、法语中适用于名词、冠词、代词、形容词；在俄语里适用于名词、代词、形容词和动词过去时。像俄语那样，每一个词都分派到每一个"性"里去，并且有固定的形态变化，才能算是"名词有性的语法范畴"。"性"的区分是某种语言的习惯，俄语、德语、法语中的某些词有"性"的区分。这里的"性"是一个语法概念，和生物学的"性"不一致，而是指用词形变化来表现诸如**阴性**（Feminine）、**阳性**（Masculine）、**中性**（Neuter），或有**生命**（Animate）、**无生命**（Inanimate）这类对比。分布在美洲大陆东北部的**阿尔贡金语系**（Algonquian Family）的许多语言名词分为两种类似性的变化：**有生命**（Animate）和**无生命**（Inanimate）的；俄语、德语、希腊语、白俄罗斯语、乌克兰语、冰岛语、拉丁语等的名词都分阳性、中性和阴性三类；丹麦语和瑞典语都有**通性**和**中性**；法语、西班牙语、葡萄牙语、意大利语等有**阳性**和**阴性**两大类。另如法语："la+n=阴性"（latable/桌子），"le+n=阳性"（leliure/书）。俄语用**词尾**（Suffix）表示，比如俄语名词карандаш（铅笔）、книга（书）、перо（钢笔尖）的末尾分别是辅音ш、元音-a和-o，表示这三个名词分属"阴性"、"阳性"和"中性"。在俄语中，阳性名词以硬辅音字母-н、-ь来表示，阴性名词以-a、-r、-ь结尾来表示，而中性则用-o、-e来表示。德语、法语用**冠词**（Article）表示。

名词的"性"与自然界的"性"有些是一致的，但大多数不一致。在澳大利亚的土著语言*Dyirbal*语中，名词有四种性别，还有俄语中отец（父亲，阳性），мать（母亲，阴性）表示人的名词的语法属性一般和天然性属一致，而表示物体的名词语法属性则比较复杂，不一定都是中性的。以俄语为例：

阴性	阳性	中性
комната（房间）	дом（房子）	поле（田野）
книга（书）	стол（桌子）	окно（窗户）
ляп a（山）	карандаш（铅笔）	пальто（大衣）

表3-9 俄语名词不同的"性"

再如德语Das Weib（妇女）、Das Kleine Mädchen（小女孩）应该属于女性，但在语法上都为中性名词。俄语диван和德语的Das Sofa（沙发）也是中性名词，但法语le fauteuil（沙发）是阳性。"太阳"一词在德、法语和俄语中分别是阴性、阳性、中性。

太阳		
德语（die Snne）	法语（le soleil）	俄语（солнце）

阴性	阳性	中性

表3-10　"太阳"一词在不同语言中所属的"性"

而"月亮"在德语、法语、俄语分别为阳性、阴性、阴性，这些都是语法的性。作为语法范畴的"性"与真实世界的自然"性别"无关。例如无生命物体没有性别之分，可是在俄语中，"房子"、"桌子"属于阳性，"别墅"、"书"却属于阴性，"窗户"属于中性，这就意味着用来形容它们的词全部要相应地变形，甚至改变词缀。

古英语也有性范畴，但在现代英语中已消失，只保留在个别词的词缀形式上，在英语里有这样一个后缀-ess表示性别的意义。比如：waiter（服务员）—waitress（女服务员）、actor（演员）—actress（女演员）；host（主人）—hostess（女主人）。这些词本身在形态上也是不规则的，所以这只是属于词汇的派生（Derivative），属于词汇学的范畴，而不是语法范畴的性。同样，汉语不用词形变化表示性，如果要表达自然的性别，就要加上特别的词语或语素，如"男人"、"女人"、"母鸡"等。代词第三人称"他"、"她"、"它"则只是文字的一种分化形式。此外，汉语还利用造字的偏旁（Graphic component）部首（Radical）来区别。如"女"字旁的字"嫁"和"娶"，体现了"男婚女嫁"和"娶妻"对象的性别特征；"安娜"这个名字，从它的偏旁"女"就知道是女孩的名字。

语法范畴（Grammatical category）不能脱离**语法形式**（Grammatical form）。如果一定的意义类型是从不同的词义中提取的义征，没有专门的语法形式表达，就不是语法范畴。在英语和汉语中都可以通过"男"、"女"、"公"、"母、"雄"、"雌"等区分人和动物的性别，例如bull（公牛）、cow（母牛）、father（父亲）、mother（母亲）等，但是这种表达"性别"意义的形式并不是附着在词根上面的专门的形式。再如，汉语有"公鸡"、"母鸡"，英语也有对应的chicken、cock，但英语中没有与汉语"鸡"相应的词。汉语成语"闻鸡起舞"的"鸡"翻译成英语是否选择chicken（公鸡），这只是词的翻译，已经不涉及语法结构，属于词汇范畴。

2. **"数"**（Number）**范畴**

有些语言在名词、代词、形容词、动词方面都有"数"的语法范畴。"数"范畴是用于对某些与数量有关的词形变化的词类（主要是名词）的分析，即表示事物数量的一组特征，是属于"**量化成分**"（Quantification），与某些语言词汇中表示事物具体数量的**数量词**（Numeral）或"**量词**"（Classifier）不同。①

有的语言的"数"范畴只是把名词分为"**可数名词**"（Countable noun）和"**不可数名词**"（Uncountable noun；Mass noun）。英语中的可数名词一般都是"**有界事物**"（Bounded region），有界的可数名词所表示的事物占有明确的三维空间，有明确的边界。例如car，它是不可切分的，当它被拆卸之后，就不再是一辆car了。一般不可数名词例如物质名词，表示的是"**无界**"（Unbound）事物，如meat，不管怎么切分，仍然得到一块meat，只是大小发生了变化。它们具有**内部同质性**（Internal Homogeneity）、**可分性**（Divisibility）、**复制性**（Replicability）与**边界性**（Boundedness），如果将几块meat放在一起，仍旧是meat，而将三个car放在一起，就得到了three cars。②

大多数语言只有"**单数**"和"**复数**"两种，但是还有一些语言把名词分成"**单数**"（Singular）、"**双数**"（Dual）和"**复数**"（Plural）三种，例如希腊语、阿拉伯语、希伯来语、斯洛文尼亚语等；③阿拉伯语也有三种形式，而美拉尼西亚语的复数人称代词也有三种数的变化：

阿拉伯语：

单数	双数	复数
malikun（一个国王）	malik ā ni（两个国王）	malik ū ma（诸国王）

美拉尼西亚语：

双数	三数	复数
aijumrau（我们俩）	aijumtai（我们仨）	aijam（我们）

甚至有少数语言还有单数、双数、三数和复数四种数，如斐济语。此外，景颇语、佤语的人称代词也有单数、双数和复数的区别，景颇语的"数"范畴还把名词分成个体名词和类别名词，通过形态变化构成类别范畴，④例如：

个称	类称
水果　nam^{31}si^{31}	nam^{31}si^{31}nam^{31}so^{33}　果类

---

① "量词"在汉语里有特殊意义，指表示计量单位的词，如"个"、"条"、"章"、"年"、秒"、"天"、"斤"、"两"、"公尺"等，因而，也不可用"量词"代替数量词或数量短语。

② *Langacker*（*Nouns and Verbs*）最早运用"有界"和"无界"来解释可数名词和物质名词之间的区别。

③ 与现代英语相比，实际上直到十三世纪为止，古英语也有过双数，例如wit（我们俩）。

④ "水果"这个词在汉语"我吃一个水果"和"水果是有营养的"是通过句法结构显示"个称"和"类称"这一语法范畴的对立。

墙　ʃã⁵⁵kum⁵¹　　　　ʃã⁵⁵kum⁵¹kap⁵⁵　墙的总称

英语和俄语的"数"大多用词尾表示，如英语house（房屋，单数）/ houses（房屋，复数）、book（书，单数）/ books（书，复数），[①] 俄语中стол（桌子，单数）/столы（桌子，复数）。

在一些语言中，名词的"数"与"性"有一定的关系。俄语中阴性名词книг-（书）作为**词根**，通过改变**词缀**来表达三种不同的"数"。例如：

单数（Singular）	双数（Dual）	多数（Plural）
книг-а	книг-и	книг

表3-11　俄语通过不同的词缀表达的的"数"

以上阴性单数词缀为－а，单数双数词缀为－и，多数则没有后缀。意大利语的名词，除了有单数跟复数之外，还有阴性和阳性的区别，ragazz-作为词根，其变化如下：

	阳性（男孩）	阴性（女孩）
单数（Singular）	ragazz-o	ragazz-a
复数（Plural）	ragazz-i	ragazz-e

表3-12　意大利语通过不同的词缀表达的"性"和"数"

以上阳性单数后缀为-o，阳性复数是-i，阴性单数后缀为-a，阴性复数后缀为-e。

在一些语言中，名词的"数"与动词的"时态"有一定的关系。英语名词有单数和复数的对立，而动词也有相应的"数"的变化；英语的主语是第三人称单数，V现在时就要用加词尾-s或es的形式，这个动词就显示为**"数"**的语法范畴。例如：

He sleeps in the morning.

He borrows the book from library.

The cat catches the rat.

有人认为汉语指人名词后面也可以通过加上**虚词素**（Grammatical morpheme）"们"表示复数，如"学生们"。其实，除了人称代词"我们"、"你们"、"他们"等确实是"我"、"你"、"他"的复数外，其他名词不

---

① 但有时候单、复数形式表现的意义并不一样，例如ground作单数名词的意思是"地面"，和"空中"相对，而复数形式grounds则是指场地、场面、庭院，它强调的是地方的大小范围。

一定是这样。① 汉语的名词可数与不可数是以量词来区分的，可数名词和不可数名词是和不同类的量词相结合的。汉语可数名词所能结合的量词是**个体量词**（Individual classifier），这类量词是英语所没有的。如："一个人"、"两本书"、"三所房子"、"四顶帽子"、"五盏灯"、"六棵树"、"七匹马"，每个名词有它独特的量词；而英语不同名词要求搭配不同的词，例如：

a herd of cattle（一群牛）	a flock of sheep（一群羊）
a group of pigs（一群猪）	a swarm of people（一群人）
a pack of wolves（一群狼）	a bevy of girls（一群姑娘）

表3-13　英语中的数量表达1

上面的表达均可以翻译为"群"，但它们在英语中却用了不同的表达法。再如英语bunch（串）可以搭配的名词也各不相同。例如：

a bunch of keys（一串钥匙）	a bunch of bananas（一串香蕉）
a bunch of f aggots（一捆柴火）	a bunch of scrooges（一群吝啬鬼）

表3-14　英语中的数量表达2

在一些语言中，既有"数"又有"性"的范畴，例如阿拉伯语。因此，它的动词变化形式随三种人称，三种数，两种性的不同，理论上甚至可以有18种变化，但由于第一人称和第二人称的简化，实际上只有13种变化。下表是俄语的"性"和"数"的配合情况。

阳性	中性	阴性	复数
новый	-ое	-ая	новые
старый	-ое	-ая	старые
модный	-ое	-ая	модные
молодой	-ое	-ая	молодые

表3-15　俄语的"性"和"数"的配合

---

① 因为"学生"也完全可以表示复数，如"学生都来了"，可见在汉语中并没有严格的数范畴。

3. "格"（Case）的范畴

在有形态变化的语言中，用词形变化所表示的名词性词语与其他词之间不同的句法关系表现为**"格"**（Case），这种格一般称为"句法格"。这是某些**屈折语**（Inflectional language）所特有的句法现象，是名词、代词（有的语言包括形容词，如俄语）等通过语法形式的变化表示同其他成分的关系，例如藏语、俄语、法语、蒙古语、阿拉伯语、希腊语等都有格的语法范畴。有"格"范畴的各种语言，格的数目有多有少，例如芬兰语有二十多个格，匈牙利有十七个格，斯洛文尼亚有七个格；白俄罗斯语、乌克兰语、拉丁语都有六个格；德语有四个格——主格、宾格、与格、所有格；而俄语名词、形容词都有"格"的范畴，变化很完整。例如俄语名词、代词有六个格——主格、宾格、属格、与格、工具格、方位格（前置格），如下表：

主格	дом	комната	кто	что
属格	дом-а	комнат-ы	кого	чего
与格	дом-у	комнат-е	кому	чему
宾格	дом	комнат-у	кого	что
工具格	дом-ом	комнат-ой	кем	чем
方位格	(о)дом-е	(о)комнат-е	(о)ком	(о)чем

表3-16　俄语名词、代词的"格"

修饰它们的形容词、数词也有相应的格的变化。名词、代词作主语时用主格的形式，作及物动词的直接宾语时用宾格的形式，作间接宾语时用与格形式，表领属关系时用属格的形式。如：учительидет в школу.（教师到学校去）中，учитель同идет发生主谓关系，учитель是主格（第一格），школу受前置词 в 的支配，表示去的方向，是宾格（第四格）。

尽管各语言的"格"的数目不一样，但根据形态变化，一般可以分为**主格**（Nominative case）、**宾格**（Objective case）、**属格/所有格**（Genitive case）、**与格**（Dative case）、**作格**（Ergative case）等等。例如英语brother's pen（他兄弟的书）、the cat's paw（猫的爪子）中的brother's和cat's就是用**所有格**形式表示同后连着的名词存在着领属关系；I help him中存在着主谓关系和支配关系的主格I和宾格him。现代英语有生命的名词具有两个格，就是非所有格（**通格**）和所有格，例如：the cat（非所有格）——the cat's paw（猫的爪子，所有格）。名词性的代词有四个格，如：

主格（例如I/she）——宾格（例如me/her）

形容词性所有格（例如my）——名词性所有格（例如mine）

此外，在属于**南岛语系**（Austronesian family）的太平洋诸语言中，代词变化复杂。例如物主代词"我们/我们的"在有的太平洋语言中要细分为"**暂时性属于**"（Temporarily belong to）（如"汽车、书本"）和"**永久性属于**"（Perpetually belong to）（如身体器官）；有的语言的指示代词"这"分为三种变化，一种指示看得见的物体，一种用来指示说话时看不见的但存在的物体，还有一种指示不存在的物体；有的语言中的人称代词"我们"甚至还可以分为"**包括说话对象**"和"**不包括说话对象**"两种。

4. "有定"（Definite）"无定"（Indefinite）范畴

在印欧语系的很多语言中，都用**冠词**（Article）来表示"**有定**"（定冠词the）（说话人认为听说双方都能识别确认的对象）和"**无定**"（不定冠词a/an）（说话人认为至少听话人不能识别确认的对象）意义，这也是一种重要的语法意义。在意大利语中，常常要根据不同的"性"和"数"，选用不同的冠词表示"有定"。例如：

	阳性（男孩）	阴性（女孩）
单数（Singular）	il ragazzo	la ragazza
复数（Plural）	i ragazzi	le ragazze

表3-17 意大利语中"有定"的表达

以上相当于英语the的冠词，分别是il（il ragazzo相当于the boy）、la（la ragazza相当于the girl、i（i ragazzi相当于the boys，这些男孩）、le（le ragazze相当于the girls，这些女孩）。而英语则直接运用定冠词the和不定冠词a/an，比意大利语简单很多，如：

I have just read ***the book***.（有定）

I bought ***a book*** yesterday.（无定）

以上翻译成汉语，分别是"这本书"和"一本书"，汉语用**指量词**（Measures）和**数量词**（Quantifier）表示名词的有定或无定。在汉语中，动词后的"数量名"，名词往往是无定的，如"买了一本书"，"来了一个人"，而在V前的名词，无论什么形式，只要是肯定句都是有定的。如"这本书读完了"，以及"书买回来了"和"我把书弄丢了"。而否定形式则不一定，如："他连一本书都没看"、"我什么人都不见"。

在汉语中冠词不是很重要，例如："我是中国人"和"我是一个中国人"意思是一样的。

> 1. "客人来了"（The guest is here.）（"客人"是有定的）
> 2. "来客人了"（There is a guest here.）（"客人"是无定的）

在汉语中对"一个"重读与否，"一"能否省略，可以区别它相当于英语中的不定冠词还是数量词。例如：

> 1.我看到（一）个人。I saw a man.（名词的不定性）
> 2.我看到一个人。I saw one man.

总体来说，形容词、冠词等跟所修饰的核心名词在形态上（性、数、格等）保持一致，是属于一致关系。一致关系除了上面列举的种种范畴外，有的语言体现在名词语上的范畴还有生命度、定指性、性范畴、类别等方面的一致关系。

（二）谓词属性范畴

谓词（Predicative）指充当谓语的词。动词、形容词属于谓词。谓词属性范畴主要指由动词的词形变化表示的意义范畴，主要有时、体、态和人称，是动词所有的语法范畴。

1. "时"（Tense）范畴

由动词的词形变化所反映的动作发生的时间和说话时间之间的关系。它表现的是两个时间点的位置关系，其中一个是参照点，很多语言都可以以说话为坐标确定句子中动作的时间，"时"就是要说明另一个点位于其前其后还是交叠之处。一般认为以说话时刻为基准的"时"是**绝对时**（Absolute tense），以另一时间为基准的"时"是**相对时**（Relative tense）。

"时"范畴是语法中最为重要的范畴之一，例如英语、俄语、藏语、维吾尔语、阿拉伯语等。"时"范畴具有**直指性**（Deixis），即现场性指示。"时"最常见的划分一般可分为**现在时**（Present tense）、**过去时**（Past tense）和**将来时**（Future tense）三式。日语动词的词尾变化也可以把过去和现在分得很清楚。英语的时态可以通过表示时间的状语和分句映现出来，俄语一律用屈折形式表示动词的"时"。如英语：

※ "现在时" 加词尾或零形式：

　　He works……

　　You work……

※ "过去时"用加词尾或内部屈折表示：

　　He worked……

　　They built……

※ "将来时"用助动词（虚词）形式：

　　shall （will） +动词不定式（infinitive）……

　　be going to+不定式……

　　V+现在进行态……

在某些语言中，还可以以过去或将来的某个时间为坐标表示动作的时间，如英语：

　　He was going to go to bed when she called him.

现在时与过去时可以相互包含于对方之中，导致多种**次生时态**的出现，如现在中的过去时，过去中的现在时等。例如：

（过去中的将来）

Halliday（韩礼德）根据他收集的英语资料总共归纳了36种时态，从逻辑上最多达五个层次。[①] "时" 范畴除了过去、现在、将来的划分，还有其他一些时的语义，如所有时间、某个未定的时间等。时的语法表现极其多样，有些语言没有专用形态，而靠其他手段（词汇成分、体和情态等）来表达。比如，汉语没有通过词形变化表示V的范畴，但也可以用词汇形式表示类似意义。如 "他将去上海"，就用 "将" 来表示与英语will，be going to差不多的意义。也有以相当于英语从句的形式表示以过去某一时间为基准发生的事："我进去时他正在洗脸。"再例如缅甸语用时间副词和现实式——非现实式的结合来表达三时，其中**现实式**（Realism）用于过去现在，**非现实式**（Irrealism）用于将来。即使在有时形态的

---

① Halliday.M.A.K.1994 An Introduction to Functional Grammar（2nd ed.）. London：Arnold.P200—207.

语言中，除了典型的三时外，还有分得更细的时间系统，即现在和将来都根据距离现在的时间长度分出几个等级，用不同的形态表示。例如**伊马斯语**（*Yimas*）有四种过去式变化，以严格区分动作发生的过去事件与说话时间的远近程度。

2."体"（Aspect）范畴

"时"的范畴表示动作（或状态）的时间，"体"的范畴表示动作（或状态）的过程，同时也是表示行为或动作进行的情况，标记到处所表示动作时间活动的长短或类型的方式。"体"是形态语言中常见的语法范畴，例如英语、蒙古语、维吾尔语、阿拉伯语等。常见的"体"有**进行体**（Progressive aspect）、**完成体**（Perfective aspect）和**未完成体**（Imperfective aspect）等。个别语言还有表示瞬间的动作、一次或多次发生的动作、断续的动作等"体"范畴。许多斯拉夫语，俄语动词有完成体和未完成体的对立；俄语的任何动词，不是未完成体，如читать（读，读着），учиться（学，学着），如прочитать（读了，读完），научиться（学了，学会）。"完成体"只有两个时态，"未完成体"有三个时态。（见表3-18）英语动词除"普通体"外，主要有"进行体"和"完成体"，例：

> I am reading the book.（进行体：be+动词的现在分词）
>
> I have written the book.（完成体：have +动词的过去分词）

英语教学中出现的"现在进行时"的说法，实际上是"现在时"和"进行体"。"时"和"态"总是结合在一起的。于是就形成了下列几种时态结合，例：

- present perfect（现在完成）— past perfect（过去完成）— present progressive（现在进行）
- past progressive（过去进行）— present perfect progressive（现在完成进行）—
- past perfect progressive（过去完成进行）

法语语法中通常所说的"复合式"，也是包括两个方面的，如**"越过去时"**（Plus-que-parfait）实际包括"过去时"和"完成体"两个方面。此外，句中的其他成分——状语、介词短语、名词语也会对"体"的解读起作用。

"体"和"时"的语法范畴密切相关，但并不相同。在"体"的表现方面，特别是"时"和"体"都用形态表示时，"体"更靠近动词词干的位置，而且"体"在句子中的具体意义还与动词固有的词汇体——**情态类别**（Modal category）有关；因而相比较而言，"体"比"时"与动词的词义关系更紧密，因而是两个不同的范畴：时间意义表现为时间的内部时间结构——"体"

（Aspect）和外部时间结构——"时"（Tense）两个方面。斯拉夫语言一般都有"体"的范畴，动词人称形式中"体"与"时"不可分割。下面是意大利动词时和体的相应变化。

		单数		复数	
现在时（Present）	第一人称（1ps）	Cammino（我走）	第一人称（1pp）	Cammini a mo（我们走）
	第二人称（2ps）	Cammini（你走）	第二人称（2pp）	Cammin a te（你们走）
	第三人称（3ps）	Cammin a（他走）	第三人称（2pp）	Cammin a no（他们走）
将来时（Future）	第一人称（1ps）	Camminer ò（我将走）	第一人称（2pp）	Cammineremo（我们将走）
	第二人称（2ps）	Camminer a i（你将走）	第二人称（2pp）	Camminerete（你们将走）
	第三人称（3ps）	Camminer à（他们走）	第三人称（2pp）	Cammineranno（他们将走）

表3-18　意大利语动词"时"和"体"的变化

以上意大利动词Comminare有十二个不同形态，分别对应于英语动词walk（原形）、walks（一般式）、walked（过去式）、walking（进行式）四个形态。下面是更为复杂的俄语动词时和体的对应情况。

				未完成体		完成体	
				слушать	стоять	Узнать	Увидеть
现在时（Present）	单数	第一人称	я	слушаю	стою		
		第二人称	ты	слушаешь	стоишь		
		第三人称	он,она,оно	слушает	стоит		
	复数	第一人称	мы	слушем	стоим		
		第二人称	вы	слушаете	стоите		
		第三人称	они	слушают	стоят		
过去时（Past）	单数	阳性	я，он，ты	слушал	стоял	Узнал	Увидел
		阴性	она，я，ты	слушала	стояла	Узнала	Увидела
		中性	оно	слушало	стояло	Узнало	Увидело
	复数		они	слушали	стояли	Узнали	Увидели
将来时（Future）	单数	第一人称	я	Буду слушать	Буду стоять	Узнаю	Увижу
		第二人称	ты	Будешь слушать	Будешь стоять	Узнаешь	Увидишь
		第三人称	он,она,оно	Будет слушать	Будет стоять	Узнает	Увидит
	复数	第一人称	мы	Будем слушать	Будем стоять	Узнаем	Увидим
		第二人称	вы	Будете слушать	Будете стоять	Узнаете	Увидите
		第三人称	они	Будут слушать	Будут стоять	Узнают	Увидят

表3-19　俄语动词时和体的变化

汉语表示进行态的语法手段，主要是语气助词"呢"、"正"、"正在"、"在"、"着"、呢"。汉语中的动态助词"着"、"了"、"过"，有人认为是起了体标记的作用。例如：

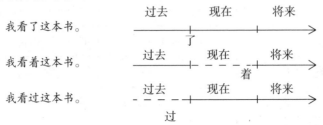

王力先生（1944）在《中国语法理论》中提出，汉语中可归纳出七种体貌，即普通貌、进行貌、完成貌、近过去貌、开始貌、继续貌和短时貌。[1] 有人认为汉语中的动态助词"着"、"了"、过"起了体标记的作用，把现代汉语动词分为"泛指体"、"进行体"、"经历体"、"完成体"、"起始体"等。例如：

我写信	泛指体
我写着信	进行体
我写过信	经历体
我写了信	完成体
我写起信来	起始体

表3-20 汉语的七种体貌

但是这种范畴对于汉语的动词不是全部必须选择的，具有灵活性，也可以用其它方式代替。例如"写着"，可以用"正在写"代替。汉语的"了"固然是完成体，可是完成的动作不一定非用"了"不可。例如：

> 我刚吃了饭。
> 我刚吃完饭。
> 我刚吃完了饭。
> 咱们吃了饭再去
> 咱们吃饭以后再去（完成体）

汉语"着"表示持续，但持续的动作并不一定非"着"表示。如："开着会"（持续体），也可以用两个句子来表达，例如"我去他们学校，正赶上他们开会。"

① 王力《中国语法理论》，《王力全集》第8卷，中华书局，2015年，P157—158。

汉语的"着"、"了"、"过"确实是语法手段，因为这三个助词在动词后只表示完成、持续、经历而不表示任何一般实词各自所表示的事物概念。但这三个助词和时间无关，既不表示过去，也不表示将来。汉语从语法上说没有过去、将来和现在，因而也就没有像英语那样的现在完成态、过去完成态、现在进行态、过去进行态。但是英语任何一种时态所表达的思想，说汉语的人也会有，也都可以用汉语表达出来，但不一定用语法的手段如：

> I have just had my dinner.（我刚吃了饭。）
> I had just had my dinner when he suddenly turned up.（我刚吃了饭他忽然来了。）

3. "式"（Mood）范畴

又称"语气"。说明动作或过程进行的方式，即说话人对行为或动作的态度。"式"是对命题真实性的表态（真实、可能、虚拟等），表达说话者对所述事件真实性的信念的语法范畴。如英语有**陈述式**（Indicative）（语气）、**祈使式**（Imperative）（语气）、**虚拟式**（Subjunctive）（语气）。例如：

> You are late.（"你迟到了。"陈述语气）
> Dont't be late!（"不要迟到！"祈使语气）
> If I were you ,I would not be late.（"假如我是你的话，就不会迟到。"虚拟语气）

拉丁语有直陈式和虚拟式之分，以amare（爱）的第一人称（未完成体）为例：[①]

		直陈式	虚拟式
未完成体	现在时	amo	amem
	将来时	amabo	—
	过去式	amabam	amarem

拉丁语的直陈式是常式，虚拟式主要用于从句里，表示假设、命令、目的、结果，也用在间接引语里。

以上都是欧洲传统语法所关注的一些"式"，特别是直陈式和祈使式及相关现象。直陈式在印欧语言中除了用于陈述句外也用于疑问句，因为后者并没有不同于陈述句的独立的式；但在另一些语言中，疑问句有区别于直陈式的"式"的形态。祈使式主要用于第二人称主语，也能用于其他人称，还通常被称为**祈愿式**（Optative）；但也有例外，例如在古希腊语里，祈使式与三种人称都配，但另

---

① 拉丁语例子引自《中国大百科全书》，中国大百科全书出版社，1988年，P472。

外还有祈愿式。在这类语言中，祈使式和祈愿式各立一式，分别突出命令语气和愿望语气。①

英语的虚拟形式主要用于假想。目前，德语、法语、俄语仍然有虚拟式这一范畴。在现代汉语中，用"的"、"了"、"吗"、"呢"等语气助词和语调表示各种语气。

4."态"（Voice）范畴

又称"语态"，表示动词与主语名词之间的施受关系的一组特征，例如英语、蒙古语、阿拉伯语等语言。"态"的语法范畴主要分成**主动态**（Active）和**被动态**（Passive）两种。行为动作由主体发出的，称为主动态；动作由主体来承受，称被动态。例如汉语的"我吃饭"是主动态，因为语法主语同时是**施动者**（Agent）；而"饭被我吃了"是被动态，语法主语是**受动者**（Patient）；有的语言只是用动词词形变化表示主动态和被动态，如：

拉丁语：　　　**主动态**　　　**被动态**

　　　　　　amo（我爱）　　amor（我被爱）

有的语言则不限于纯粹的词形变化，例如英语主动态，动词用一般形式，动词的被动态则由"be+动词的过去分词"构成。例如：

- Every body likes the teacher.（"大家都喜欢这位教师。"主动态）
- The teacher is liked by every body.（"这位老师被大家喜欢。"被动态）

- Mary broke the cup.（主动态，动词用一般形式，语法主语同时是施动者）
- The cup was broken by Mary.（被动态，动词用"be+动词过去分词形式"，主语是受动者）

一般来说，主动态在各种语言中并无太大差别，而被动态则各有自己的语法特征。例如：

	主动态	被动态
汉语	军队杀死了国王。	国王被军队杀死了。
英语	The army killed the king.	The king was killed （by the army）.
法语	L'Armée a tué le roi.	Le roi a été tué （par l'armée）.

① 具体例证可参见 *Lindsay J.Whaley*《类型学导论——语言的共性和差异》，刘丹青导读，世界图书出版公司，2009年，P31。

| 俄语 | Армии убил короля. | Король был убит армией. |

表3-21　四种语言的"主动态"和"被动态"形式对比

对照四种语言的对译，可以看出，四种句式的语序基本上是一致的，即主动句用"施-受-动"语序，但是英语、法语和俄语有动词词形的变化。英语、法语用be，ter的一定形式加动词过去分词表示；俄语用оыть的一定形式加动词的被动形动词短尾表示（也可用反身动词表示）。汉语的被动句则是受事成分当主语，用"被"、"给"加动词表示，并用介词"被"、"给"引出施事。

5."人称"（Person）范畴

表示动词与名词主语之间一致关系的一组特征。由动词的词形变化所表示的行为动作之所属——属于说话一方的是**第一人称**；属于听话一方的是**第二人称**；属于说话人与听话人之外的第三方是**第三人称**。例如在法语中，有人称代词je（我）、tu（你）、il（他），德语、法语、俄语的"你"和"你们"是两种形式，而英语的"你"和"你们"是一种形式。此外，西班牙语"我们"、"你们"有性别之分。法语、西班牙语、意大利语的"他们"、"她们"有两种形式，而英语、德语、俄语、法语、西班牙语、意大利语都不加区别，却是一种形式。

	他们	她们
法语	ils	elles
西班牙语	ellos	ellas
意大利语	essi	esse

汉语表示"数"的形式并不很多，但人称的"数"比较完备。例如以上"他们"、"她们"，在汉语里尽管书写方式有异，但语音上往往也是一种形式。

在有些语言中，谓语动词的词形变化要与代词、名词的人称保持一致关系，俄语、德语非常典型。以德语sagen（说）和arbeiten（工作）为例：[1]

| 第一人称单数 | ich sage（我说） | ich arbeite（我工作） | 第一人称复数 | wir sagen（我们说） | wir arbeiten（我们工作） |

---

[1] 德语例子引自崔希亮《语言学概论》，商务印书馆，2009年，P152。

第二人称单数	du sagst（你说）Sie sagen（您说）	du arbeitest（你工作）Sie arbeiten（您工作）	第二人称复数	iIhr sagt（你们说）sie sagen（您们说）	ihr arbeitet（你们工作）sie arbeiten（您们工作）
第三人称单数	er sagt（他说）sie sagt（她说）es sagt（它说）	er arbeitet（他工作）sie arbeitet（她工作）es arbeitet（它工作）	第三人称复数	sie sagen（他们说）	sie arbeiten（他们工作）

表3-22　德语代词、名词与"人称"的一致关系

人称有"数"的特征（我，我们，你，你们，他，他们），这是相当普遍的语言现象。由于人称是和动作发生关系的，因为发出动作的人可以是单数，也可以是复数，于是动词不只是有人称，而且相应的有数的语法范畴。英语现在时且主语是第三人称单数时，动词要加-s。例如：

He plays football every Sunday.（他每个星期天都踢足球。）

以上不同的人称形式要求动词有不同的词形变化来与人称保持一致关系。英语更多的对应情况如下：

I am a teacher.	我是个教师。	第一人称单数
We are teachers.	我们是教师。	第一人称复数
You are a student.	你是个学生。	第二人称单数
You are students.	你们是学生。	第二人称复数
He（she）is a soldier.	他（她）是一个战士。	第三人称单数
They are soldiers.	他们是战士。	第三人称复数

表3-23　英语中人称、数和时态的配合

目前，英语动词与主语的人称一致现象已经不系统，英语动词be的现在时单数则有三种形式，体现不同人称的词性变化：

be — am（单数第一人称）
　　 are（单数第二人称）
　　 is（单数第三人称）

英语的"将来时"，当主语是第二人称用助动词shall（you shall），其他人称用will。例如：

He will play football tomorrow.（明天他将踢足球。）

6. 级（Degree）

不论什么语言都有许多形容词（Adjective）可以分出等级，说话人按自己的意见评论事物的性质，认为某事物"还可以"、或"比较好"、或"相当好"、或"很好"、或"非常好"、或"好极了"等等。用英语表达可以是good not bad；good；pretty good、very good、rather good、extremely good、surprisingly等等。**"级"**（Degree）就是表性状的程度的语法范畴，一般通过形容词、副词的形态变化来区分**原级**（Positive degree）、**比较级**（Comparative degree）和**最高级**（Superlative degree）。以英语为例，其构成方式主要包括给形容词、副词加词尾（例如-er、-est）、异根或加词（例如多音节形容词比较级加more、多音节形容词最高级加most）三种。例如：

$$
\begin{array}{l}
\left[\begin{array}{l}
\text{small — smaller — smallest（加词尾）}\\
\text{high — higher — highest（加词尾）}
\end{array}\right.\\
\left[\begin{array}{l}
\text{bad — worse — worst（异根）}\\
\text{good — better — best（异根）}
\end{array}\right.\\
\left[\begin{array}{l}
\text{excellent — \textbf{more} excellent — \textbf{most} excellent（加词）}\\
\text{beautiful — \textbf{more} beautiful — \textbf{most} beautiful（加词）}
\end{array}\right.
\end{array}
$$

在句子中，英语的比较必须有词尾的词形的变化（Accidence）。例如：

1.This book is better than that one.（这本书比那本书好。）（better，形容词比较级）

2.This book is the best.（这三本书中这本书最好。）（best，形容词最高级）

3.He ran faster than me.（他跑得比我快。）（faster，副词比较级）

4.He ran fastest.（我们当中他跑得最快。）（fastest，副词最高级）

在有些语言中，**"级"**不是通过构词的形式表现的。汉语在比较的时候不用什么语法手段，汉语的形容词没有比较级、最高级的语法范畴，只是通过词组的形式，例如"较好"、"最好"的句法形式表现的。

总之，通过以上分析可以看出，**语法范畴**（Grammatical category）不同于**语法意义**（Grammatical meaning）。所有的语言都有各种语法意义，但并不是所有语言都有以上的语法范畴。应该值得注意的是：

第一，不同的语言中相同、相似或相关的语法范畴会表现出不同的语法形式。以上这些语法范畴都有其特殊的语法意义，并有特殊的语法形式作为其外在标志。例如表示"动作的完成"，英语用"动词+词缀（-ed）"的词形变化形式，汉语就用"动词+虚词（了、过）"的形式；在加拿大不列颠哥伦比亚省的**夸愧特尔语**（*Kwakiut*）中，只分"我的爱"或"他的爱"，而没有用于各人称的"爱"；动词没有时体区别，反倒要表明是说话人亲自看见的动作，还是听说的动作，或是梦见的动作。

第二，一种语言中的语法形式和语法意义也并非简单的对应。（1）一种形式对应一种意义。如英语中的定冠词the只表示后面的名词是有定的或特指的，如the book（这本书）。（2）一种形式对应于多种意义。如德语中的定冠词除了表示名词定指，还表示名词的"性"和"数"，如der tisch（桌子，定指/阳性/单数）、die tische（桌子，定指/阴性/复数）、die tafel（黑板，定指/阴性/单数）。（3）多种形式对应一种意义。如汉语中表示名词的定指意义，既可以通过语序形式，即出现在光杆动词前的名词就是有定的，如"客人来了"（相当于英语的the guest），在动词后就是无定的，如"来客人了"（相当于英语的a guest）；也可以通过加指示代词或特定介词的形式（例如"把字句"）表示名词是有定的，如"（喜欢）这/那房子"，"把房子（卖了）"。

第三，以上语法范畴所包含的语法意义，在不同的语言里，**范畴**（Category）并不相同。有的语言必须区别单数、复数，有的语言不必区分"数"的概念。因此，在不同的语言中，要完成相同的交际任务，所采用的**语言手段**（Linguistic device）和**言语策略**（Speech strategy）却可能大不相同。比如总体来说，代词有单数、双数、复数之分，有主格、宾格、所有格之分，有阴性和阳性之分，有**简称**（Abbreviation）和**尊称**（Honorifics）之别，然而各语言对这些共同的语法范畴要素的体现形式是不同的。现代汉语人称代词只有单复数之分，没有"**双数**"（Even numbers）这个范畴，也没有主格、宾格之别，"性"体现不完整，也没有简称和尊称之分；同样是第二人称面称**敬体**，汉语采取的是**语音的策略**（Phonological strategy），把"你" [ni]变成"您" [nin]；而德语采用的是**词汇策略**（Vocabulary strategy），把du变成Sie，法语则有tu和vous；而英语则根本不变**代词**（Pronoun）的词形，而是采用助动词策略（Auxiliary strategy）来表达**敬体**（Honorific form）。在越南语中，第二人称面称的敬体形式要根据交际双方的关系、交际的场合以及交际态度来定，如对女老师要称co，对男老师要称thay，对母亲要称me，对爷爷要称ong，对奶奶要称b，如果是表达亲密、厌恶、愤怒或疏远等感情色彩则需要改变代词形式。①

---

① 崔希亮《现代汉语称谓系统与对外汉语教学》，载《语言教学与研究》1996年第2期，P34。

第四节　组合规则

一、造词手段

词是由语素组合而成的。根据**造词手段**（Word formation method）的不同，造词法（Word formation）一般分为**结构造词法**（Formative word formation）、**语音造词法**（Phonetic word formation）、**语义造词法**（Semantic word formation）和**修辞造词法**（Rhetoric word formation）四种。每一种造词法又可以进一步划分，例如结构造词法又分为词法造词法和句法造词法，修辞造词法又可分为比喻造词、借代造词、夸张造词等。下面举例说明。

（一）词法造词法（Morphological word formation）

根据词的形态变化形式创造新词的方法，如运用"词根+词缀"的办法。可分附加式（前缀、后缀、中缀、类词缀）、重叠式、音变式、转类式等等形式。这种构词法在英语、俄语等语言中占优势。

转化成词中有一类是**"变性成词"**，是由所谓的**"转类"**（Conversion）或**"零派生"**（Zero-derivation）的过程构成的词，即一个词转变词性而形成另一类词，只在语法意义上成为新词。例如英语中大多数单音节名词同时也是单音节动词：hunt（打猎）— to hunt（猎取）；walk（步行）— to walk（走）；sight（视觉）— to sight（看见）；play（游戏）— to play（玩）；crate（柳条箱）— to crate（用柳条箱装）；field（场地）— to field（把……暴露在场上）。这种现象在形态不太丰富的语言中大量存在。再如汉语"锁"（动词/名词），"在"（动词/介词/副词）通过转变词性，分别形成了不同词类的词。

（二）句法造词法（Syntactic word formation）

按照造句的规则来创造新词的方法。如运用"词根+词根"的办法。例如汉语中，可分为**主谓式**（日食、地震、年轻）、**动宾式**（下岗、命令、督学）、**并列式**（师生、学习、褒贬）、**偏正式**（笔直、洞开、汉语）、**补充式**（提高、打倒、车辆）等形式。例如：

	汉语	英语
并列式	途径、关闭、寒冷、生死 血肉、国家、忘记	walkie-talkie（步讲机）、out-and-out（彻头彻尾）、bitter-sweet（喜忧交加）、deaf-mute（聋哑）、downfall（垮台）、come-and-go（来往）
偏正式	飞机、拖鞋、金黄 龟缩、卷烟、雪白	long-term（长期）、quick-service（快餐）blackbird（黑鸟）、sunflower（向日葵）、butterfly（蝴蝶）、jellyfish（水母）、easy-going（随和）、overcome（克服）、swimsuit（泳衣）、greenhouse（暖房）、redhot（火热）
补充式	扩大、证明、推翻、打倒 压缩、船只、纸张	take-off（起飞）、lookout（注意）、breakout（突围）、layoff（裁员）、setup（设置）、carry-on（进行）、take-in（欺骗）
支配式	司令、叹气、挂钩、吹牛 跳舞、站岗、鞠躬	peace-loving（热爱和平）、duty-free（免税的）breakwater（防波提）、scarecrow（稻草人）、pickpocket（扒手）、carryall（提包）、sundown（日落）
陈述式	月亮、脸红、眼红 胆怯、民主、口吃	state-owned（国营）、handwriting（书法）earthquake（地震）、man-made（人造）、sunrise（日出）、cat-sleep（睡猫）、snow-white（雪白）

表3-24　复合词的五种常用构造方式

（三）修辞造词法（Rhetoric word formation）

又可以分为**比喻造词**（水龙头、猴头菇、开夜车、立竿见影）、**借代造词**（红领巾、红娘、爪牙）、**夸张造词**（万年青、飞毛腿）、**委婉式造词法**（长眠、有喜、寿衣）等。

（四）仿造式造词法（New creation by partial morpheme substitution）

更换词语中某个词素仿造而成的词语。一般是比照现成的词语，更换原有词语中的某个词素。在特定的语言环境下，能满足某种表情达意的需要。例如"人格/国格"、"白领/蓝领/金领/灰领"、"新闻/旧闻"、"功劳/苦劳"、"先进/后进"、"文盲/科盲/路盲/舞盲"等。在法语中，由pension（养老金）→pensionnaire（领养老金者）、reaction（反动）→reactionnaire（反动派），可以**类推**（Analogize）出：intervention（干涉）→interventionaire（干涉者）、repression（压迫）→repressionnaire（压迫者）。

（五）语音造词法（Phonetic word formation）

又称"**语音构词**"，主要运用语音的变化形式来创造新词。造词的原料是不表义的音节，主要是模拟事物的声音及其他语言的语音。例如通过**叠音式**（猩猩、蝈蝈、太太、明明、茫茫、偷偷、冷冰冰、硬邦邦、毛毛虫、呱呱叫、花花绿绿、结结巴巴、密密麻麻）、**双声式**（蜘蛛、琵琶、尴尬）、**叠韵式**（骆驼、蜻蜓、哆嗦）、**合音式**（甭[不+用]、俩（[两+个]）、**音译式**（麦克风[microphone]、沙发（[sofa]）、变调式（好[hǎo]→好[hào]、衣[yī]→衣[yì]）、**拟声式**（咕咚、扑通、布谷、知了、喵、哗啦、嗷嗷）等形式创造新词的办法。

（六）衍声造词法（Rhymed word formation）

语音造词法的一种。利用**叠音**和**双声叠韵**一类手段来构词。**叠音**（Repetition of the same Chinese character or word in the same sense），例如"爸爸"、"星星"、"形形色色"、"悄悄"；**双声**（Alliterated），即两个声母相同的音节构成一个词，例如"蜘蛛"、"仿佛"、"伶俐"；**叠韵**（Rhymed disyllables），是由两个韵母相同或相近的音节构成一个词。例如"骆驼"、"彷徨"、"灿烂"、"辗转"、"尴尬"。

（七）逆序成词法（Back-formation）

又称"反成法"或"逆构法"。即把原本合成词中不成词语素变为成词语素，再形成词。如英语beggar（名词，乞丐）中包括了beg和ar两个语素，从这个合成词中截取该语素，从而逆序形成单纯词to beg（动词，乞讨）。这些词虽然经过了截取，但并不造成词性的变化。这样的词在英语中很多，例如editor-edit（编辑）、omnibus-bus（公共汽车）、laboratory-lab（实验室）、popular-pop（流行）、pianoforte-piano（钢琴）、bicycle-bike（自行车）、smoke fog-smog（厌恶）、action-act（行为）、affliction-afflict（折磨）、separation-separate（分离）等等。

二、语素组合成词的规则

根据词干结构，可以把词分为单纯词、合成词 两大类。

（一）单纯词（Simple word）

由一个词根语素（在有的语言里加上词尾）构成的词。如：

汉语：江、海、河、狗、跑、跳、深、亮、徘徊、巧克力、琵琶、火车、玻璃、葡萄

英语：pen（钢笔）、house（房子）、meet（碰面）、fast（快）、red（红色）

（二）合成词（Compound word）

由两个或两个以上的语素构成的词。例如：

汉语：火车、心痛、眼红、人心、人手、看病

英语：chairman（主席）、notebook（笔记本）、blackboard（黑板）、honeymoon（蜜月）、sweetmeat（甜点）、railway（铁路）、roadblock（路障）、redneck（乡下佬）、haircut（理发）、muttonhead（笨蛋）

法语：cure-dent（牙签）

德语：panzer-kraft-wagen（装甲车）

根据词干上有无词缀（Affix），一般把合成词分为复合词（Compound word）和派生词（Derivative）和重叠词（Reduplication word）三类。

1. 复合词（Compound word）

"复合法"（Compounding）或"合成法"（Composition）以词为原始材料组成新词，没有词缀。完全由词根语素按一定规则组合成的词是复合词。复合词在各种语言中都有，但在汉语中更是最能产的词的构造类型。复合词可分为两种：

（1）"成词语素+成词语素"构成的复合词

构成复合词的词根语素都是实义的成词语素（Word-morpheme），或实义的不成词语素（Non-word morpheme），即不是虚词语素（Grammatical semantic morpheme）或词缀语素（Affixational morpheme）。如：

汉语：太阳、改变、新闻、雪白、房间、地震、台灯、车辆、飞机、思想、学习

英语：handbook（手册）、toothbrush（牙刷）、man-made（人造）、notebook（笔记本）、blackboard（黑板）、outline（概括）、waterfall（瀑布）、makebelieve（假装）

英语的复合词father-son thing，意思是"父子之间的事情"。这里是两个名词构成复合形容词，中间还可加短横线。再如英语的表示亲属关系的复合词：father -in law（岳父）、mother-in law（岳母）、grand-father（爷爷）、grand-mother（奶奶）等等。

（2）包含不成词语素的复合词

例如：

汉语：袖珍、端详、人民、文化、民主、皮肤

英语：hypo-thesis（假设）；aero-plane（飞机）

西班牙语：tocadiscos（电唱机）

2.派生词（Derivative）

"**派生法**"（Derivation）是将一个小于词的语素（一个词缀）依附于一个主要的成分（一个词基），这个词基常常是一个词，而这个词本身也可能含有一个或数个词缀。派生词与"**原形词**"（Original word）相对，由**词根词素**（Root morpheme）附加**词缀词素**（Affix morpheme）组合构成。例如**达科塔语**（*Dakota*）中，同一个词根xtaka可采用派生手段生成以下词汇：

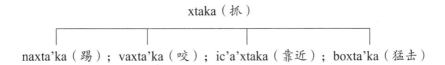

xtaka（抓）

naxta'ka（踢）；vaxta'ka（咬）；ic'a'xtaka（靠近）；boxta'ka（猛击）

词根是意义实在，在合成词内位置不固定的自由语素和黏着语素；词缀是意义不实在，在合成词内位置固定的黏着语素。由词根和词缀构成的派生词，根据词缀的位置，一般可分为三类：

（1）前附式

例如：

汉语：**老鼠、阿哥、第一、初十**

英语：**re-turn**（返回）、**un-fair**（发现）、**Sub-way**（地铁）、**pre-determine**（预定）、**re-write**（重写）、**anti-war**（反战的）、**reset**（复位）、**impossible**（不可能）**unfit**（不合适）、**disagree**（不同意）

俄语：до-ход（收入）、по-говорить（聊）、присмотреть（照顾）、по- кушать（吃）、спрыгнуть（跳）за-говор（密谋）

（2）后附式

例如：

汉语：**木头、凳子、盖儿、哑巴、看头、画家、读者、民族性、美化、热乎乎、沉甸甸**

英语：writer（作者）、happi-**ness**（幸福）、move-**ment**（运动）、deep-**en**（加深）、hard-**ship**（困难）、modern-**ize**（现代化）、desire-**able**（合意的）、bus**iness**（业务）、national（国家）、friend**less**（没有朋友）、friend**ly**（友好）、queen**ly**（女皇般的）

俄语：ленин-**изм**（列宁主义）、преподават-ель（老师）、школь-ник（小学生）、пев- ица（女歌手）、сказ-ка（故事）、звон-ок（门铃）

（3）中附式

例如：

马来语：putuk（啄，动词）—— pu-la-tuk（啄木鸟，名词）

菲律宾旁托语：kilad（红的，形容词）—— k-um-ilad（红了，动词）

英语： abso-bloody-lutely（绝对绝对地）

德语：arbeit-s-mann（工人）

汉语:古里古怪、糊里糊涂、吊儿郎当、巴不得、黑不溜秋、黑咕隆咚、脏里叭唧

上面的几种词缀有时还可一起出现，即前、后都是由词缀构成的派生词，又叫**多重派生词**。如：

英语：super-son-ic（超声速的）、un-friend-ly（不友好地）

　　　 ungentle-man-li-ness（非绅士样的风度）

汉语：非霸权主义、反革命者

汉语的派生构词能力不强，而英语的派生能力却很强，归纳起来，其主要组合形式如下：

词缀+词根	predicate（断言）、impute（转嫁）、dislike（讨厌）、abnormal（异常）
词根+词缀	application（应用）、movement（运动）、inflection（屈折）、beautiful（美丽）
词缀+词根+词缀	multinational（多国的）、semiskilled（半熟练的）、disagreement（不一致、分歧）、homosexual（同性恋的）

表3-25　英语复合词的派生方式

英语中，由一个名词和一个形容词构成另外一个新形容词时，一般在名词后面加-ed，构词方式为"形容词+名词+ed"。例如：

a red-hatted man（戴红帽子的男人）

a white-weathered bird（白羽毛的鸟）

a long-chinned boy（下巴很长的男孩）

a down-hearted girl（心灰意冷的女孩）

此外，在英语中，还有一类双重合成词十分普遍。例如：

bookseller（售书商）、hymn-singer（唱诗人）、troublemaker（捣乱者）、Bible-banger（灌输圣经者）、 mudslinger（诽谤者）、moneylender（放债人）、mountain-climber（爬山者）、woman-chaser（妇女追随者）

即由复合法（例如book+sell）和派生法（例如sell+er）共同组合成词。

3. 重叠词（Reduplication word）

又称"**叠音词**"。是由两个相同的词根语素相叠构成的词。重叠词在别的语言中不太多见，在汉语中也不是所有的词都可重叠。汉语的重叠词主要包括三种形式：

（1）名词性重叠

例如：爸爸、姐姐、星星、娃娃

（2）副词性重叠

例如：刚刚、偏偏、常常、渐渐

（3）多重重叠

例如：骂骂咧咧、婆婆妈妈、干干净净、热热闹闹

这种重叠构词不同于语法上的重叠形式的运用，例如"看看"、"试试"（表示"短暂"、"尝试"），"个个"、"天天"（表示"遍指"）。因此，既不增加语法意义，也不改变重叠词本身的词类性质。再如英语的"**重叠**"（Reduplication），在重复使用同一个语素时，可做也可不做修改：hush-hush（秘密的）、mishmash（混杂物）、helter-skelter（慌慌张张的）、fiddle-faddle（闲着玩儿）、jimjams（神经过敏）、flim-flam（胡言乱语）。词根重叠之后，不管它们的原始意义有没有改变，但都是通过词根重叠的方法来构成新词的。

"复合"、"派生"和"重叠"并不是我们仅有的创造新词的方法。有些词，特别是商标（Brand），例如Kodak（柯达，照相机等的商标）、Xerox（影印）；还有众多的专有名词跟社会和政党组织，例如FBI（美国联邦调查局）、UNESCO（联合国教科文组织）、NATO（北大西洋公约组织）、SPCA

（动物保护组织）、SEATO（东南亚条约组织）等，这些词称为**"缩略语"**（Acronyms），可以说是纯粹发明的新词。

三、词组或短语

短语（Phrase）又称"词组"，是词和词按照一定的语法关系形成的组合。词组或短语是句子结构中的重要一环，如：

语素（Morpheme）→**词**（Word）→**短语**（Phrase）→**分句**（Clause）→**句子**（Sentence）

（一）短语的分类

1. 按照短语内部句法结构关系分类

（1）主谓短语（Subject- predicate phrase）

由主语和谓语两部分组成。通常主语在前，是陈述对象；谓语在后，是对主语的陈述。如："我看见了"，The door opened（门开了）。

（2）述宾短语（Verb–object phrase）

由述语和宾语两部分组成。反映动作（述语）和受动作支配的事物（宾语）的关系。述宾结构都是述语在前，表示动作或行为；宾语在后，表示动作涉及的对象。例如："讨论问题"，to repair the car（修理汽车）。

（3）述补短语（Verb or adjective complement phrase）

由述语和补语两部分组成。通常述语在前，表示动作或状态；补语在后，对述语做出补充说明。例如："讲得清楚"，She sings beautifully（她唱得很动听）。

（4）偏正短语（Subordinate phrase）

由修饰语和中心语两部分组成。通常修饰语在前，中心语在后，修饰语对中心语做出修饰限制说明。偏正短语又分为两种：定中短语和状中短语。前者是体词性的，例如"我的朋友"，pretty girl（漂亮姑娘）；后者是谓词性的，例如："快走"。

（5）联合短语（Coordinate phrase）

通常由两个或两个以上地位平等的组词组合而成，其间可以加入表示并列或选择的虚词。例如："工人和农民"，boys and girls（男孩和女孩）；此外，还有**方位短语**（Locative phrase，如"房子东边"）、**数量短语**（Numeral-classifier phrase，如"三次"，two bottles of milk[两瓶牛奶]）、**"的"字短语**（De-phrase，如"开车的"）、**"所"字短语**（Suo-phrase，如"所认识的"）、**介词短语**（Prepositional phrase，如"对工作"，on the table [在桌上]、同位短语（Appositional phrase，如"老王他这个人"）、**连谓短语**（Serial verb phrase，如"去车站接人"）等等。

2. 按照短语整体功能进行分类

（1）名词性短语（Nominal phrase）

整体的语法功能相当于一个名词，通常以体词性成分为中心语，包括体词性联合短语（如"我和老王"）、体词性偏正短语（如"我的朋友"）、同位短语（如"首都北京"）、方位短语（如"桌子上"）、以名量词为中心的数量短语（如"三本书"、"两个人"）、"的"字短语（如"吃的"、"读书的"）、"所"字短语（如"所见"、"所说"）等。

（2）动词性短语（Verbal phrase）

整体语法功能相当于一个动词，以动词为中心语，包括动词性联合短语（如"讨论并通过"）、动词性偏正短语（如"好好地说"）、述宾短语（如"开会"、"打气"）、述补短语（如"洗干净"）、连谓短语（如"站着看电视"、"去食堂吃饭"）等。

（3）形容词性短语（Adjectival phrase）

整体语法功能相当于一个形容词，以形容词为中心语，包括形容词性联合短语（如"寒冷而干燥"）、形容词性偏正短语（如"很冷"）、形容词性述补短语（如"干净得很"）。

3. 按照短语的构成成分内部结合的紧密程度进行分类

（1）粘合式短语（Adhesive phrase）

具有完整的词汇意义并且可独立成词的短语形式。包括粘合式述宾短语（如"吃饭"、"说话"）、粘合式述补短语（如"抓紧"、"洗干净"）、粘合式偏正短语（如"纸箱子"、"新房子"）。

（2）组合式短语（Compositional phrase）

短语结构中各部分都是由单独的词充任，可扩展，二者之间有明显标志的短语结构。包括组合式述宾结构短语（如"吃完饭"、"说着话"）、组合式述补短语（如"抓得紧"、"洗得很干净"）、组合式偏正短语（如"纸的箱子"、"新新的房子"）。

四、句子的结构分析

句法结构（Syntactic structure）是句子中词与词之间的结构关系所形成的类型。在对**句子结构**（Sentence structure）进行分析的时候，可以从三个角度切入。比如：

John explained the problem. $\begin{cases} 从语义看："实施者—动作—目标" \\ 从语法上看："主语—动词—谓语" \\ 从功能上看："主位—过渡—述位" \end{cases}$

（一）句子成分分析法

句子成分分析（Sentence constituent analysis）又称**"中心词分析"**，是导源于古代希腊的传统语法学分析句法结构的方法。这种方法在汉语中的运用主要以黎锦熙的《新著国语文法》和二十世纪五十年代的**"暂拟汉语语法教学系统"**为代表。

句子成分分析法从句子的语法意义出发，对句子的结构部分进行功能分析。它遵循**"逻辑语义原则"**（Logical semantic principle），以句子内部各个成分之间的逻辑关系意义为依据，认定句子除插入成分和独立成分外，有主语、谓语、宾语、定语、状语、补语六个基本成分类别，也叫**多分法**（Multi method）。汉语在层次分析时，同时要对分析出来的直接组成成分标记上"主语+谓语"、"定语+中心语"等语法关系。例如：

（中文系）的 <u>同学</u> //[必须] <u>学</u> <好>（理论）<u>语言学</u>。
（定）　　（主）　（状）　（谓）（补）（定）　（宾）

1.句子成分分析法的优点：

（1）寻找中心词，主次分明，容易反映句子的基本构造；

（2）在反映句子基本构造的基础上，能够准确地归纳句型，收到提纲挈领的效果；

（3）句子成分与词类的对应性较强，能够反映词在造句中的功能和作用；

（4）找句子主干的方法便于教学，便于寻找语病，在初级语法教学上有一定作用。

2.句子成分分析法的缺点：

（1）严重忽视句法结构的层次性，不注重句子的层次分析；

（2）只适用于单句，不适用于复句以及合成词内部构造分析，忽视词组的句法作用。

（二）直接组成成分分析

二十世纪三十年代，美国语言学家**布龙菲尔德**（*L.Bloomfield*）在《语言论》（*Language*，1933）一书中首先提出"**直接成分**"（Immediate Constituent；IC）的概念，后经**威尔斯**（*R.S.Wells*）等人的补充和发展，逐步形成了"**直接成分分析法**"。直接成分分析法是在线性原则的基础上发展的，通过找直接组成成分来分析句法结构层次的方法。它利用**图形**（Graph）分析句子或词组的结构，把结构层次和结构类别都标出来，以揭示句法结构内部的显性意义。其特点是强调语言的**层次性**（Hierarchy），逐层指明每一构成层面的直接组成成分。这也是**结构主义**（Structuralism）语法学的思想在析句法方面的具体体现。

布龙菲尔德所说的"直接成分"就是处于同一结构层面上并直接构成该层面的句法成分。他所举的例子是：Poor John ran away.（可怜的约翰跑开了。）直接组成成分是poor John 和ran away，而每一个直接组成成分又是一个复杂形式，还可以分析；poor John的直接组成成分是poor和John，ran away的直接组成成分是ran和away；away还是一个复合形式，可以进一步分析出两个直接组成成分——语素a和way。图示如下：

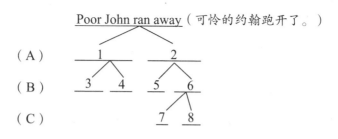

"**直接组成成分分析**"（Immediate Constituent Analysis，简称IC Analysis）又称为"**层次分析**"。语言中的句子，不管多么复杂，都是基本结构一层层套起来组成的，分析句子的结构层次，一般采用这种直接成分分析法。每一层次中，直接组合起来构成一个更大的语法单位的两个组成成分，叫做"直接组成成分"。

　　"层次分析"的具体操作模式如下：根据说话人的直觉和一些形式上的标准，一个句子可以分解为一系列的句子成分，例如"主语+谓语"，"名词短语+动词短语"，这些成分还可以再分解为更小的成分，直到最后无法继续分解为止。通过分析直接成分间的组合，来揭示句子构造层次的分析方法，俗称**二分法**（Dichotomy），通称层次分析法。例如，"他弟弟喜欢外国小说"中"他弟弟"和"喜欢外国小说"是直接成分，构成了主谓结构；"喜欢"和"外国小说"是直接成分，构成了动宾结构。"外国"和"小说"是直接成分，构成了偏正结构。例如：

　　直接成分分析法的重要特点是认为句子的构造是有层次的，句子中的词并不是都处在一个平面上。这种方法主要是对句子的语法结构逐层二分，依次找出各层次上的直接组成成分，一般分析到不能再切分为止。例如：①

　　以上两句的词类序列相同，都是"名词1+所+动词+的+名词2"，所表示的语法意义也相同，只是各自内部的语义结构关系有差异，即前一类"名词1"和"名词2"之间没有领属关系，后一类"名词1"和"名词2"之间有领属关系。

　　从上可知，层次分析着眼于句法结构内部的分析。我们通过分析，了解到一个句法结构内部所包含的若干词，是怎样按照一定的句法规则一层一层地组合起来的。事实上，层次分析法适用面很广，不光是语法分析，语音分析（语音结构）、篇章分析、语篇分析都得用到它，甚至一些有歧义的句法结构，这种分析

---

　　① 本例句的分析引自陆俭明、沈阳《汉语和汉语研究十五讲》，北京大学出版社，2004年，P67—68。

法也可通过层次分析来说明。

1.层次分析的客观依据

（1）语言组合的层次性

语言中的句子，不管多么复杂，都是基本结构一层层套起来组成的，每一层次中直接组合起来构成一个更大的语法单位。一方面，较小的单位可能被层层级级地整合（Integrate）成较大的语法构造；另一方面，较大的语法构造也能被层层级级地分解成很多较小的单位，如此能够揭示句子的构造层次性，科学地解释了句子的构造。例如，在英语一个成分后加上-al可构成一个形容词，其后再加上-ize可构成一个动词，再在其后加上-ation可构成一个名词，我们可以概括成抽象的构造图式（Constructional Schema）：

【【【【…】–al】ADJ–ize】V–ation】N

Centralization（集中）

Normalization（归一化）

Radicalization（激进）

Marginalization（边缘化）

Lexicalization（词汇化）

Grammaticalization（语法化）

以上有四个层级，具有较大的**能产性**（Productivity），可产出一系列实例。

此外，要深刻地理解语言组合的层次性，还得理解"替换"和"扩展"的概念。在语法研究中，"**替换**"（Substitution）是不可缺少的分析手段，比如在一个语言组合中，一个语言项目替代另一个语言项目的过程。"**扩展**"（Expand）指一个句法结构由简单变为复杂，如果原先的词类序列称为"模型"（Model），则扩展后的词类序列称为"**扩展式**"（Expanded form）；任何一个复杂的句法结构，都可以看作是一个简单的句法结构通过"扩展"而形成的，而"扩展"又是通过"**替换**"（Substitution）来实现的。例如：

a.洗

b.→洗（衣服）（组合性扩展Expansion through the combination）

c.→（我）（洗（衣服））（组合性扩展）

d.→（我）（洗（（一堆）衣服））（更迭性扩展Expansion by the supersession）

e.→（我）（洗（（一堆）（（脏）衣服）））（更迭性扩展）

f.→（我）（洗（（一堆（（换下来的）（脏）衣服））））（更迭性扩展）

g.→（我）（洗（（一堆（（（（刚）（换下来的））（脏）衣服）））））
（更迭性扩展）

h.→（我）（（洗（完））（（一堆）（（（刚）（换下来的））（脏）
衣服）））））（更迭性扩展）

i.→（我）（（洗<不>（完））（（一堆（（刚）（换下来的））（脏）
衣服）））））（插入性扩展Expansion through the insertion）

上面的例句说明，**语言结构**（Language structure）的**层次性**（Stratification）是**句法结构**（Syntactic structure）的基本属性。一个语言结构不管是语法、词汇或语音，只要其所包含的成分的数目大于二，就一定会存在语言结构的层次性问题。即使是词干中的语素，其组合也是具有层次性的。例如：

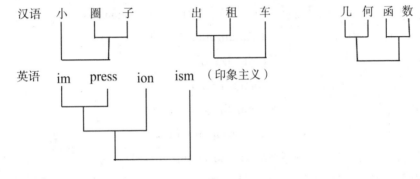

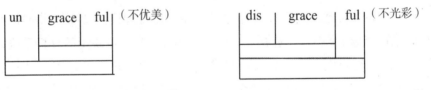

上面ungrace和disgraceful这两个词，有两种不同的层次组织模式。上图显示的是"**最终成分**"（Ultimate constituents）与"**直接成分**"（Immediate constituents）之间的区别。最终成分指所有的单语素，直接成分是指哪个跟哪个结合。例如disgraceful中的dis-是-grace-的直接成分（反之亦然），而整个disgrace-则是-ful的直接成分。同样的关系也可以用如下的树形图来表示：

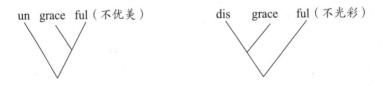

"直接成分分析法"是通过找"**直接（构成）成分**"来分析句法结构层次的方法，它利用图形（Graphical）分析句子或词组的"**结构**"（Construction），把**结构层次**（Structure level）和**结构类别**（Structure category）都标出来，以揭示句法结构内部的显性（Overt）意义。对于一些有**歧义**（Ambiguous）的句法结构，这种分析法也可通过**层次分析**（Immediate constituent analysis）来加以分析和区别。例如：

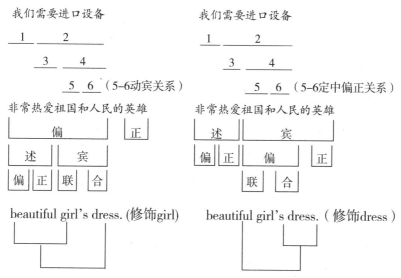

（2）语法结构规则的递归性

语言机能是人类独有的，其核心特征表现就是"**递归**"（Recursion），即语言交际中的一种基本计算。**生成语法理论**（Generative grammar）认为：句法结构形式是一个可以穷尽推导和通过有限手段重复使用而实现的独立运算系统，同样的语法结构可以层层嵌套，同一条结构规则可以重复使用而不致造成结构上的混乱，借数学的术语来说，这就是语法规则的"**递归性**"（Recursiveness）。例如：

the boy（男孩）── the boy's father（男孩的父亲）──the boy's father's friend's boat.（男孩的父亲的朋友的船。）

the boy's father中包含了一个名词构造the boy，还可继续套叠成the boy's father's friend's boat.

"**递归性**"实际上就是**有限规则的无限使用**（The infinite use of finite

means）。① 只要有几条**循环规则**（Recursive rule）反复运用，就可得到众多的句子。在句法组合中，递归性有两种表现，一种是从初始结构开始，至始至终重复，运用同一条语法规则，如上例；另一种表现是同一条语法规则可以在一个结构上间隔的重复使用。

语法规则的递归性与语法结构的**层次性**（Hierarchy）密切相关。语法结构的层次性在相当大的层次上是由递归性造成的；反过来讲，语法结构的层次性也为语法规则的反复使用提供了可能。然而，除了递归外，非递归也是人类独有的现象，如"主谓一致性"、"格"等。

2.直接成分分析法的缺点

（1）"直接成分分析法"告诉我们一个语段的层次如何，但光用这种方法还不能使我们知道成分的性质以及它们的结合方式，也就是说只能揭示句子的结构层次，不能揭示直接成分间的结构关系，特别是句法结构内部实词与实词之间的语义结构关系，因而不能区分一些层次相同但关系不同的语法结构；特别是针对一些歧义句式，就不能通过层次分析的**"切分"**（Segmentation）或**"定性"**（Qualitative）来加以分化了。例如：

反对的是他（他反对）　　　　反对的是他（反对他）

　1　　2　（1–2主谓结构）　　　　　1　2　（1–2主谓结构）

　3　　4 5 6（3–4"的"字结构）　　3　4　5 6（3–4"的"字结构）

　　（5–6动宾结构）　　　　　　　（5–6动宾结构）

（2）直接成分分析法的应用有局限性，特别是在汉语中，许多语言形式，如**兼语结构**（Pivotal construction）（例如"请她作报告"）、**双宾语**（Double–object construction）（例如"给弟弟一本书"）、**连谓结构**（Serial verb construction）（例如"去学校上课"）等就无法二分（Dichotomy），只能采用多分法。

（3）直接成分分析法忽视意义在句法结构中的作用。如果在句法分析中完全排斥意义，是不科学的，也是不能完全做到的。

---

① "递归性"体现为一个理论上可以无限延伸的长度，但由于发音机制和听觉容量的局限，它的实际长度是有限的。

五、显性结构和隐性结构

语言形式（Language form）有隐性（Covert）和显性（Overt）之分。**句子成分分析法**（Sentence constituent analysis）只要把句子中的词语判定出成分就算完成句子分析的任务，至于非直接成分之间的关系或者主谓、述宾以外的关系，则往往视而不见。我们可以把这种关系叫做**显性的语法关系**（Overt grammatical relations），亦称语法结构关系；而实词与实词之间的语义联系，则通常称为**隐性的语法关系**（Covert grammatical relations），亦称**语义结构关系**（Semantic structure relations）。

（一）显性语法关系的特点

1. 成分之间是连续的；
2. 是直接成分之间的关系；
3. 成分之间的关系是单一的。

如果我们一旦摆脱了线性的限制，就会看到，词进入句子之后的联系是多层次、多方位的，相互影响的因素可以是超线段或非连续性的。这种关系就是隐性语法关系。

（二）隐性语法关系的特点

1. 可以是非连续性的；
2. 可以是间接成分之间的关系；
3. 一个成分可以同其他成分发生多种关系。

例如，现代汉语"中国队胜南朝鲜队"和"中国队败南朝鲜队"这两个句式，之所以语义相同，是因为"胜"含有"使败"之义，而"败"含有"使胜"的意义所致。这种隐性的语义特征是古汉语"败兵"使动**基因**（Gene）的传承。[1] 再如：

　　小刘拉开了门。

　　一个月踢坏了三双鞋。

"小刘拉门"和"小刘开门"两个主谓结构合成一个，"开"既作"拉"的

---

[1]　吕叔湘《说"胜"与"败"》，载《中国语文》1987第1期，P1—5。

补语，又与"小刘"有主谓关系，又与"门"有述宾关系。"坏"既作"踢"的补语，又与"三双鞋"形成主谓结构（如"三双鞋坏了"）。

第五节　语法的分析

一、变换分析法

由语义结构关系的不同所造成的歧义句式，层次分析无能为力，这就要求我们去探求新的分析手段，**变换分析**（Transform analysis）的运用正是为了适应这种研究的需要。变换分析是一种语法分析手段，变换可以理解为存在于两种结构不同的句法之间的依存关系。例如"黑板上写着字"即"NP[L]+V+着+NP"（A式）和"外面下着雨"即"NP[L]+V+着+NP"（B式），表面看结构相同（A式和B式包含的词类相同，词类序列相同，构造层次相同，语法结构关系相同），实际上还不是严格的同构，因为内部的语义结构关系不同，在语法意义表达上就存在有不同。A式可以跟"NP+V+在+NP[L]"（C式）相联系。例如：

（A式）黑板上写着字。→（C式）字写在黑板上。

A式表示存在，也表静态。上述情况表明A式和C式之间有变换关系，A式可以变换为C式。即A→C。而B式可以跟"NP[L]+正在+V+NP"（D式）相联系。例如：

（B式）外面下着雨。　→（D式）外面正在下大雨。

D式表示活动，表动态。上述情况说明，B式和D式之间有变换关系，B式可以变换为D式。即B→D。在这里，A式只能和C式之间发生变换关系，与D式之间没有变换关系；反之，B式只能和D式之间发生变换关系，与C式之间没有变换关系。

"变换"和"转换"是两个概念。一般把乔姆斯基转换生成语法理论所用的Transformation译为"**转换**"，是指从深层结构（Deep structure）到**表层结构**（Surface structure）的映现（Map）过程。这里说的"**变换**"（Transformation）是指美国描写语言学家后期代表人物**海里斯**（*Z.S.Harris*）所用的，指同一层面上不同句法结构之间结构上的**依存关系**（Dependency）。目前我们所运用的"变换"还是来源于海里斯的。①

（一）句式的变换

按照句子的不同语调（语气）把句子**分成陈述句**（Declarative sentence）、**疑问句**（Interrogative sentence）、**祈使句**（Imperative sentence）和**感叹句**（Exclamatory sentence）等四大类型。其实每一个**句类**（Sentence mode type）还可以再往下分。比如陈述句可以分为**肯定句**（Affirmative Sentence）和**否定句**（Negative sentences），还可以从另一个角度分为**主动句**（Active sentence）和**被动句**（Passive sentence）。不同的句类之间有着内在的联系，相互之间可以根据一定的条件转换。句式的变换，就是运用增加、删除、换位、变更结构格式等手段，把一种句式变成另一种句式，以弄清句法意义，适应表达上的需要。

句式变换常使用的手段有成分**移位**（Movement）、**替代**（Replacement）、**增添成分**（Addition）、**省略成分**（Deletion）、改变语调等。事实上，当我们跳出一个语法格式的范围，去考察几个格式之间的关系，考察这种关系的途径就是变换。在所有的"转换规则"中"移位"是全部**转换规则**（Transformational rule）的核心规则，而其它诸如"添加"、"删略"等操作则是移位过程中连带使用的一些"附属规则"，最终都要依附**"移位规则"**（Shifting principle）才能操作。

句型变换是句式变换中的一项主要内容。常见的句型变换是陈述句变为疑问句，肯定句变为否定句，主动句变为被动句。英语和汉语也有各种不同的变换方式。如汉语，要把肯定句转换成否定句，一般可以在要否定的词（或词的组合）前面加上"不"或"没"（"没有"）等。如："我去"—"我不去"。

在英语中，则一般是在要否定的动词前加上don't（do not）的不同形态，动词本身还要变成不定式；如果前面有助动词或动词是be，则在助动词或be后面加n't（not）。如：

肯定	否定
John is writing a letter.	John isn't writing a letter.
John will come tomorrow.	John won't come tomorrow.

表3-26　英语否定句的构成

① 英语语法著作中的Transformation有三种含义，在传统语法中，指句子的改换，在美国描写语言学中，指不同的句式的变换；在乔姆斯基的转换生成语法中，指底层结构到表层结构的转换。

陈述句变为疑问句，汉语中有好几种形式。一种是只把原来下降的语调改为上升的语调；另一种是改为上升语调后，句尾再加疑问语气词"吗"；还有一种是改为上升语调后，再把需要提问的词改为疑问代词，等等。陈述句变换为祈使句，一般只要删去陈述句的相应主语，并改变语调即可。

英语和汉语"被动句式"的构造过程中，最重要的操作也是"移位"。例如：

  a.Floodwater washed the house away.（洪水冲垮了房屋。）

  b.The house was washed away by floodwater.（房屋被洪水冲垮了。）

首先把受事宾语the house（房屋）移至句首，主体主语floodwater（洪水）移至介词by或"被"后，还使用了"添加"（加上助动词或介词）的辅助形式。

汉语和英语的"强调句式"的构造过程中，同样最主要的是"移位"和"添加"。例如：

  a.China invented printing.（中国发明了印刷术。）

  b.It is China that invented printing.（是中国发明了印刷术。）

汉语的"存在句式"的构造过程也是先让处所名词移至句首，随后"替换"或"添加"（动词后"了"、"着"），然后"删除"施事主语，删除"了"。过程如下：

我挂墙上一幅画。→我在墙上挂了一幅画。→墙上挂着一幅画。

从以上变换的例子就可以看出，变换确实可以超越一个语法格式的范围，揭示有关格式之间的关系。同时也证明，变换必须是语法格式的有规则的变化。然而，即使是合格的转换形式也并非不改变意义。请看下面的句子：

  a.We shall go downtown tomorrow.（我们明天想要进城。）

  b.Shall we go downtown tomorrow?（我们明天将进城吗？）

以上两个句子是英语陈述句和疑问句的转换影响了句子的语义的例子。尽管两句动词和名词的语义关系没有改变，但是由于情态助动词shall在疑问句（b）中只表示"将来时态"，而在陈述句（a）中还表示"意愿"，可见两句转换前后的语义还是有一定差别的。再看下面两组句子：

  a.人们在地震后又盖起了新房子。

  b.地震后新房子又被人们盖起来了。

  a.* Einstein has visited Princeton.（爱因斯坦访问了普林斯顿大学。）

  b. Princeton has been visited by Einstein.（普林斯顿大学爱因斯坦访问过。）

上面两组句子是主动句和被动句的转换。第一组a中的"新房子"不一定是"所有的房子",而b中"新房子"却一定指"所有的房子",因此两句话转换前后的语义不一样。第二组的句子尽管动词和名词的论元语义关系没有改变,但是a却是个错句,原因就在于Einstein(爱因斯坦)现在已经去世,所以不能用现在完成时态的主动式,只能用现在完成时态的被动式b。可见两句话的语义有所不同。

(二)变换和句法同义

语言表达要求细致而又经济的原则,致使语言中同一个意义可以用不同的句法格式来表达,即语言中存在着大量的同义格式。例如:

a.十个人吃了一桌饭; 一桌饭吃了十个人。

b.十个人坐了一辆车; 一辆车坐了十个人。

c.一天写了三千字; 三千字写了一天。

d.鲜花开满阳台; 阳台开满鲜花。

e.(1)The sonata is easy to play on this piano.

这曲子很容易在钢琴上演奏。

(2)This piano is easy to play the sonata on.

钢琴上很容易演奏这个曲子。

以上句子中名词和动词的论元关系并没有改变,(e)中的(1)、(2)两句都是(某人)在"钢琴上"演奏"曲子"。

所谓的"句法同义"就是指几种句子格式表示相同或相近的结构意义,即把一个句子变成表示同样意义的不同句式。比如:

(1)来客人了。→ 客人来了。

(2)我们把侵略者打败了。→ 侵略者被我们打败了。→侵略者我们打败了。

(3)大家圆圆地坐成了一个圈儿。→ 大家[圆圆]地坐成了一个圈儿。→ 大家坐成了一个(圆圆)的圈儿。

(4)王大夫中草药给这位病人治好了胃病。→ 这种中草药王大夫用它给病人治好了胃病。→这位病人王大夫用中草药给他治好了胃病。→这种胃病王大夫用中草药给病人治好了。

以例(4)为例,治病的人都是"李大夫",治疗的对象都是"病人",治疗的都是"胃病",治病用的都是"中草药"。再如:

（1）我打碎了镜子。　　（2）镜子被我打碎了。

（3）镜子我打碎了。　　（4）我把镜子打碎了。

（5）镜子是我打碎的。　　（6）是我打碎了镜子。

（7）打碎镜子的是我……

以上几个句子的格式虽然都有所不同，却都表示"施事（我）——动作（打碎）——受事（镜子）"这样的结构意义。再看下列四个句子：

（1）晴雯撕了扇子。　　（2）扇子被晴雯撕了。

（3）扇子晴雯撕了。　　（4）晴雯把扇子撕了。

以上四个例句虽然格式不同，但意义相同。我们来看看如何把原句式（1）变为（2）、（3）、（4），其变化规则以及变换手法怎样。

第一个句子变换成第二个句子的规则是：把宾语提到句首并变为主语，再在原主语前加一个表示被动意义的介词"被"。这种变换使用了两种手法，一是移位（挪动句子成分），二是添加（加介词）。这是汉语主动句变换为被动句的规则之一。

第一个句子变换为第三个句子的规则是：把宾语提到句首并变为主语。这里只使用了移位的手法。

第一个句子变换为第四个句子的规则是：把宾语提到动词的前面，前面再加上介词"把"变为状语。这里也使用了移位和添加两种手法。

表示同一结构意义的各个句式形成一个聚合，它们可以按照一定的规则互相变换，在变换的时候，可以使用移位、添加、删除和替代等手法。这就是变换和句法同义之间的关系。

（三）变换和句法多义

要表达的意义是无限的，而语言中格式是有限的，用有限的格式来表示无穷的意义，致使语言中同一种句法结构可以表达不同的意义，即语言中存在着大量的同形格式（或称歧义句式）（Ambiguous sentence）。一个语法结构可以表示两个甚至两个以上的结构意义，就称为句法多义。例如：

a.the king /of England's people　　　b.the king of England's /people

英国人的国王　　　　　　　　　　英国国王的人民

c.old men and woman ┌ old man and women（老头儿老太太们）（偏正）

└ old man and women（老头儿们和妇女们）（联合）

d.Two boys stole three apples.
- 两个孩子一共偷了三个苹果。
- 两个孩子各偷了三个苹果。

e. посещие мага
- 对魔术师的拜访。
- 魔术师的来访。

f.They can fish.
- 他们能钓鱼。（can为形态助动词，表示"能够"）
- 他们把鱼造成罐头。（can为及物动词，表示"做罐头"）

以上同一构造中的内部结合关系存在着语法**模糊性**（Fuzziness），各成分之间的关系并不十分明了。例e中的"魔术师"既可以是宾格也可以是属格，因为俄语中的这个词的属格与宾格都用–a来表示，且两个格还是同音的。我们再来看英语的I cooked the meat.这个句子的两种分析方法：①

---

① 下面两图引自[美]*Dwijht Bolinger*《Aspects of Language（《语言要略》），方立等译，外语教学与研究出版社，1993年，P250。

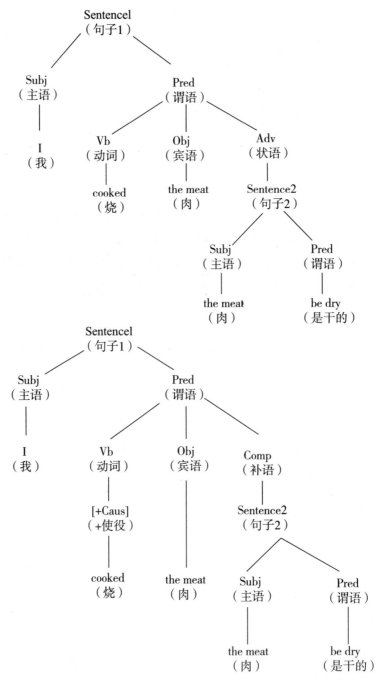

　　上面I cooked the meat.这个句子，在第一种情况下，是采用一种不加水的干烧的方法，即"我是在肉是干的情况下把肉烧好的"，第二种情况是"我把肉一直烧到干了"，两者的深层结构是不同的。为了表明"一直烧到肉干了"这

个含义，深层结构中给动词添加了一个特征[+caus]（即causative，使役的），意思指"烧"的动作使肉变干了；"使"的动作把be dry作为它的补语（Comp，即complement）。这种情况的补语本身就是一个句子。

再看汉语同样是主谓结构，"菜不吃了"没有歧义，只包含一种语义结构关系——"受事和动作"的关系；但是"鸡不吃了"却包含着两种可能的语义结构关系，一种意思是"鸡（病了，因此）不吃（东西）了"，这是施事主语句，是施事和动作的关系，即"鸡"是动词"吃"的主语；还有一种意思是"鸡（我们）不吃了，（再吃点儿别的菜）"，这是受事主语句，是受事和动作的关系，"鸡"应是原来动词"吃"的宾语。

再如英语的偏正结构The shooting of the hunters，也包含了两种结构意义：（1）hunters（猎人）是shoot（射击）的施事；（2）hunters（猎人）是shoot（射击）的受事。前一种条件下表示"猎人进行射击"，后一种情况下表示猎人遭到射击。然而，同样结构的另一个句子The purchasing of the quartermast，却只有一种关系：quartermast是purchase的施事，没有歧义。这也说明英语动词shoot和purchase分属不同的两个小类。

偏正结构中的这种歧义现象在汉语中也有。例如："打听的人还没有来。"可以有如下A、B两种理解：

A：去打听的人还没有来。

B：被打听的人还没有来。

A和B两种意思同样属于一种语法结构，就是"主语（打听的人）＋谓语（还没有来）"的主谓结构。变换可以把聚集在一个语法结构里的两种结构意义放到另一些结构里去检验，如果在别的结构里不能聚集在一起，两种结构意义就可以区别开了。例如：

第一步：使用添加的方法来变换上述句子：

（1）打听的人还没有来。

（2）他打听的人还没有来。

（3）打听他的人还没有来。

第二个句子表示"人"是"打听"的受事，第三个句子表示"人"是"打听"的施事。这说明一个偏正结构"打听的人"可以兼表两种结构意义，因此产生了歧义，我们称为多义的结构。

第二步：用添加的方法分析另外一个结构完全相同的句子：

（1）快递的东西还没有来。

（2）他快递的东西还没有来。

（3）*快递他的东西还没有来。

第二个句子表示"东西"是"快递"的受事，第三个句子则不成立。这说明一个偏正结构"快递的东西"只能表示一种结构意义，我们称为单义的结构。

通过变换和比较，我们认识到：汉语中"动词＋的＋名词"这样的偏正结构有两种小类，一种是单义的，另一种是有施事或受事的歧义的。

由于变换不是孤立地在一个结构本身内部进行分析，而是借助于其它结构来说明，这就使变换不但能够辨析歧义的结构，而且还能发现造成歧义的词语的语法小类，最终不论在组合还是聚合上都把语法分析推进了一步。

（四）变换和歧义消解（Disambiguation）

由于语言中所存在的含有相同语义结构的不同句法结构之间总是存在着某种内在的结构联系，所以通过**"变换"**（Transform）可以帮助我们识别句子的结构，用于区别和消解**歧义结构**（Ambiguous structure），即**"解疑"**（Disambiguation）。很多歧义结构只是运用显性语法规律是区别不了的，例如"三个少数民族学生"可以理解为"少数民族的三个学生"和"来自三个少数民族的学生"。再如：Was she more or less courteous? 如果写下来就会有歧义。在这句话中，more or less有歧义，一个意思是"她是有一些客气吗？"另一个意思是"她是更客气些，还是更不客气呢？"又如在下面的句子中，（1）没有歧义，如果brother这个词是复数brothers，则会有a和b两个意思。

（1）The brother of Mr Liu and Mr Wang went to the theater yesterday.

（刘先生的弟弟和王先生昨天去看戏了。）

（2）The brothers of Mr Liu and Mr Wang went to the theater yesterday.

a.（刘先生的几个弟弟和王先生昨天去看戏了。）

b.（刘先生和王先生的弟弟（们）昨天去看戏了。）

另如汉语和英语共同的歧义结构：

a.flying planes
　　驾驶飞机（动宾结构）
　　飞行中的飞机（偏正结构）

b.flying planes can be dangerous.

（a.驾驶飞机可能是危险的。）

（b.飞行中的飞机可能是危险的。）

造成歧义的主要原因就是flying planes既可以理解为动宾关系的"驾驶飞机"，也可以理解为定中偏正关系的"飞行中的飞机"。汉语中还有大量这种具有动宾和偏正两种关系类的歧义结构，如"学习材料、进口汽车、研究方法、出租汽车"等，既可以理解为"述宾结构"也可以理解为"定中"偏正结构。①

汉语是形态极不发达的语言，缺乏消除这种歧义的语法内部的手段；相反，英语运用不同的语法手段，如格标记、主谓一致关系、冠词等，都可消除这类歧义。例如：

a.Flying planes is dangerous.（驾驶飞机是危险的。）（主谓一致）

b.Flying planes are dangerous.（飞行中的飞机是危险的。）（主谓一致）

c.Flying a plane can be dangerous.（驾驶一架飞机可能是危险的。）（加冠词）

d.A flying planes can be dangeious.（一架飞行中的飞机可能是危险的。）（加冠词）

再比如"对小张的意见"可做如下的分析：

（A）对　小张的意见　　　　　（B）对小张的　　　意见

　1　　2　（1-2介词结构）　　1　　　　　　2　（定中偏正结构）

上面的句子之所以产生歧义，就是因为"意见"属于"见解、论点"类名词，因此，"小张"既可以看作"意见的持有者"，也可以看做"意见的针对者"。再如"咬死了猎人的猎狗"可以有两种理解——"猎狗咬死了猎人"和"猎人的猎狗被咬死了"；② 这种歧义现象在英语里也有，例如The shooting of the hunters was terrible.这句话有两种变换形式：

（1）The hunters shot terribly.（猎人凶猛地射击。）

（2）The hunters were shot terribly.（猎人遭到凶猛的射击。）

以上这些歧义句往往在**变换式**或**"转换式"**（Transformation）中能够显现出来其差异来。例如：

A"在黑板上写字"和B"在家里吃饭"，两个句子格式相同，可概括为：

---

① 这里的"歧义结构"实际上是轻重音的问题。重音在后，则为"述宾结构"，重音在前，则为"定中"偏正结构。

② 事实上，汉语很多所谓的"歧义结构"只是从书面上看有歧义，就口语而言，并不会让人觉得有歧义。"咬死了猎人的猎狗"，主要是语音停顿（Pause）的不同，如"咬死了ν猎人的猎狗"和"咬死了猎人的ν猎狗"，再如"对小张的意见"也可以有两种停顿"对ν小张的意见"和"对小张的ν意见"；"三个少数民族学生"也可以有两种停顿："三个ν少数民族学生"的"三个少数民族ν学生"。"鸡不吃了"也可以读成"鸡ν不吃了"，则歧义全消。

介词十名词处所十动词十名词。

A和B用句子成分分析法或直接成分分析法都只能分析成相同的结构，但二者的变换式却有所不同。如果我们把有变换关系的两个句式的实例分行排列，就形成了一个**变换矩阵**（Transformational matrix）。例如：

（A）在黑板上写字→把字写在黑板上

在池子里养鱼→把鱼养在池子里

在墙上贴标语→把标语贴在墙上

在瓶子里灌水→把水灌在瓶子里

在果树上打农药→把农药打在果树上

（B）在家里吃饭→*把饭吃在家里

在北京上大学→*把大学上在北京

在池子里洗衣服→*把衣服洗在池子里

在马背上读书→*把书读在马背上

在飞机上看哈尔滨→*把哈尔滨看在飞机上

A式表示动作处置的结果，"黑板"也是指明"字"最终存在的处所。而B式表示活动，也表动态，"家里"也是指明"吃饭"这一活动的场所。

在变换矩阵里的句法结构，无论在形式或意义上存在着一系列的平行性。**原句式**（Original sentence pattern）即箭头左边的句式，各竖行的句法结构都**同构**（Isomorphism,句法结构中包含的相对应的词所属的词类相同，词类序列相同，构造层次相同，语法结构关系相同），所表示的语法意义一致；**变换式**（Transform）即箭头右边的句式，各竖行的句法结构都同构，所表示的语法意义一致。其次，所有横行箭头左右两侧的句法结构在结构上和语法意义上的差异一致，而每一横行箭头左右两侧的句法结构其**共现词**（Co-occurrent words）之间的语义关系一致。

此外，还有一类句子同时可作两种解释，如：

（A）在火车上 写标语。　　　（B）在 火车上写标语

在房顶上 画画　　　　　　　在 房顶上画画

在椅子上 刻龙　　　　　　　在 椅子上刻龙

它们兼有上面两类短语的意思，因而是歧义短语。按A类理解，也可以变换成"把标语写在火车上"；按B类的理解，则是在"火车"上从事"写标语"的活动。

从上可知，变换分析与层次分析明显不同，层次分析着眼于句法结构内部的分析，而变换分析着眼于句法结构的外部分析，着眼于考察所分析的句法结构

（一般称为原句式）跟与之有内在结构关系的句法结构（一般称为变换式）之间的联系，通过分析达到分化歧义句式，甚至给原句式定性、分类的目的。因此，在分化歧义句式上，"层次分析法"强于"句子成分分析法"，而"变换分析法"分化歧义句式的能力更强。

二、语义特征分析

正如层次分析的局限，促使变换分析的运用一样，变换分析可以用来分化歧义句式，但不能解释造成歧义句式的根本原因。例如：

A式：名词L+动词+着+名词语（舞台上摆着鲜花）

B式：名词L+动词+着+名词语（舞台上演着节目）

上面两个句式：词类序列相同，内部构造层次相同，每一层面的直接组成成分之间的语法结构关系也相同，但内部的语义结构关系却不同。A式中动词"摆"具有的语义特征可以描写为【+使附着】，而B式中动词"演"具有的**语义特征**（Semantic feature）可以描写为【–使附着】。[①]

语法分析可以分为**形态分析**（Morphological analysis）和**句法分析**（Syntactic analysis）两个方面。**形态**（Morphology）可提供**谓语**（Predicate）等信息，例如英语的takes（单数）和wrote（过去式），俄语的берy（拿，本来是брать，在第一人称"我"后面写成берy）和писал（写，过去式）等。当单靠词的形态特征和结构特征不足于确定词与词的搭配关系以及词组或句子的结构类型时，语义分析就更显得重要。例如：

（1）The fish was bought by the cook.（鱼是由厨师买的）

（2）The fish was bought by the river.（鱼是在河旁边买的）

以上两个句子中前六个词都一样，只是最后一个词不同，两个by-phrase又处于动词bought之后，作状语。前者当"由"讲，后者当"在……旁边"讲，差别在于cook是有生命的名词，而river则是表示地理位置的名词。

从上面的例子可以明显看出**语义**（Semantic）的作用，语义分析可以用来精确地描述句法结构、确定词汇单位的意义、说明语义结构与句法结构的相互作用。再看，下面这两句话：

---

① "+"表示具有该语义特征，"–"表示不具有该语义特征。

1. We shall have a symposium on Monday. （星期一我们将有一个研讨会。）

2. We shall have a symposium on mathematics Monday. （星期一我们将有一个数学研讨会）

结构完全相同，如果单靠语法分析，很难得出on-phrase的不同作用。借助语义分析，第1个on-phrase中的Monday为时间名词，与symposium无语义联系，故可判断为状语，第2个on-phrase中的mathematics为学科名词，与symposium无语义联系，故可判断为定语。

语义特征分析为我们的语法研究进一步实现了形式和意义的结合。

三、语义格和语义指向分析

"语义格"（Semantic case）是由美国语言学家菲尔墨（C.J.Fillmore，1929—   ）提出的。他在1966年发表了《关于现代格理论》（Toward a Modern Theory of Case），1968年发表了《"格"辨》（The Case for Case），1971年发表了《格语法的一些问题》（Some Problems for Case Grammar），1977年发布了《再论<"格"辨>》（The Case for Case Reopened）等一系列论文，从而创立了系统的格语法（Case Grammar）理论，从语义的角度，弥补乔姆斯基（Chomsky）的"转换生成语法"（Transformational-generative grammar）的不足，认为"范畴概念"（Categorical notions）不能包括一切语言现象，必须用"关系概念"（Relational notions）才解释清楚。[1] 它实际上是转换生成语法发展出来的一个分支。

菲尔墨所说的 "格"（Case）与传统语言学中的表层"格"（Case）不同。[2] 菲尔墨所说的"格"是句子中体词（名词，代词等）和谓词（动词，形容词等）之间的及物性关系（Transitivity）。这些关系是语义关系，它是一切语言中普遍存在的现象。格语法中的"格"是 "深层格"（Deep case），其形式标志是介词（Preposition）或语序（Word Order）。菲尔墨先后提出了16种语义格：

---

① 乔姆斯基在《句法理论若干问题》（Aspects of the Theory of Syntax，1966）中提到两种概念 "关系概念"（Relational Notions）和 "范畴概念"（Categorical）。前者指语法功能概念，如主语、谓语和宾语；后者指语法范畴，如动词短语、名词短语、介词短语等。

② 乔姆斯基建议把case的第一个字母大写，写为 Case，以区别于传统语法中的 "格"。本书没有特殊说明，第一个字母一律大写。

施事格 （Agent）:A	感受格（Experiencer）:E	工具格（Instrument）:I	客体格/受事格（Object/ Patient）:O
源点格 （Source）:S	终点格（Goal）:G	使成格（Factitive）:F	范围格（Range）:R
处所格（Locative/ Place）:L	时间格（Time）:T	行径格（Path）:P	与格（Dative）:D
受益格 （Benfactive）:B	伴随格（Comitative）:C	永存格（Essive）	转变格（Translative）

表3-27　菲尔墨的语义格

格语法理论认为，尽管不同语言中有不同的**"格形式"**（Case form），但一切语言中都存在着普遍的**"格关系"**（Case-relation）或**"格功能"**（Case-function）。格的语法认为，主语、宾语等概念只是表层结构的概念，在深层结构中，动词与名词是格的关系。此外，菲尔墨还认为，世界上的语言有各种结构类型，主要分为："主语+谓语+宾语"，"主语+宾语+谓语"和"谓语+主语+宾语"。但这只是表层结构，其深层结构是一样的。他举的例子如下：

$$V(A)(I)O—V \begin{cases} O：\text{The window broke.}（窗子打破了。） \\ AO：\text{The boy broke the window.}（男孩子打破了窗子。） \\ IO：\text{The ball broke the window.}（球打破了窗户。） \\ AIO：\text{The boy broke the window with the ball.}（男孩子用球打破了窗子。） \end{cases}$$

"格语法理论"（Case Grammar）被引入中国后，主要被用来研究汉语中名词和动词之间的语义格。例如鲁川、林杏光根据汉语的特点，把"语义格"改为"格关系"，认为"格语法"是个不能自足的语法体系，它既不研究偏正关系，也解决不了句子生成的排序问题（即安排"话题"和"焦点"的问题）。他们还认为**格关系**（Case-relation）有**层级性**（Hierarchic），**"格系统"**（Case system）分为六种体：**主体**（Nominative）、**客体**（Accusative）、**邻体**（Dative）、**方式**（Means）、**根由**（Reason）、**环境**（Situation），每一种体下分三个格，每一个格下再分若干个"格标类"。此外，根据汉语的特点和汉语语法研究的需要，引出了**"语义指向"**（Semantic orientation）的说法，并进一步研究造成某个成分不同语义指向的内在规律。以下各例都是"动+形/动+了"的述补结构，但补语成分在语义上的指向却各不相同。例如：

        a.砍光了（"光"指向"砍"的受事）

        b.砍累了（"累"指向"砍"的施事）

        c.砍钝了（"钝"指向"砍"的工具）

        d.砍快了（"快"指向"砍"的动作本身）

我们称这种实词与实词之间的语义联系为语义结构关系，将句法结构中的某一成分（如上面例句中的补语）语义上的指向称为某成分的**语义指向**（Semantic coreference）。

语言成分之间"句法结构关系"和"语义结构关系"常常不一致，甚至相同的句法结构形式具有的语义关系还可能截然相反。例如：

        a.吃面包（动作—受事）

        b.吃食堂（动作—处所）（在食堂吃）

        c.吃火锅（动作—工具）（用火锅吃）

        d.吃老本（动作—凭借）（靠老本吃）

        e.吃快餐（动作—方式）（用快餐的方式吃）

以上句法结构均为"动宾"关系，其中的动词"吃"都是一样的，却有着不同的语义结构关系。它们在语义上所直接联系的成分不同，即"语义所指"不同。

语义格的引入无疑使语法研究更好地将语法的形式分析和语义分析结合起来，从而使我们对语法做出更为全面的分析、描写。"语义指向"说到底就是把句法结构形式和语义结构关系联系起来，在关注一种结构形式的时候还要说明这种结构形式可能具有什么相同或不同的语义关系，在关注一种语义关系的时候还要说明这种语义关系可能负载在什么相同或不同的结构形式上。"语义指向"不但是汉语语法事实分析的一种需要，更是汉语语法研究方法的一种创造。①

四、配价结构分析

"价"（Valency）这一概念借自化学，化学中提出"价"的概念，为的是说明在

---

① 这里的"指向"不同于"所指"。"指向"是反映成分间语义上的相关关系；"所指"是反映成分间语义上的相同关系。因而是两个不同的概念。

分子结构中各元素原子数目的比例关系。价语法认为，每个句子都包含一个主项，即动词，以及一定数目的属项，就像一种物质包含一种主要元素和一些次要元素一样。主要元素与次要元素结合方法取决于主要元素的价。动词与其他句子成分的结合方式也取决于动词的价数。价语法是**依存语法**（Dependency grammar）的一种，就是从句子成分相互依存或从属关系的角度来分析它们之间的关系。

　　最早把化学的"价"引入语法研究的是法国语言学家卢西恩·特斯尼耶尔（*Lucien Tesnière*，1893—1954），在其所创立的**从属关系语法**（Dependency grammar）中提出"**价语法**"（Valency grammar）。"价语法"认为动词是一个句子的中心，它支配着句子中别的成分，而动词本身则不受其他任何成分的支配。直接受动词支配的有"名词词组"和"副词词组"，其中名词词组形成"**行动元**"（Actant），副词词组形成"**状态元**"（Circonstants）。从理论上说，句子中的"状态元"可以是无限多的，而一个动词结构中的"行动元"不得超过三个。这三个行动元就是：主语、宾语1和宾语2。动词的"价"就决定于动词所支配的"行动元"的数目。[①] *Tesnière*认为动词有"价"的问题，为的是说明句子的谓语动词与之相关的句子成分主语、宾语相互组配的权限和数目不同的原因。

　　具体地说，"**配价**"（Valence）是指动词对必有名词性从属成分的支配能力。是动词可以携带**论元**的能力，能够携带几个论元以及携带什么样的论元都由动词固有的配价能力决定。根据动词的配价能力可以将动词分为零价动词、一价动词、二价动词、三价动词等。例如：

一价动词的语义配置　　　　　二价动词的语义配置

　　"价"也称为"向"。只能跟一个名词性成分发生必要联系的动词也叫**单向动词**（Monovalent verbs），例如"咳嗽"，能跟其发生关系的只有其**施事成分**（Agent composition），如"小王咳嗽了"；能跟两个名词性成分发生必要联系的动词叫**双向动词**（Bivalent Verbs），如"参观"，能跟其发生必然联系的名词性成分可以有两个：**施事成分**（Agent composition）和**受事成分**（Patient composition）；能跟三个名词性成分发生必然联系的动词如"给/give"，能跟其发生必要联系的

---

①　Tesnière, L.（1959）*Éléments de Syntaxe Structurale.Paris:klincksieck.*

名词性成分可以有三个：**施事成分**（Agent composition）、**受事成分**（Patient composition）和**与事成分**（Dative composition ），如"我给他一本书"。"给/give"的论元结构中的三个受支配论元：施事（动作的故意发起人）、涉事（动作的非主动参与者）和受事（动作的受力对象），因此该动词称做"**三价动词**"或"**双及物动词**"（Ditransitive verbs），而"编织/knit"则为有施事、受事的二价动词或单及物动词。因此，配价描述的是动词作为**词项**（Lexical item）在进入句子之前的潜在能力。

人们最初认为动词有配价的问题，动词性的结构可以进行配价分析，后来语言学家通过研究发现，形容词和名词等也有配价的问题。形容词同样也有跟名词性词语发生关联的问题，当然也就有了配价问题（刘丹青1987）。[①] 在现代汉语中，一般的形容词都是一价形容词，也就是类似于一价动词（不及物动词），在语义上要求必须有一种性质的名词性词语与之关联，如"大"、"漂亮"、"聪明"、"伟大"等；而能受介词结构"对"修饰的则只能是二价动词，要求有两种性质的名词性词语与之关联，如"热情"、"严"、"熟悉"、"负责"等。同样，名词的配价表现为某个名词一定要去与另外的某个名词在语义上构成依存关系（即二者各自以对方为自己存在的先决条件）。如果一个名词只要求与一种性质的名词在语义上与之构成依存关系，或者说与另一种性质的名词之间存在隐含的谓词性配价关系，这样的名词就是"一价名词"，例如"哥哥"、"弟弟"、"叔叔"、"爸爸"、"姑姑"等亲属称谓类的名词、"质量"、"脾气、"价格"等属性类的名词、"脚"、"手"、"桌子"、"黑板"等部件类的名词；如果一个名词要求与两种性质的名词在语义上与之构成依存关系，或者说与另外两种性质的名词之间存在隐含的谓词性配价关系，这样的名词称为"二价名词"，如"已经、兴趣、态度、害处"等抽象名词。

综上，"配价分析"利用动词与不同性质名词之间、形容词与不同性质的名词之间、名词中隐含谓词与不同性质的名词之间的配价关系来研究、解释某些语法现象，取得了很好的效果。

---

① 刘丹青《形名同现及形容词的向》，载《南京师范大学学报》1987年第2期。

第四章　词义与语义

第一节　词汇和词义

词（Word）是语言中能够独立运用的最小单位。**词汇**（Vocabulary）是一种语言中所有词和成语等固定用语的总汇。

一、基本词汇和一般词汇

（一）基本词汇（Basic vocabulary）

基本词汇是一种语言的词汇的核心部分，包括那些最原始、最单纯、最基本的词——根词，具有全民常用、稳固、有构词能力的特点。基本词是词汇中的核心，是构成语言的基础，是一种语言的词汇中最常用的那部分词。基本词具有三个显著的特点：普遍性、稳固性、能产性。

基本词汇主要包括关于自然界事物、人体各部分、劳动工具和生活通用品、亲属关系、方位处所和时间、事物的一般性质和状态、人或事物的行为和变化、数量、指称和代替、人类文化生活以及常用的虚词等。

基本词汇的三个特点是互相联系、互相影响、互为因果的。由于基本词汇具有全民常用性特点，在使用上涉及到方方面面，涉及到不同阶层、不同的地域的人们运用语言，牵一发而动全身，所以客观上就要求基本词汇保持相对稳定性，不能经常变动，以利于运用；当新的事物现象出现，需要新词记录时，人们又首选现成的基本词汇作为构词材料，使得基本词汇又具有了很强的构词能力，这又反过来强化了基本词汇的全民常用性特点和稳固性特点。

（二）一般词汇（Common vocabulary）

语言词汇中除了基本词汇以外的词构成语言的一般词汇，它的主要特点是：不是全民常用的（一般普遍性较窄）；或者虽然在短期内为全民所常用，但不稳固，容易发生变化；一般没有构词能力或者构词能力比较弱。以汉语为例，一般词汇应包括：

历史词（Historism）（先生、丫鬟、账房、太监、巡捕、八股文、贡院）

新词（Neologism）（充电、下课、关爱、菜单、鼠标、手机、软件）

文言词（Archaic word）（吾、俱、亦、何、尚、勿、甚、若干、太监、除官）

方言词（Dialect word）（晓得、对头、瘪三、尴尬、忽悠、念叨）

行业词（Jargon）（心电图、CT、反应堆、辅音、共振峰、电阻、采购、战役）

外来词（Loan words）（咖啡、沙发、巧克力、引擎、瓦斯、戈壁、可口可乐）

仿造词（New creation）（剩女、暖男、啃老族、房奴、空巢、月嫂、蓝领、国格）

基本词汇和一般词汇的关系是很密切的，它们是有机的整体。基本词汇是新词孳生的基础，新词是基本词汇扩充的主要来源。基本词汇是语言的基础，但一般词汇使语言更加丰富多彩。基本词汇是在漫长的历史发展过程中逐渐积累和丰富起来的。这个过程，在一定意义上讲就是一般词转化为基本词，再进入基本词汇的过程。同时，一般词汇与基本词汇之间存在着一种动态的置换关系（相互依存、相互渗透、互补）。

$$一般词 \rightarrow 基本词 \rightarrow 基本词汇$$

$$一般词汇 \rightleftharpoons 基本词$$

基本词汇的扩充是以新词为主。例如"飞机"曾经是一个新词，后来"飞机"的词义使"机"产生新的词素义，于是孳生了"机群、"客机"、"僚机"、"运输机"、"轰炸机"等词。"飞机"一词的意义是明确的，并已为社会 普遍运用，它的词义又固定在"机"的字义中，而且构成了许多新词，因此，"飞机"成了基本词。

二、词汇意义类型（Lexical meaning type）

每个词都有其约定俗成的相对稳定的语意内容，即**词义**（Lexical meaning）。词义是通过词的形式反映出来的人们对客观事物和现实现象的认识结果，具有**概括性**（Generality）、**社会性**（Sociality）和**模糊性**（Ambiguity）的特点。

词汇意义的种类指可以从不同的角度分出不同的类别。例如：

起源或发生的观点	本义（original meaning）—变义（changes in meaning）
	词源义（etymon meaning）—现行义（current meaning）
词的各种意义之间的语义关系	直接义（meaning）—转移义（transferred meaning）
	具体义（concrete meaning）—抽象义（generalized meaning）
	中心义（central meaning）—边缘义（marginal meaning）
词的各种意义之间的层次	表层义（surface meaning）—深层义（deep meaning）

表4-1　词汇意义的不同分类

由于分类的角度不同，一个词的词汇意义类型可能是**重合**（Coincidence，superposition，coincide）或**交叉**（Overlapping）的。

词与义二者之间的对应关系在言语社会成员共同的知识体系中形成"固定形式"，词在使用中大多数时候所显示的词义都是这种"定式"的反映，这也是人们能够利用语言顺利地交际的前提。掌握一种语言，其核心的问题是要把词的语音形式和词的意义联系起来。即：

语音——意义——现实现象

当然，像基督教的"上帝"（God），俄语中的русалка（美人鱼），中国文化中道教的"玉皇大帝"，佛教的"阎王"、"地狱"，神话中的"龙王"、"神仙"、民间故事中的"灶王爷"、"财神爷"，文学作品中的"孙悟空"、"白骨精"，以及欧美文化中的Heaven（天堂）、ghost（鬼魂）、God（神）、Santa Claus（圣诞老人）、angel（天使）等，从表面看都是反映的人的精神世界里的对象，实际上却是人脑对现实中真实现象的一种虚拟的反映和投射。然而，即使是在自然界中根本不存在的"鬼"（ghost），在不同文化中"鬼"的长相也不同。

三、词义的性质

语言学里经常所说的**词义**（Lexical meaning）指的是词的**语言意义**（Semanteme），也就通过语言的各级单位——语素、词、短语、句子、语段，以及这些单位的组合表达出来的**理性意义**（Conceptual meaning），这种意义是脱离具体**语境**（Context）而存在的，是在词的聚合状态下贮存着的，所以又被称为**"无语境义"**或**"贮存义"**（Langue meaning），是不同于**言语意义**（Parole meaning）的**语言意义**（Semanteme）。[①] 通过词的形式反映并进一步概括出来的，人们对客观事物认识的结果，有四个方面特点：

（一）一般性（Generality）

词的语言意义是词的言语意义的集中、综合和不同程度的**概括化**（Generalization）的结果，**"概括"**（Generalize）就是把特殊的、复杂的东西变成一般的、简单的东西，要经过抽象思维提炼本质属性。

（二）模糊性（Ambiguity）

由于需要把特殊的、复杂的东西变成一般的、简单的东西，所以必须抹煞每个事物之间的微小差别，这样才能按照其共同的特征归为一体。词义的模糊性实际上是指词义所反映对象的边界不清楚。例如"长"、"短"、"高"、"低"、"冷"、"热"以及"早上"、"上午"、"中午"、"下午"、"晚上"、"夜里"都很难用精确的数字来衡量。

（三）社会性（Sociality）

意义在最初被词形也就是语音所负载，是人们体验或观察某一事物或事件后所获得的感知成果，也就是一种经验。一方面，经验是人们在实践过程中对外在世界的心理反应，是语言使用的群体通过交流，凝聚在词义中的智慧，这种经验属于民族，属于社会；另一方面，由于语言是人类最重要的交际工具，因此，在一个社会的内部交际就必须使用语言。同时，语言在使用时是带有强制性的，社会内部必须按照已有的"约定俗成"使用语言。由于这些制约，词义就必须是全民性的，为社会全体成员所公认的。

---

① 详见王宁《论词的语言意义特性》，载《训诂学与词汇语义学论集》，语文出版社，2011年，P1—14。

（四）民族性（Nationality）

词义的社会性和经验性必然带来的一个特点是词义具有显著的民族性。民族性的主要表现是词汇意义及其关系中反映出的历史文化特性。不同民族生存的地理环境、历史文化传统、心理状态以及民俗风情的不同，必然导致认识上的差异，这种差异反映到词义上，造成了词义的民族特点。任何语言的词语中都携带了一定的民族文化成分，比如俄语中的борщ（红菜汤）、матрешка（套娃）、самовар（茶饮）、снегурочка（雪姑娘，每年圣诞节的时候和圣诞老人一起给孩子带来礼物的美丽女孩）等等。

四、语素义和词义

语素是语言中最小的音义结合体，其功能主要是构词；**词义**可以独立地表示概念，能独立地用做句子成分，词义可以独立。词义是在词素义的基础上形成的[①]，不是词素义的简单相加，而是词素义的**融合**（Fusion）。例如"鹊桥"、"坐月子"、"红娘"、"眼红"、"爪牙"等。

词义同词素义的联系有意义一致和意义不一致两种情况。例如汉语的"新房"和"新人"指"婚房"和"新郎"或"新娘"，并不一定是指"新的房子"和"新的人"，而"新手"的意义却有可能是和"新人"的另一个义项"新的人"一致。

汉语的"词素"又称为"语素"，一般不能独立表示概念，只能构词。汉语的语素义和词义之间的关系类型如下：

（1）语素义按照一定的语法关系直接表达词义

例如：私营、珍品、认错、父母。

（2）语素义和词义相同或相近

例如：牙齿、衣服、美丽、离别。

（3）语素义表示词义的某些内容

例如：黑板——用木头或玻璃等制成的可以在上面用粉笔写字的黑色平板。

[①]　在分析词的内部结构时，我们把"语素"称为"词素"Csemantic morpheme。

（4）用语素义的比喻用法表示词义

例如：绊脚石、废物、浪花、手足。

（5）用语素义的借代用法表示词义

例如：蓝领、白领、江山、眉目。

（6）部分语素义失落或模糊

例如：忘记、国家、是非、窗户。

（7）所有语素的意义同词义没有联系

例如：东西、红娘、马虎、二百五。

五、词义的类别

词义就其内部成分而言，包括**概念义**（Ideational meaning）、**附加义**（Additional meaning）和**语法义**（Grammatical meaning）三个部分。传统的汉语就是从逻辑、语法和修辞三大方面来研究词义，例如：

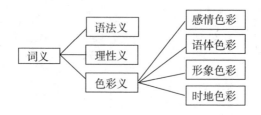

图4-1 词义的构成

（一）逻辑意义

逻辑意义（Logical meaning）指"**理性意义**"和"**内涵意义**"，指受特定的自然地理环境制约的词汇（例如"熊猫"、"梅雨"、"戈壁滩"等），受特定的物质生活条件制约的词汇（例如"馒头"、"四合院"、"泰山"、"胡同"、"学校"、"医院"、"亭台楼阁"等）以及受特定的社会和经济制度制约的词汇（例如"科学"、"个体户"、"公司"、主席"、"农转非"、"计划生育"等）。落实到具体词上，又称"**概念义**"（Ideational meaning）、"理性义"、"指称义"、"客观义"或"核心义"，既是词义的核心部分，也是词义中最稳定的部分。

（二）语法意义

语法意义又称"**功能义**"（Functional meaning）。一是指与词汇意义相对，由一定的语法成分和结构形式所表示的意义。例如"热爱"的功能意义是"经常充当句子的谓语"、"能和名词直接组合"等；二是指词在特定的语法结构中所具有的意义，即由词性（或语法功能）不同导致词义变化而形成的新的词义。无论是汉语还是英语，表达句法结构的语法手段都是词序、虚词和语调（包括句调、重音和停顿）等。因此，句子的语法意义也就从这几个方面体现出来。例如在单句中虚词表示句子成分之间的关系，而在复句中虚词则表示分句之间的关系；而没有虚词连接的复句常以语调作为句子的语法标志，语调中的停顿还有区分句法层次的语法意义，例如"三/加四乘五（=23）"和"三加四/乘五（=35）"，停顿的位置不同，含义也不同；此外，停顿还可以用来区分单句和复句。

（三）修辞意义

修辞意义（Rhetorical meaning）即语言的"色彩义"，是一种从属性质的意义。这种意义不是词、语、句的基本内容，一般都附着在逻辑意义之上，不能离开逻辑意义而独立存在。修辞意义主要是指感情色彩、形象色彩和风格色彩等等。例如英语的broomstick，原来的意思是"扫把"，但在英国，broomstick经常跟"女巫"等不好的意象联系在一起，因此这个词所表达的文化内涵是具有贬义的。英语中有这样的说法：the old broomstick（老扫帚），a witch on a broomstick（乘扫把飞行于空中的女巫），再如jump over the broomstick（做露水夫妻）等；再如汉语中带有民族文化特色的"龙"、"长城"、"华表"等；再如汉语中具有比喻意义的词语，例如"红"、"白"、"黑"等颜色词，以及有象征意义的"松"、"竹"、"梅"等；还有置身于特定的语境中往往可以引发具体联想意义的词语，如"八（发）"、"蜡烛（奉献）"等，都是有鲜明的色彩义。

（四）范畴意义

即从一群词中概括出来的共同特征，例如：day、night、yesterday、tomorrow、week、month、year、hour、minute、second属于"**时间名词**（Temporal noun）"，而

从"**语义场**"理论来说，这种词同属一个"**语义场**"（Semantic field）。

第二节 词义的聚合

一、多义词（Polyseme）

语言用声音组合所表达的思想是有限的，而人的经验是无限的，所以任何语言都要进一步分类才能够使用。而每种语言都有不同的分类方法，因此，在多数情况下，词汇的意义并不是单一的，而很多**基础词汇**（Basic vocabulary）的语义更是复杂多样，从而形成**多义词**（Polyseme）。例如：

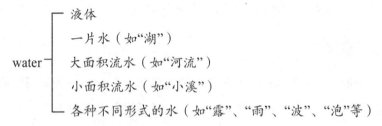

有一些词并不见得本身就是多义词，只是由于与不同的词搭配而产生了不同的意义，例如temperature和color：

temperature

- temperature centigrate（摄氏温度）
- temperature room（室内温度）
- high temperature（高温）
- fusion temperature（熔点）
- temperature alarm（过热警报）

```
        ┌── color asphalt（带色沥青）
        │   color band method（色带法）
        │   color check（染色探伤）
color ──┤   color chip（染片）
        │   color number（色数）
        │   color oil（调色油）
        │   color stability test（颜色安定度试验）
        └── color TV（彩电或彩色电视）
```

多义词与"**单义词**"（Monoseme）相对，是指包含两个或两个以上**义位**（Sememe）的词。例如汉语的"博士"一词有三个义位：①学位最高一级；②古代专指精通某种技艺的人；③古代的一种传授经学的官员；而英语的doctor一词除了"博士"以外，还有"医生"的义位。一般来说，由于汉字本身的表意性，使汉语的词义相对来说较为明确，具体表现在：词的涵义范围比较窄，比较精确固定，词义的伸缩性和对上下文的依赖性相对较小，独立性就比较大；英语的词义比较灵活，突出表现在"一词多义"上，词的含义范围相对就比较宽，从而丰富多变，词义对上下文的依赖性就比较大，独立性也比较小。例如，英语的button有"扣子"和"开关"两个义项，所以即使是在同一个语境中，I can't find the button. 也可以表示两个意思，一是"我找不到那个扣子"，二是"我找不到那个开关"；同样，count有"法庭"、"法院"、"立法机关"、"宫廷"、"朝廷"、"庭院"、"球场"、"基地"、"营区"等意思；look out也包含了多个义位："往外看"、"把头伸到窗看"、"当心"、"留神"等；而make up在不同的上下文中，可以分别表示"弥补"、"赔偿"、"拼凑"、"配制"、"编排"、"编制"、"虚构"、"捏造"、"组成"、"调节"、"化妆"等几十个意思；同样，set off可以表示"出发"、"动身"、"使爆炸"、"引起"、"使开始（做某事）"、"衬托"等十几种意思，所以要根据上下文来确定它的具体含义；另如turn out在不同的句子中，可以有多种意思：

（1）**Turn out** the light.（关灯。）

（2）**Turn out** the guard.（派出警卫。）

（3）The whole town **turned out** for the event.（为此全城人都出动了。）

（4）This machine can **turn out** 100 copies a minute.（这台机器每分钟能复制100份。）

同样，英语story，汉语的词义是"故事"，但在英语中，不同的上下文可以使它有7种不同的词义。如：

> It is quite another **story** now. （情形、事件）
>
> But officials refused to confirm the **story**. （报道、消息）
>
> Some reporters broke the **story**. （内容、真相）
>
> He'll be very happy if that **story** holds up. （传说、说法）
>
> The **story** about him faded out from the TV. （热门、渲染）
>
> The Rita **story** is one of the saddest. （身世、遭遇）
>
> A young man came to the office with a **story**. （情节、案件）

认知语言学（Cognitive linguistics）认为，既然人的认知活动和语言的形成有着密切的联系，语言是人对现实世界的认知过程和结果，那么语言的形式和意义之间的配对就不会是随机的，而是有理可循、有据可查的。多义词之间的关系既不是任意的，也不是约定俗成的，它们之间的关系具有系统性，每一个词项代表了一个复杂的范畴。多义词各个义位之间大都有意义上的引申、派生的关系。即一个词有多项意义时，这些意义之间是互有联系的。例如下面的moon有四个意义：

> The **moon** goes round the earth. （月球）
>
> There is little **moon** tonight. （月光）
>
> He **moons** about in the street. （闲逛）
>
> She **mooned** the morning away. （虚度）

如以俄语белый（白色）这个词为例，белый作为颜色词，它的义位所包含的义素是概念义素。不过，当人们用белый去修饰一些其他词，由它组成别的词语，这时，белый往往会携带上一定的背景义素。[①] 例如：

> белая ворона （白乌鸦，指标新立异、与众不同的人）
>
> белый угодь （白煤，像煤一样可以用来发电）
>
> Белая изба （白房子，有烟囱的木屋）
>
> белые стихи （白诗，指不押韵的自由体诗）
>
> белый свет （白世界，指人世间）

再如英语sharp一词可与表示多种感觉的词语相连使用，表现出不同的意义：

---

① 诸例引自朱志平等《从应用语言学视角看俄罗斯语义学》，载《训诂学与词汇语义学论集》，2011年，P274。

> a **sharp** pin（触觉）
> **sharp** eyes（视觉）
> **sharp** ears；**sharp** voice（听觉）
> **sharp** smell（嗅觉）

汉语"尖"与英文相似，例如：

> **尖刀**、**尖锐**（触觉）、**尖顶**、**眼睛尖**（视觉）
> **耳朵尖**、**尖声尖气**（听觉）、**鼻子尖**（嗅觉）
> **舌头尖**（味觉）、**尖尖的角**（兼指触觉与视觉）

另外，还有一些词本身是多义词，但在固定结构中它们的意义又是确定的。例如：

> effect：结果、影响、感受、大意、效应
> influence：影响、势力、感化力　　（effect/influence/impact）of A on B.
> impact：冲击、影响、降落　　　　　　A对B的影响

在这种固定结构中，不仅这些词的意义是确定的，而且两个介词的功能和意义也是明确的。例如：

> friendship between A and B.（A和B的友谊）
> application of A on B.（A在B方面的应用）

我们一般把**多义词**（Polyseme）中最初产生的那项意义叫**本义**（Original meaning），由本义逐渐衍生出来的意义叫做**派生意义**（引申义）（Extensional meaning）。例如，表示"绿色的"的词在英语green，俄语зеленый，德语gruner和法语vert中都派生出"没有经验的"、"年幼无知的"这样的意义。俄语的язык，本来的意思是"舌头"，通过用说话的工具来指明它所实行的活动，后来就派生出"语言"的意思。其实在汉语中也有"口舌"、"舌战"等词，用"舌"指"说话"的例子，比如"抓俘虏"也叫"捉舌头"。用"舌头"表示"语言"的语言还有很多，例如拉丁语lingua，英语tongue，希腊语glôssa，西班牙语lengua，芬兰语kieli，匈牙利语nyelv，土耳其语dil，哈萨克语、维吾尔语til等；俄语的стол（桌子）还可以指放在餐桌上的饭食、餐具等。汉语的"玉"还有"洁白"、"美丽"的派生义。另如汉语的"兵"，我们可以查到它最早的意义是"兵器"。《说文解字》："兵，械也。从廾，从斤。会意。"甲骨文字形，上面是"斤"，是短斧之类；下面是"廾"（ gǒng，双手），象双手持斤。本义：兵器，武器。《荀子·议兵》："古之兵，戈、矛、弓、矢而已矣。"

《国语·越语》："兵者，凶器也。"《老子》："兵者，不祥之器。"《墨子·七患》："兵者，国之爪也。"贾谊《过秦论》："收天下之兵，聚之咸阳。"《孟子·梁惠王上》："兵刃既接，弃甲曳兵而走。"古人还说"坚甲利兵"、"短兵相接"、"兵不血刃"、"厉兵秣马"等等，以上"兵"都是指的"兵器"。现在其含义由武器引申为战士（兵强马壮）、与军事或战争有关事物（兵法、兵书）的统称。它的词义内涵发生了变化：

兵——兵器——拿兵器打仗的人——打仗的法则（策略）

多义词多项意义的地位是不平等的，有的义项使用比较多，在一个词中占中心地位，那么这项意义就是中心意义，或者主要意义。如"兵"，现在我们一听到这个词，首先想到的是"拿兵器打仗的人"，所以不管最早的意义是什么，"兵"的中心意义就是"拿兵器打仗的人"（士兵）。

（一）词义的发展

认知语言学认为一个**词项**（Lexical item）代表了一个复杂的**范畴**（Category），它有多个相关的义项。按照认知语言学的理论进行分析，我们可以发现词义之间的内部逻辑关系。认知语言学将这种语义联系称作为语言的"**理据性**"（Motivation）。如图：

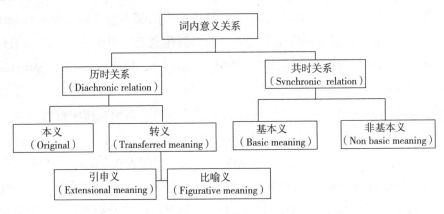

图4-2　词汇意义关系图

一般认为词义发展、新义的产生主要通过**引申**（Extension）和**比喻**（Trope）两种方法。[①] 在多个相关的义项（Sense）里，其中有一个是典型义项，当

---

① 参见叶蜚声、徐通锵《语言学纲要》，北京大学出版社，1995年；符淮青《现代汉语词汇》北京大学出版社，1985年。

把这个典型义项投射到不同的域中时，词义就会随之发生变化，通过**隐喻**（Metaphor）、**转喻**（Metonymy）等认知机制衍生出其他义项来。这些义项通过**范畴化**（Categorization）联系起来，构成一个网络。一个**多义词**（Polysemant）就是一个由这个词的各个义项组成的**范畴**（Category）。在这个范畴中，各个成员的地位又可能是不平等的，范畴中的成员以辐射的形式聚集在一个或几个核心成员的周围。其中，最基本、最核心的那个义项被称作"**核心意义**"（Core meaning），其他意义均是通过某种认知机制由核心意义派生而来的**引申意义**（Extended meaning）。多义词的核心意义就是多义词意义范畴中最具代表性的那个意义，即**典型意义**（Typical significance）。典型意义往往是人们最先获得的，也是语义最原始最基本的义项，其他的语义范畴就是围绕这个**基本义**（Basic meaning），不断扩展而逐渐形成的。例如，当人们听到fruit一词时，最多想到的是包括"苹果"、"香蕉"、"梨"等"水果"，一般不会想到由此引申出的"子女"、"收获"之义；又如break一词，其核心义项是"打破"、"打碎"，这也是其他义项，例如"骨折"、"割破"、"打断"、"违反"等义项的延伸。

词义的引申（Semantic extension）通俗地说，就是语言在使用过程中，凭借事物之间的相似性引起的联想，从而衍生出来的意义。**联想**（Mental association）是人类共同的**认知能力**（Cognitive ability），可以分为接近联想（空间上和时间上接近）、相似联想（属性相似）、对比联想（性质对立）和关系联想（因果、整体与种属等）四种类型，这些类型在语言运用中都有所反映。[①] 英语head本义是"头"，为了突显"头"的一部分，引申表示"大脑"，例如mind or brain；tongue本义是"舌头"，人的"舌头"是语言产生的工具，因此，两者处于**邻近关系**（Contact relation）。crown的典型义项是"王冠"，由于它与国王、王权处于邻近关系，且它具有突显特征，于是最终便引申出"国王"、"君主"、"王权"等义项。

这里要特别说明的是，尽管人们普遍认同词义派生的途径是"引申"这一论断，但事实上，"引申"只是词义演变的结果而非过程或手段。和词的基本意义相比较，引申反映的是词以及词义的动态特征。例如汉语的"粽子"既表示"以苇叶裹糯米"这一中国特有的食物，又表示祭奠屈原投汨罗江而死的食物，还表示端午节的应节食物，与中国的历史、风俗民情都有关系。另如，我们常常用"太阳"代表光明，用"枪毙"表示"否定"或"禁止"，用"开刀"比喻"下手、动

---

① 引自张黎、陈红玉《语言活性——汉语及其应用研究》，吉林教育出版社，2001年，P163。参见曹日昌《普通心理学》（上册），人民教育出版社，1998年。

手"，用"演戏"比喻"作假"等；英语的flesh本义是"肉"，引申意义是"骨肉之情"；green的原义是"绿色的"，引申意义是"无经验的、幼稚的、天真的、不世故的、容易被人欺骗或欺辱的"。blue是"蓝色"，引申为"心情忧郁、精神不振"；mess with原义是"与某人一起用餐"，引申为"有胆量与某人平起平坐"。事实上，这些词是经常被"**活用**"（Flexible use）为某义，并被广泛地接受，具有一定的约定俗成性。

（二）词义发展的途径

据*Radden*和*Panther*（2004）的观点，语言的**理据性**（Motivation），即语义联系分别体现在"义–义联系"、"形–义联系"和"形–形联系"上。① 所谓"义–义联系"，也就是语言在语义层面上的联系。当多义词有多个义项时，这些义项通常以**原型意义**（Prototype meaning）为中心，经过隐喻、转喻等认知机制②，不断向外辐射、延伸，最后形成一个辐射型的**语义网络**。例如，*Langacker*（1988）曾将ring一词的语义网络图示如下：

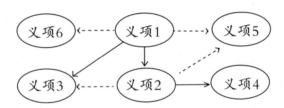

图4-3 多义词ring的语义网络图③

ring做名词有六个义项，它们分别是：

Ring
- （1）circular object（圆形物体）
- （2）circular entity（圆形实体）
- （3）circular mark（圆形标记）
- （4）circularpiece of jewelry（圆形首饰）
- （5）arena（圆形表演场或竞技场）
- （6）group of people operating together（秘密或非法的团伙、帮派、集团）

---

① *Radden,G.&K.Panther,K.U.(Eds.).*（2004）. *Studies in Linguistic Motivation..Berlin/New Youk: Mouton de Gruyter.*

② 认知语言学所说的"隐喻"、"转喻"是指人类普遍具有的认知方式，是两种重要认知的手段，而非现代汉语语法修辞中的"隐喻"、"转喻"两种比喻辞格，虽然它们之间有一致的关联性，但不是一个概念。

③ *Langacker,R.W.(1988).An Overview of Cognitive grammar.In Rudzka-Ostyn,B.(Ed.).Topics in Cognitive Linguistics(pp.3-48).Amsterdam:John Benjamins.*

其中义项1（圆形物体）是ring的典型义项或核心义项，是其他各义项扩展、引申的基础。义项2（圆形实体）、义项3（圆形标记）和义项5（圆形表演场）与义项1有很高的相似性；义项2（圆形实体）又可具体化为义项4（圆形首饰）；而义项6（小圈子、小团体）则具有义项1（圆形物体）的主要特征，是一种感知上的相似性。

在上面的语义网络中，词义的**引申**（Extension）可分为隐喻和换喻两种基本引申方式。大体上说，隐喻的基础是事物的**相似关系**（Similar relation），即用具体简单的概念来理解复杂抽象的概念；而转喻的基础则是事物的**相邻关系**（Adjacent relation），即用事物的某一部分或特征来指代或代替该事物。

1.隐喻（Metaphor）

隐喻是多义词衍生，多个义项形成的主要因素，又称"暗喻"。一个词一经产生，语言使用者在大多数情况下会使用隐喻使其基本意义得到不断的扩展和延伸。隐喻的认知基础是**相似性**（Similarity）和人的经验，即两个意义所反映的现实现象之间有某种相似之处，由此产生引申，是一种很普遍的认知现象和语言表达现象。认知语言学认为是把一个领域的概念"投射"到另一个领域，或者是从一个认知领域（**来源域**，Source domain）向另一个认知域（**目标域**，Target domain）"**投射**（Project）"的认知方式。例如"上下"本来是指示空间方向的方位词，表示位置或位移，汉语的时间的流逝也被看作是一种位移，在语言中往往用来表达时间的前后概念，因此"上"可以隐喻"过去"，"下"可以隐喻"未来"，可以说"上个星期"和"下个星期"等；如"眼"的本义是"眼睛"，小洞或窟窿有些像人的眼，所以"眼"就多了一个意义，例如"针眼"、"泉眼"、"鸡眼"。如"白"在《辞海》释义"与'红'相对，象征反动"，例如"白色恐怖"，有贬义；另一个意义是"丧事的代称"，有不吉祥之意，例如"红白喜事"；而英语white并没有以上汉语的意义。而英语的red意为"激进"、"赤色"，有政治色彩，另外它容易引起in the red（"赤字"、"亏空"、"负债"）等联想。西方的red flag有如下几个意义：①表示危险的信号；②表示叛乱的旗帜；③惹起危险之物。同样由汉语"绿色"可以想到"和平"、"环保"、"生命"等意义。人们在理解表示极度愤怒的英语习语flip your lid（掀掉壶盖）、blow the stack（烟囱爆炸）、hit the ceiling（直弹到天花板）、blood boil（血沸）、let off steam（放蒸气）和out of mind（失去理智）时，也是依据"愤怒是封闭在容器中的加热液体"这一隐喻和相关的**意象**

（Image）来理解："液体封闭在容器中加热"是一个普遍的心理意象，上述隐喻就是将关于这个意象的指示投射到人发怒时的身体状况，某人在容器之外则意指失去了理智。另外，前面提到的"多义词"，其实也可以看作是一种**家族相似**（Family resemblance）的隐喻相关现象，如人们把life（人生）比作journey（旅行），把argument（辩论）比作war（战争），这些都基于相似性；多义词中没有共同特点的一个义项到另一个义项的引申都是通过隐喻，例如"健康的身体"、"健康的皮肤"、"健康的运动"，其中"健康"一词的核心义项是"身体好"，那么"身体健康"的结果是有"好皮肤"，而"身体健康"的成因又是有某种"好的运动"。因此，这里涉及的是用事物的结果和成因来隐喻事物。Johnson和Lakoff（2003）将概念隐喻分为三大类：结构性隐喻、方位性隐喻和本体性隐喻。[①]

2.转喻（Metonymy）

跟"隐喻"密切相关的还有"换喻"，又称"借代"。"转喻"是指两类现象之间存在着某种联系，由于这种联系经常在人们心目中出现而固定化。但总体来说，隐喻主要是一种理解手段，而转喻主要是一种指代手段。例如，分别用"克林姆林宫"和"白宫"代替俄罗斯政府和美国政府，用"鲁迅"来代替鲁迅的作品，"枪杆子"替代军队等；*Taylor*则把这种由转喻实现的"一词多义"现象称作**视角化**（Perspectivization）；即因视角的不同而使得同一概念结构中的不同成分得以被强调或突显。比如"壶开了"，其中"壶"指代的是壶中水，"我买了一台索尼"，"索尼"指代电视机，"一日不见，如三秋兮。"，"秋季"指代一年。再如英语的pen本义是"羽毛"，由于欧洲人古时都是用羽毛蘸着墨水写字的，羽毛和书写工具就联系在一起了，因而pen增加了"笔"的意义，China本来表示"瓷器"的意思，由于古代欧洲的瓷器主要来自于中国，因此可以用China指"中国"；法语的bureau的意义是"毛布"，后来指铺毛布的"办公桌"，进一步指有"办公桌"的"办公室"，最后指公共的机构"厅"、"局"。汉语的"月下老人"和《西厢记》里的"红娘"都转指"婚姻介绍人"（媒人），就是用专名来泛指普通概念；用"伯乐"转指善于发现人才的人；"鹊桥"本指"喜鹊搭起的桥"，传说每年农历七月七日，喜鹊给董永和七仙女搭桥让其相会，因而比喻婚姻介绍的"牵线者"；又如汉语"暗箭"比喻"暗中

---

① 参见*Johnson,M.& Lakoff,G.（2003）.Metaphors We Live By.Chicago:University of Chicago Press.*

伤人的行为或诡计"；"暗礁"本义指"海面、江河中不露出水面的礁石"，派生出"事情在进行中遇到的潜伏的障碍"，比如"搁浅"隐含喻体船；"扎手"隐含喻体有刺的植物等，这是一种**转义**（Transferred meaning）。

转喻和隐喻的相同点在于都是概念形成的手段，不同之处在于：隐喻是一种近似关系，是两个**相似认知模型**（Similar cognitive model）之间的"**投射**"（Project），转喻是一种**临近关系**（Contiguity），是两个**相关**（Relevant）**认知范畴**，属于同一个**认知模型**（Cognitive model）之间的"**过渡**"（Transition）；"投射"是一种**突变**（Mutation），而"过渡"则是一种**渐变**（Gradient），但二者的界限并不十分明确。同时，利用隐喻和转喻两种认知手段的情形也很多。例如人们常用"脸色通红"、"火气上升"来指代"发怒"，但这种转喻又跟"愤怒是火"、"身体是感情的容器"的隐喻交织在一起，如汉语说"怒火中烧"、"强压怒火"等等。

（三）词义引申的方式

据认知语言学的范畴观，语言的意义**动态发展**（Dynamic development）。一方面，以典型意义（具体意义）为中心，边缘意义（抽象/比喻意义）渐渐远离**原型**（Prototype），形成一个辐射的**范畴网**（语义网络）；另一方面，一个词的意义通过隐喻和换喻这些引申的途径，不但可以建立从**典型意义**（Typical meaning）向**边缘意义**（Marginal meaning）扩展的网络，同时也增加了很多新的意义，使语言能够用较少的词的形式表达较多的意义。词义引申的方式有三种，可以指示词义演变的主要路径：1. 连锁式；2. 辐射式；3. 综合式（连锁式与辐射式相结合）。[①]

1.连锁式

Lakoff（1987）总结的多义词引申意义的第一种结构连锁式可以用下图来表示：

$$A \longrightarrow B \longrightarrow C \longrightarrow D \longrightarrow E\cdots\cdots$$

图4-4　多义词引申义结构类型1（连锁式）

多义词的意义首先由意义A扩展到意义B，再由意义B扩展到意义C，再到意义D、意义E，以此类推。所有意义呈一条**连锁状**（Chaining），意义A是其他意

---

① *Lakoff,G.(1987/1990).Women,Fire and Dangerous Things:What Categories Reveal about the Mind.Chicago: University of Chicago Press.*

义扩展的基础，是核心意义。例如汉语"朝"最初的意思是"早晨"（A）。《说文解字》："朝，旦也。"后来引申为"朝见"（B）。《史记·廉颇蔺相如列传》："相如每朝时，常称病。"《说文解字注笺》："晨见曰朝……子于父母、妇于舅姑皆是。"再由"朝见"引申为"朝廷"（C）。明代刘基《郁离子·千里马篇》："易之以百金，献诸朝。"再由"朝廷"引申为"朝代"（D）。杜牧《江南春杂句》："南朝四百八十寺，多少楼台烟雨中。"再如"习"，最初的意义是"鸟数飞"（A）。《说文解字》："习，数飞也。会意，从羽。"从羽与鸟飞有关。本义是指小鸟反复地试飞。《礼记·月令》："鹰乃学习。"左思《咏史》："习习笼中鸟，举翮触四隅。"后来引申为"温习"（B），因为"温习"是多次反复的行为。《论语·学而》："学而时习之，不亦说乎。"皇侃义疏："习是修故之称也。言人不学则已，既学必因仍而修习，日夜无替也。"后来引申为"习惯"（习以为常）（C），因为"习惯"是多次反复的行为所形成的。

Taylor（1989/1995/2003）考察了climb的意义。以下各句中多义词climb意义和关系如下：[①]

（A）The boy climbed the tree.（那个男孩爬上了树。）

（B）The locomotive climbed the mountainside.（火车爬上山坡。）

（C）The plane climbed to 30,000 feet.（飞机爬升到30000英尺高。）

（D）The temperature climbed into the 90s.（温度上升到90度。）

（E）The boy climbed down the tree and over the wall.（男孩爬下树，翻过墙。）

（F）We climbed along the cliff edge.（我们爬上悬崖边缘。）

（G）John climbed out of his clothes.（约翰穿上他的衣服。）

（A）为原型意义，核心意义是"往上"，包含以下意义：人与树接触，从低往高，使用四肢，相当费劲；（B）中火车爬树有相似性；（C）中的climb只剩下"费劲"和"往上"的意义；（D）中的climb除了有"往上"的意义外，还有"逐渐减慢"的意义，但（E）、（F）和（G）就没有"往上"的意义了，主要包含"费劲"的意义。

再看法语的词汇。法语的toilette最初指"一小块布"（A），后来专指"盥洗后擦脸的毛巾"（B），再后来指"备有这种毛巾以及其他梳洗用品的

---

① Taylor,J.R.（1989/1995/2003）.Linguistic Categorization:Prototypes in Linguistic Theory.Oxford:Oxford University Press.

桌子"，即"梳妆台"（C），再后来指"梳妆的动作"，特别是"穿衣服"（D），后来指"女人的服装"（E）。把以上各义项联系起来的是意义链。

2.辐射式

指的是以一个意义为中心而演变的，派生出的各个意义之间的关系是平行的，彼此独立的。"头"最初的意思是"人与动物的最上部"（A）。在这个意义的基础上，分别产生了下列意义：（B）物体的顶端或两端;（C）事物的起点或端点;（D）头领、头目;（E）量词。

辐射式可以用下图表示：

图4-5　多义词引申义结构类型2（辐射式）

再如汉语的"赤"为会意字，从大（人）从火，甲骨文字形 像一个人 （大）身在熊熊大火 中，即：人在火上，被烤得红红的。造字本义：火刑，用大火处决罪人，其核心义项：火的颜色，即红色（A）。在这个基本意义上，分别产生下列意义：

（A）红色。因为火的颜色是红的。

（B）诛灭。因为火的颜色和血相同。

（C）空尽无物。因为火有虚空的特性。

（D）纯真。因为火具有光明纯洁的特性。

"赤"主要是按放射式演变的，但也兼顾绵延式。如从"空尽无物"（D）这个意义又产生了"光着、裸露"（E）的意义。

我们再看英语的exchange词义间的关系：（1）交换（原型义）；（2）电话局；（3）交火；（4）交谈；（5）交易所；（6）专营店；（7）票据；（8）职业介绍所。

图4-6　多义词 exchange词义结构图①

3.综合式

综合式的意义结构为连锁式与辐射式相结合。大多数多义词的结构属于这种连锁式与辐射式相结合而形成的语义网络。例如汉语"甲"最初的意义是"种子的萌发"（A）。② 种子的萌发是植物生长的最初阶段，因而引申为"第一"（B）。如"甲乙丙丁"的"甲"，又引申为"占第一"（C），如"桂林山水甲天下"的"甲"，但"甲壳"（D）的意义又是直接从（A）产生的，因为种子萌发时，其外壳是相当坚硬的，这与（C）（B）没有直接关系。这种词义的演变成为综合式，可用下图表示：

图4-7　多义词引申义结构类型3（综合式）

根据《牛津英语词典》，动词crawl有以下主要意义：（1）（人）爬行；（2）缓慢移动；（3）（故意）低下身子；（4）（昆虫等）爬行，缓慢移动；（5）爬式又用、自由式游泳；（6）卑躬屈膝、谄媚、拍马屁；（7）（地点、场所）爬满（昆虫等）、挤满（人）；（8）毛骨悚然、起鸡皮疙瘩。

crawl的以上八个义项组成一个语义网络，可以表示如下：

---

① 本图引自文秋芳等《认知语言学与二语教学》，外语教学与研究出版社，2013年，P58。

② 《说文解字》："甲，东方之孟阳气萌动。从木，戴孚甲之象。"即在天干之中，"甲"代表最东边的方位，阳气萌发，运行于万物之间，字形像草木初生时头戴甲壳的样子。一说"甲"是象形字，其小篆字形像草木生芽后所戴的种皮裂开的形象。本义为种籽萌芽后所戴的种壳。又《六书故》："甲象草木戴种而出之形。"

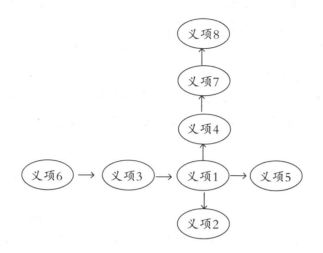

图4-8　多义词crawl的语义网络图①

其中义项1是crawl的核心义项，其他义项都是以义项1为核心而派生出来的引申意义。

此外，词汇派生出的文化意义有其独特的来源，充分显示其民族性。例如汉语文化意义的派生（Derive）途径如下：

喻指派生——校花、班花

情感派生——狐群狗党、偷鸡摸狗

地域派生——十三点、三八、计程车（出租车）、翘课（逃课）、放马

引申派生——汗青、手足、骨肉

二、同义词

同义词（Synonym）是**基本意义**（Essential or generic meaning）（语法意义和词汇意义）相同或相近的一组词，例如英语的raise和rise，well和good。very well不但可以表示"过得不错"，还可以表示其他各种感情和语气，一般来说，good表示事情本身很好、不错，而well则指的是身体状况等很好，例如I don't feel very well today.（我今天不是太舒服）。piquant意思是"辣味的"，英语中表示辣味的词还有Hot、spicy、pungent等等；英语naive、simply、unsophisticated、

---

unworldly、innocent是一组同义词，而在内涵、用法和习惯搭配方面各有差异，而只有用于形容女孩子的"天真"、"纯洁"时，innocent和naive才是真正的同义词。又如mitten指那种连指手套或露指手套，就是把拇指和其余四个指头分开的手套；glove指的是五个指头分明的手套。

"可替代性"（Substitutability）是同义词的衡量标准。也就是说，两个词可能在一个场中共同具有绝大部分特征。同义词的意义差别主要表现在以下几个方面：

（一）词义的所指范围有大小之分，程度上有轻重之别

如"事故"—"事情"、"批评"—"批判"。再如英语的home、family、和house的区别：family主要指家庭，侧重于人；home主要指居住的地方；house则是介于两者之间的一个词。又如outcast是指被赶出家庭或社会的人或物，outcaste特指在印度等地失去阶级的人或逐出阶级的人。另如job专指一般性的工作，而profession专指从事脑力劳动或受过专门训练的职业。

（二）附加色彩意义不同

或感情色彩不同，有褒义、贬义、中性之分。如"团结"—"勾结"—"结合"、"成果"—"后果"—"结果"；"理想"—"幻想"—"想法"分属这三种类型；或语体色彩不同，有书面语与口语的分别，如口语风格的"窍门儿"、"拖后腿"、"七上八下"，书面语风格的"秘诀"、"奥秘"、"干扰"、"忐忑"、"心力交瘁"等。如"父亲"（father）—"爸爸"（papa/dad）；"母亲"（mother）—"妈妈"（mama/mum）；"聊天"—"谈话"。英语horse（一般用语）、steed（诗歌用语）、nag（俚语）、gee-gee（儿语），四个词的理性意义都是"马"。另如rump（人的臀部），同样的说法还有buttocks、ass，还有比较委婉的behind。

（三）搭配功能不同

如"发扬"与"风格"、"作风"搭配，"发挥"与"作用"、"优势"搭配，"采取"多用于"方针"、"政策"、"措施"、"手段"、"形式"、"态度"等抽象的事物上，而"采用"则多用于一些具体的事物，例如"技术"、"方法"等；"空虚"可以和头脑和实力相配，"空洞"和内容相配；"繁重"的是工

作任务，"沉重"的是实物或心绪。在英语里，女孩用pretty 来形容，妇女用beautiful来形容，男人用 handsome来形容。有的是语体不同而不能搭配，有的是语法问题，有的是不合逻辑，有的是搭配范围不同，还有习惯搭配的问题。例如"用心想"、"打扫卫生"，字面意义显然不合逻辑；而在英语中，要表示"昨天晚上"，用yesterday或last修饰evening都可以，但是"昨天下午"是yesterday afternoon，"昨天夜里"却是last night。

同义词可以分为**完全同义词**（等义词）（Complete or absolute synonyms）和**相对同义词（近义词）**（Relative synonyms）两大类。一般把意义（语法意义、词汇意义和色彩意义）完全相同的称为**等义词**（Absolute synonym），意义基本相同的称为**近义词**（Relative synonym）。等义词大多是借用**方言词**（Dialect word）或**外来词**（Loan word）的结果，因而在语境中能够互相替代而不引起概念理解上的差异。如汉语"知道"—"晓得"（吴语），"难堪"—尴尬（吴语），"侃大山"（北京话）—"摆龙门阵"（四川话），"老鼠"—"耗子"（西南话），"向日葵"—"葵花"（闽语），"冰糕"—"雪糕"，"逝世"—"去世"，"话筒"—"扬声器"/"麦克风"（外来词），"维他命"—"维生素"，"德律风"—"电话"，"计算机"—"电脑"；英语的help—aid，world—universe。另如**英国英语和美国英语同义词**（BrE and AmE pattern），意义完全相同，没有任何感情或语体色彩上的差别，而只有地区差异，而且这种差异在逐渐缩小。英美人使用这些同义词时一般分得比较清楚，而非英美人常常混合使用，例如coach—bus，garage—service station，chemist—druggist，car park—parking lot等。

三、近义词

等义词由于意义完全相等，只会增加人们的记忆负担。因此，有些等义词在演变过程中出现了细微的差别，如"医生"、"郎中"和"大夫"，前者已经多用于书面语，后者则常见于口语；有些随着人们使用习惯的统一，其中一个就逐渐消失了，如"水泥"和"洋灰"、"士敏土"，"米"和"公尺"、"扩音器"和"麦克风"、"德律风"，后者基本已经没有人再使用了。而对于**近义词**（Relative synonym），更重要的是找出它们之间的细微差别，才能准确地理解各自表达的意义并准确的使用。例如，同样是表达"主顾"的意义，有不同词汇和它对应：

┌ customer（商店买主）——————→ 主顾
└ client（理发店、银行客户）

一般来说，近义词的细微差别大体可以从以下三个方面考察：

┌ 词义的轻重（例如：优良—优秀——优异、喜爱—热爱—酷爱）
├ 范围的大小（例如：性质—品质、时代——时期、局面—场面）
└ 个体与集体（例如：湖——湖泊、信——信件、蔬菜—白菜、水果—香蕉）

（一）语义的轻重（Shade of meaning）程度和范围（Range）的差异

意义强调的重点和范围有所不同。这种不同是属于理性意义方面的细微差别。"成果"和"后果"都是"事物发展到一定阶段所达到的最后状态"，但"成果"多用于事物顺乎发展规律的结果，而"后果"则多用于言语和行动违反事物的发展规律产生的结果。汉语的"干部"这个词在翻译成英文时，往往用cadre，然而cadre在英语中并不是常用词，有人建议用official（官员；行政人员；高级职员）或functionary（机关工作人员；官员）和administrator（行政官员）等代替cadre，但这些词没有一个与汉语的"干部"完全相同。

以下英语同义词有相同的外延意义（Extensional meaning），例如Accomplishing a task or completing a activity（完成一个任务或完成活动），但语义的轻重程度不同。

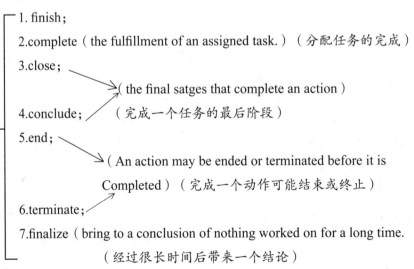

┌ 1. finish；
│ 2.complete（the fulfillment of an assigned task.）（分配任务的完成）
│ 3.close；
│   ＼→（the final satges that complete an action）
│ 4.conclude；／ （完成一个任务的最后阶段）
│ 5.end；＼
│   ＼→（An action may be ended or terminated before it is
│   Completed）（完成一个动作可能结束或终止）
│ 6.terminate；／
└ 7.finalize（bring to a conclusion of nothing worked on for a long time.
            （经过很长时间后带来一个结论）

汉语的的"看"，在英语中分别对应的单词有look、watch和read，但语义的程度和范围也有不同。

> look：　If you look in a particular direction, you tern your eyes in that direction so that you can see what is there.（相当于汉语的"瞧"）
>
> watch：　If you watch something, you look at it for a period time,and pay attention to what is happening.（相当于汉语"观看"）
>
> read：　When you read or when you read something written,you look at written words or symbols on a page and understand them,or you say aloud the words that are written.（相当于汉语的"看书"或"读书"）

（二）词语搭配（Collocative）的习惯不同

词义的组合要遵守社会的使用习惯。如英语的many和much从其所表示的"多"的意义来说是同义词，但前者只能和可数名词连用，后者只能和不可数名词连用。与此相同，few和little也是搭配习惯不同的同义词，few只能表示可数的东西"少"，只能和可数的名词连用，而little只能表示不可数的东西的"少"，只能与不可数的名词连用。因此，many和much，few和little，相互补充，满足了英语中对事物的可数性的细分。

> 定语
> - many＋可数名词
> - much＋不可数名词

汉语的"副职"一词只有一个，而在英语中却有六个各不同的对应词。例如：

> - vice;（vice-chairman, vice-president）
> - associate;（associate professor, associate director）
> - assistant;[①]（assistant manager, assistant secretary）
> - deputy;（deputy director, deputy chief-of-staff）
> - lieutenant;（lieutenant governor, lieutenant general）
> - under;（undersecretary（of state, U.S））

关于"香味"这一概念，英语词汇差别表现如下：

---

① 虽然Assistant在汉语中常译为"助理"，但在英语里，与副职的地位和称呼一般并无区别。

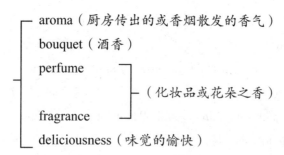

又如pretty和handsome都有"好看"这个外延意义，但两者的差异是通过与不同的名词搭配反映出来的。例如：

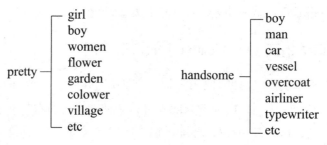

汉语的量词非常丰富，面对不同的动物，所使用的量词各异：

英语的a flock of、a herd of、a shoal of、a swarm of意思均为a group of，但它们的差别体现在下面不同的搭配中。

> a flock of sheep（一群羊）
>
> a herd of elephants（cows）（一群大象（牛））
>
> a shoal of fish（一群鱼）
>
> a swarm of bees（一群蜜蜂）

英语的steal（偷）和rob（抢）是一对近义词，造句时都可以跟三个名词成分"偷抢者"、"遭偷抢的人"和"被偷抢的东西"相联系，但在steal句式里被偷的东西是近宾语，遭偷的人是用介词引出的**远宾语**（Direct object）；而在rob句式中则正好相反，遭抢的人是**近宾语**（Indirect object），被抢的东西是远宾语。例如：

a1.Tom **stole** 50 dollars from Mary.

a2.*Tom **robbed** 50 dollars from Mary.

b1.Tom **robbed** Mary of 50 dollars.

b2.*Tom **stole** Mary of 50 dollars.

在英语和汉语中，"偷"（steal）后面不能只出现"遭损失的人"，而"抢"（rob）刚好相反。例如：

a.*They **stole** the boy.（*他们偷了那个男孩）

b.They **robbed** the boy.（他们抢了那个男孩）

再看英语的四个表示"买/卖"的动词buy、pay、charge、sell，在典型的**"交易事件框架"**（Commercial event frame）（买东西）中，出现了不同的表达方法，人们选用不同的动词。例如：

a.John **bought** a book from Tom for 28 dollars.

b.John **paid** 28 dollars to Tom for a book.

c.Tom **sold** a book to John for 28 dollars.

d.Tom **charged** John 28 dollars for a book.

"买东西"自然要涉及到"买主"、"货物"、"卖主"、"钱"四个基本因素，在这个框架中，四个动词buy、pay、charge、sell之间的语义关系如下：[①]

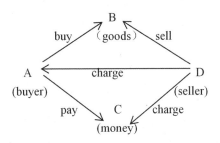

图4-9 "交易事件框架"图式

如果**突显**（Prominent）从A到B的关系，就用动词buy；突显从A到C的关系，就用动词pay；突显从D到B的关系，就用动词sell；突显从D到A和C的关系，就用动词charge。

---

① 参见*Ungerer.F.& Schmid.H.J.*（1996）.*An Introduction to Cognitive Linguistics.London:Longman*:208.

（三）意义之间有不同的附加色彩

附加色彩有地方色彩、感情色彩、语体色彩、形象色彩和风格色彩之分。比如：西红柿—番茄，妈妈—母亲，荧光灯—日光灯，水泥—洋灰，等等。

1.感情色彩（Affective meaning）

是指人们对同样的现实现象有不同的主观态度，或喜欢或讨厌，或褒或贬。如the sheep和the goat分别喻指好人和坏人，英国人偏爱"绵羊"，而"山羊"性情好斗，雄性尾部散发恶臭，因此使人厌恶。又如cock在英语中容易使人引起不雅的"性"（sex）的联想。又如英语loud是中性词，而loudly则含贬义，例如：Complain or boast loudly.（大声抱怨或自夸）；litter和small都有"小"的意思，small不带感情色彩，而little带说话人的主观评价，有指小和爱称的感情色彩，请比较：a letter house和a small house，它们的感情色彩是不一样的。同样是"政治家"，在美国英语中politician这个词往往有很强的贬义色彩，引起别人的蔑视；它指"为谋取个人私利而搞政治、耍手腕的人"，这个词还有"精明圆滑"之意，指一个人做事或说话时，信心十足，非常老练（政客、政治贩子）；而statesman在英国英语和美国英语中都表示"善于管理国家的明智之士"，人们通常把"有威望的高级官员"称为statesman（政治家，国务活动家）。对于同样的现实现象，人们的主观态度可能喜欢，可能讨厌，有褒有贬，这些都可以使同义词有不同的附加色彩。例如：

褒义词	中性词	贬义词
venerable（古老）	old（旧的）	old-fashioned（老式的）
man Friday（忠仆）	assistant（助手）	lackey（走狗）
loyalty（忠诚）	adherence（坚持）	partisanship（派性）
	uninformed（不知道）	ignorant（无知）
black（黑色人种）	negro（黑人）	nigger（黑鬼）
intellectual（知识分子）①		egghead（臭老九）

----

① 汉语的"知识分子"和intellectual在各自的文化背景中的含义也大不相同。"知识分子"一般包括大学老师、大学生以及医生、工程师、翻译人员等一切受过大学教育的人，而在中国农村很多地方，连中学生也被认为是"知识分子"。在美国和欧洲，intellectual只包括大学教授等有较高学术地位的人，而不包括普通大学生，所以这个词所指的人范围要小得多。在美国，intellectual也不总是褒义，有时也用于"自认为是知识界的杰出人物，耽于幻想，忙于钻研空洞的理论，但不善于处理实际问题。"（《韦氏国际大辞典（第三版）》）。

褒义词	中性词	贬义词
bravery（勇敢）		foolhardiness（鲁莽）
philanthropist（慈善家）		do-gooder（空想改良者）
教导		教唆
鼓励		怂恿
爱护	保护	庇护
成果	结果	后果

表4-2 近义词的感情色彩上的差异

也有人把词的感情色彩意义分为**高雅**（Elevated）、**中性**（Neutral）和**粗俗**（Vulgar）三类。例如horse无感情色彩，属于中性，其同义词有高雅的steed和charger以及粗俗的nag和plug。

2.语体风格色彩（Stylistic meaning）

是指适应不同场合和不同话题，或**庄重**（Frozen）、**正式**（Formal）场合或一般场合；或**口语**（Colloquial）、或**中性**（Common）、或**书面语**（Literary），例如：

想（口语）——思考（中性）——思忖（书面、庄重、正式）

搁（口语）——放（中性）——安放/安置（书面、庄重、正式）

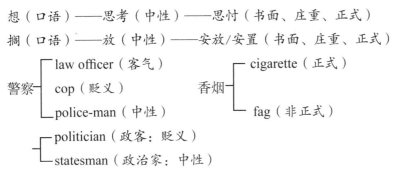

英语humble home是谦虚的说法，相当于汉语中的"寒舍"、"鄙舍"。英语的ask和inquire都为want know information，但语体上存在明显的差别，后者包含了literary意义。汉语的"医生"、"大夫"和"马铃薯"、"土豆"就分别具有书面语和口语色彩。英语的deed-action和meed-reward比较，前者的书面语色彩比后者浓。再如英语的at this time（现在）和right now（这会儿）这两个词组，前者文雅、正式，后者随便、轻松，与我们说话时起作用的社会准则相联。

日语有更为繁琐的体系，其中有四种文体形式和两种尊敬形式交叉运用。文体形式分"简体"、"敬体"、"极敬体"和"正式书面体"，敬语用动词形式表达。以"是"为例，un、ee、hai、sikari分别对应上面的四种文体形式。

简体	敬体	极敬体	正式书面体
un	ee	hai	sikari

表4-3 日语"是"在四种文体中的表现

3. 语域的对应

词语的语域涉及词语的使用和使用者，语域有书面与口头、正式与非正式、礼貌与粗俗之分，也有英语与美语、男女老少、行话、俚语、交际意图变化之别。在语义相近的情况下，**语域**（Register）的差别就是辨析词义的主要依据。再如，在**"禁忌语"**（Taboo）中，人们普遍忌讳用的词之一就是death（死亡），汉语中比较正式的有"故去"、"寿终"、"亡故"、"作古"、"弃世"、"与世长辞"等，英语也有较为正式的书面语released，其次，也有一些极为随便的说法或俚语，如kick the bucket（翘辫子）、be done for（完蛋）。类似的汉语词语有"丧命"、"毙命"、"毕命"、"一命呜呼"、"呜呼哀哉"，都是"死"这一概念的代名词。

此外，用于不同场合的词汇也不一样：

> thief（小偷：一般场合）
> tarcener（盗窃犯：司法场合）
> purloiner（小偷小摸：浓重的书面色彩）

> thou/thee/thy/thine;（宗教色彩）
> aforementioned/hereinbefore（官方正式文件）

英语中保留了一部分古老的词语，例如上面的thou（你），不仅仅是为交际而用，它们会给所谈论的客观事物增加一层严肃庄重的色彩。在英语中，用于称呼的词汇也不一样，例如：

> dad、mom（直接称呼）
> father、mother（间接指称）

在俄罗斯亲近的人之间用"你"（Ты）来称呼，不熟悉的人之间或关系不好的人之间用"您"（Вы）来称呼。

"性别"（Sex）在词汇选择上也有一些差别。例如英语中，表示满意赞扬的话，女性语言有自己的特色，如charming（迷人的、有魅力的）、adorable（极可爱的）、sweet（甜美的）、lovely（极可爱的）、devine（迷人的、好极了）都属于妇女用语，男性很少用。在美国加利福尼亚北部雅那印第安语种，男女对同一事物有不同的名称，[1] 如：

	男人	女人
火	'auna	'auh
我的火	'aunija	'au'nich'
鹿	bana	Ba'

表4-4 雅那印第安语不同性别对应的词汇

此外，在修辞方面，俄罗斯女性说话比男性重视感情色彩，她们往往喜欢在词尾加上表示"可爱"色彩的后缀，如把книга（书）说成книжечка（可爱的书），сумка（包）说成сумочка（可爱的小包）等等。

（四）关于等义词要注意的几个问题

1. 等义词是一种特殊的同义词

等义词大多是借用方言词或外来词的结果。例如来源于粤方言的"埋单"与"结账"，"洋火"和"火柴"；来源于英语的"水泥"和"士敏土"等。

2. 需要把词义的"同义关系"与词义的"上下位关系"或"包含关系"区别开来

语言中的词所代表的事物范围有大有小，范围大的词有可能包含范围小的词，前者叫**上位词**（Hypernym；super term），后者叫**下位词**（Hyponym）。例如"家电"是"电视"、"电冰箱"的上位词，而"电视"、"电冰箱"是"家电"的下位词；"蔬菜"是"白菜"、"菠菜"的上位词，而"白菜"、"菠菜"则是"蔬菜"的下位词。然而，并非所有的下位词都有直接的上位词。汉语表示亲属称谓的词语中，"伯伯"、"叔叔"、"舅舅"、"姨夫"、"姑父"和"伯母"、"婶婶"、"姑姑"、"姨妈"、"舅妈"、"阿姨"就没有相当于英语uncle和aunt的上位词；而英语有表示不同裤子的下位词，例如trousers（长裤）、shorts（短裤）、pants（内裤），却没有表示"裤子"的上位词。

---

① 布龙菲尔德《语言论》，商务印书馆，1980年，P50。

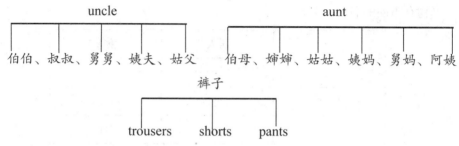

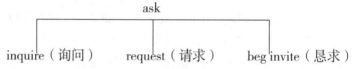

3.词的多义关系和同义关系之间有纠缠

语言中**多义词**的各个意义差不多都可以和别的词的意义构成同义关系。如"老"可以和"年岁大（老人）"、"死"（家里老了人）、"陈旧（老厂）"、"火候过大（煮老了）"、"长久（老没见了）"、"经常"（家里老没人）、"很（老远）"、"排行末了（老闺女）"等构成同义词。再如英语的ask作为一个多义词，有"询问"、"请求"、"恳求"、"邀请"等多个义项，因而也分别对应不一样的同义词。

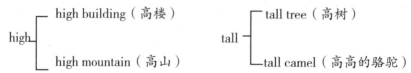

4.同义词意义的细微差别，往往会影响到词的搭配习惯

例如英语的sense和feel相比，sense偏重指通过感官获得的感觉，如：视觉、听觉、嗅觉、味觉、触觉等；而feel则指的是触摸的感觉或者心情等。rich虽然和oily一样指"腻味"，前者主要指味浓、味重，后者主要指太过油腻，在口语中，rich还有一个常用的意义，指"好笑的"，例如：It is indeed a rich joke!（这个笑话的确逗人发笑！）。再如light在饮食中意思是"清淡的"，light wine是"低度酒"，具体到形容点心则是"松软的"，light cake是"松软的面包"。英语的high和tall都是"高"的意思，但high只与**无生命**（Inanimate）的名词组合，而tall只与**有生命**（Animate）的名词组合，它们的区别如下：

high ┌ high building（高楼）
     └ high mountain（高山）

tall ┌ tall tree（高树）
     └ tall camel（高高的骆驼）

在汉语普通话中，"肥"和"胖"的理性意义也基本相同，都指脂肪多，但"胖"只用来与指人名词组合，而"肥"只用来与非指人名词组合。

同义词首先是要在基本意义相同的条件下才能显示出意义、色彩、用法上的细微差别，而这些"差异"往往反映着同一现实现象中对立双方的细分，而词的意义上的这种细微差别，实际上是反义因素的具体体现。

四、反义词

词义所概括的现实现象有各种不同的关系，如果说"同义"是"重叠"关系，那么"反义"则是"对立"关系。我们把语言中语法意义相反、词汇意义相反或相对的一组词叫做**反义词**（Antonym）。例如"生—死"、"新—旧"、"前进—后退"等。反义词有两种：**绝对反义词**（Contradictory antonym）（非此即彼，例如：正/负、输/赢）和**相对反义词**（Gradable antonym）（存在中间状态，例如：少年/青年/中年/老年、拥护/中立/反对）。

（一）反义词的特点

1.反义词首先必须是两个不同的词

表达反义，有时可以用词组，如"好"的反义可以是"不好"，但这是语法问题而不是词汇学研究的范围。

2.反义还必须是两个词的意义相互矛盾对立

如"飞机"和"高射炮"，"高射炮"是专用来打飞机的，但"飞机"并不是专门被"高射炮"打的。所以"飞机"和"高射炮"不能算作一对反义词。同时，一个多义词往往同时有几个反义词，例如"失败"有"胜利"和"成功"两个反义词；而"正"是个多义词，它的很多意义都有自己的反义词：

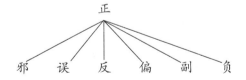

再如英语的clever也是一个多义词，有"聪明"、"机灵"、"灵活"等多个意义，它们分别对应三个不同的反义词。

3.反义是人们的主观态度和习惯所决定的，并不一定是科学意义上的相反和对立。

如"黑"和"白"一般认为是一对反义词，但从光学的角度分析，"黑"是由三原色构成的，"白"是由"橙"、"黄"、"绿"、"青"、"蓝"、"紫"七色构成的，没有任何对立和矛盾的关系。此外，重叠是对立物的特征，在一般情况下都有一个中间地带。例如：

large（大）—medium（中）—small（小）

right（右）—center（中）—left（左）

open（大开）—ajar（略开）—shut（关闭）

always（总是）—often（经常）—seldom（很少）—never（从不）

hot（热）—warm（温）—cool（凉）—cold（冷）

excellent（优秀）—good（良）—fair（中等）—（差）poor—bad（劣）

4.由于同义词中同中有异、异中有同，所以如果不限于基本理性意义，说它们是同义词固然可以，但在另一种语境下，说它们是反义词亦成立

例如many和much从其所表示的"多"的意义来看，是同义词；而从一个只用于可数事物，另一个只用于不可数事物的角度看，它们未尝不可看作是反义词。古代汉语中的"城"（内城）和"郭"（外城）、"皮"（有毛的兽皮）和"革"（去毛的兽皮）、"疾"（一般的病）和"病"（重病）三组词，就其表示"城墙"、"动物毛皮"、"生病"的意义来说，是同义词；就其强调"内外"、"有无"、"轻重"因素时，未尝不可看作反义词。

第三节　词义的组合

一、词语的搭配条件

词义的搭配首先是理性意义的搭配。而词语的搭配则要受到**"词语选择限制"**（Selection restriction），这种限制牵涉到几个方面的问题：

（一）语义条件的限制（逻辑意义、语法意义）

如"月亮吃苹果"、"皮球玩小朋友"、"花儿看书"就不能成立，虽然从语法上看符合述宾谓语句的结构，即"名词主语＋动词述语＋名词宾语"，但从语义上看，"月亮"、"皮球"、"书"根本不可能发出"吃"、"玩"、"看"这样的动作，"月亮"也根本不可能吃"苹果"，除非是童话故事中把月亮拟人化了。英语里的How old are you?，old不是"老"的意思，是"岁数"的意思。汉语的"大"，有时不是"大小"的"大"，而是"面积"或"年岁"的意思，例如"你的房子多大？"和"你多大了？"但不论孩子多小，一定要问"你的孩子多大？"而不能问"你的孩子多小？"除非有特定的上下文，一般也不会问"你的房子多小？"再如，同一个结构的句子，因为语义搭配的原因，可能意义截然相反。例如：

（1）She cried before she finished her Ph.D.thesis.（她哭了，但还是写完博士论文了。）

（2）She died before she finished her Ph.D.thesis.（她没有完成博士论文就去世了。）

同样是before，在（1）中与cry搭配，则"完成"，与die搭配，则"没有完成"。理性告诉我们，人哭着是可以写论文的，人死了就不能写字了。

（二）社会的使用习惯（语用意义）

词义的理解不能完全依靠上面所说的逻辑推理来类推，因为词语的搭配有时要服从语用的习惯。如汉语中的"松鹤"虽然隐含着文化意义，但只有与"延年"搭配，通过语境激活，才形成了显性的文化意义；还有一些词与颜色词语组成搭配，通过颜色词隐含的文化义激活，形成文化词语，如"红军"、"红色政权"、"白匪"、"白色恐怖"、"黑户"、"黄色电影"等，英语中的red-letter（可纪念的、喜庆的）、blacklist（黑名单）、black-hearted（黑心）、yellow pages（黄页/查号簿）等。此外，由于使用上的习惯，汉语可以说"工作繁重"，但不能说"心情繁重"。再如：

阳光/理由充足、理由/条件充分、精力充沛（主谓搭配）

充足的阳光/理由、充分的理由/条件、充沛的精力（定中搭配）

履行诺言、执行命令（动宾搭配）

又如，同样是物件的直径大，汉语只说"肥裤腿"、"袖口宽"不能说"*粗裤腿"、"*袖口粗"；同样是材质的粗细，汉语只说"细木家具"、"细瓷器"，不说"*粗（细）铁家具"、"*粗（细）玻璃窗"，能说"粗话"，对应的不是"*细话"而是"雅语"，能说"粗通"，对应的不是"*细通"而是"精通"。这种伴随着语用习惯产生的现象，都不是逻辑推理所能覆盖的。

（三）词义的附加色彩和修辞需要

带有褒义色彩的词不能用于表示贬义的搭配，在"行为"、"行动"和"行径"一组词中，"*良好的行径"和"*良好的行动"就不能搭配。例如"豆腐渣"和"工程"组合搭配在一起，"豆腐渣工程"特指"质量不合格的工程"；"熊猫眼"组合在一起，指没有休息好而出现的象熊猫一样的"黑眼圈"。另如"蜡烛"是"蜡制的照明物"，还有其它附加色彩，例如"蜡烛（胚）"——不自觉；"烛泪"——思念之情；"红烛"——奉献者；"风烛"——"残年"；"花烛"——"新婚"；等等。

（四）韵律特征的需要

世界语言普遍都会有**韵律特征**（Prosodic features）。诗歌中的语言，除了简单的交际目的之外，还特别讲究交际的方式，从而达到特殊的交际效果，如押韵、重叠、破格用法等。但不同的语言在韵律的多少、强弱、特点上存在差异。汉语的韵律在词、短语，甚至句子的构造上都有反映，特别是在短语的词序排列上，受韵律规则（声调）的制约。例如"天地"、"牛马"、"猪狗"、"心肺"、"黑白"、"大小"、"左右"、"东南西北"、"红黄蓝绿"、"酸甜苦辣"、"山青水秀"、"耳鼻喉"等等，在顺序上不可颠倒。此外，汉语语音对语法有超常的控制力，特别是双音节化趋势对词语搭配具有很强的约束力，例如可以说"种花"、"植树"，却不能说"种植花"、"种植树"，但又能说"种植花草"、"种植树木"；可以说"打牢基础"，而不能说"打牢固基础"；在现代汉语里，"加以"、"进行"、"予以"、"大加"一类"形式动词"，实际上并不表示实在意义，后面必须跟双音节动词，它们只是某种韵律或语用的作用；而"可"、"耐"后面只可跟单音节的动词或形容词，例如"可爱"、"可怜"、"可笑"、"可怕"、"可恨"、"可憎"，和"耐看"、"耐穿"、"耐磨"、"耐用"、"耐洗"等等。此外，汉语的句子成分搭配，大多都讲究韵律，动宾、动补、修饰等结构都会在这条规则下起作用，如动词是单音节的，要求补语也是单音节的，例如"写完"、"说错"、"喝足"不可说"写完成"、"说错误"、"喝足够"；如果动词、名词是双音节的，往往要求补语和定语也是双音节的，例如"打扫干净"、"调查清楚"、"发达国家"、"落后国家"、"大型会议"、"优秀人才"，不可说"打扫净"、"调查清"、"发达国"、"落后国"、"大型会"、"优秀人"等等。再比如，汉语表示抽象事物的单音节名词，表示意见、兴趣、态度、害处等意义是不能受"对（于）……"这一介词结构的修饰，例如：

┌ a.*对（于）黑社会的仇——b.对（于）黑社会的仇恨；
└ a.*对（于）家乡的情——b.对（于）家乡的感情。

上面a组不成立，除非在韵文，例如诗歌里。

二、词义与语境的关系

言谈交际中任何一个句子所表达的意义都是跟一定的**语境**（Context）紧密联系的。作为言谈交际中的一个句子，它所传递的信息实际上由两部分组成，一是作为"语言的句子"本身所具有的理性意义；一是语境所赋予的意义。词义和环境的关系是指在交际时，词义体现出本身以外而由环境附加的意义。例如"电视"一词在不同的语境中有不同的意义：[1]

（1）他买了一台**电视**——（电视机）

（2）他打开**电视**——（开关）

（3）他在看**电视**——（电视节目）

（4）他在修**电视**——（电路和元件）

（5）他攻读**电视**专业——（电视传播技术）

（6）他是**电视**名人——（电视传播界）

---

[1]　以下例句引自章宜华《多义性形成的认知机制与词典义项的处理》，载《广东外语外贸大学学报》2005年第3期。

尽管上面"电视"一词在具体语境中指称的内容不同，但概念之间却不是任意的，而是有着系统联系的。**韩礼德**（*Halliday*）则在**弗斯**（*Firth*）的"**典型语言环境**"（Typical language environment）的基础上，进一步把语言与社会结构联系起来进行研究。他认为"语言环境"包括三大内容：第一是**社会行为**（Social behavior），第二是**角色结构**（Role structure），第三是**符号组织**（Symbolic organization）。韩礼德把这三大内容分别称为**话语范围**（Field）、**谈话方式**（Mode）和**谈话人关系**（Tenor）。这三大关系与语篇的语义功能有着某种对应关系：①

环境的符号结构　　　　　　语义功能部分

话语范围←　　　　　　　→经验部分

谈话方式←　　　　　　　→语篇部分

谈话人关系←　　　　　　→交际部分

韩礼德还指出，词义、句义在很大程度上是情境赋予的。

（一）交际时的语言环境

互动社会语言学（Interactional sociolinguistics）认为：话语和语境相互作用，话语不仅受语境影响，而且话语本身也构成语境。而我们常说的"**语境意义**"（Situated meaning）就是指语言随语境的发展而产生的话语的实际意义。例如同一句话在不同语境中可能表示不同的意思，"他们春节办事"，"办事"在这里是指"办喜事"，是其原义的一个**下位概念**（Hypogyny conception）。同样，"我去上课"，教师这样说是指去"教课"，学生这样说是指去"听课"。在特定的场合，"新房"（"婚房"和"新的房子"）、"打太极拳"（"扯皮"、"推诿"和"锻炼身体"）意义完全不同。又如汉语的"拜天地"（"成亲"、"结婚"）组合在一起有特殊意义。另如"都七点了！"作为一个"言语的句子"，它在不同的交际场合中所传递的信息将会各不相同。例如：

七点了，→该起床了。
　　　　→快吃早饭吧。
　　　　→上班时间到了。
　　　　→新闻联播开始了。

同样，要想把握英语句子：Cool！的交际目的，也离不开特定的语境。因为

---

① 引自刘润清《西方语言学流派》，外语教学与研究出版社，2013年，P321—323。

Cool一词既可指"凉爽"，也可指"帅气"，"很棒"等多种意思，只有凭借具体语境及其**百科知识**才能明确该词的具体含义到底是"凉爽"，还是"帅气"，抑或是"有点寒冷"，也才能确定该语言使用的具体交际目的到底是"称赞天气"，还是"提醒别人关上门窗或空调"。可见，语境的社会性不可避免地赋予了语言这一交际工具浓厚的社会性。

此外，在交际过程中，说话人往往还需要通过**语码转换**（Code-switching）、[①]韵律变化、词项与句型的选择等手段示意听话人应当怎么理解其真实用意。

（二）社会文化历史环境

语言变体与语言情景有关。语言使用者所处的时代也反映到语言之中，构成**时代方言**（Temporal dialect）。如"他是一个老实人"，在二十世纪六十年代是"好人"的意思，在今天则往往成了"不聪明"的委婉说法。例如"丫头"：①女孩子；②婢女。前者为现存义，后者为**历史义**（Historical meaning），现在已经消失。又如"高明"：①高大明亮；②见解高超。前者为历史义，虽然所反映的客观现象并未消失，但已经换用它词了。"老总"这个称谓形式在不同的历史时期有不同的含义：1949年以前称国民党官兵为"老总"，1949年到1989年称朱德、陈毅等元帅级的人为"老总"，1989年以后称总经理为"老总"，有时也把总工程师称为"老总"。

（三）关于"言不尽意"

语言是思维的工具，但并不是说思维在任何情况下都离不开语言，在某些特殊的情况下，有些意思也可以用其他**非语言**（Non-language）的工具来表达。例如可以用"皱眉"来表示不高兴，"摇头"或"点头"表示意愿等。

同时还有另外一种情况，即**会话隐含**（Conversational implicature）。由于语言表达时有这种"言不尽意"的现象，即在表达时留下意思上的空白，例如：

---

① 这里的"语码转换"特指交谈中使用两种或两种以上的语言、方言或语体的现象。

> 都七点了！（催促起床）
>
> 都七点了！（催促上学、上班）
>
> 都七点了！（催促快开饭）
>
> 都七点了！（埋怨会议太长，催促散会）
>
> 都七点了！（埋怨电影未按时开演）

这句话在特定的语境中会传递出说话人特定的意图，实际上这也是句子意义的一部分。因此，人们在文学作品或其它一些场合特意利用语言的这一现象，创造了"言外之意"这种语言运用的特殊手法。在自然语言和文学语言中还有大量的**含蓄性语言**（Connotative language）。以英语为例，在谈一条狗时，不用dog一词，而用the beast（那野兽）；谈一个小女孩不用girl一词，而用the little thing（那小东西），都属于含蓄性语言。

（四）关于"言内意外"

有的时候，特殊的、个别的东西的复杂性难以用言辞一一穷尽地表达出来，因而在要表达的意思上留下一些空白，由听话人凭自己的经验、体会去补充了解。在日常生活中，婉转的告诫、含蓄的言词、辛辣的讽刺等，这种**会话隐含**就属于**"言内意外"**的现象。例如汉语社会中见面打招呼，如"吃了吗？""干吗呢？""哪儿去？"不能按字面的意义来理解；英语的Can I help you? 和Can you help me? 也已不是字面的"我能帮你吗？"和"你能帮我吗？"而是表示"愿意为你效劳"和寻求帮助。再如用"我觉得冷。"（陈述语句）要求别人关上门，"天快黑了。"可能表示要离开了，问别人"几点了？"暗示时间不早了等，这里话语不直接反映说话人的意图，基于会话**合作原则**（Cooperative principle）及其准则，**受话人**（Receiver）可以导出**发话人**（speaker）的言外之意。[①] 此类话语具有**言外力**（Illocutionary force），即能使某一言语行动得以实现的话语之外的力，也称之为**"间接言语行为"**（Indirect speech act）。

---

① 这里的"受话人"和"发话人"分别是指语言交际中接受或发出信息的一方；在会话中指听话人和说话人，在书面交际时指读者和写作者。

第四节　语义的分析

一、语义的分类

语义（Semanteme）是语言形式表达的意义。通过语言的各级单位——语素、词、短语、句子、语段，以及这些单位的组合表达出来。1897年，法国语言学家**布雷阿尔**（*Michel Breal*）出版了《语义学探索》一书，这部著作拉开了全面、系统的语义研究的序幕，在此后一百多年里，语义学得到了很大发展。二十世纪初，在瑞士语言学家**索绪尔**（*F.de Saussure*）的学说影响下，欧洲的语言学家开始用结构主义的理论和方法，对语义问题进行了深入研究。二十世纪七十年代中期，**利奇**（*G.Leech*）在他的著名的《语义学》中，用综合的观点，既注意语言的内容又注意语言的表达，围绕着语义和人类交际的关系问题，对语义进行了全面深入的研究。他从最广泛的意义上，把语义划分为七种不同的类型，即：理性意义、内涵意义、社会意义、情感意义、反映意义、搭配意义和主题意义。

（一）理性意义（Conceptual meaning）

"理性意义"又称为"**概念意义**"、"**客观意义**"、"**核心意义**"、"**指称意义**"。是以现实现象作为基础，不涉及人们的主观态度的词义，反映客观事物或现象的本质或特征的那部分词义。如"人"的理性意义就是"用两条腿走路、会说话、会干活的动物"。一般采用形式逻辑中的概念分析方法，划分为外延和内涵两部分。例如"武器"这个概念，它的内涵是"用以杀伤敌人，保护自己的工具"，它的外延包括"大刀"、"长矛"、"枪"、"炮"等。"水"的内涵是"无色、无臭、无味的液体"，在标准大气压下，摄氏℃时凝结成冰，100℃时沸腾，4℃时比重为1，是简单的氢氧化合物，分子为H_2O，外延概指"一切水"，不论地上水、地下水，也无论空中的水，都属于"水"的外延。外延和内涵是概念的逻辑内容，表达的是逻辑意义。

（二）情感意义（Affective meaning）

对于同样的现实现象，人们的主观态度不同，因而在形成**理性意义**（Conceptual meaning）的时候可以带进人们的主观态度。这就给词义加上了一层附加色彩，这种词义是**一种依附性范畴**（Parasitic category），是一种**附加色彩意义**（Meaning with special flavour）。如汉语和英语中都有dragon（龙）和phoenix（凤）这两个词，dragon最早起源在西欧古代某些民族的文化里是力量与神圣的象征，而在基督教文化里则被形容是邪恶、恶魔的代名词。dragon被认为是魔鬼**撒旦**（Sadan）的化身，口中吐火、体形巨大，长着四只脚，有大翅膀和锋利的爪子的凶恶动物。据说，来自西方的龙口里喷着火，是一个英雄必须要除掉的东西，而这些龙试图通过喷火杀死接近它的人。与之形成对比的是，中国的"龙"传统上象征着力量和吉祥，特别是能控制水，降雨和洪水。此外，它也是一个好运的象征。中国有龙年，据说在这一年出生的人是健康、富有和聪明的。因此，在中国古代，"龙"和"凤"常常作为中国皇权的传统象征，"龙"代表帝王，"凤"代表后妃，后来引申为高贵、珍异、吉祥的象征，语言中也就相应地出现了"龙颜"、"龙袍"、"龙床"、"望子成龙"、"龙凤呈祥"、"凤冠霞披"、"凤毛麟角"、"凤凰于飞"等褒义表示法。在中国神话中，"凤凰"作为一种吉祥鸟，被看作是鸟中之王，雄性称"凤"，雌性称"凰"，体现了一种东方文化特性。而在西方神话中，phoenix又叫火鸟、不死鸟，形象一般为尾巴比较长的火烈鸟，并周身是火。据说，凤凰每次死后，会周身燃起大火，然后其在烈火中获得重生，并获得较之以前更强大的生命力，称为"凤凰涅磐"。如此周而复始，凤凰获得了永生，故有"不死鸟"的名称，并与"复活"、"再生"相关。

汉语的"鼓励"和"怂恿"、"果断"和"武断"、"团结"和"勾结"这三组词，理性意义基本相同，但却掺进了褒贬的色彩。前者均为褒义，后者皆为贬义。同理，根据感情色彩划分，同样是评价一个人，"勤奋"、"诚恳"、"纯洁"、"为人"是**褒义词**（Commendatory word），而"懒惰"、"肮脏"、"狐朋狗友"则是**贬义词**（Derogatory word）。

人们虽然生活在同一客观环境里，但对某些客观事物却各持己见，对代表那些事物的语言赋予了不同的意义。如汉语和英语中"狗/dog"的含义大不相同，dog在西方不仅是Man's best friend，还有as faith as dog（像狗一样忠实）和an old dog（老朋友）的说法，更是"宠物"（pet）。而中国人和英国人对"狗"持不同的态度，中国人对"狗"有一种厌恶心理，自然而然地在各自的语言中有所反映，例如"走狗"、"狗东西"、"狗腿子"、"狗杂种"、"狗崽子"、"癞皮狗"、"狗娘养的"、"狐朋狗友"、"狼心狗肺"、"人模狗样"、"狗胆包天"、"狗急跳墙"、"狗嘴里吐不出象牙"等。而英语则有 Love me，love my dog（爱屋及屋）、a top dog（最重要的任务）、a lucky dog（幸运儿）、dog-tired（精疲力竭）、a jolly dog（快活者）、a top dog（优胜者）、a dog's chance（难得的机会）等。

此外，汉语通过附加词缀或形态变化来表达情感意义。例如："狗"、"鱼"和"猫"等动物，如加上前缀"小"和后缀"儿"就有了喜爱之情。"子"不是专门的表情后缀，但把"狗崽儿"、"脚丫儿"中的"儿"换成"子"，亲切的感情立刻变为厌恶。重叠也会产生感情色彩。例如"长长的"、"绿绿的"、"胖胖的"。①

表达同一事物时，不同民族和不同语言的词语感情色彩大不相同。*Lado*（拉多）说"我们把生活经验变成语言，并给语言加上意思受了文化的约束影响的。而各种语言则由于文化不同而互有区别，有的语义存在于一种语言之中，但在另一种语言中却不存在"，这就是所谓的**语义空缺现象**"（semantic lacuna）。② 例如，在中国，见到乌鸦是不吉利的事，而在巴基斯坦和日本等国，乌鸦则是吉祥的动物。英语chicken指懦夫、胆小鬼，slippery as an eel（滑得像鳝鱼），As wise as an owl（像猫头鹰一样聪明），crazy as a bat（疯得像蝙蝠），regal as a lion（狮子般庄严）和majestic as a lion（像狮子一样雄伟）；俄语中жук（甲虫）喻指狡猾，гусь（鹅）有"滑头"、"不可靠"的语义，паук（蜘蛛）比喻"吸血鬼、"剥削者"，кит（鲸）可以表示"主要人物"、"台柱子"或"骨干"，белая береза（白桦树）象征"大自然"、кран（鹤）象征"春天"、сова（猫头鹰）象征"智慧"；再比如人们用шляпа（帽子）比喻"萎靡不振而无能的人"，用чайка（海鸥）喻指人的地位。可在汉语中和英语中相应的词汇都没有这些**喻义**（Figurative）。

汉语"梅花"喻指傲寒，"菊花"、"兰花"喻指高洁，而在别的语言中只分别是花中的一种而已；汉语"鸳鸯"喻指忠情、"乌龟"喻指长寿；"松"在

---

① 英语中的儿语词则是把尾音读成[i]，表示昵称，例如kitty/kitten（小猫）、puppy（小狗）、pony（小马）、lamb（小羊）、calf（小牛）、ducking（小鸭）、chicken（小鸡）等等。

② *Robert Lado，Linguistics Across Cultures [M]，Michigan* 1960，P71，P572.

英语中可喻指坚定，但决无"长寿"的喻义，"鹤"在英语中是一种普通的鸟，可在汉语中与"松"一起象征"长寿"，成语有"松鹤延年"。英语force象征武力，plough表示和平；"紫罗兰"被中国人视为美丽的象征，而在西方常把它与同性恋和性变态者联系起来。这都是词特有的民族特色和感情色彩。

（三）内涵意义（Connotative meaning）

"涵义"是"一个词的基本意义之外的含义"，是词语凭借其所指的内容而具有的一种交际价值，也是"一个词明确指称或描写的事物之外的暗示的意义。"[①] 内涵随文化、历史时期和个人经历的不同而变化。而词典是这种发展变化的最好记录。例如古代以服饰辨别等级。很多词义与这一礼制有关，用"大红大紫"形容人的发达、显赫，用"白丁"、"布衣"表示平民；woman一词内涵意义既包括女子的生理特征，也包含心理特征和社会特征以及一些典型的但不是一切女性都必须具备的特征，人们随时代的变化对女子性格的不同认识。再如"爱人"这个词，汉语中表示配偶中的一方，如"妻子"或"丈夫"，而在英语里，它应该包括husband（丈夫）、wife（妻子）、fiancé（未婚夫）、fiancée（未婚妻），因为在英语中lover单指情人（专指"情妇"或"情夫"）。还有一些含有民族特殊文化传统信息的词语，例如："母夜叉"（泼妇）、"诸葛亮"（有智慧的人）、"王老五"（男性单身）、"光棍"（单身）、"月老"（婚姻介绍人）、"红娘"（婚姻介绍人）、"新房"（婚房）等。

（四）社会意义（Social Meaning）

语言所表示的关于特定语言的社会环境的意义。例如，在欧洲中世纪，Lord是对耶稣基督的称呼，即God、Christ等，人们对耶稣有不同的称呼：the Creator（创世主）、the Saviour（救世主）等等；Father是对罗马天主教牧师的称呼，相当于"神父"，Mother是对女修道院院长的尊称，修女之间称呼Sister，这些称呼足见他们在当时的社会中所扮演的角色意义。英语peasant一词的基本意义是"农民阶级的一员，包括农场主、有土地的农民、雇农等"（《美国传统词典》）。在中国，poor peasant（贫农）和laborer（劳工）含有正面的、积极的涵义，但对许多西方国家的一些人来说，却有着某种反面、消极的意味。相反，landlord

---

① 这里关于词的"涵义"的两个定义，分别引自《朗曼现代英语词典》和《新编韦氏大学词典》。

（地主），capitalist（资本家），boss（老板）对中国人来说有一定的贬义，而在资本主义国家，对许多人来说却不是这样的。这些词的某种含义反映了人们对不同社会阶级的不同态度。再如，当俄罗斯人谈到волга（伏尔加河）就会像中国人谈到"黄河"一样，充满了民族自豪感，因为"伏尔加河"是俄罗斯无可替代的母亲河；同样，由于历史和社会的原因，年轻人谈到красный парус（红帆）就会不由自主地唤起他们对具有浪漫色彩的理想追求的情感，因为这个词在俄语里表示对美好事物的憧憬。

（五）反映意义（Reflected Meaning）

通过对同一词语的另一个意义的联想所反映出来的意义。在中国传统婚俗中，往往请亲属中长辈或年长妇女中的吉祥人（子孙满堂、儿女双全者）撒枣、花生、桂圆和生栗子于寝床，"枣"谐音"早"，"桂"谐音"贵"，"栗"谐音"利"，"花生"取"各种花色都生"，即"儿女齐全"之义，全部的意象合起来，取"早生贵子"、"早生利子"、"子孙满堂"之意。例如："蝙蝠"的"蝠"和"梅花鹿"的"鹿"和"福""禄"谐音，所以蝙蝠和梅花鹿是"幸福"和"利禄"的吉祥物；再如"钟"谐音"终"、"扇子"谐音"散"等、"梨"和"离"谐音，中国人就把这三种东西视为"寿终"、"离别"的不祥之兆，甚至成为馈赠亲友的禁忌品。

（六）搭配意义（Collocative Meaning）

由一个词跟它相结合的其它词的意义所获得的各种联想构成。例如cows（母牛）可以wander（溜达），但不能stroll（散步），人"由于害怕而发抖"（tremble with fear），"因激动而颤动"（quiver with excitement）。比如借助于词的搭配结构显示出来的词的意义，"给××点颜色看看"中的"颜色"是"厉害"的意思，但它必须和"给"联起来用，没有"给"就没有这种意义；"时代列车"中的"列车"和"时代"组合在一起才会有某种新的意义；"他最近火起来了"和"产品卖得很火"中的"火"，分别表示"兴旺"和"走俏"义。还有词或语素在特定结构中产生的意义，例如汉语形容词放在名词前多会产生"使动"义，"健身"、"美容"实为"使身体健康"，"使容美"；而"平整土地"实为"使土地平整"。

（七）主题意义（Thematic Meaning）

依次序（Ordering）、**中心**（Focus）和**强调**（Emphasis）组织信息时所表达的一种意义。

二、义素和义场

二十世纪初，在瑞士语言学家**索绪尔**（*F. de Saussure*）的学说影响下，欧洲的语言学家开始用**结构主义的理论**（*Structural theory*）和方法对**语义**（Semantics）问题进行研究，由历时性研究转向共时性研究，由研究一个词的语义变化转向研究词与词的语义关系，取得一些新的进展。特别是三十年代初，德国语言学家**特里尔**（*J. Trier*）较为系统地提出了"**语义场**"（Semantic field）理论，把一种语言中的全部词汇看成一个完整的系统，系统中各个词项按意义聚合成为若干语义场。每个词的意义都取决于同一语义场内其他词的意义。一方面把语言的意义看作一个系统，强调在系统中观察和分析意义，重视语义之间的相互关联、相互制约；同时还对词与词之间的**同义**（Synonymous）、**反义**（Antonymous）、**多义**（Polysemous）、**歧义**（Ambiguous）、**上位义**（Hyperonymy）、**下位义**（Hyponymy）等种种关系进行了研究。从四十年代起，音系学家把音素分解为更为基本的元素。五十年代，美国人类学家**朗斯伯里**（*F. G. Lounsbury*）、**古德内夫**（*W. H. Goodenough*）等，受到**音位学**（Phonology）**区别特征**（Distinctive features）理论和分析方法的启发，在研究亲属名词的相互关系时提出了义素**分析方法**（Componential analysis），也叫"语义成分分析法"。语义成分分析法常用**二分法**（Binarity），又叫"**双分法**"。例如：

	HUMAN	ADULT	MALE
man	+	+	+
woman	+	+	−
boy	+	−	+
girl	+	−	−

表4-5　义素二分法举例

"**语义场**"理论认为，**义素**（Semantic component）是最小的显示意义的单位，是意义的基本要素，是从上下文中分析出来的**义位**（Sememe，又称"义项"）的**区别性特征**，在职能上和**音位学**（Phonology）中的区别性特征相比拟，是**语义系统**中最小的**语义单位**（Semantic unit）。词语都可以分析为义素的组合，例如：

图4-10　英语bachelor的义素特征分析

再如汉语的"叔叔"含有"男性"、"长一辈"、"父系"、"比父亲年纪小"等义素；同样，woman（妇女）包含了【+human】、【-male】、【+adult】三个义素，而girl（女孩）则包含【+人】、【−成年】、【−男性】；与之相对照，汉语的"姐"包含【-事物，-具体事物，+有生命，-动物，+人类，+女性，+同辈中年长者，……】。以上括号内的都是义素，义素之前加减号表示二分对立，一组义素组合成一个概念，如boy（男孩）则包含了【+ human、+ male，−adult】。**乔姆斯基**（*Chomsky*）在《句法理论若干问题》（1966）中，也曾用**树形图**（Tree diagram）表示这种双分特征：

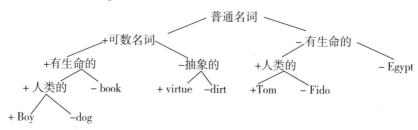

图4-11　普通名词的双分（二分）特征

（一）义素分析方法（Componential analysis）

二十世纪五十年代，美国人类学家分析亲属词的关系时，提出了**义素分析法**，既对义项的**语义结构**分析，将一个词的词义同一组相关词义聚合后进行对比，最后归纳出其区别特征。这是结构主义语言学对比原则在语义研究中的运用。其具体步骤如下：

1.确定语义场（Semantic field）—— 确定范围

一个词的所有意义在某一有用的意义上形成一个**"场"**（Field）。分析一个词的**词义特征**（Lexical features）须放在相关词义特征中组成一个**语义场**，进行**"特征分析"**（Feature analysis）。**语义场**（Semantic field）就是通过不同词之间的对比，根据它们词义的共同点划分出来的类。语义场的分类较为复杂，例如：

（1）类属语义场：锅-碗-瓢-盆、红-黄-蓝-黑、笔-墨-纸-砚

（2）顺序语义场：大学-中学-小学、春-夏-秋-冬、初赛-复赛-决赛

（3）关系语义场：老师-学生、父母-子女、东-西、市场-价格

（4）同义语义场：演讲-讲演、穿-戴、低矮-短小、丢失-失去

（5）反义语义场：来-去、上-下、死-活、好-坏、长-短、表扬-批评

图4-12　语义场的类别

事实上，一组同义词就是一个**语义场**。例如get以"得到"这个**概念**作为核心**同义词**（Synonymic dominant），其**同义词群**（Word group）可由acquire、attain、obtain、procure、gain组成，形成一个以"得到"为核心的**语义同义场**（Semantically synonymous field），而get就是这一组同义词的**标题词**（Header）。**核心词**的意义外延最广，色彩一般为中性，为该词群中的最常用词。例如：

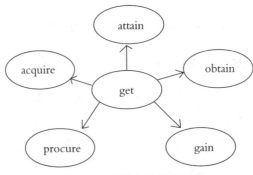

图4-13　英语get的同义词群

再如：**拉—拽—拖**（"拉"类语义场）；**看**—望—瞧—瞟—瞅—瞪（"看"类语义场）。

2.比较分析，抽象出语义特征——分类（Classification）

词语反映了人类对于主、客观世界的概括，各种语言都按照自己的传统习惯和现实需要，以各自的独特方式对主、客观世界进行不同的切分和归类，形成不同的**词汇系统**（Lexical system）。以"亲属语义场"为例，**义素分析**（Sememe analysis）举例如下：

项目	兄	弟	姐	妹
亲属	+	+	+	+
平辈	+	+	+	+
同父母	+	+	+	+
年长	+	–	+	–
男性	+	+	–	–

表4-6　亲属关系义素分析举例

教堂 ┌ Cathedral【+building、+worship、+Christian、+large】
├ Church【+building、+worship、+Christian、+general】
└ Chapel【+building、+worship、+Christian、–large】

┌ bachelor【+单身汉、+学士、+青年骑士、+未交配的雄兽】
│　　　　　【+human、+male、+adult、–married】
└ 单身汉【+生物、+人类、+男性、+未婚】

汉语的"单身汉"和英语的bachelor外延并不完全相同，用**语义特征**（Semantic characteristic）分析bachelor时，用【+human、+male、+adult、–married】就算满足了充分必要条件；但从**百科知识**（Encyclopedia knowledge）的角度，bachelor还涉及更多知识。因此，语义场的性质：**层次性**（Hierarchy）、**系统性**（Schematism）、**相对性**（Relativity）。

（二）义素分析的模式

1.名词模式

｛义项｝=〔属性1、属性2、属性n……、类属〕。例如：

N（名词）：boy（男孩）：【+N、+可数、+人、+有生命、+人类的、+男

性、+未成年、……】

　　　　girl（女孩）：【+N、+可数、+人、+有生命、+人类的、+女

性、+未成年、……】

　　　　football（足球）：【+N、+可数、-生物、-人类的、-抽象、+

物体、……】

　　　　car（小汽车）：【+N、+轮子、-移动、-生命、-人类的、+具

体物、……】

2.动词模式

{义项} = [主体、方式（时间、方位、工具、材料、情状）、动作（移动/静止、分开/结合、获得/失去、增加/减少）、客体（受事、成果）、因果（目的、原因、结果）]

　　V（动词）：play（踢）：【+V、+动作、+用脚触及客体、+主语是人、+

宾语是物、……】

　　　　frighten（吓）：【+V、+动作、+间接触及客体、+主语是

人、+宾语是物、……】

3.形容词模式

{义项} = [范围（主体）、方面（身体/精神、重量/高度、长度、温度）、程度（十分、相当、比较）、性状（大小、多少、高低、远近、快慢]

　　A（形容词）：fast（快）：【+A、+速度、+十分、+快、……】

　　　　slow（慢）：【+A、+速度、+十分、+慢、……】

（三）义素分析的意义

1.尽管一种语言中到底有多少义素，很难搞清楚，但用**义素分析法**研究词义特别是同义词，把一个笼统的词义分解成若干义素，这就使**同义词**（Synonym）中的"同"和"异"有了"量"的概念，可以更深刻、更准确地从内部结构研究词义。

2.利用**逻辑学**（Logic）方法，用与**种**（Species）概念相联系的表共**性**（Generality）的义素，和**属差**（Difference of genus）相联系的表个性（Personality）的义素组成**语义结构式**（Semantic structure），这就使**语义形式化**（Semantic formalization）有了最初步的形态。

第五章　语言的结构

第一节　语言结构的分类

　　世界上的语言有数千种，每一种语言都有自己的特点，也都有自己的语法结构。在十九世纪以前的好几百年中，《圣经》关于人种分布的传说对语言分类的研究产生过深远的影响。直到1786年，美国学者W.琼斯（*William Jones*）比较了梵语、希腊语、拉丁语的某些共同特点后，发现了其间的对应规律，于是提出了印欧诸语言同属一系的理论。[①] 此后，为了便于掌握人类语言的共同语法特征，着重说明各种语言间的谱系关系，语言学家开始根据句子和词的构造，以及词与词之间的关系来对世界上的语言进行细致地分类。

　　一般而言，世界诸语言有三种分类法，（1）**类型分类法**（词的形态结构）；（2）**区域分类法**（或称地理分类法）；（3）**谱系分类法**（或称发生学分类法）。其中有文献可据和推断周密的**谱系分类**（历史比较语言学）是近代用得最广泛的一种分类法。

　　十九世纪中期，德国语言学家**奥古斯特·施莱歇尔**（*August Schleicher*）受当时**达尔文生物学**（*Darwin biology*）**物种分类**（Species classification）的启发，在其代表作《印度日耳曼语系语言比较语法纲要》中创制了"**树形谱系图**"（Language family tree），用自然科学研究方法，第一次直观地展示了不同语言之间的亲属关系及其历史演变的过程。

一、语言的谱系分类

　　事实上，早在十九世纪之前，许多学者已经注意到诸语言之间的相似之处和区别，并对其**始源语**（Parent language）做过各种猜测，由于当时宗教思想影响严

---

　　① 琼斯1786年在加尔各答皇家亚洲学会上宣读的著名论文题为：*Third Annivery Discourse to the Asiatic Society of Calcutta*。详见Jones，W.（1993）.*The CollectedWorks of Sir William Jones.New York:New York University Press.*

重，加之证据不足，没有发展为一门独立的科学。例如十四世纪初，意大利诗人但丁（*Dante Alighieri*，1265—1321）曾在《论俗语》（*De Vulgari Eloquentia*）中讨论了语言起源的问题。他假设不同的语言是同一种语言经过时间的演变和人口的迁徙而分化出来的，不同的方言来自一种共同的语言；同样，不同的语言可能始源于一种共同的母语。他还划分了三个欧洲语系：北方的日耳曼语系，南方的拉丁语系、欧亚接壤地带的希腊语系。**斯卡利杰**（*J.J.Scaliger*，1540—1609）把语言划分成四大语系：罗曼语系、希腊语系、日耳曼语系、斯拉夫语系和七个小语系。十九世纪的**历史比较学派**（Historical and comparative linguistic）研究了各种语言，发现有些语言的某些语音、词汇、语法规则之间有对应关系，有些相似之处，它们便把这些语言归为一类，称为**同族语言**（Cognate languages），由于有的族与族之间又有某些对应关系，又归在一起，称为**同系语言**（Monogenesis），这就是所谓语言间的**谱系关系**（Phylogenetic relationships）。其代表人物为德国的历史语言学家**奥古斯特·施莱歇尔**（*August Schleicher*，1821—1868），他受**黑格尔**（*George* Wilhelm Friedrich Hegel，1770–1831）哲学思想和达尔文（C.R.Darwin，1809—1882）**进化论**（Theory of evolution）的影响，运用历史比较方法，采用生物学对植物的分类方法来研究语言的历史亲属关系。1861年至1862年，**施莱歇尔**出版了《印度日耳曼语言比较语法纲要》，[1] 根据已经发现的规律来重建原始印欧语，并追溯出它在每一分支中的发展。它的方法如下：

首先，根据语言的亲属关系的远近对语言进行细致的分类；

其次，根据语言的共有特点（如词汇的一致性、符合音变规律等）而将其分为不同的**语系**（*Language family*）、**语族**（*Language group*）、**语支**（*Language branch*）、**语种**（*Languages*）等，并给每个语系、语族都找出一个"母亲"，例如**拉丁语**（*Latin*）是**罗曼语**（*Romance*）的母亲；

最后，追溯同一**始源语**（*Parent language*），并用"**谱系树形图**"（*Language family tree*）来表示语言的历史渊源和体系。

（一）语言的谱系

1.语系（Language family）

依照语言的亲属关系——**谱系分类法**（Genealogical classification）所分出来

---

[1]　Schleicher, A.（1874）.A Compendium of the Comparative Grammar of the Indo-European,Sanskrit,Greek and Latin languages.London:Trubner & Company.

的最大的类，又称发生学分类法。同一语系的语言之间都有亲属关系，不同语系的语言之间没有亲属关系。例如属于**汉藏语系**语言的汉语、藏语、羌语、普米语、景颇语等都有亲属关系；同一语系之下，还可按其远近，分成若干语族；语族之下，再分出若干语群。

2.语族（Language group）

同一语系下的语言按照谱系分类法划分出来的二级语群。如**阿尔泰语系**（*Altaic family*）下分西**阿尔泰语族**、东阿尔泰语族。阿尔泰语系的西阿尔泰语族（*West Altaic language group*）包括**突厥诸语言**（*Turkic branch*）以及前苏联境内的**楚瓦什语**（*Chuvash language*），东阿尔泰语族则包括**蒙古语族**（*Mongolian branch*）以及前苏联境内的**埃文基语**（*Evenki*）。**乌拉尔语系**（*Uralic family*）分为两大语族：**芬兰语族**（*Finland language group*）包括**芬兰语**（*Finnish*）、**爱沙尼亚语**（*Estonian*）等，**乌戈尔语族**（*Ugric language group*）则包括**匈牙利语**（*Hungarian language*）、**曼西语**（*Mansi language*）等。**印欧语系**（*Indo-european family*）是最大的语系，下分印度、伊朗、日耳曼、拉丁、斯拉夫、波罗的海等语族，波罗的海语族包括**拉托维亚语**（*Latvian language*）和**立陶宛语**（*Lithuania language*）；**印度语族**（*Indic Branch*）包括**梵语**（*Sanskrit*）、**印地语**（*Hindi*）、**巴利语**（*Pali*）等，伊朗语族包括波斯语、阿富汗语等。日耳曼语族包括英语、德语、荷兰语以及斯堪地维亚半岛各主要语言。**拉丁语族**（*Romanic*）包括**法语**（*French*）、**意大利语**（*Italian*）、**西班牙语**（*Spanish*）、**葡萄牙语**（*Portuguese*）和**罗马尼亚语**（*Romanian*）。斯拉夫语族（*Slavic language group*）有**俄语**（*Russian*）、**保加利亚语**（*Bulgarian*）、**波兰语**（*Polish*）。波罗的海语族包括**拉托维亚语**（*Latvian*）和**立陶宛语**（*Lithuania language*）。汉藏语系（*Sino-Tibetan family*）按照传统观点下分汉语（*Chinese language*）、**藏缅语族**（*Tibeto–Burman group*）、**苗瑶语族**（*Miao-Yao group*）、**壮侗语族**（*Zhuang-Dong group*）。**闪含语系**（*Semitic-Hamitic family*）下分**闪语族**（*Semitic group*）和**含语族**（*Hamitic group*），前者包括**希伯来语**（*Hebrew*）、**阿拉伯语**（*Arabic*）等，后者包括**古埃及语**（*Ancient Egyptian Language*）、**豪萨语**（*Hausa*）等。**乌拉尔语系**（*Uralic language family*）下分**芬兰语族**（*Finland group*）和**乌戈尔语族**（*Ugric group*）。**格林伯格**（*J.Greenberg, 2000*）把现在世界上的五六千个不同的语言归为几个**超级语族**（*Superphylum*），其中涵盖欧亚大陆的语族叫做**欧亚语族**（*Eurasiatic*）。格林

伯格认为**印欧语系**（*Indo-European family*）是欧亚语系的一部分，欧亚语系包括土耳其语、维吾尔语、蒙古语、汉语、日语跟**爱斯基摩–阿留申语系**，是一个更大的语族。[①]

3.语支（Language branch）

同一语系下的语言按照谱系分类法划分出来的三级语群。如藏缅语族下分**藏语支**（*Tibetan branch*）、**景颇语支**（*Jingpo branch*）、**彝语支**（*Yi branch*）、**缅语支**（*Burmese branch*）、**羌语支**（*Qiang branch*）。同样是属于印欧语系，斯拉夫语族有东部语支和南部语支和西部语支，俄语（*Russian language*）、乌克兰语和白俄罗斯语则属于印欧语系的斯拉夫语族的东部语支；日耳曼语族分东部语支、西部语支和北部语支，德语、英语则属于日耳曼语族的西部语支。下图为施莱歇绘制的日耳曼语族演变过程及其语言分支图：

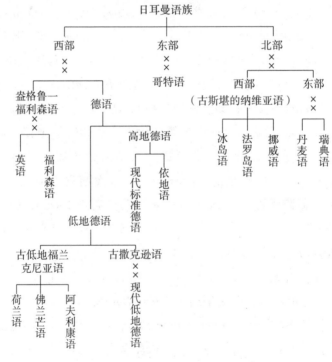

图5-1　日耳曼语族的"谱系树形图"[②]

①　*Greenberg,Joseph H. 2000 Indo-European and Its Closest Relatives:The Eurasiatic Language Family. Vol.1.Grammar,Vol.2.Lexicon.Stanford,Calif. Stanford University Press.*

②　本图引自刘润清《西方语言学流派》，外语教学与研究出版社，2013年，P59。尽管施莱歇尔的语系分类已被后人多次修改，但我们目前常见的语言"谱系树形图"大都仿照了他的方法。

（二）世界上的主要语言所属系属

地球上的人类语言五花八门，种类繁多。据有关专家新近统计，全世界有5651种语言，但大部分语言学家确认已知的语言实际上最多只有4200种左右。其中大多数语言没有相应的文字。从使用的人数来看，讲汉语的约占世界人口的三分之一。

世界各地区，某一地区的语言的数目也各不相同。例如现代中国境内有56个民族，使用的语言有129种；① 新几内亚的语言很多，印度的语言也不少，据估计有一百五十多种；俄罗斯除了使用斯拉夫语（*Slavic*）以外，还使用七十多种非斯拉夫语言出版书籍，其中有些是混合语，有些语言的身份还有待确认；根据语言之间有无亲缘关系及亲缘关系的远近可以将它们归属五大语系：汉藏语系、阿尔泰语系、南亚语系、南岛语系和印欧语系。

现在主要的的世界语言，可分为下列十大语系：

1. **汉藏语系**（*Sino–Tibetan family*）

主要分布在亚洲的中国、泰国、缅甸、不丹、尼泊尔、印度、孟加拉、越南、老挝、柬埔寨等国。包括**汉语**（*Chinese language*）、**藏语**（*Tibetan Language*）、**缅甸语**（*Burmese*）、**克伦语**、**壮语**（*Zhuang language*）、**苗语**（*Miao Language*）、**瑶语**（*Yao language*）、**泰语**（*Thai*）、**老挝语**（*Lao*）等。

2. **印欧语系**（*Indo–European family*）

从美洲、经过欧洲，一直延伸到印度次大陆北部。包括的主要语言有：**印度语**（*Hindi*）、**波斯语**（*Persian*）、**俄语**（*Russian language*）、**英语**（*English*）、**西班牙语**（*Spanish*）、**法语**（*French*）、**德语**（*German*）、**意大利语**（*Italian*）、**希腊语**（*Greek*）、**葡萄牙语**（*Portuguese*）、**孟加拉语**（*Bengali*）、**印地语**（*Hindi*）、**波兰语**（*Polish*）、**捷克语**（*Czech language*）和**斯洛伐克语**（*Slovak language*）等。

3. **乌拉尔语系**（*Uralic Family*）

主要分布在欧洲，从斯堪的纳维亚往东直达亚洲西北部。包括**芬兰语**（*Finnish*）、**匈牙利语**（*Hungarian*）、**爱沙尼亚语**（*Estonia*）、**曼西语**（*Mansi*）、**马里语**、**科米语**（*Komi language*）等。

---

① 孙宏开、胡增益、黄行主编《中国的语言》，商务印书馆，2008年。

4.阿尔泰语系（*Altaic family*）

主要分布在中国、蒙古、土耳其以及一些中亚国家。包括**土耳其语**（*Turkish*）、**阿塞拜疆语**（*Azerbaijani*），**哈萨克语**（*Kazak language*）、**维吾尔语**（*Uighur language*）、**蒙古语**（*Mongolian language*）、**满语**（*Manchu language*）等。

5.闪含语系（亚非语系）（*Semitic–Hamitic Family*）

主要分布在亚洲的阿拉伯半岛和非洲的北部。包括**阿拉伯语**（*Arabic*）、**希伯来语**（*Hebrew*）、**索马里语**（*Somali*）、**马耳他语**（*Maltese language*）、**豪萨语**（*Hausa language*）等。

6.伊比利亚-高加索语系（*Caucasian Family*）

位于黑海和里海之间高加索山区，小部分分布于伊朗和土耳其；包括格**鲁吉亚语**（*Georgian language*），**卡巴尔达语**（*Kabardian language*），**车臣语**（*Chechen*）等。

7.达罗毗荼语系（德拉维达语系）（*Dravidian Family*）

主要分布在印度南部和中部、斯里兰卡北部、马来西亚、新加坡和锡兰境内，个别分布于巴基斯坦；包括印度的**泰米尔语**（*Tamil*）、**马来雅兰语**（*Malayalam*）、**哈尔语、泰卢固语**（*Telugu*）、**卡拿拉语**（*Canarese*）、**图卢语**等。

8.南岛语系（马来–玻里尼西亚语系）（*Austronesian family*）

从印度洋、马来半岛、东南亚、越过太平洋到到南非的复活节岛。包括印度尼西亚的诸多语言，**印尼语**（*Indonesian*）、**马来语**（*Malay*），**他加禄语、马达加斯加语**（*Malagasy*），**菲律宾语**（*Philippines*）**斐济语**（*Fijian*）、**所罗门群岛语**（*Solomonese*）以及中国台湾的**高山语**（*Gaoshan langguage*）、新西兰东部的**毛利语**（*Maori*）、**汤加语**（*Tongan*）和**夏威夷语**（*Hawaiian*）等。

9.南亚语系（*Austro–Asiatic family*）

主要分布在印度东部至中南半岛的亚洲东南部地区，以及马来西亚和尼科巴群岛。包括**越南语**（*Vietnamese language*）、**高棉语**（*Khmer langguage*），中国云南的**佤佤语、布朗语**（*Bulang language*）、**崩龙语**（*Benglong language*）。

10.尼日尔-科尔多凡语系（尼日尔-刚果语系）（*Niger–Congo Family*）

主要分布于从塞内加尔到肯尼亚、往南直达好望角的大片非洲土地。包括**卢旺达语**（*Rwanda*）、**科萨语**（*Xhosa*）、**刚果语**（*Kikongo*）、**卢干达语**

（*Luganda*）、**门得语**（*Mεnde yia*）、**桑戈语**、**约鲁巴语**（*Yoruba*）、**莫西语**（*Mossi*）等。

此外，还有一些语系，如非洲的**沙里-尼罗语系**（尼罗-撒哈拉语系）（*The Nilo-Saharan language family*）、**科依桑语系**（*Khoisan language family*），美洲的**爱斯基摩-阿留申语系**（*Eskimo and Aleutian language family*）以及一些美洲印第安诸语言，大洋洲的**马来-波利尼西亚语系**（*Malay -Polynesian language family*）和密克罗尼西亚语系（*Micronesia language family*）等等。

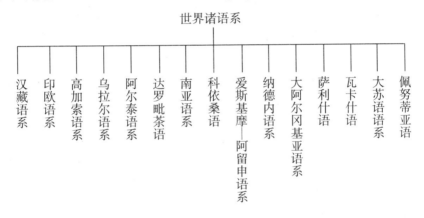

图5-2　世界语言谱系简图

语系是有共同来源的诸语言的总称，语系之下依据语言的亲疏程度再细分为语族、语群、语支、语言、方言、土语等不同层次。比如中国各民族的语言，从语言系属来说，它们分别属于汉藏语系、阿尔泰语系、印欧语系和南亚语系。在这些语系下面，可以分成若干语族，各个语族下面还可以分成若干个语支，例如**藏语**（*Tibetan language*）属于汉藏语系藏缅语族北部语群**藏语支**（*Tibetan branch*），**维吾尔语**（*Uighur lasnguage*）属于阿尔泰语系突厥语族**西匈语支**（*Western Huns branch*）；也有一些语言分别属于几个语系，例如**高山族诸语言**（*Gaoshan language*）不止一种语言，而有十几种语言。

世界上有些语言，从谱系上看，不属于任何语系，这些语言称作**独立语言**（Independent language）或**语言孤岛**（*Language island*）。如**越南语**（*Vietnamese language*）、**朝鲜语**（*Korean language*）、**日语**（*Japanese*）就是独立的语言。比如日本北海道地区有一种**阿伊努语**（*Ainu*）几近灭绝；巴布亚新几内亚的700多种语言、欧洲法国-西班牙边境处的巴斯克族讲的巴斯克语，尚不很清楚，还在研究之中。此外，还有一些语言，目前还没有文字系统，例如仅有1000人使用的巴布亚新几内亚的*Porome*语、巴基斯坦控制下的克什米尔地区的**布鲁沙斯基语**（*Burushaski*）等。

从地区上看，西班牙语除了是西班牙的通用语言外，还通行于中美洲以及南美洲绝大多数国家；南美洲的巴西通行葡萄牙语。西班牙语和葡萄牙语同属拉丁语族，所以中、南美洲也叫做拉丁美洲。印度的北部、中部通行印地语。苏联的俄罗斯部分通行俄语。日本通行日语。从阿拉伯半岛起直到北非大西洋海岸的广大地区，通行阿拉伯语。孟加拉国通行孟加拉语。法语除了通行于法国外，还通行于许多前法属殖民地、现在已经独立的国家，如象牙海岸、几内亚，等等。德语通行于德国。世界上使用人口最多的主要语言就是这些。此外，在世界语言中有一个独特的现象是许多小语种逐渐消亡，大语种取而代之。例如：白人在美洲殖民以前，当地曾有过许多印第安语，有人估计有千种左右。这许多种印第安语，使用的人数很少，通行的范围也很窄，仅限于在印第安人中交际使用。

（三）亲属语言之间的关系

亲属语言是**语言分化**（Language divergence）的结果，它是指几种或更多的独立的语言最初的来源是相同的，这些从同一种语言（母语，祖语）分化出来的语言彼此间具有亲属关系。比如，汉语与泰语、傣语、老挝语、侗语、苗语、藏语、彝语、景颇语、缅甸语等具有亲属关系，因为这些语言属于一个共同的祖先——原始汉藏语。再如**拉丁语**（*Latin language*）随着**古罗马帝国**（*Ancient Rome Empire*）的解体，它的各个方言就发展成今天的法语、意大利语、西班牙语、葡萄牙语、罗马尼亚语等独立的语言，这些从同一种语言分化出来的各个语言，就叫做**亲属语言**（Related language）。

第二节　语言的形态类型

一、语言的传统分类法

传统的类型分类法主要根据词的形态结构，而不是根据亲属关系来划分语言，这是一种纯粹的共时分类法。是根据语言结构某个方面的特点对语言进行分类，其中影响最大的是根据词的结构对语言进行分类，例如是否在词上附加构形语素以及构形语素的差别。由于这种分类的根据是词的形态，所以这种分类又叫"形态分类"。事实上，语言的形态分类就是根据句子和词的构造，以及句子中间各个词素的相互关系来对世界的语言进行分类。十九世纪欧洲（尤其是德国）的**"结构类型学"**（Structural typology）时期，古典类型学家对大量**"异族语言"**（Alien language）产生了兴趣，并根据语音、语法、词汇特征，而不是根据历史发展进行了初步的形态归类，例如十九世纪德国学者**洪堡特**（*Wilhelm von Humboldt*，1767—1835）在《人类语言结构的多样性》中区分了三种语言类型：孤立语、黏着语和屈折语，他的主要依据是用单词的结构和词形变化这一唯一的**参数**（Parameter）来区别语言类型。例如一个词代表一个意思，这就是孤立语；用简单词组成复合词而词形和意义都不变，叫黏着语。用词尾变化来表示语法关系的叫屈折语。[①] 在此基础上，比较**语言学**（Comparative linguistics）根据语言的**结构特征**（Structure characteristics），主要按照相同的**语法特征**（Grammatical features），把人类的语言分成四大类：

（一）孤立语（Isolating language）

也叫"词根语"或"分析语"。汉语、彝语、傣语、侗语、壮语、苗语等、越南语等都属于孤立语。它的特点是：词基本上无专门表示语法意义的附加成分，词形变化很少，语法关系主要靠语序和虚词表示。例如"我写信"不能改为"我信写"或"信写我"，因而词序严格，虚词十分重要，复合词，派生词少。孤立语在地域上多位于亚洲南部地区，常有声调，有连动结构。由于孤立语的主

---

① *Humboldt（1999）On Language.On the Diversity of Human Language Construction and Its Influence on the Mental Development of the Human Species,Cambridge University Press,2 nd rev.edition.*

要特点是缺乏**词形变化**（The morphological changes），因而词的次序很严格，不能随便变动，即从排列本身区分关系和语法意义。

（二）屈折语（Inflectional language）

"屈折"是指词内部的语音形式的变化。以词形变化作为语法关系的主要手段，以印欧语系为代表，如俄语、英语、法语、德语、西班牙语、阿拉伯语等。它的主要特点是：一是有比较丰富的词形变化（即屈折），通过词形变化来表示词与词之间的关系；二是一种词形变化的语素可以表示几种不同的语法意义；三是词尾和词干或词根结合十分紧密，脱离开词尾，句子中词根就不能独立存在。屈折语的主要特点是有丰富的词形变化（词内部的语音形式变化），词与词之间的关系主要是靠这种变化来表示，因而词序没有孤立语那么重要。但是屈折语的一个词尾往往表示几个语法意义，如拉丁语am-o（我爱）中词尾-o同时表示现在时、主动态、第一人称、单数、陈述语气等五项。印欧语系如俄语、德语以及闪-含语系下的很多语言都是屈折语。

（三）黏着语（Agglutinative language）

黏着语也有丰富的词形变化，词内有专门表示语法意义的附加成分。一个附加成分表达一种语法意义，一种语法意义也基本上由一个附加成分来表达，即通过词本身形式的变化来表示各种语法关系。土耳其语、日语、朝鲜语、蒙古语、芬兰语、匈牙利语、维吾尔语是这种类型的代表。其最突出的特点是：词根与变词语素（附加成分）结合不很紧密，两者有很大的独立性，只是在用的时候临时贴上去，故名黏着语。以在词根后加构词附加成分为派生新词的主要手段，以在词干之后加语法粘附成分为形态变化的主要手段。例如，日语语法的作用是由名词后面的虚词来表示的，它可以标志一个句子的话题或主题，句子可以动词结尾（如"机の上に猫がいます"），也可以形容词（如"場所柄がいい"），或"名词+助动词"结尾（如"彼 は日本人です"）。黏着语的主要特点是：没有词的内部屈折，每一个变词语素只表示一种语法意义，而每种语法意义也总是由一个变词语素表示的。如土耳其语中，动词词根sev-表示"爱"，变词语素-dir表示第三人称，-ler表示复数，-miš-表示过去时，-erek表示将来时，分别组合起来，sev- miš- dir-ler就是"他们从前爱"，sev- erek-dir-ler就是"他们将要爱"。乌拉尔语系和阿尔泰语系下的语言是黏着语。

（四）复综语

又称**编插语**（Synthetic language）、**多式综合语**（Polysynthetic language），这是一种内部结构非常复杂的语言，界于屈折语和黏着语之间，其突出特点是分不出词和句子。一个词往往可以由许多语素粘合而成，有的语素甚至不能构成一个音节，由于在词里面插入了表示多种意思的各种语素，句子的主要或全部结构被包含在一个词之中，所以一个词往往构成其它语言的一个句子。这种结构类型多见于美洲印地安人的语言，如美诺米尼语。北美洲的契努克语有一个句子表示"我来是为了把这个交给她"的意思，用拉丁字母记下来就是i–n–n–á–i–l–u–d–am这样一个词，其中–d–是动词词根（给），第一个i–表示过去时，–n–表示第一人称单数，第二个–i–相当于代词宾语（这个），–á–相当于另一个代词宾语（她），–l–表示前面的代词宾语–á–是间接宾语，–u–表示动作离开说话的人（即交给别人），–am表示动作（来）是有目的的。也就是把主语、宾语和其他语法项结合到动词词干上，以构成一个单独的词，表达一个句子的意思。例如美洲各种印第安语、爱斯基摩语以及高加索诸语言都属于多式综合语。

古典类型学将语言分为"屈折语"、"孤立语"、"粘着语"和"复综语"，这种形态分类法影响直至今日。然而，索绪尔认为，语言是不断变化的：一种语言并不总是属于一个语言类型，同一个语系的语言也不一定属于同一个语言类型。有的语言的特点可以长期保留下去，而有些语言的特点会发生很大变化。他观察到闪含语系的语言（包括阿卡德语、腓尼基语、阿拉美语、希伯来语、阿姆哈尔语），长期保留了自己的特点；相反，印欧语系的语言却发生了很多的变化。例如原始印欧语的特点是：语音系统简单，没有双辅音或复杂的**辅音丛**（Consonant cluster），**复合词**（Compound word）和**派生词**（Derivative word）丰富，名词和动词的屈折变化很多，语法结构相当自由，表示语法功能的**虚词**（Function word）很少，等等。然而，这些特点没有一条毫无变化地保留在印欧语言中。印欧语系的屈折变化大部分都逐渐消弱减少，例如英语和爱尔兰语的**屈折变化**（Inflection）几乎全部消失。在同一种语系中，有的变化只影响到其中一部分语言，有的甚至已经变成另一种语言类型。，

以上大量语言事实也证明：**施莱歇尔**用语言类型学解释语言演变过程是有其局限性的。以上传统的分类法并不代表某种语言与另一种语言是界限分明的类

型，或有绝对的结构差异，大部分的语言共同具有一个以上相同的特征，兼有几种类型的特征，而且都显示了**程度差异（连续统，Continuum）**。以英语为例，英语既有屈折语的成分（如名词、动词有词尾曲折变化），也有粘着语和分析语的特征。如英语的一些动词，一个词形表示多种语法意义，类似屈折语：

$$
\text{He go-es} \left\{
\begin{array}{l}
\text{陈述语气} \\
\text{现在时} \\
\text{主动态} \\
\text{第三人称单数}
\end{array}
\right.
$$

同时，英语语序比较固定，类似孤立语，但它的有些词根前后可能有几个表示语法意义的词缀，每个词缀只表示一个语法意义，词缀同词缀在语音上不融合在一起，界限分明，又类似粘着型，如英语的un-affect-edly（不矫揉造作地）中的un-表示否定，-ed表示形容词后缀，-ly表示副词后缀，用粘着方式串联在一起。此外，英语早期曾有过词类之间的形态区别，而现在这种区别有许多已经开始被废弃了，如现在不说to cleanse而说to clean；现代英语中单音节形容词比较级后须加-er，最高级须加-est的规则，现在已经成为过去，许多论著中已经开始用more和most来代替。就此而言，英语已经发展得大大地接近像汉语这样的孤立语了，这就使得屈折语向分析语靠拢。因此，分类的标准是相对和连续的，也是十分模糊的，只是该语言的一种偏向。事实上，许多语言都是多种类型属性的综合体。分析型语言除了分析特点外，都会有不同程度的形态特点，例如通过语音的变化表示不同的意义和语法范畴；同理，即使是粘着、屈折等类型的语言，也会有一些分析型的特点。因此，我们很难确定一种绝对的孤立语、绝对的黏着语，因为每一类型的语言特点都不是纯粹单一的，都会在主要类型的特点上另含有别的类型的特点。

此外，每一种类型的内部也都存在不同的类型层次。例如汉藏语系有上百种语言，都是以分析型为特征，其中的藏缅语族语言，除具有分析性特征外，还有程度不同的黏着性、屈折性的特点，大致存在三种不同的层次：[①]

类别	程度	语种	表现特征
第一类	分析性最强	彝、哈尼、傈僳、拉祜、白	形态变化很少，语法意义主要靠语序和助词来表示。

---

① 本分类参照戴庆厦《汉语的特点究竟是什么》，载《民俗典籍文字研究》十五辑，商务印书馆，2015年，P12。

第二类	分析性较强	景颇	形态变化强度处于中间偏上。
第三类	分析性较弱	嘉戎、羌、普米	形态变化比较丰富，除了语序和虚词外，还靠形态变化表示各种不同的语法意义。

表5-1　藏缅语族语言内部差异

以上三种不同类型，反映了藏缅语族从形态丰富到不丰富的演变过程。通过对比，可以从中构拟出一条由粘着类型向分析类型的**演变链**（Chain of evolution）。

二、当代语言类型学的分类法

早在十九世纪，**历史比较语言学**（Historical and comparative linguistic）阶段，德国学者**施莱格尔**（*K.W.F. von Schlegel*，1772—1829）就曾把世界语言分为两大类，一类是靠词形本身的变化表示语法关系，一类是靠词的顺序表示语法关系。传统的**语言类型学**（Typology）按语言的词法特点给语言分类，当代语言类型学则按语言的各种**句法特点**给语言分类。从语法的角度看，**类型关系**（Type relationship）又是一种置语言的渊源于不顾的**相似性**（Similarity）关系。比如还可以根据语言的构词方法或组织句子的方法等等把语言分为"**分析语**"和"**综合语**"。

（一）综合型语言（Synthetic Language）

意义的变化通过内部变化实行，主要靠构形形态来表示，即通过**形态**（Morph）表达语法关系，包括屈折语、黏着语和多式综合语。主要包括印欧语系部分语言，如现代德语，还有日语、俄语、印地语等。

综合性形态手段包括：

※附加（例如：books[复数]，looking（[进行时]）

※内部曲折（例如：forget[动词原形]/forgot[动词过去式]）

※重叠（例如：看看、天天、个个、参观参观）

※重音（例如：conduct[kən'dʌkt]，动词，引导）/['kəndʌkt]，名词，行为）

※异根（例如：I（主格）/me（宾格））

例如综合型的语言动词大都有种类不同的形态变化（声母、韵母、声调的变化和加不的前缀或后缀），表示"式"、"体"、"貌"、"态"等不同的语法意义。一种语言**综合度**（Comprehensive degree）（指一种语言里）最高端就是理想的综合语，其一段话语的所有内容都可以以词缀形式加到单一词根上。

（二）分析型语言（Analytical language）

"分析型"语言总是倾向于把语法功能词分析出来，并让一些独立的词来担当，而不是把它们作为词缀并入内容词之中。也就是说意义的变化是通过使用不同的词来表达，即通过**虚词**（Function words）、**词序**（Word order），表示各种句法关系，从而表达语法关系。如汉语、英语、法语、保加利亚语等。分析性强的特点主要表现在词类无形态变化上，词类的区别主要靠意义和句法功能。

分析性语法手段包括：

※**词序**

※**虚词**（例如：前置词、后置词、冠词、助词等）

汉语是分析性发展最为充分的语言，甚至被定性为"超分析性语言"。汉语的词内没有形素，理论上每个词都是单语素的。汉语的动词往往是"光杆"的，既无表示语法意义的前缀或后缀，也很少有音变现象，主要靠分析手段（加助词、语序）表示各种语法意义，但动词的语义却具有超强的伸张力，主要表现在汉语动词的语义网络系统，能够接纳的宾语丰富（对象、处所、结果、工具、目的、时间、等同、原因等宾语），在语用中还能够根据宾语的语义转换自身的意义。汉语表示使动意义，几乎没有形态变化，使用词汇手段或语义内在的变化来表示，例如"中国队胜（败）南朝鲜队"这一句式，语义相同，是因为"胜"含有"使败"之义，而"败"含有"使胜"的意义所致。[①] 由于汉语词类形态变化少，自然还会伴随词类活用的特点，例如"清洁北京"、"文明社会"，前一个词是既可以看作形容词也可以看做动词，可以是"清洁的北京"、"文明的社会"，也可以是"使北京清洁"、"使社会文明"；再加上汉语句子成分使用上的灵活性，不是字面上能解释的。另如以下汉语特有的复杂的述宾结构："吃父母"、"吃食堂"、"吃大碗"、"吃罚款"、"都大人了"、"奇了怪了"、"等三天"等等。汉语这种"超强"的分析性，由于形态变化极少，使得它必须从别的方面寻求表达力，以实现语言表达的和谐、平衡。戴庆厦总结："汉语为

---

① 吕叔湘《说"胜"与"败"》，载《中国语文》1987第1期，P1—5。

什么大量出现语序的多变性和多样性，为什么语义对句法有如此强大的制约力，为什么韵律变换如此复杂，为什么特殊句式的能产性特别强，为什么语音对语法有着超常的控制力等，这些都与汉语超强的分析性特点有关。"[1]

（三）语言类型的综合化

最初的形态类型学是单一平面的形态分类法，现代类型学将以上所涉及的相关现象归结为两个**指标**（Index）：一个是综合度指标，就是一种语言里加缀法的数量和应用程度；另一个是**"熔合度指标"**（Index of fusion），就是一种语言里切分词内语素的难易度，具体说就是指每种范畴义的形态要素（形素）能否与表其它范畴义的形素分开，形素能否与所表语法义一一对应并且界限分明。如此，那么一个形素可含多个范畴义的屈折语，和每个词缀单表一种范畴义的黏着语，则分别是高度熔合和完全不熔合的典型。然而，这两个指标的获得都是**程度差异**（连续统，Continuum）且略有交叉，例如汉语和英语分别属于不同语系的不同语言，汉语为分析型语言，英语为屈折语言，但英语在漫长的发展过程中名词词尾屈折变化形式逐渐消失，句型逐渐形成而固定下来，从而取得了一些分析性语言的特征。因此，汉语和英语的句型具有共同的普遍现象，这恰好体现了形态类型之间的可变性——屈折语和黏着语当位于较接近综合语的一端，而英语在连续统中较靠近孤立语一端，最靠近综合端的当属印第安语言。人们还观察到，印欧语言也在向与之完全相反的方向发展，它们一个一个地失掉了**屈折**（Inflection）和**派生**（Derivation）的手段，在类型上变得和汉语越来越相似，屈折系统呈现出如下规律：

瑞典语 —→ 德语 —→ 拉丁语/希腊语 —→ 英语

其中瑞典语比德语的屈折系统简单，而德语比拉丁语和希腊语的屈折系统简单。沿着**简化**（Simplify）和废弃语法指示手段的方向走得最远的是现代英语。现代英语名词中的"格"的形式已经相当弱化了，甚至疑问代词虽还保留了格形式但也很少用了。例如，我们常说：

Who（＝whom）did you see yesterday?（你昨天见到了谁？）

正因为如此，现代英语的**语序**（Word order）才变得越来越重要，并不是通过屈折形式而必须通过名词的位置来确定"格"的意义。显然，在西方语言中除了那些由词本身的变形来表达的屈折外，我们也发现有用独立的虚词来表达的屈

---

[1] 戴庆厦《汉语的特点究竟是什么》，载《民俗典籍文字研究》十五辑，商务印书馆，2015年，P12。

折。例如法语的人称代词直至今天还停留在早期真正的屈折阶段：

主格：tu（你）←→与格/宾格：te（给你，你）

尽管法语的人称代词tu：te始终与法语的祖先拉丁语保持一致，然而现代法语已经废弃了名词的变格，而代之以助词。例如：

	主格	属格	与格
拉丁语：	imperator（皇帝）	imperatoris（皇帝的）	imperatori（给皇帝）
现代法语：	l'empereur（皇帝）	de l'empereu（皇帝的）	àl'empereu（给皇帝）

于是法语在表达la famille de son pere（他父亲的家）时，"父亲的"这个属格已经由虚词de来表达了。与之相反，瑞典的高本汉先生通过大量语言事实证明：上古中国人对代词的格具有严格的区分，例如上古的人称代词"吾"和"汝"一般只用于主格和宾格，"我"和"尔"一般只用于与格和宾格，而且，同一人称的主格和属格仅仅表现为词尾元音（例如o→ɑ）的不同。[①]

格	代词	上古音	普通话
主—属	吾	ŋo	wu
与—宾	我	ŋɑ	wo
主—属	汝	nǐo	ru
与—宾	尔	niɑ	er
属	其	g'ǐəg	qi
与—宾	之	tjǐəg	zhi

表5-2　上古人称代词与普通话读音对比

上古汉语严格区别主格、属格和与格、宾格，并用真正的曲折手段，用词本身的变化来表达这种区别。因此，传统类型学提出的关于从黏着语到最高阶段的屈折语的阶段论有失偏颇。事实上，**活语言**（Living language）是发展变化的，没有**屈折**（Inflection）和**派生**（Derivation）手段决不能表明这种语言就是原始的，而只能表示语言是进步的。大量的语言事实也表明，在非洲、澳洲和美洲，在全世界各地的一大批野蛮原始部落中，其实都存在一些语法特别复杂的语言。美国语言学家**韦里**（Whaley L .J.）在此基础上曾提出现代语言类型之间的"**循环**

---

① 这个发现后来被学术界认为是原始汉语屈折语性质最重要的证据之一。

论假说"（Cyclical theory hypothesis），^① 这一循环模型（Cyclic model）如下：

孤立语 ⟶ 黏着语 ⟶ 屈折语 ⟶ 孤立语

（四）语言没有优劣之分

十八世纪英国语言学家**伯尼特**（*James Burnett*，1714—1799）在《论语言的起源和发展》（*Of the Origin and Progress of Language*）中，论述了语言的历史演变过程。他重视各种语言的独立特行，认为一种语言与其所在社会和使用者的生活有着密切关系，并试图从现存的语言中寻找所谓的"原始语言"的残留和演变过程；但他认为"原始语言"表达方式模糊，缺乏抽象概念，语法形式简单，认为用一个词来表达一个概念就是语言不发达的表现。他所举的例子，如匈牙利语Lábam就是"我的脚"，而Viragunk就是"我们的花"；再如汉语的许多概念由一个词表达，因此他认为是有"严重缺陷的"。十九世纪德国学者**洪堡特**（*Humboldt*）区分了三种语言类型：孤立语、黏着语和屈折语，并认为语言的发展经历了这样几个阶段：

孤立语 ⟶ 黏着语 ⟶ 屈折语

一开始使用简单的词指称事物（孤立语），后来通过把附加成分加在简单词上来表达事物（黏着语），最后发展到使用词尾的变化。所以，以此类推，他认为语言有先进与落后之分，屈折语是最先进的，以梵语为最，其次是拉丁语，最落后的是汉语。**施莱歇尔**（*August Schleicher*）也认为语言总是从孤立阶段经粘着阶段发展到屈折阶段，印欧语是最高阶段的语言，施莱歇尔曾设想的原始印欧语，结构很简单，甚至只有几个元音，几个辅音，词法非常有规则，但也未拿出任何历史证据。这个假说在他去世几年之后，就为K.布鲁格曼等所推翻。1905年至1907年，在土耳其发掘出了公元前1700年至前1200年的赫梯文字，更证明施莱歇尔所构拟的形式需要修正。^②

人类学家、美国语言学的创始人**博厄斯**（*Franz Boas*，1858—1942），长期对墨西哥以北的美洲印第安土著语法进行调查，经过20年的考察，于1911年编辑出版了《美洲印第安语言手册》（*A Handbook of American Indian Languages*）。他证明，种族的进化和文明的发展与语言形式之间没有必然联

---

① 关于"循环模型"，可参见*Lindsay J.Whaley*《类型学导论——语言的共性和差异》，刘丹青导读，世界图书出版公司，P24—25。

② 参见《中国大百科全书》，中国大百科全书出版社，1988年，P350。

系。① 由于历史的变迁，原来属于同一种族的人开始讲不同的语言，同一语言也可以被不同种族的人使用，同一语系的语言使用者也可以属于截然不同的文化，因此，语言只有结构上的区别，没有"发达"与"原始"之分。此外，各种语言的逻辑范畴不同，有的语言按必须表达的范畴换一种语言，则这些必须表达的逻辑范畴又会不同。但是，绝不能依据这些区别就将某些不熟悉的语言说成是"原始的"、"不发达的"。

事实上，随着以上对世界各地土著语言的深入研究，语言学家已经发现根本没有什么"原始语言"可言。每一种语言都在当时当地是完全合适的，是够用的，作为其所在社会的交流工具是当之无愧的。语言变化的原因很多，但不能说某个时期的语言就比更早时期的同一语言"发达得多"。

三、语言的句法类型

除了**形态**（Morphology）之外，语言结构分类的标准还有很多，比如可以根据语音特征，按词有无声调把语言分为**"声调语言"**（Tone Language）和**"非声调语言"**（Non-tonal language）；根据有**理据**（Motivated）的词义的多少把语言分为**"理据性高的语言"**（High motivation language）和**"理据性低的语言"**（Low motivation language）等等。随着语法学的发展，语言学界逐渐意识到句法才是语法的核心，形态是为句法服务的。于是，**"句法"**（Syntax）终究取代了**"形态"**（Morphology）成为语法学（Grammar）的核心。

近期的类型分类法认为，句法系统在这里受各语言间的共性成分的影响。在句法现象中，**"语序"**（Word order）是最普遍存在的现象，因而也得到语言学家的关注。例如，**传统形态语言学**（Morphological Linguistics）就曾按照及物动词（V）、名词性主语（S）和宾语（O）在一般陈述句中的位置顺序，划分三种语言类型，三者的顺序依次是：（1）**主-宾-动语序语言**（S-O-V language）；（2）**主-动-宾语序语言**（S-V-O language）；（3）**动-主-宾语序语言**（V-S-O language）。

格林伯格（*J.Greenberg*）更把**"语序"**（Word order）作为核心内容，创立了区别于**"结构类型学"**（Structural typology）和**"形态类型学"**（Morphological

① *Boas, F.（2013）.A Handbook of American Indian Languages.Cambridge:Cambridge University Press.*

typology）的**语序类型学**（Word order typology）。① 在各种语序中，他最重视的是第一小句基本成分：主语（S）、宾语（O）、动词（V）的相对语序；第二就是介词语序。他根据及物动词（V）、名词性主语（S）和宾语（O）在一般陈述句中的位置顺序划分出六种句法类型：Ⅰ型"**主-宾-动语序语言**"（S-O-V language），例如日语、土耳其语等；Ⅱ型"**主-动-宾语序语言**"（S-V-O language），例如汉语、法语、拉丁语、班图语（非洲）等；Ⅲ型"**动-主-宾语序语言**"（V-S-O language），例如**他加禄语**（*Tagalog*）、**毛利语**（*Maori language*）和**凯尔特语族**（*Celtic Branch*）中的**威尔士语**（*Welsh language*）等三种类型，都是S在O前。此外，还有"**动-宾-主语序语言**"（V-O-S language），例如太平洋语言中的马尔加什语；还有巴西雨林中约35人使用的 *Hixykaryana* 的语序为（O-V-S language），这种语序为南美洲所独有。② 这后三种是O在S前。*Utan*（1969）提供的比例数字如下，世界上大部分（79%）的语言都是主语在前的。③

VO（宾语在动词后）的语言			**OV**（宾语在动词前）的语言
SVO：35%	VSO：19%	VOS：2%	SOV：44%

表5-3 　VO语言与OV语言数量对比

　　若看V的位置则又可有动词居首（V-S-O）、动词居中（S-V-O）和动词居后（S-O-V）三种句法类型。此外，作为语序类型学的一个重要"参项"，即"介词"的位置，世界语言可以分为**前介词**（前置词）**语言**（Prepositional languages）和**后介词**（后置词）**语言**（Postpositional languages）两种。例如欧洲语言通例是前介词语言，韩语、日语等语言则是后介词语言。④

　　上面这些排列顺序是最基本的序列，可以用V（动词）O（宾语）为基本成分进行变换和重新组合。例如加上否定词，可以组合出NegVO（否定词+动词+宾语）或OVNeg（宾语+动词+否定词）；加入形容词，得出AdiOV（形容

---

① 　*Greenberg,Joseph H. universals of language[M].Cambrige.MA:MIT Press,1963.Greenberg,Joseph H. Some universals of language with particular reference to the order of meaningful Elements[M].Greenberg 1966:73–113.*

② 　据报道，在巴西西北部有一种只有350人使用的语言叫Hixkaryana，其句子的基本结构是"宾语-动词-主语"（O-V-S）的形式。这几乎是世界上发现的唯一有这种语序的语言。

③ 　引自桂诗春《语言学方法论》，外语教学与研究出版社，1997年，P124。

④ 　目前汉语和英语语法文献中提到的"介词"都一概翻译为preposition，其实指的仅仅是类型学的dposition（附置词）而已。这里所说的"后置介词"在韩语、日语的传统教学语法中常被称为"助词"，日语的类型学系则称为"后置词"，语法体系不一，名称也不同。

词+宾语+动词）或VOAdj（动词+宾语+形容词）结构。在此基础上，当代类型学早期，*Lehmann*和*Vennemann*两位学者还提出了**"语序和谐观"**（The order of harmony），即VO（动词+宾语）语言"都取"核心+从属语"语序，而"OV语言"都取"从属语+核心"语序。汉语是一种**前修饰**（Premodification）语言，而其他语言（日语、俄语等）属于**后修饰**（Postmodification）语言；例如中文的"中文系"是定中关系，修饰语"中文"在前，而英语则为两种形式并用：Chinese Department（定中）和Department of Chinese（中定），修饰语Chinese可前可后。英语的形容词通常出现在它所修饰的名词前面，例如secretary general（秘书长），也有出现在后面的情况，例如something interesting（有趣的事儿）。

此外，**李纳**和**汤姆逊**（*Charles Li & Thompson*在句首名词是全句的主语还是话题的类型研究方面成果显著，受到语言学界的重视。[①] 这里的**"主语"**（Subject）是指在句法上跟后面的谓语动词在形式上有严格的选择和配合关系的句首名词性词语。所谓**"话题"**（Topic）是指说话人所陈述的对象，是信息结构中信息的起点，不同于句法上的"主语"。[②] 他们根据各种语言里是重视主语还是重视话题，将语言分为四种类型：（1）注重主语的语言，例如印欧语、印尼语；（2）注重话题的语言，例如汉语、拉祜语等；（3）主语和话题并重的语言，例如日语、韩语等；（4）主语和话题都不注重的语言，如菲律宾官方语言他加禄语。

第三节　语言结构的共性

不同的语言固然一定有不同的个性和特殊性，但这种语言和那种语言既然都是语言，当然也一定会有共性和普遍性。此外，语言作为人类认识世界的途径和交际工具，既然存在着一定的普遍性或共性，这也就使得不同语系间的语言也存在着可比性。

语言和语言之间从三个方面发生联系：**遗传**（Heredity）、**文化**（Culture）和**类型**（Type）。例如，从遗传的角度来说，英语和荷兰语是有联系的（日耳曼

---

① Li, C. N. & Thompson, S. A.（1976）. *Subject and Topic: A New Typology of Language in Subject and Topic. In C. N. Li（Ed.）, Congrès: Symposium on Subject and Topic, University of California*（1975）.

② "主语"（Subject）和"谓语"（Predicate）是句法学中的一对概念，"话题"（Topic）和"陈述"（Comment）是语用学（Pragmatics）里谈论信息结构的一对概念。

语和印欧语系的原始语是一个），在文化上它与北美洲的印第安语有联系（英语的许多地名来自后者），而在类型上英语跟汉语有关，从较少词的词尾变化这点上说，它更像汉语，不太像拉丁语；罗马尼亚语在遗传学上和类型学上与其它的罗曼语相关，它们有共同的原始语拉丁语，在一定程度上，罗马尼亚语在文化上和类型学方面跟巴尔干各种语言，尤其是其中的各种斯拉夫语有关，这些语言包围着罗马尼亚，从而使它与说拉丁语世界的其它地方相隔绝。

一、语言的普遍特征（Language universals）

尽管遗传和文化上有关系总是意味着类型上也有关系，但随着时间的流逝，遗传上毫不相干的语言能达到非常相像的程度。例如有学者曾把人类语言跟动物的交际系统比较，总结出人类语言的共同点达十几条：比如说任何语言都一定有表示人或事物的名词、表示动作行为的动词、表示性质状态的形容词和表示称代的代词等词类；任何语言的句子结构都有一定的层次规则和语序规则；任何语言都有表示"时"、"体"、"态"等语法意义的方法等等。有的语言学流派把任何语言都有名词、动词、代词这一类共性现象叫做"**内容的普遍性**"，把任何语言都有一定的结构规则这一类共性现象叫做"**形式的普遍性**"。事实上各种语言的结构都是相似的，语言及其结构具有共同特点即普遍特征。其中有的直接表现为不同语言的共同特征，它反映了语言结构的一般原理。**萨丕尔**（*Sapir*）在《论语言》（*Language:An Introduction to the Study of Speech*，1921）中就已经注意到语言的普遍性问题。他指出：人类的一切种族和部落，不论多么野蛮或落后，都有自己的语言。当然，各种语言在词汇数量和分类方法上有很大不同，但语言的基本框架（即毫不含糊的语音系统、声音与意义的具体结合、表达各种关系的形式手段），在各种语言中都已发展得十分完善。[①] 例如有学者以语言学研究的结果为基础，列举了人类语言的一些普遍现象：所有语言的词汇量都是可以增加；所有语言中音义结合的方式都是**任意的**（Arbitrary）；所有语言都是**层次结构**（Hierarchy）的；所有的语言都有大致相同的**词类**（Parts of speech）；所有语言的语法规则都有**递归性**（Recursion）（即可反复使用），"**隐喻**"（Metaphor）、"**象似性**"（Iconic，Iconicity）等原则在各种语言现象中都是普

① 有关萨丕尔对语言的普遍性的论述，引自刘润清《西方语言学流派》，外语教学与研究出版社，2013年，P164。

遍起作用的一种**心理机制**（Mental mechanism），等等。

语言类型上的"相似"是我们寻找全人类的共同特征时所要借鉴的。从语音上说，如一切语言都有元音、辅音之别，**都有音段**（Segment）**成分**和**超音段**（Suprasegmental）**成分**（如重音、句调），都有i、a、u这三个元音等。从语法上说，一切语言也都能划分出表事物的词（名词）和表行为动作的词（动词）和语素类（有自由语素和粘着语素），几乎都有复合现象和派生现象；所有语言都有构成问句的手段，如都有疑问句，都用音高区分问句和陈述句等；还有学者概括出一些更为具体的语言普遍规律，比如说绝大多数语言的基本语序不是S–V–O（主谓宾）形式，就是S–O–V（主宾动）形式；所有的语言中的介词结构不是介词在前名词在后的P–N形式（使用前置词Pr），就是名词在前介词在后的N–P形式（使用后置词Po），等等。关于实质性的句法方面的普遍现象，**莱昂斯**（*Lyons*，1966）认为：[1] 每一种语法都需要诸如名词、谓语、句子这样一些范畴，但是其他语法范畴和特点在不同的语言中可以有不同的安排。[2] 这些通过归纳得到的"共性"只是一些表面现象，例如"主语"和"直接宾语"这样一些概念并不是所有语言都有的，只属于某些语言的**表层结构**（Surface structure），更多的共性应该表现为语言现象不同要素之间的普遍相关性。

我们说语言有民族性或个性，并不否认人类的语言有共性，并不反对在寻异的基础上，在更高层次上求同。形式学派和类型学派都非常强调语言的共性，把追求人类语言的共性看做首要的理论追求，**"共性"**和**"普遍的"**（Universals）成为两者共同的核心术语，然而两个学派在使用这一术语时赋予了不同的内涵。**形式学派**（Formalist School）强调具体语言表象下人类共同的语言能力，**称为普遍语法**（Universal Grammar），认为每种具体语言的语法不过是普遍语法与具体语言特有规则结合而成的变体。而类型学家则对未经过跨语言验证的共性持怀疑态度。

关于人类语言形式上的普遍现象，**乔姆斯基**（*N.Chomsky*，1965，P27—30）提出的**"语言习得机制"**（LAD）和**"普遍语法"**（Universal grammar）假说，**"深层结构"**（Deep structure）、**"表层结构"**（Surface structure）理论，把语言学引向人类认知领域。他认为每一种语法都有一种能表达该语言各类句子潜在句法结构特点的基础部分，并且还包含一套**转换规则**（Rules of

---

① *Lyons，John. 1966.Towards a Notional Theory of the Parts of Speech. Joumal of Linguistics 2；P.209—236.*

② 引自[美]C.J.非尔墨《"格"辨》，胡明扬译，商务印书馆，2005年，P2。

transference），这些转换规则的作用在于把基础部分规定的**潜在结构**（Underlying structures）转换成和这种语言的话语的语音描写更为紧密的结构。①

从语言共性研究的角度看，类型分类历来不及谱系分类用得广泛，究其原因，主要是因为传统的类型分类仅着眼于语言的表面特征，使得许多现象无法界说清楚。因此，通过考察语言的底层结构来确定那些对语言结构起支配作用的共性成分，是今天的重要研究课题。致力于揭示全世界所有语言的共同句法特征的学者一直在进行着如下三个方面的深入探索：

1.怎么衡量句法结构方面形式上和实质上的普遍现象？

2.语言中到底有没有一种普遍基础？如果有，其特点是什么？

3.在从深层结构的句子表达方式转化为表层结构形式方面，到底有没有某些普遍有效的限制条件？可以发现什么样的规律？

以上三个方面之间，既密切相关，又互相区分。

二、语言句法结构的共性

不少学者注意到，语言的不同要素之间存在着跨语言的相关性，即具有某种特征的语言往往也会有另一种特征。例如 V–S–O 语言都使用**前置词**（Preposition）等。② 从类型学的角度看，在同一语系之间，语言共有的普遍现象要比不同语系之间的不同语言共有的多——这就体现了**语言共性**（Language universal）。在研究方法上，类型学首先列出逻辑上的所有可能性，然后拿各种逻辑的可能性到大量语言中去**验证**（Attest）；得到验证的是符合语言共性的，得不到验证的就是违背了某种语言共性。例如：表示给予类行为的**双及物结构**（Ditransitive construction），Tom gave Mary a book.涉及三个**论元**（Argument）：施事Tom、客体a book、与事Mary。然而，不同语言除了施事通常作主语外，其它两个成分的句法处理往往因语言而异，逻辑上应该有如下选择：

1.客体作宾语而与事作间接格（"奖一本书给他"，Tom gave a book to Mary.）

2.客体和与事作宾语（"奖他一本书"，Tom gave Mary a book.）（双宾语句）

3.客体和与事都作间接格（"把一本书奖给他"）

---

① 同前页注②。

② 在类型学中根据句中"介词"（Preposition）的位置，分"前置词"（Preposition）和"后置词"（Postposition）两种，即"前介词"和"后介词"，它们没有形态变化，在句中只起连接作用。

4.与事作宾语而客体作间接格（*"把一本书奖他"/"把一本书给他"）

把这几种逻辑上的选项放到一个语种库去验证，选项1在所有语言中都存在，选项2、3在不少语言但非全部语言中存在，选项4几乎不存在。由此可以得出若干共性：

1.给予类双及物结构最自然最不受限制的句法实现是客体做宾语而与事做间接格；

2.给予类双及物结构最难以接受的句法实现是与事作宾语而客体作间接格。

事实上，如果从辩证的角度来看，对于某一种语言现象，我们只从一种语言或者这种语言跟另一种语言相互比较的视角看，或许可以算作是这种语言的个性特点；但如果放到所有语言的更大背景下来看，就可能只不过是在语言的共性或普遍性特征下面的几种可能的具体表现之一而已。

三、 语言结构的差异

目前已知人类现存语言大约有五千多种，除了以上共性特征外，还存在着大量的变异类型。例如，有的语言没有鼻辅音，有的语言可以使用吸气音，有的语言中竟然没有一个表示时间的词或词缀，有的语言有上百个词语表示各种各样的树，却没有一个总称这些树的词语，等等。早在结构主义阶段，语言学家就开始强调语言之间的差异性。**萨丕尔**（*Sapir*，1962）语言类型学以发现语言中的共同现象，特别是发现和解释不同要素之间的相关性为己任；而形式学派的生成语法总体上越来越重视语言的多样性，进而提出**"原则与参数理论"**（The principles and parameters theory），即承认有些规则是人类语言共同遵守的原则，另一些现象则归入参项，在某一参项下不同语言可以有不同的选项，以此解释语言间的差异。[①]二十世纪八十年代，**乔姆斯基**（*N.Chomsky*）提出的"原则与参数理论"认为，在人类语言存在共性的基础上，各个语言之间所存在的差异其实只是具体"参数"不同。例如，任何动词都会跟它所联系的语义角色名词（论元）构成一种无序的**"动词论元结构"**（Argument），例如动词"洗"的论元角色包括：V（洗）：【N施事、N受事、N与事、N工具、N处所、N时间、N工具……】，该动词对其核心论元角色名词可以而且也只能指派两个基本位置，即一个主语的位

---

① 详见刘丹青《语序类型学与介词理论》，商务印书馆，2003年，P19。

置和一个宾语的位置。主语位置一般指派给**施事名词**（Agentive noun）（人），宾语位置一般指派给**受事名词**（Patient nouns）（物），而其它的外围性论元角色名词，如表示时间、处所、工具的名词，则分别需要由不同的介词引导充当结构中的其他句法成分。这一原则反映了语言中动词作为核心谓语的"**论元位置**"（Argument position）以及跟名词进行结构组合所需遵循的最基本的句法规则。尽管人类各个语言都可能遵守这个原则，但在论元名词的的指派方向上又可以有些差别，比如英语、汉语宾语的位置是在动词之后，而日语、德语的宾语位置则是在动词之前。此外，在印欧语等形态丰富的语言中往往都存在"**主谓一致**"**关系**（N–V agreement）和"**动宾粘着**"**关系**（V–N bounded），比如谓语动词得跟着主语名词变化（像英语第三人称单数主语在一般现在时的句子中动词后要加上–s），及物动词如果不带上宾语句子会不合格，句子中除了主语、宾语以外的名词必须用介词引导等；而与此相对，汉语的语法结构没有英语那样的主谓一致关系和动宾黏着关系，宾语常常可以省略姑且不论，而可以出现在谓语动词前的名词不但有时可以换来换去，有时谓语动词前的名词可以有一大堆，而且所有名词有时都可以没有介词之类的标记。

再如，否定范畴是很多语言的共性，表达说话人对一个命题的否定。类型学家曾将人类语言表达否定的手段归为**助词**（Particle）、**助动词**（Auxiliary verb）和**词缀**（Affix）三类，英语的和汉语的"不"、"没"、"别"等都被归在助词类。[①] 这三者与形态类型的相关性如下：黏着语多用词缀类，孤立语都用助词类，而屈折语较少用词缀类。此外，还有一些语言有用多个词表示一次否定的手段，例如法语的ne…pas。甚至一些语言否定句用不同于肯定句的语序，例如古代汉语、白语等都有此现象。以上语言的种种不同，也可以看作是各种语言的"**参数**"（Parameter）不同。

---

① 这是对"助词"的广义理解，汉语的这几个否定词多被学界归入否定副词一类。

第六章　文字和书面语

第一节　文字和语言

一、文字

文字（Script；Writing）是人类用来记录和传播语言的书写符号系统。从其产生来看，文字是语言产生很久以后才出现的，有的语言到现在也没有文字。人类早期的**有声语言**（Verbal language）尽管有很大的优越性，但这种凭口耳进行交际的语言也有很大的局限性。例如，言语一经出口就消失得无影无踪，如果人类只有这样的"语"，没有"文"，那么所能继承的最多也只是"口头文学"，传递两三代，恐怕就灭绝了。正是由于声音这种"一发即逝"，不能长久保留的特质，使人们说话必要受到时间和空间的限制。为了克服这种局限性，经过长期的摸索，人类终于发明了文字，用文字来记录、书写语言。因此，完全可以认为，文字最早的用途之一就是触发记忆和传承。到目前为止，人类的语言除了"听"和"说"的形式之外，还发展出了"写"和"看"的形式。

追溯语言的发展历史我们会发现，如果仅仅只有有声的语言，人类的知识只是来源于个人的直接经验和口耳相传的间接经验，信息量十分有限，而人类在发明了文字后，除了可以弥补不在"一时一地"进行交际的不足，更重要的作用是使得文字保留下来的语言材料可以不断存储并积累起来，而且可以一代一代传递下去。这也就使得后人可以通过文字记录的材料，掌握前人的智慧和经验，人类的大脑也就有了更多加工原料和信息储备，也就可能发挥出更大的潜力。

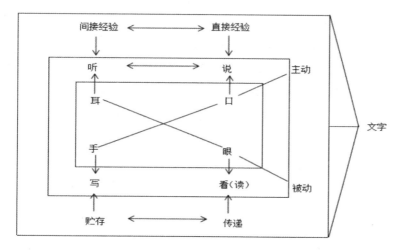

图6-1　文字的产生与作用示意图

（一）文字的特点

文字是在语言的基础上产生的，语言是第一性的，文字从属于语言，是第二性的。古希腊哲学家、思想家**亚里士多德**（*Aristotle*，B.C384—B.C322年）在《解释篇》（*On Interpretation*）中曾讨论了有关语言的问题，他说："言语是思想、经历的表达，文字是言语的表达。种族不同，言语则不同，文字也不同。但人类的思想反映是一样的，语言的词汇只是这些思想的标记。"[①] 无论哪种语言都是借助不同的**形体**（Script figure）去记录自己语言中的**发音**（Pronunciation）和**意义**（Meaning）的。

1.文字的基本要素和系统

文字是记录语言的书写符号系统，它包括字所有的**形体**（Script figure）（例如汉字的音符、意符和各种字母）、**书写规则**（Writing rule）（例如字的笔顺和自上而下或自左而右的书写顺序等）和**拼写规则**（Spelling rule）（大小写字母用法、移行规则）、所有的字以及**标点符号**（Punctuation）。

任何一种文字都是以不同的形体去记录语言中的各个成分，一般都具有形、音和义三个方面。

（1）字形（Graphic）

指文字的外形，即一种文字单个字符在空间上展示出来的形状，这是文字所

---

① 引自刘润清《西方语言学流派》（修订版），外语教学与研究出版社，2013年，P16。

特有的，例如汉字的外形。

（2）字音（Pronunciation of a script）

指单个文字的读音，大多数文字用一个字去记录语言中的一个词或一个语素，并且记录的音节数是有差异的，可能是一个音节（单音节），也可能是几个音节（复音节）。例如，汉语的"树"记录了一个音节，英语的bicycle记录了三个音节。汉字的读音最为丰富，不仅包括声、韵、调等各个要素，而且在不同的历史时期，汉字的读音也有所不同，有上古音、中古音和现代音等，还有**语流音变**（Sandhi）等等。

（3）字义（Semantic meaning of a script）

指单个文字所记录的语言的意义，但是有些字没有独立的意义。汉字所记载的是汉语的词义和语素意义。如汉字的"玻"、"璃"分别记录的不是词意而是语素意义，两个字合起来才能记录一个词的意义。再如朝鲜的**谚文**（Hangeul）的每个字也只记录一个音节。

文字从本质上来看也是一种**符号**（Sign），是人们为了记录语言而发明的一种书写符号系统。任何一种符号都包括形式（能记）和内容（所记）两个方面。语言符号的形式是语音，内容是意义，而文字记录语言则是通过一定的形体来记录语言的音和义的，无论是表意的**意音文字**（Semanto-phonetic script）还是表音的拼音文字，都是如此。如汉语用"书"这个形体来记录shū这个音和"装订成册的成本著作"这个义；英语中人们却选择用book这个形体来记录[buk]这个音，同样可以表达"装订成册的成本著作"这个意义。这样的音义结合体正是语言中的**语素**（Morpheme）或**词**（Word）。在这里，文字的形体便成了语素或词的替代性符号。由此可见，任何一种文字都包括字形、字音、字义三个方面，这三个方面在任何一种文字体系中都是不可缺少的，三者是统一于一体的，不存在一种文字只记录声音不记录意义的情况，也不存在一种文字只记录意义不记录声音的情况。文字记录语言的方式，大致如下：

文字	符号
形式	书、book（书写形体）
内容	语言符号/音义结合体语音（shū、buk）
意义	装订成册的成本著作

表6-1　文字和符号的关系

从上表可以看出，文字作为记录语言的书写符号，通常是以字形为标志，用

"形"通过"音"来表达"义"的，即用不同的形体来标记语言中的词或语素。

（二）文字是语言最重要的一种辅助交际工具

由于文字的产生突破了有声语言在时间和空间方面的局限，扩大了语言的交际作用，因而对社会发展具有划时代的深远影响。一方面，正是文字打破了语言交际中的种种限制，把语言这种完全的听觉符号转变为了视觉上的书写符号，使语言由可听的符号变成了可看的符号，变成固定的形体，从而帮助人们扩大了交际范围；另一方面，文字在很大程度上也扩展了语言本身的功能，语言可以在文字的帮助下，进行进一步的锤炼和整理，在口头之外改换物质表现形式，形成——**书面语**（Written language）。文字正是通过书写符号系统的形式才把语言符号记录下来，使语言的口头形式书面化。其次，随着语言的发展，语言中的某些词语如果一段时期不再被人所使用，将永远消失，这样就不利于词语的积累，但是有些语言成分在口语中消失了，还可以保留在文字里，例如汉语中有很多**"死字"**（Obsolete character）和**"废弃字"**（Obsolete character）。在《说文解字》里，犬名有21个，牛名有22个，马名有48个。例如其"犬部"关于犬的动作、性状、鸣声的就有29个。即使是在同一动物中，不同年岁、性别、力量、颜色、花纹的个体或小类，也有不同的名称。这与先民生产生活固然有着密切的关系，但有不少是毫无意义的。这些字在历史上曾出现或使用过，随着人们认识的深入，概况的力度越来越强，那些繁多而缺乏实际意义的名称就被逐渐淘汰了，在后来的流通领域内被废弃不用，然而，它们却永远地保留在文字中。

综上，文字是其它语言辅助工具所不能比拟的，可以说是语言的最为重要的辅助交际工具。

（三）文字的作用

语言是人类最重要的交际工具，文字是语言最重要的辅助交际工具。人们在使用语言这种交际工具的时候，也还使用许多辅助交际工具，如手势、身态、旗语、号角、街头红绿灯等，但是这些辅助交际工具的使用面都很窄，都受到一定的限制，没有哪一种能像文字这样具有巨大的作用。即使是像广播、电视这些发达的现代通信工具，仍然也代替不了文字的作用。

语言文字作为一种特殊的语言现象，是物质文化、制度文化、精神文化的载体，对整个人类历史来说，其作用主要表现在以下几方面：

1.文字的产生突破了有声语言在时间和空间上的局限性，扩大了语言交际的范围，促进了人类思维的全面发展；

2.文字的出现导致了另一种语言样式——"**书面语**"（Written language）的产生，为人类展开更为复杂的思维活动创造了物质条件，为语言本身的全面发展提供了空间；

3.文明的重要标志之一便是文字的产生和应用，文字作为一种记录的工具，是蒙昧通向文明的转折点，不但开启了人类的文明的历程，更是人类积累知识和传播经验的最为直接的媒介和通道；

4.文字记录的内容是揭示和研究人类文化活动的绝好材料，是存封和凝固文化的活化石。

总之，语言伴随人类的产生而产生，至少有几十万年的历史了，但文字的产生要晚得多，它的产生一定是在人类社会生产力发展到一定程度，特别是拥有了一定的文化之后的产物。有了文字，人类才开始有了正式的书面历史记录，从此以后的人类历史时期就被称为"**有史时期**"（Period of history），而在此之前则是"**史前时期**"（Prehistoric Period）。因此，作为文明的主要标志，文字的产生和应用是人类发展史上的一个重要里程碑。

二、文字与语言的关系

（一）文字符号与语言的关系

文字（Writing）作为记录语言的工具，是语言的载体，文字从本质上看又是一种**符号**（Sign），它是记录语言的符号，这是文字的主要功能。

语言是一种音、义结合的符号系统，文字也是一种系统。我们知道，书写符号并不一定都是文字，我们平常见到的一些指示性的标记符号（例如交通标识、商标等）只是单个的、孤立的书写符号，不可能进行排列组合，没有形成一种特定的组织网络，所以它们无法标记语言。只有形成体系的书写符号，才能标记复杂的语言体系，而文字正是这样的一种书写符号体系。例如**汉字**（Hanzi, Sinogram）就是由一整套形体符号如**笔画**（Stroke）、**偏旁**（Side component）、**笔顺**（Stroke order）、**标点**（Punctuation）等构成的汉字符号体系，而英文等**拼**

音文字（Phonetic writing）符号则包括**字母**（Sinogram used as initials）、**字母顺序**（Alphabetic order）、**拼写规则**（Spelling rules）等等。

（二）文字符号的特点

1.文字作为辅助交际工具的长处是它能克服时间和空间的限制。文字记载的资料经过几十年、几百年，甚至几千年，人们还能够看得懂，就是由于文字具有更大的稳固性。如果文字随着语言的变化而变化，跟语言发展一样快，那我们就会看不懂先人所留下的文字材料了。

2.文字和语言都是处于不断地变化与发展之中，在**拼音文字**（Phonetic writing）中，字形一般能够与语音演化步调一致，再现语言的**音变**（Sandhi）。例如**盎格鲁撒克逊**（*Anglo-saxon*）词weg（路）后来失落了尾音–g的时候，这一音变就反映在拼写的变化里了，即英语的way，也就是修改字的拼写法以应对音变。但在很多语言中，文字和语言发展变化的速度不同，文字的发展变化要比语言慢得多，并且语言的变化不能马上在文字中表现出来，因此常常发生文字与语言脱节，文字落后于语言发展的现象。这样就形成了文字的书写形式与语言的实际发音的矛盾。例如在现代英语中，light、right、sight的实际发音是[lait]、[rait]、[sait]，其中的gh不发音，这就形成了文字与语音脱节的现象。这种现象的出现不是偶然的，这是文字本身的特点决定的。有些语言成分保留在文字里，若干年后我们会发现，文字的书写形式与语言的实际意义出现了矛盾。例如：

水泥桥、大铁桥、石桥、木桥（"木"作形旁）

钢笔、铅笔、毛笔、箱子、筷子（"竹"作形旁）

杯子、碗、钱、镜子（"木""石""金"作形旁）

还有一些语言成分在口语中消失了，但在文字中也可以"**复苏**"（Recovery），甚至可以重新被人们使用，当然含义可能会有所变动。例如"囧"这个字，本义为"光明"，从2008年开始，在中文地区的网络社群间异变为一种流行的表情符号，成为网络聊天、论坛、博客中使用最为频繁的字之一，它被赋予"郁闷"、"悲伤"、"无奈"之意。"囧"甚至被形容为"二十一世纪最风行的一个汉字"。

3.虽然文字是在语言的基础上产生的，但文字也还是缓慢地发展和变化着以反映语言的变化的，但如果这种变化速度相差太大，则会引起文字的改革。例如当文字脱离语言达到一定的程度时，即影响到交际功能时，文字就得改革；在一定的历史条件下，人们还可以创造新的文字。

4.语言往往是一个民族的标志，从整个民族来讲，不能没有自己的民族语言。而语言一般是不能借用的，然而，文字可以借用。一个民族在一定的历史时期，可以借用其它民族的文字，如日本、越南、朝鲜等都曾借用过汉字，日本、越南、朝鲜直到现在还部分使用汉字。

5.文字对语言具有促进作用。文字把语言记录下来从而形成书面语，人们可以对语言进行加工锤炼，使语言越来越精密细致，甚至有些词汇就是在文字的基础上创造出来的。如汉语的"十字街"、"八字脚"、"丁字路"、"回形针"、"U形铁"、"H形梁"、"O抗体"、"Y形楼"、"Z理论"、"T型人才"、"X型人才"等。

三、汉字与汉语的关系

汉字（*Hanzi，Chinese character；Chinese script，Sinogram*）是中国汉民族创制的记录汉语的书写符号系统。汉字至少在公元前十四世纪前后，已经成为成熟的文字体系并沿用至今，是世界上唯一既保持相对稳定又不断发展的古老的文字体系，中国人习惯上称作"字"或"文字"。汉字作为世界上最为古老的文字之一，其特点如下：

1.汉字有区别同音语素或同音词的功能，这与汉语的特点是相适应的。汉语语素以单音节为主要形式，一个语素用一个音节表示，虽然一个音节不是固定地表示某个语素，还有许多同音语素，但语素的单音节形式确是客观存在的事实，汉字也是记录音节的，一个字独立地表示一个音节（但与音节不是对应关系），也正好记录一个语素，汉字与汉语语素的特点相适应。

2.和拼音文字相比，汉字具有更强的超方言的功能。汉字本身不反映共同语的发音，即汉字不与统一的读音相联系，它的读音在不同地区可以各不相同。同时，汉字与语素基本上对应，而不固定地与某个音节挂钩，所以正好适应了汉语方言分歧的特点，使得汉字具有超方言的特性。目前普通话还未普及，汉字能起到沟通各方言地区交际的重要作用。

3.和拼音文字相比，汉字具有更强的超时间性。从**古代汉语**（*The ancient Chinese*）到**现代汉语**（*Modern Chinese*），语音的面貌发生了很大的变化，汉字形体基本未变，政府的法令条文、生活中的合同文书、流传下来的传世文献、圣人智者的立言都是用汉字来记载的。因此，汉字记录了丰富的文本，汉字对于文化遗产的继承是必不可少的。

第二节 文字的起源和发展

一、文字的起源

文字作为记录语言的工具，是语言的载体，其产生需要两个条件，一个是语言的产生，一个是人类已具有创造工具的能力。因此，文字是人类社会发展到一定阶段的产物。

※ 一种文字符号的系统的形成，需要有一定的社会条件：

1.社会事务的繁忙和社会交往的扩大，使人们感到语言这种交际工具在时间、空间方面的局限，从而迫切需要一种能够补充口头语言不足的辅助的交际工具。

2.随着社会生产力的发展，使社会上一部分人从体力劳动中解脱出来，专门从事文字整理和书写工作，因而出现了劳动的分工（脑力劳动和体力劳动）。

我们由此知道，社会的需要是文字产生的前提条件。文字的产生是在人类社会生产力发展到一定程度，特别是拥有了一定的文化之后的产物。有了文字，人类才开始有了正式的书面历史记录，从此以后的人类历史时期就被称为**"有史时期"**（Period of history）。

文字的产生是一个漫长的历史过程，是社会发展到一定阶段的产物。到目前为止，人类已有了几十万年的历史，而有形的文字却只有几千年的历史。文字是人类文明社会中最基本的交际工具之一，从功能的角度来看，任何文字必然具有两项功能：表音和表意。"表音"为文字的**直接功能**（Direct function），**"表意"**为文字的**间接功能**（Indirect function）。

文字是一种视觉符号系统，从符号学的角度看，任何符号（Sign）的成立，需要三个因素：**能指**（Signifier）、**所指**（Signified）、以及能指同所指之间的约定关系。具体而言，文字这种符号，以**语音**（Speech sound）为能指，以**语义**（Semantic）为所指，以词为基本单位。文字以形体、语言、以及语言和形体之间的约定关系这三者的同时并存为其本身的成立条件，若缺其中任何一项，文字本身就不存在了。因此，只有在口语（即一或数个音节）与某特定的符号相结合之后，这符号代表一定的语音复合体，即只有被"**语音化**"（Phonetized）了，该符号才能称之为文字。文字产生的关键是人们认识到语音或语言可以与某个特定的图符或符号联系结合，从达成更特定的表达沟通功能。

二、文字的前身

人们把还不能完整地记录语言的文字称为"**原始文字**"（Primitive script）、"**象形文字**"（Pictographic script）、"**文字画**"（Graphic picture）或"**图画文字**"（Hieroglyph）等等。以上均是从文字符号的外观角度命名的。历史上说的"图画而文字"的理论诞生于十八世纪的欧洲。1738年，英国的**威廉·瓦尔博顿**（*William Warburton*），在《摩西的神圣使命》一书中，提出了人类文字是由"叙事图画"演变而来的理论。[①] 瓦尔博顿所提出的证据链如下：

阿兹特克的叙事图画──▶古埃及圣书字──▶汉字

阿兹特克人（*Aztec*）的文字仍属图画文字，但已含有象形文字成分。例如在阿兹特克的文字中，"死亡"是一具葬礼中包裹着的尸体；而"夜晚"是一片黑色的天空和一只闭上了的眼睛；至于"战争"则是一面盾牌和一根棍棒；"说话"则在一个说话中的人的口边画上涡卷形的符号。而移动和走路则以脚印表示。但这仅仅是用画图和作图解的方法来提示事件或提示语句，虽然这种图画已经具备了文字的记录和交际的功能，但文字画还不能具体地记录词或语素，还不能完整地记录语言，它们仍然是"**图像性质的**"（Iconic），所以只能被称为"**原始文字**"（Primitive written characters）。中国云南少数民族使用过的**纳西文**（Naxi writing）也是这种原始文字。例如：

---

① Warburton, W.（1737）.*The Divine Legation of Moses Demonstrated in Nine Books.London:A.Millar and J.and R.Tonson.*

图6-2　中国云南纳西族使用的原始文字　　　　**图6-3　阿拉斯加猎人的留言条**

以上图画把事情作为一个整体来描绘，尚处于"**词文字**"（Word-writing）阶段，① 很难表达动词时态和语气等抽象概念，基本等同于"**画谜**"（Rebus），虽然能起到一些辅助交际甚至帮助记忆的作用，但不能记录语言，并不代表一定的词句，特别是只可"意会"。而这种意会是基于"绘图者"和"阅读者"之间相同的生活经历或经验，否则不可"识"，跟他们是不是说同一种语言没有关系，因此也不能"读"出来；而文字则是用一定的形体，通过"音"去表达一定的意义的，应该是可以读的。这一定的形体不但可以重复使用，而且和语言中的语素或词相当，能够精确而详尽地记载语言。这也正是文字起源于记事"图画"但又不同于"图画"之处。因此，人类经过长期的努力，把记事图画逐步地加以整理、抽象、系统化，使它能够代表具体的语言成分，有了读音，真正的文字就产生了。

1992年，美国女学者D·S·**白瑟拉托**（*Besserat*）的力作《文字之前》问世，② 以极其翔实的考古资料，证明了两河流域苏美尔人创造的**楔形字**（Cuneiform），其前身并非什么"**图画文字**"，乃计数用的**陶筹**（Ceramic chips），从而推翻了**格尔伯**（*Gelb*）在1952年构建的普通文字学模式"**图画文字说**"。③

与此同时，自从远古时代起，遍及世界五大洲150多个国家和地区，作为记录人类早期活动的**岩画**（Petroglyph），可以说是人类社会的早期文化现象，更是人类先民们给后人的珍贵的文化遗产。岩画中的各种图像，构成了文字发明以前，原始人类最早的"文献"。早期岩画主要集中分布于欧洲、非洲、亚洲的印

---

①　"词文字"阶段是指这些符号可能是具体实物的直接表达形式，或者是一个概念通过另一个概念的比喻表达形式，没有任何证据可以证明它指的是一个词，而不是一个意义，人们还不能区分这些信息是观念对观念的解释，可随意地加词，还是词对词地解释。

②　Schmandt-Besserat,D.（1992）.Before Writing,Vol.ll:A Catalogue of Near Eastern Tokens.Austin:University of Texas Press.

③　Gelb,1（1952）.A Study of Writing:The Foundations of Grammatology.Chicago:University of Chicago Press.

度和中国等地。如图：

图6-4　中国内蒙古曼德拉山岩画

图6-5　中国宁夏贺兰山岩画　　　　　　图6-6　中国广西花山岩画

图6-7　巴西岩画　　　　　　图6-8　美国印第安人岩画

然而，经过多年研究，现代岩画学的研究成果给我们提供了以下两点结论：

1.所有的史前"**图画**"（Drawings）在历史的进程中，其符号外部形态并不存在由整而零、由繁而简的发展规律；

2.绝大多数的岩画与后来的文字系统没有直接关系。而极少数与后来的文字系统有渊源关系的岩画，则说明了只有那些与语言中的词及其语音框架的编码基础单位（音节或音素）形成有规律对应关系的岩画图形，才有可能被后来的文字系统所采纳。

可见，现代岩画学的研究成果，也不支持"图画而文字"的假说。

事实上，以上这些**"图画文字"**（Hieroglyph）只是"图形记事符号"，是文字萌芽时期描画或刻写在器皿、岩壁等载体上，用于记事或传递信息的单个或一组图形，是用画图画和作图解的方法来提示事件。它们与原始文字有某些接近之处，甚至能起到部分记录和交际的功能，但还不能用于准确地记录语言本身，因此被称为"前文字现象"。

三、世界早期文字的共同特点

考古学、历史学与人类学的研究都表明，几乎所有的人类文明都起源于水边，四大文明古国无一不是傍依着河流。古埃及文明发源于尼罗河；古巴比伦文明起源于幼发拉底河和底格里斯河流域；古印度文明发源于印度河和恒河流域；中华文明则起源于以黄河长江为主的大大小小水系。我们目前所知道的几种重要的**古代文字**（Ancient writing），例如中国的**甲骨文**（*Oracle bone Inscription*）、苏美尔人的**楔形文字**（*Cuneiform characters*）、**古埃及的圣书字**（*Egyptian hieroglyphic*）和美洲**玛雅文字**（*Maya hieroglyphs*）等，在古代已经是相当完善的文字了。这些早期的文字有如下的特点：

（一）文字与图画平行发展

每一种独立形成的文字都经历了文字与图画混用的阶段。历史上的古老文字体系，大多都经历过象形文字的发展阶段，虽然外形仍然像图画，本质上却与图画截然不同。因此，与记事图画密切相关，首先平行发展出来的文字是象形的表意字（凡是字形本身跟所代表的词的意义有联系，跟词的语音没有联系的字都可成为表意字），而表意字又可分为**象形字**（Pictograph）和**会意字**（Syssemantograph）两种。

象形文字的使用大大早于音节表和字母表的出现，**图像**（lcons）比**符号**（Symbols）更为原始。早期各种古老的文字所记录的语言虽然不同，但由于所像的客观事物的形状或形态是相同的，所以有些象形符号也大同小异。例如，"目"字，古汉字象形字作⬭，古埃及象形字作⬬，闪语象形字作⬬。又如"山"字，古汉字象形字作⛰ ⛰，古埃及象形字做⛰ ⛰。"手"字，古汉字

象形字作 ，古巴比伦象形字作 。

此外，从早期的表形文字发展为稍后表意文字，是一种自然的发展。早期的表意文字如果有的后来改换为表音文字，但它的有些字母可能来源于某一个表意字，如同汉字起源于象形。英语字母表中的每个字母一开始都是描摹某种动物或物体形状的图画，而这些图画最后也演变为一种符号。例如，人们一般认为**英文字母**（*English alphabets*）渊源于**拉丁字母**（*Latin alphabet*），拉丁字母渊源于**希腊字母**（*Greek alphabet*），而希腊字母则是由**腓尼基字母**（*Phoenician alphabet*）演变而来的。大约在三千年前，在腓尼基字母表中字母A读如aleph，写起来形似字母V，中间再加一横，代表牛头或牛角。以后希腊人将它倒过来写。对于古代腓尼基人来说，"牛"意味着"财富"，吃，穿，耕作都少不了它。这也许就是A被列为第一个字母的缘故。再如，许多语言都有形似O的字母，而且都代表人的眼睛。在一些古老的字母表里有的O当中还加了个点，表示"瞳孔"。在**腓尼基语**（*Phoenician*）中，O叫cayin，意为"眼睛"；在腓尼基语字母表里，K乃为象形符号，代表人的"手"。

（二）采用直观图示法（表意），便于视觉符号与语言单位建立起联系

表意文字的构形中，往往蕴含着古人某些属于意识形态的认识和对于客观现实的某些看法，因而"文字"历来会被看做是历史文化的"化石"。采用直观图示法（表意），便于视觉符号与语言单位建立起联系。虽然可以记录语词，但仍然逃脱不了图画的雏形。例如"水"在甲骨文中写作" "，象水从高处顺流而下之形；古埃及文字中"水"则写为" "，象水面波纹之形。这两种古老的文字在造"水"时，同样是直接取象于水的形状，一位竖向，一为横向。甲骨文描绘的是流动的水，古埃及描述的是地势平坦的静止的水面。也就是说，由于两国地貌的差异，形成了同样是象形的"水"字，形态不一。甲骨文中也有像古埃及"水"字" "类似的形体，例如在甲骨文中，"水"是有多种形态的，竖写的"水"甲骨文 像自上而下，在山岩上流泻的山泉；横写的"水"甲骨文 （灾）像汹涌泛滥的洪水，或写作 （不通畅的"川"）；"冰"，金文字形" " 是汹涌波涛 的一半，表示与"波涛汹涌"相反，意即"水凝滞而不流动"。

此外，**楔形文字**（*Cuneiform*）的字形最早也像图画，后来因为用"笔刀"

在泥版上压刻的缘故形成楔形，如"水"本来写作⚊，后来写作ff。埃及的象形文字是一种需要阴体填黑的象形，比如埃及的"牛"字，需要具体画一牛形，因而必要有阴体填黑部分，有点像中国古代的**钟鼎文字**（*Bronze inscription*）。而甲骨文的"牛"𝖞像动物头部的线描，突出了鼻孔在鼻尖上形成"V"字形状𝖞，以及向两侧弧形伸出的一对尖角𝖚。有的甲骨文𝖞淡化了牛鼻的形象。金文𝖞承续甲骨文字形。篆文𝖞加强了中间的竖笔，彻底抹去牛鼻的形象，同时也淡化了牛角的形象。这也从另一方面说明，埃及文化始终不能超越过象形，而中国文字很早已经脱离了物象上升到意象的境界了。

（三）表音元素开始广泛使用

这些早期的文字往往首先选择的不是表音，而是同时使用了三种不同的造字方法：一种方法是表形，即直接描绘词语所代表的事物（例如汉语的象形字）。第二种方法是表意，当有些词语的意义无法直接描绘，人们用图形间接提示（例如汉语的会意字）。第三种方法是表音（例如英语、法语使用拉丁字母，俄语使用斯拉夫字母、日语使用假名）。目前，已经有证据表明，有些玛雅象形文字不全是代表词或概念，而是代表语音，这也进一步说明，玛雅人已经发现**"语音原理"**（Phonetism）的诀窍。

同时，因为语言里的一些词是无法用表意法为之造字的，有些古文字并不是用以上三种方法创造的，而是采用**假借**（Borrowing method）字音的方法创造的（例如古埃及语和汉语的假借字）。也就是说，借用某个字或者某种事物的图形作为表音符号，来记录跟这个字或这种事物的名称同音或音近的词，用同音词代表字的符号体系，即表音的图形可以单独成字。

在古汉字、圣书字、楔形文字等古老文字体系和一些原始文字中，都有大量假借字，而且有不少极为常用的词就是用假借字记录的（例如古汉字里常用的语气词"其"是用音近词"箕"（簸箕）的象形字𝖜来记录的）。事实上，从大量的民族学资料看，表音的方法早在文字出现之前就已经普遍为人们所熟悉了。在文字形成的过程中，表意的造字法和假借方法应该是同时发展起来的。

（四）文字的系统性（Systematicness）已经显现

世界上独立形成的古老的文字体系大多都是**意音文字**（Semanto-phonetic script），即兼用表意（意符）、表音（音符，当然还包括一些记号）来记录语言。例如古埃及的圣书字、古美索不达米亚的钉头字、中美洲的玛雅文和我国的汉字都是意音文字。埃及圣书字由意符、音符和定符组成，是一种"语词–音节"文字。意符有许多明显的象形字，而"音符"大都是从早期的意符转化而成，只表辅音，附带不写出的元音。"定符"是规定意义类别的记号，本身不读音，跟其他符号结合成词，有区别同音词的作用。一般来说，意音文字应该包括表意字、假借字、形声字三种字形。

形声字（Picto-phonetic characters）在甲骨文中就有不少。古埃及的文字 𓌳 ， 𓏏 是意符（Semantic symbol）， ⬭ 是声符（Phonetic component），读作mer，意思是"锄"，后来就以它为声符，造成了以下这些形声字：𓌳⬭（眼） 𓌳𓏲（箱子）、 𓌳𓆓（蛇）等。[1] 历史上单纯使用音符的拼音文字，最初都是在这种意音文字的影响下形成的。

四、文字的性质和类型

（一）文字的性质

人类文明史上五个经由独立创造发展的起源文字是：两河流域的苏美楔形文字，尼罗河流域的埃及圣体文，印度河上流的哈拉般文，中美洲的玛雅文，以及黄河流域的甲骨文。从发生学的角度看，世界文字可以分为"自源文字"和"他源文字"两种。

1.自源文字（Self-initiated script）

指起源过程没有受到其它文字系统影响，独立发生、发展并逐步完善而形成的书写符号系统，例如古代**苏美尔楔形文字**（*Sumerian Cuneiform*）（公元前3200年左右—公元一世纪）、**埃及圣书字**（*Egyptian Hieroglyphic*）（公元前3000年第一王朝）、希腊的**克里特岛线形文字**（*Crete linear text*）A和B（公元前1650年）等，是一种与本族人的生活直接相关，以系统记录本族语言为发展线的语言。

2.他源文字（Other-initiated script）

又称借源文字，是指受其它文字系统影响而发生、发展所形成的书写符号系统。它们直接借用其它族群的文字形体，或者借用其它族群文字后又进行改造的

---

① 高名凯、石安石《语言学概论》，中华书局，2003年，P196。

文字。例如希腊文、拉丁文以及由拉丁文派生出来的各种欧洲文字等。也指像日本、韩国、越南等国家直接借用其它族群的文字形体，或者借用其它族群文字后又进行改造的文字。

文字是一种语言符号系统，每一种文字都有自己的体系。有些文字体系使其基本符号同区别性语音保持一致，这就是**"字母"文字**（Alphabetic writing）；有些体系使其基本符号同音节保持一致，这就是**"音节"**（Syllabic）文字；还有一些体系使其基本符号同词保持一致，这就是**"词"文字**（Logographic或Word-writing）。例如：

文字类型	举例
词–音节文字	苏默文、埃及文、赫梯文、汉字
音节文字	霍里安文（腓尼基文）、埃拉姆文、西闪文、米诺文、日文
字母文字	希腊文、拉丁文、印度文、希伯来文

表6–2　世界文字主要类型

根据记录语言的途径及记录语言的符号的性质，瑞士语言学家**索绪尔**（*Saussure*）将世界文字分为**表意文字**（Semantic script；Ideography）和**表音文字**（Phonetic script）两大文字体系。这种分类是从文字形体直接显示的信息是语义还是语音来确定的，即从文字构形的依据来确定的。

3.表意文字（Semantic script；Ideography）

字符本身或其结构单位与所记录的词的意义有一定联系而与所记录词的读音没有直接联系的书写符号系统，是人类文字发展过程中介于表形文字和表音文字之间的一个阶段。表意文字得通过象征性图形符号，表达语言中的词或者语素的意义。图形符号往往通过结构成分和结构关系来表达简单或复杂的意义，图形符号的意义并不能"直接看出来"，而且文字的意义和所记录语词的读音具有对应的关系。因此，表意文字已经是系统严整的文字符号体系，能够表记语言中的词汇，能够记录和表现语言的语法关系。

表意文字通过为音位或音节制定符号来记录语言，字符本身或其结构单位与所记录的词的意义有一定的联系而与所记录词的读音没有直接联系的书写符号体系。汉字正是这种文字。表意文字还包括词字、**词素字**（Morphemic script）等类型。

4.表音文字（Phonetic script）

又称字母表文字、拼音文字，使用少量的字母记录语言中的语音，从而记录有声语言，在数量上便于学习和使用，方便排序，具有客观可操作性，世界上大多数国家的文字都是表音文字，例如英文、俄文、日文假名文字等等。

表音文字通过为**语素**（Morpheme）或**词**（Word）制定**符号**（Sign）来记录语言，即用**字母**（Letter;Alphabet）或**字符**（Graphic symbol）表示**语音**（Speech sound）来记录语言的书写符号系统。表音文字所制定的**音位**（Phoneme）符号或**音节**（Syllable）仅仅同语音相联系，不涉及意义，因而是表音的。例如：英语black 直接拼出了意义为"黑"的这个词的声音而成为这个词的载体。汉语"黑"𤓰（《说文解字》："黑，火所熏之色也。"）则用一个脸上身上都有污迹的人像来意会"烟熏致黑"的意义而成为这个词的载体。显然，组成表音文字和表意文字的符号性质不一样。

表音文字内部较为复杂，还包括**音节文字**（Syllabic script）、**音素文字**（Phonemic script）（或称音位文字）等类型。

（二）世界文字的类型例举

世界上的文字有很多种，主要可以概括为以下几种类型：

1.象形文字（Pictohraphic script）

象形文字也叫**表形文字**。字形具有象形特点的文字体系，即通过描事物的形象以体现所记录的词语的读音和意义而形成的书写符号系统。一种语言成熟的书写符号系统，不可能由单一的象形文字构成。

表形文字属于人类文字发展的最初阶段，它通过描摹客观事物外部形象的方式记录和表达该事物。也有观点认为，表形文字严格地说还不是体系严整、功能完善的文字系统。其特点如下：①它们还不能直接与语言中的词语准确地结合；②可以表义，但不能准确表达词语、更不能准确表音；③这种文字只能表示具体的事物，不能表示抽象概念。

2.语素文字（Morphemic）

又称"词素文字"或"表语文字"，是表示词或语素（语言的最小语义单位）的文字，用一个字符表示一个语素来记录语言的书写符号系统。历史上发展成熟而又代表高度文化的语素文字有西亚的**楔形文字**（*Cuneiform*）、北非的**圣书字**（*Hieroglyphic*）和东亚的**汉字**（*Hanzi;Chinese script*）。

3.音节文字（Syllabic script）

是用一个字母（如日语使用的假名、阿拉伯语使用的字母）表示一个音节来记录语言的书写符号系统，音节文字属于词符与音节符并用的文字。音节文字只用数目有限的符号，就可以完备地书写语言。在广义上，**汉字**（*Hanzi*）、**喃字**（*Chu Nom*）也可以被称作音节文字，因为它们本身亦为一个字符有一个音节。汉语同一个音节往往对应多个字符。比如音节[ma]对应于汉字"马"、"码"、"蚂"等多个字符，每个字符都有自己的含义；而严格意义上的音节文字，例如日语，[ma]的**片假名**（*Katakana*）只对应一个无含义的字符マ；埃塞俄比亚文字（近代体称为阿姆哈拉文字）是一种现行的音节文字，它用大致相同的符号代表相同的辅音，附带微小的笔画变化表示元音，成为音节符号。

4.音素文字（Phonemic script）

又称"**音位字母文字**"，是表音文字的一种。它是用字母记录语言中的音位或音素从而记录语言的书写符号系统，是文字体系中最简明、最方便的文字。例如拼音文字（如英语、法语等使用拉丁字母）、土耳其文、俄文（使用斯拉夫字母）。

5.意音文字（Semanto-phonetic script）

又称"**意符音符文字**"，综合运用表意和表音符号（还包括一些记号）来记录语言的书写符号系统。用表意和表音两种方法结合起来所创造的文字体系，字体结构中既有表示字义的成分，又有表示字音的成分。如汉语的"鹅"，左边表音，右边表意。

6.拼音文字（Alphabetic writing）

由字母记录语言中的音节或音位的文字。文字体系比较简明，一个字的拼写反映出语言中的一个符号的读音，例如**维吾尔文**（Uighur writing）、**藏文**（Tibetan writing）。拼音文字可以分为三种，**音节字母文字**（Syllable alphabet）、**辅音字母文字**（Consonant letter）和**音位文字**（Phonemic script）。

（三）重要字母

字母（Letter; alphabet）是**拼音文字**（Alphabetic writing）的最小的书写单位。字母符号大体上表示**音位**（Phoneme），文字要通过语音中介才与语义发生联系。目前世界上表音文字所采用的字母体系多种多样，主要有腓尼基字母

（*The Phoenician alphabet*）、**希腊字母**（*The Greek alphabet*）、**拉丁字母**（*Latin alphabet*）、**斯拉夫字母**（*The Cyrillic alphabet*）、**阿拉伯字母**（*Arabia letter*）、**梵文字母**（*Sanskrit alphabet*）等。人们一般认为**英文字母**（*English letter*）渊源于拉丁字母，拉丁字母渊源于希腊字母，而希腊字母则是由腓尼基字母演变而来的。希腊字母跟英文字母、俄文字母类似，只是符号不同，其标音的性质是一样的。当前，拉丁字母，斯拉夫字母和阿拉伯字母被称为世界三大字母体系。

1.腓尼基字母（*Phoenician alphabet*）

腓尼基字母是现代大部分拼音字母产生的基础。现在的希伯来字母、阿拉伯字母、希腊字母、拉丁字母等，都可追溯至腓尼基字母。我们今天熟悉的26个英文字母，源头是腓尼基人的22个字母——腓尼基字母。"**腓尼基**"（*Phoenicia*）是古代希腊语，意思是"绛紫色的国度"，腓尼基人居住的地方特产是紫红色染料。腓尼基人是忙于业务的商人，他们出于实用的需要发明了一个大大优越于旧文字的新文字系统。他们借用古埃及人的几个象形文字，并简化苏美尔人的若干**楔形文字**（*Cuneiform*），舍弃掉象形文字和契形文字优美的外观，从中抽取了一些简单的符号组成了22个字母。这22个字母渡过爱琴海传入**希腊**（*Greece*）。希腊人又增添了几个自己的字母，并把这种经过改进的文字系统传入意大利。古罗马人稍微改动字型，又把它们教给了西欧未开化的野蛮人。那些野蛮人就是欧洲人的祖先，腓尼基字母是今天欧洲许多文字的共同祖先。以下是腓尼基字母：

图6-9　腓尼基字母

腓尼基字母像**希伯来字母**（*Hebrew alphabet*）和**阿拉伯字母**（*Arabia letter*）一样，都是辅音字母，没有代表元音的字母或符号，字的读音须由上下文推断。

2.希腊字母（*Greek alphabet*）

希腊字母由腓尼基字母演变而来，是世界上最古老的字母之一。腓尼基字母只有**辅音**（Consonant），从右向左写，希腊人增添了**元音字母**（Vowel）。后来罗马人引进希腊字母，略微改变就变为**拉丁字母**（*Latin alphabet*），在世界广为流行。历史上希腊字母对希腊文明乃至整个西方文化影响深远。古希腊哲学、科学、逻辑学、数学创造的大量词语沿用至今，希腊字母被广泛应用到学术领域，如数学、物理、生物、天文等学科，现代许多新学科也借用希腊词语并根据希腊词语规则创造新词来表达新概念和新发明。因此，希腊文字代表着一个历史时期里（2300多年前）人类用来描写和分析世界的一种语言工具。

当今，**俄文**（*Russian*）、**新蒙文**（*New Mongolian*）等使用的**西里尔字母**（*Cyrillic alphabet*）和**格鲁吉亚语字母**（*Georgian alphabet*）都是由希腊字母发展而来的。

字母名称	大写字母	小写字母	字母名称	大写字母	小写字母
Alpha	A	α	Ny	N	ν
Beta	B	β	Xi	Ξ	ξ
Gamma	Γ	γ	Omicron	O	o
Delta	Δ	δ	Pi	Π	π
Epsilon	E	ε	Rho	P	ρ
Zeta	Z	ζ	Sigma	Σ	σ ς
Eta	H	η	Tau	T	τ
Theta	Θ	θ	Ypsilon	Y	υ
Lota	I	ι	Phi	Φ	φ
Kappa	K	κ	Chi	X	χ
Lambda	Λ	λ	Psi	Ψ	ψ
My	M	μ	Omega	Ω	ω

表6-3　希腊字母表

3.拉丁字母（*Latin alphabet*）

拉丁字母是目前世界上流传最为广泛最为通用的字母，也称"**罗马字母**"（*Roman alphabet*）。拉丁文的字母约公元前七世纪至前六世纪时，从**希腊字母**（*Greek alpahabet*）通过**埃特鲁斯坎**（*Etruscan*）文字（形成于公元前八世纪）媒介发展而来，成为罗马人的文字。伴随着罗马的对外征服战争，拉丁字母作为罗马文明的成果之一，也被推广到了西欧广大地区。拉丁字母最初只有21个，其中有16个辅音字母B、C、D、F、Z、H、K、L、M、N、P、Q、R、S、T、X，4个元音字母A、E、I、O，和一个音值不定的u，既表元音又表辅音。字母G、J、K、V、W等都是在其使用和发展中，特别是语音的变化逐渐出现的。到中世纪，字母i分化为i和j，v分化为u、v和w，这样就产生了26个罗马字母，与现代英语字母相同。同时，为了书写方便也出现了小写字母和各种书写字体。当今世界上许多语言都采用**拉丁字母**（*Latin alphabet*）作为拼写字母，例如**土耳其语**（*Turkish*）、**阿塞拜疆语**（*Azerbaijan language*）、**芬兰语**（*Finnish*）、**意大利语**（*Italian*）以及**法语**（*French*），**汉语拼音方案**（*Scheme for the Chinese Phonetic Alphabet*）采用拉丁字母，中国部分少数民族（如壮族）创制或改革文字也以拉丁字母为基础。

Aa	Bb	Cc	Dd	Ee	Ff
Gg	Hh	Ii	Gg	Kk	Ll
Mm	Nn	Oo	Pp	Qq	Rr
Ss	Tt	Uu	Vv	Ww	Xx
Yy	Zz				

表6-4　拉丁字母表

第三节　文字的改革和改进

一、文字的改革

文字是在语言的基础上产生的，是记录语言的符号体系。但文字作为符号体系，也有自身的发展规律。按照一般的逻辑，语言不变，文字也不应改变；语言变了，记录语言的文字也应当相应加以改变，但文字发展的条件有它不同于语言的地方，这就是受到书写的工具和材料，方言的分歧，社会的分化和统一，文化历史传统的强大力量等等的综合影响。一般来说，发生文字改革的原因如下：

1.经济因素

例如农业社会发展为工业社会，在改进交替、设立工厂、普及教育的同时，要求提高语言效率。

2. 人口迁徙因素

例如欧洲民族迁移到新大陆，建立国家，需要选择和推广通用的语言。

3. 战争的影响

一方面，战后宗主国对殖民地推行教育用语；另一方面，新独立国家创制或自发选择文字。大国分裂为几个国家，或者各自为政的地区合并为一个国家，需要建立和推广国家的共同语言。

4. 语文现代化（Language moderization）和语言规划（Language Planning）

包括文字的创制和改革等方面的具体问题。或者是一种新的语言技术促成古老文字的改革，或者是为了适应现代化的需要而从事的语言文字建设工作。

5. 言文脱节现象

虽然语言作为交际工具的本质要求文字符号在一定时期内保持相对稳定性，但是，文字必竟是记录语言的工具，既然是工具，在口语和书面语，语言和文字发生了分歧时，在适当的时候进行必要的文字改革也是必然的。

文字改革（Script reform；Writing reform）是为方便文字的社会应用，对文字体系或制度方面有计划的改革，包括文字系统（字母表、正词法和标点符号）的整体性的和局部性的变革。主要内容包括文字制度的改革、文字符号的更换或创制、文字形体的简化和整理等。但是由于条件和要求不同，文字改革有各种不同的模式，例如在方言复杂的民族中，推广**共同语**（Common language）是文字改革的中心工作；而历史悠久的各种欧洲拉丁古文字，现在处于稳定状态，改革的目标是**正词法**（Orthography）的**规则化**（Regularization）和**文体**（Style）的**口语化**（Colloquial）。[①] 目前在非洲还有许多新独立的国家，没有共同语和文字，建立自己国家的民族文字则是当务之急。

理想的**拼音文字**（字母音素文字）应该是一个字母对应一个音节，或相反，但语言事实却不然。例如：

---

① "正词法"又称为"正写法"和"正字法"，指文字的形体标准和书写规则。中国汉字的正写法主要规定自得正确写法和字体，故常以正字法为名；拼音文字的正写法主要解决有关词的书写问题，如规定字母表达音位的方法、词的定型化（分写、连写和半连写）、大写规则、移行规则等红灯，故常以正词法为名。

> 一个字母标记几个不同音位，如英语c标记[s]或[k]
>
> 一个音位用不同的字母标记，如德语[f]用f、ff、ph或v标记
>
> 一个字母标记一组音位，如俄语的я-[j]+[a]
>
> 一组字母标记一个音位，如[ʃ]德语中用sch标记
>
> 有的字母不标记音位，如西班牙的h
>
> 有的音位无字母标记，如阿拉伯语的元音

再来看**英文字母**（*English letter*）的形成过程。大约在公元六世纪的**盎格鲁-撒克逊**（*Anglo-Saxon*）时代，**古英语**（*Old English language*）开始形成文字。当时负责把当地人口头语言记录成文字的，是罗马天主教的传教士们。他们面临的问题是当时的英语（即古英语）共有超过40种不同的音，然而他们手中只有23个**罗马字母**（*Roman alphabet*），无法一一对应，于是他们试验了许多不同的方法，例如增加字母、在字母上加变音符号、两个字母连写等措施来对应不同的发音，慢慢形成了27个字母（后来演变为现代英语的26个字母）和一些**拼写规则**（*Orthographic rule*）。这时候就已经有了**拼写例外**（*Spelling exception*），不仅元音（a、e、i、o、u）有多种音值，而且某些辅音（c、g、x）也不止一种发音，例如go、language、ghost、enough、light。但是古英语单词较少，约5万个左右，所以问题尚不明显，到了现代英语中，出现了口语和书面语的脱节现象，有不少字母不发音。例如**现代英语**（*Modern English*）的light、right、sight等词中的gh字母组合不发音，实际发音是[lait]、[rait]、[sait]，英语的knight（骑士）中有三个字母k、g、h不发音，以下画线的字母也不发音，<u>h</u>our、<u>w</u>rong、de<u>b</u>t、<u>k</u>now、<u>l</u>isten、<u>p</u>sychology、<u>W</u>ednesday、<u>w</u>right。从文字记录语音这一拼音文字的性质出发，这当然是不合规律的，从理论上讲这个字母组合的存在也是多余的。但由于文字的保守性，也就是人们习惯于这种写法，直到今天，这个字母组合仍旧在英语中存在，而且仍旧不发音。事实上，无论哪一种文字，在发展过程中总可以发现其中不符合规律的地方。

由于文字的拼写不能如实地反映语言，或者当语言和文字发生了分歧，于是人们发出了文字改革的呼声。英国作家**萧伯纳**（*George Bernard Shaw*，1856—1950）临死留下奖金，奖励英语拼写法最好改革方案。有人尝试过，最终因无法推广而不了了之。早在十八世纪初，近代西洋**传教士**（*Missionary*）入华传教，为了用他们所制订的汉语拼音方案把《圣经》翻译成各地汉语的方言，制作了各种汉字拼音方案，方块汉字的地位开始动摇。人们开始探索能否

用拼音文字替代汉字来记录汉语。明万历三十三年（1605年），意大利传教士**利玛窦**（*Matteo Ricci*，1552—1610）出版了《西字奇迹》。明天启二十六年（1626年），法国传教士**金尼阁**（*Nicolas Trigault*，1577—1629）修订了利玛窦的拼音方案，出版《西儒耳目资》。这两本书的出版，揭开了中国文字学史上拼音化运动的序幕。[①] 中国人从十九世纪末就开始有人呼吁实现汉字的**拼音化**（Alphabetization），彻底改革汉字。1892年，卢憨章发表"切音新字"拼音方案，从而拉开了中国人自觉的拼音化运动的序幕。此后，中国现代伟大的文学家、思想家鲁迅甚至大声疾呼："汉字不灭，中国必亡。"[②] 许多知识分子创制了各种各样的拼音化新文字，进行了大量的把表意文字或意音文字改成拼音文字的文字体系的改革实践。1913年由"读音统一会"制定、1918年由北洋政府教育部公布了**"注音字母"**（*Mandarin Phonetic Alphabet*），这是中国第一套法定汉语拼音字母，以汉字笔画很少的古字形体为基础，音节拼写采用三拼制，用以标注汉字读音，试图让一些汉字字根与汉语中的音素发生对应，来拼合汉语的语音。其中最为有名的两次运动，一是二十世纪三十年代由瞿秋白、吴玉章等发起的**"拉丁新文字"**（*Latinizational New Writing System*），并在苏联远东地区创制用拉丁字母拼写汉语的拼音文字方案；二是钱玄同、赵元任、刘复等倡导研制的**"国语罗马字"**（*National Romanization；GR Alphabet*）甚至在个别地区成功地推行过。1958年，国家正式公布了拉丁字母的《汉语拼音方案》（*Scheme for the Chinese Phonetic Alphabet*）。但这一切都未能取代汉字作为汉语的主要记录工具，汉字体系至今还不能改革实现拼音化，其中一个很重要的原因就是，汉语方言的语音差别相当大。在汉族人没有完全实现口头交际汉语语音的一致以前，用来记录汉语语音的任何新文字的尝试都只会仅仅是尝试而已。这样做的结果是既未能弥补汉语语音中音节数量少、**同音字**（Homophone）多的不足，又抛弃了汉字以数量众多、以"形差对义别"的特点，故各种**注音字母**（*Mandarin Phonetic Alphabet*）都只能停留在拼音符号辅助汉字注音而不能进入到文字的独立使用阶段。[③]

---

① 自利玛窦（*Matteo Ricci*）出版《西字奇迹》以来，历史上与西洋文化接踵而来的拼音文字冲击方块字有三百多年的历史，拼音文字对日常使用的方块汉字的语音结构并无实质性影响，对汉字的影响仅仅只有一项，即书写顺序的改变。

② 对此，西方学者有不同观点，瑞典汉学家高本汉（B.Karlgren）曾经强调说："中国人抛弃汉字之日，就是放弃他们文化基础之时。"（引自游汝杰《中国文化语言学引论》，高等教育出版社，1993年，P167）

③ 据高本汉分析，中国的汉字拼音化改革会面临的两个问题是：1.这会导致在全中国失去一种由汉字代表的专门的全民族语；2.如果根据官话之类的某种现代方言的字音把古典文献作品改写成字母文字，无法解决同音字的问题。

纵观各国的文字改革运动，从本质上都是为了方便文字的社会应用，从而对文字体系或制度方面有计划的改革。在近代历史上，苏联1918年俄文**正词法**（Orthography）的改革、1928年土耳其的拉丁化文字改革、1841年蒙古的**新蒙文**改革、印度尼西亚1945年之前的三次文字改革以及东非一些国家推广斯瓦希里语及其拉丁化拼音文字的运动，都是围绕此目标展开的。越南、朝鲜和日本原来都使用汉字，因此历史上有跟汉族相似的文字改革问题。日本明治维新（1868）以后，有意识地进行文字改革，推广以东京（江户）语音为标准音的国语，想要用**假名**（Kana）统一全部的日文文字，取消汉字的存在，实行读音统一。最终确定了1006个汉字作为必需的法定汉字。今天日本的正式文字是汉字假名的混合体，全用假名不是正式文字，罗马字是辅助的拼音工具。朝鲜使用汉字约有一千七八百年之久，起初用汉字文言。二十世纪七十年代，韩国国内也曾兴起过"废汉字、用谚文"的文字改革运动，目前韩国政府规定使用1800个汉字作为必需的法定汉字。越南是一个多民族国家，在语言上兼用多语，先后使用过**汉字**、**字喃**（Chu nom）和**国语字**（Chu-Quoc-Ngu）这三种文字，在历史上这三种字一度并存。汉字在字喃产生之前一直作为**越南官方文字**（Official script）使用了1000多年。直到十八世纪，越南在文字改革中，也最终自创了今天的越南民族新文字——"**字喃**"，最终废除了汉字。

二、文字的规范化

文字具有**社会性**（Social character），应该尽量保持稳定，才能使之更好地发挥其记录语言的职能。文字的**规范化**（Standardization）是指促进和实现文字字形、字音等各种属性规范化与**标准化**（Standardization）的工作。具体地说，就是通过为文字制定规范和标准，以实现文字的定形、定音和定序。以汉字为例，比如局部改进拼写的方法、汉字的简化和整理异体字都是属于文字**规范**（Standardization）和**改进**（Improvement）的范畴。下面我们就来看看在历史上汉字的规范情况。

（一）早期的汉字规范

汉字的**甲骨文**（Oracle bone inscription）是巫祝史官搜集整理民间的创造而

定型的。其后，周朝自周平王于公元前770年东迁洛邑（今河南洛阳）后，五百余年，经历了诸侯兼并的春秋时期和七国争霸的战国时期。西周中期，周宣王太史籀作大篆十五篇，对当时的文字字形进行整理，使得当时的金文字形在规范程度上大大提高，文字显得比较整齐划一。到了战国时代，由于社会的动荡，导致了战国文字字形的极度混乱，在语言文字方面，出现了"言语异声"、"文字异形"的现象。针对春秋战国时期各国"文字异形"现象，**秦始皇**（B.C259—B.C210）统一中国后，采取李斯的意见首先统一文字，以**"小篆"**（*Small seal script*）为**正字**（Standard form;Proper character），这是中国历史上第一次有组织的大规模的字形规范与整理运动。秦朝以后，凡遇太平盛世，统治者都会采取一些规范字形的措施。从**两汉**（*Western Han and Eastern Han Dynasties*）到**唐代**（*Tang dynasty* ;A.D.618—907），统治阶级曾多次采取立石刻经、选派书法家或文化官员用标准字形书写等办法，创立当时文字的字形规范。例如隶书取代小篆以后，汉魏两朝分别刻制石经规范字形；楷书盛行以后，各朝都用刻石或刊行《干禄字书》的方法对汉字进行规范。**隋代科举**（Imperial examination）盛行以后，历代出版了很多规范字形的字书，如唐代颜元孙的《干禄字书》、宋代张有的《复古编》、清代龙启瑞的《字学举隅》等等。这些措施都在一定程度上促进了汉字字形的规范。

事实证明，汉字几千年的发展历史，正是不断改革、不断优化的过程。从"画成其物，随体诘屈"的**甲骨文**（*Oracle bone inscription*）、**金文**（*Bronze inscription*），到线条圆转曲折、形体修长划一的**小篆**（*Small seal script*），再到笔画讲究"蚕头燕尾"、"波折挑法"的**隶书**（*Clerical script*），最后发展到笔画横平竖直的**楷书**（*Standard script*），都离不开顺应汉字发展的规律进行人为的引导和规范行为。例如秦代李斯对当时的文字进行整理，"罢其不与秦文合者"，确立了小篆的**规范标准**（Codeslstandards）；汉代许慎的《说文解字》虽然规范的是小篆形体，目的却是**整理汉字**（*Systematize character*）的**结构系统**（*Structural system*），使**汉字结构**（Structural of Chinese character）达到构形理据的回归；唐代颜元孙的《干禄字书》不但规定了哪些是**正字**（Standard form），哪些是**俗字**（Vulgarism），就连在什么用途中使用什么字都作了规定；清代的《康熙字典》更是**规范汉字**（Normative character）的直接产物。如果拒绝对汉字进行任何改动，长期不对汉字进行规范，随着社会的发展，势必面临"文字异形"的局面。

（二）近代的汉字规范

清末开始提倡简化汉字。1932年，国民政府教育部公布《国音常用字汇》，是当时的规范汉字表，收**正字**（Standard form）9920个字，并在正字下附上通用简体字表，在**字量**（Script quantity）、**字形**（Graphic form）、**字音**（Pronunciation of a script）、**字序**（Script order）方面对汉字进行了初步的整理。1935年8月，国民政府南京教育部公布《第一批简体字表》（324字），但是立即收回不用。汉字简化的要求，一直到1956年才在中国大陆得到采纳实施。

（三）现代汉字规范化（Standardization of contemporary Chinese character）

汉字整理（Chinese character systematization）是现代汉字规范化的重要组成部分，内容包括整理汉字的字际关系、确定标准字形、制定人名地名用字标准、统一计量单位用字、限制随意造新字等。主要任务如下：

- **简化笔画**（Stroke）：主要是对**繁体字**（Traditional Chinese character）进行简化（Simplification）。
- **精简字数**：主要是废除**异体字**（Allograph）。这是规范的基本任务。
- **规范汉字**（Normative character）：经过科学整理并由国家正式公布，有明确的使用范围和使用标准的汉字。
- **规范错别字**（Wrong and inappropriate character）。

1.《汉语拼音方案》的制定

中华人民共和国成立后，1958年第一届全国人大第五次会议正式批准《**汉语拼音方案**》（*Scheme for the Chinese Phonetic Alphabet*），成为通行的汉字拼写和注音工具。《汉语拼音方案》采用**拉丁字母**（*Latin alphabet*）符号体系，用来为汉字注音和拼写普通话语音。此方案还可以用于为中国少数民族创制和改革文字，帮助外国人学习汉语，用来音译外语人名、地名和科学术语，编制索引代号以及汉字输入计算机的编码等。一些国际组织也采用此方案作为拼写中国人名、地名及专门术语的国际标准。

2.《汉字简化方案》的制订

1956年1月，中华人民共和国国务院正式公布了《汉字简化方案》（*Scheme for Simplifying Chinese Characters*），表一推出230个**简化字**（*Simplified Chinese character*），第二表经过修正正式推出285个简化字，表三为经过修正再正式推行的54个可类推的简化偏旁。1964年5月，中国文字改革委员会发布《**简化字总表**》（*General Table of Simplified Characters*），编定、收录全部法定简化字和简化偏旁的总字表，是目前关于简化字的国家标准。1986年重新发布《简化字总表》时调整了个别字，总字数为2236个。1986年至今，中国语言文字进入另一个阶段，提出"**三化**"——**规范化**（Standardization），**标准化**（Standardization），**信息化**（Informationization）。

3.《国家通用语言文字法》的颁布

新世纪中国语言文字面临着新的形势：信息化席卷全球。在这种背景下，2000年10月31日，《国家通用语言文字法》正式颁布，此法规是"为推动国家通用语言文字的规范化、标准化及其健康发展，使国家通用语言文字在社会生活中更好地发挥作用，促进各民族、各地区经济文化交流"[①]。此法规的出现，为提升中文在世界上的影响力，增强中文信息技术与产品的自主创新能力，建立可持续发展的资源共享机制起到了很大的作用，特别是为国家文字信息化建设提供了有力的支持。

第四节　书面语

一、语言的表达形式

文字记录语言，文字对语言发展有着重要的影响，使语言有了书面语这种存在形式。**书面语**（Literacy）是用文字记载下来供"看"的语言，也指人们在书写和阅读文章时所使用的语言，在口语基础上形成，使听说的语言符号系统变成"看"的语言符号系统。这对语言的积累和发展有着十分重要的意义。只有把口语记载下来，词汇才能逐渐积累，日益丰富；文辞才能仔细斟酌，反复推敲；语

---

① 《中华人民共和国国家通用语言文字法》第一章总则，第一条。

言才能变得越来越精密，越来越华美。

尽管书面语是用文字写成的，但书面语不是文字问题，而是语言学问题：书面语是写（印）的语言和看的语言（交际双方由一方在一时一地单独进行），口语是说的语言和听的语言，受到时间和空间上的限制（交际双方处于同一时间、同一地点进行）；从语言的起源和发展来看，**口语**（Orality）是人们交谈时使用的语言，是语言存在的最基本的形式，其历史要悠久得多，应用也广泛得多。书面语是在口语的基础上形成并发展起来的，有了文字才会出现书面语，至今还有许多民族只有口语而没有书面语，因此口语是第一位的，书面语是第二位的。书面语是用文字的形式来传递人们的思想、观点等信息。

口语和书面语应被视为语言形式的**统一体**（Continuum）。口语和书面语在本质上并非**对立**（Opposition）、**排斥**（Antithetical and exclusive），而是**互补**（Complementarity）、**共生**（Complementary and symbiotic）关系。口语和书面语是语言的两种不同形式而已。

口语（语音）是稍纵即逝的，不可逆的，而书面语（文字、书面图像）是可以保存的，是可逆的；语音是耳辨的，而书面图像是目治的；语音是简捷便利的，书面图像却受到更多限制；有声语言是语言的完全信息，而书面语言不可能把所有语言信息（包括羡余信息）都记录下来，因而是语言的不完全信息。

二、口语和书面语

（一）口语和书面语的特点

1.书面语（Literacy）的物质载体是文字（Script；Writing；Character）

书面语的特点是正式、庄重、规范，一般常用于特定的文体中，如公文（介绍信、公函、文件）、学术论著、文学作品（进行描写、叙事）等，因而用词精审，语句较长；结构谨严，逻辑性强，要求句子结构完整、符合语法规则和行文要求，在恰当传递信息的基础上，通过扩大用词范围等产生一定的修辞效果。

书面语比口语规范、连贯，因为写出来的话可以有时间斟酌、加工，乃至反复修改。因此对书面语进一步加工规范，就形成**标准语**（又称"**文学语言**"）。此外，由于书面语的严密性和体系性，决定了书面语往往要通过正规教育才能获得。

2.口语（Orality）的物质载体是语音（Speech sound）

口语的特点是亲切自然，句子简短，结构简单，常有省略，还可以有重复、脱节、颠倒、补说，多用表达感情，发表意见，拟声词、拟态词多用。

与书面语言相比，口语新鲜活泼，形象生动，具有地域性；通常语句简略，用词通俗，在亲友、同学之间等日常交谈使用。此外，说话的时候，可以利用声音的高低、语速的快慢、语调的起伏、身势等伴随的动作以及说话时的不同情境来强化表达效果。

语言的书面语形式与口头形式很不相同，二者在词语和句法方面都有明显的差异。口头形式永远是按句出现的（包括不完整的句子），永远是在与其相匹配的场景下出现的。而书面语形式文字则可以不按照句而按语素、按词出现，可以脱离与其匹配的上下文和场景孤立出现。对书面语而言，句子的切分主要靠连词和标点，而口语，标点就要让位给**停顿**（Pause）、**语调**（Intonation）等**语音特征**（Phonetic feature）。口语和书面语差别如下：

口语	书面语
在空气中传递的符号：语音、语素层面	书写的符号：字符、字素层面
使用听说信道——语音表征（Phonetic representation）韵律性（音高、响度、音素、节奏、停顿）和伴随语言手段（面部表情、手势、姿势）	使用视觉信道——图形表征（Graphic representation）图形手段（图表、标点符号、大写、图画、斜体、标记、画线）
短暂性、非正式（Informal）	半持久性、正式（Formal）
接受的单向性（Unidirectionality）	接受的全方位性（Omnidirectionmality）
说话人在场（即时反馈）	说话人不在场
较多重复和羡余（Redundancy）	较少重复和羡余
隐含性（与情境联系、歧义、句子不完整）	明示性（在阅读中建立语境）
题材的随机性，缺乏计划性	完整性、连贯性、组织性

表6-5　口语和书面语的差别

书面语和口语是两种不同的，但又有所重叠的语言和非语言特征，因而牵涉到不同的描写框架，而且两种变体在形式上缺乏完全的对应，很难用传统的书写形式去写口语，以反映口语的各种差异。例如，在书面语中要省去各种超音段的信息，有些不礼貌的话也不好写出来。同理，有的书面语要说出来，必然会破坏原来篇章的连贯性。

（二）口语和书面语在语言表达方面的差异

口语是听的，书面语是看的，书面语是口语的加工形式。口语一发即逝，相对于口语来说，书面语更具有保守性，口语则比较灵活。书面语是在口语的基础上形成的，是口语的加工形式，因而比较严谨规范。口语和书面语之间存在着互补关系。

1.都是共同语重要表达形式

口语是第一性，书面语是第二性的；书面语的变化要服从口语的变化发展。

2.应用场合不同

口语在非正式场合使用，书面语则在庄重、正式场合使用。

3.物质形式不同

口语是口耳形式，书面语则是文字书写形式。

4.交际形式不同

口语的结构不复杂，词语运用简单，常伴有冗余信息，往往借助辅助工具。例如，我们从词汇的角度，先看下面一组汉语词汇的选择：

口语词	书面语
偷	偷窃
喝水	饮水
宿舍	寝室

表6-6　口语和书面语对照举例

再看英语词汇运用方面体现出的差异：pal是对"同志"、"朋友"的俗称，而wanna相当于want to；如gotta相当于have got to，而nope相当于no，这是口语中的说法；如果我们留心看英语电影，类似省去are的句子不少。例如：you okay kid？这并非语法错句，而是一种口语化的习惯。美国口语are you nuts？意思是"你疯了吗？"相当于are you mad？书面语则与此相反，不是直接进行现场现时交际，用词造句可以仔细推敲，形式显得更完整、规范、严密。再如日语书面语写法应该是"爱している"，其实口语经常说成"爱してる"，字幕也是打成

"爱してる"。诸如此类的音变、省略等等经常出现在已经俗成的口语里。

综上，从语言学的角度看，口语和书面语的差别首先主要表现在风格方面。例如别人向你询问时间，你知道会毫不犹豫地说It's ten fifteen（10点1刻），但你需要看一下表，你就可能会说It's now ——— ten fifteen（现在是——10点1刻），加进一个拖长的now（现在）来拖延时间，控制局面以不被打断，也正因为如此，书面语需要经过仔细的删节。

其次，口语和书面语在其文体上有着本质的区别。美国学者切弗（W. Chafe）认为，口语以其结构的不完整性和说话者与说话场合的紧密依存性为特点；而书面语的特点则为语言结构完整，语言使用者不依赖于说话场合。[①] 口语使用者在自然对话中多使用and和but等词来连接简单句，或多使用单一动词结构，而很少使用复杂的并列句或从句结构。在一般会话中，由于说话者和听话者之间的高度参与，说话者常使用直接引语和通俗口语语言。与口语相反，书面语中频繁出现的是主语、谓语、定语、状语、表语等的复杂的从句结构。此外，书面语使用者常运用被动语态、过去完成时、间接引语，以及书面化措词等手段来扩大表达上的时间和空间跨度。[②]

（三）口语和书面语的相互影响

世界上所有活的语言都处在不断地发展变化之中。几个世纪以来，英语的语音发生了巨大的变化，一些原来在古英语中和古英语时期发音的字母（如字母b在climb，thumb等词后面原有发音的）现在已变得不再发音，但英语的拼写却基本保持原来的样子。例如，日尔曼语中的/x/音在古英语中是用字母组合gh来表示的，随着语言的发展，摩擦音/x/消失了，gh前边的元音变长了（这就是gh前的元音常发长音的缘故），但/x/音的拼写符号gh却保留了下来，在现代英语中，gh在t前常常是不发音的。如：caught（抓住）；daughter（女儿）；eight（八）；fight（战斗）；height（高度）；light（光）；might（也许）；straight（一直）；right（正确）；thought（思想）；weight（重量）等。再如英语的cat（猫）、any（任何）、want（要）、can't（不能）、call（叫）、came（来，过去时）、alone（沿着）这几个词都有一个相同的音素a，但这几个a的发音却是不

---

① 　W. Chafe.Linguistic Differences Produced by Speaking and Writing. In Literacy, Language and Learning,D.R.Olson,N. Torrance and A. Hilyard（eds），Cambridge：Cambridge University Press,1985.

② 　详见梁丹丹《自然话语中的重复现象》，世界图书出版公司（上海），2012年，P25。

同的，如果用国际音标来标注，其中的a的读音变化分别是[æ]、[e]、[ə]、[ɑ]、[ɛ]、[ɔ:]、[ei]等，但由于文字的保守性，使得文字与语言的实际发音出现了不一致。显然，就口语和书面语而言，从语音和拼写来看，语言的发展和变化是要比拼写的变化大得多。事实上，从中古英语开始，英语词汇量急剧膨胀，英语发音也发生了变化，大批外来语进入，而每次对英语拼写规则的改革，结果似乎都是进入了新的不规则拼写，而同时，新科技如字典、印刷术等并没有马上解决问题。

以上由于书面语的保守力量，往往会出现口语和书面语的脱节现象，历史上屡见不鲜，在历史上，中国、印度、阿拉伯国家、古代罗马，都曾出现过这种情况。比如早在公元前五世纪，古印度的书面语"**梵文**"（*Sanskrit*）已经和这个国家的口语（*Bharakrit*统称"**巴罗克利特**"语）逐渐脱节，不再用作日常生活中的交际手段了；① 十七世纪前，古斯拉夫语的书面语和俄罗斯的俄语口、笔之间的脱节现象已经十分明显地表露出来了，之后出现的"**欧洲文艺复兴**"（*European Renaissance*）和中国的"**五四运动**"（*The May 4th Movement*，1919），从本质上讲，都是一种改革书面语的运动，就是要把口头的共同语写成书面的共同语。在二十世纪初叶的"**白话文运动**"（*The Vernacular Movement*，1917—1919）之前，中国的口语和书面语就是完全脱节的。究其原因，是因为上古语言只有简短的**单音词**（Monosyllabic word），而在语音**简化**（Simplify）中，为了清楚地表意，就需要产生大量较长的**复音词**（Polysyllabic words），由此造成了现代口语和上古语言的基本特征。瑞典**高本汉**（*Bernhard Karlgren*）认为中国一直有两种语言：一种是许多世纪以来的简洁明了的书面语言，它仅仅通过表意的字形把每个词彼此清楚地区分开，这种语言大体上还保持着公元前它形成时的样子；另一种则是口语，确切地说是许多种口语，它们的基础是各种与书面语言有实质区别的方言。② 在中国历史上，汉语共同语的**书面语**（Written language）一直以先秦作品为典范，普通的书面语言经常出现在书籍、报纸、杂志和信件中，许多年来大致未变，所以自秦代以来就一直是统一的，通过这种书面语言，13亿中国人得到了一门全民族语，这使他们结成了一个庞大的**语言集团**（Speech community）。共同语的**口语**（Speech）则随着各个朝代政治文化中心的变迁而发生着变化。例如汉语的口语系统非常复杂，历史上先后呈现出了**官话**（*Mandarin*）、**粤**

---

① "巴罗克利特"按照梵语反推转写为*Bharakrit*，但是我们在相关文献中找不到这个词，特此说明。
② 高本汉《汉语的本质和历史》，聂鸿飞译，商务印书馆，2014年，P53。

语（*Cantonese*）、吴语（*Wu dialect*）、湘语（*Xiang dialects*）、赣语（*Gan dialect*）、客家语（*Hakka dialect*）、闽语（*Fukienese*）等多种方言。然而，由于汉字的字形可以清楚地把所有的字彼此区别开来，而不管读音，因此人们在书写的时候不大需要口语中大量累赘的词语。

从语言的使用情况来说，口语和书面语由于长期使用上的分工，形成了不同的特点。二者在语法，词汇，句子结构，内容等方面都不同。然而书面语往往也会受到口语的制约，它虽然有自己的特点形成了自己的风格，同口语保持一定的距离，但不能距离太远。如果书面语同口语脱节太严重，就会影响到人们的日常交际，人为地会对书面语进行改革。中国"五四"前后废除文言文提倡"言文一致"的白话文的运动，就是因为文言文这种书面语同口语脱节太严重。但是二者只可"贴近"，不可完全"一致"，因为口语表达与书面表达之间还是有差异的。

尽管口语和书面语在语言表达方面存在着种种差异，然而在语言的实际交际中，口语式或书面语式结构的使用往往取决于语言使用者的目的和意图。它们实际上也是同一种语言不同的风格变异，因而两种语式并不存在本质上的优与劣。

综上，从语言的本质上看，书面语和口语是两种不同形式的**语言变体**（Language variety），二者相互影响；书面语以口语为源泉，口语中的新鲜成分不断被吸收进书面语，从而使书面语不断丰富生动。同时，书面语的成分也不断进入口语，从而影响口语，使口语向着规范的方向发展；二者相互影响，相互促进。

第七章　语言的变异

第一节　语言变异概说

语言的发展始于太古时期，人类语言究竟是来自同一个**原始语言**（Monogenesis），还是来自几个不同的**原始语言**（Polygenesis），现在还没有定论，但语言的变化和发展直到现在仍在继续。*Wittgenstein*（2001）曾给语言做过一个很有名的比喻，他说语言就像一座古城，有很多不同时代的建筑，有新铺的笔直的大马路，也有早期的羊肠小道；有世代定居在此的原住民，也有刚刚迁入地新居民；有新近完工的高楼大厦，也有多次返修的老房子。[①] 这个比喻告诉我们，一种语言的历史变化，有不同时代的**纵向传递**（Vertical transmission）和**横向传递**（Horizontal transmission），语言的这两种传递方式，一种是纵向的，即一代一代传递下去，另一种是横向的，就是**语言接触**（Language contact）的时候互相影响，而最终的结果是：全都杂糅到一个系统中，如同一座迷宫。

在语言学研究中，不可避免地要关注影响语言历史发展进程的种种因素。语言的**变异**（Variation）是语言项目在实际话语中存在的差异，分为共时变异和历时变异两种，**共时变异**（Synchronic variation）是语言成分在同一时期内受不同社会因素的制约而产生的变异；**历时变异**（Diachronic variation）是语言成分经过较长时期的发展而产生的变异。语言差异的表现形式是多种多样的，可以从**社会变异**（Social variation）和**区域性变异**（Regional variation）中找到其动因，前者是与语言使用者的社会特征相关的言语变异，如社会的阶层结构以及言语交际活动所处的社会环境，包括情景和社会文化背景，即整个**社会语境**（Social context）；后者是来自不同区域的说话者所显现出来的语音、词汇或语法等方面的变异，是个体的变异。

语言的变化发展必然包含着不同地域、不同语体、不同社会层面的个性差

---

① Wittgenstein, Ludwig 2001.*Philosophical Investigations.The German Text with a Revised English Translation.* Translated by G.E.M.Anscombe.3rd ed.Oxford; Malden,Mass.:Blackwell. *I 18*: 8.

异，主要表现在地域性差异、社会性差异以及时代的差异等。语言系统的这些变化有很多因素，我们把它们归结为**动因**（Agent）。这些因素一般可以分成**内部**（Inner）动因和**外部**（Outer）动因两种：

1.语言系统变异的内因

（1）系统内部的不平衡和自发调整；（2）不同地域发展的不同步。

2.语言系统变异的外因

（1）政治力量；（2）文化力量；（3）经济力量；（4）军事力量。

外部的、或超语言学的因素从外面影响语言，它们受到社会生活中某些事件的制约。内部因素在语言结构本身中起作用，它们受语言结构的可能性和语言发展的惯性的制约。

一、变异形式

语言变体（Language variety）与语言环境有关，其形式是多种多样的。比如语言具有区域性，在哪里学的，就带那个地区的特征，这种是因地域不同而产生的语言变体——**地域变体**（Regional variety），又叫**地理方言**（Geographical dialect）；与使用者所处的时代有关构成的变体——**时代方言**（Temporal dialect）；与说话人的社会身份，例如年龄、性别、职业、教育程度等有关的语言变体——**社会方言**（Social dialect）；还有那些某一交际环境中的习惯使用，如**行业用语**（Jargon）、**科技用语**（Phraseology of science）等，也是一种实实在在源于"**语域**"（Register）的语言变体。再从**语体**（Functional style）使用上看，书面语和口语也是两种不同形式的语言变体，二者在语法，词汇，句子结构，内容等方面都有所不同；从内容上看，有在语音、词汇或语法的某些方面不合乎规范的语言变体。与此相对，就有在一个国家或地区使用的规范化的语言变体。同时，语言的**分化**（Differentiation）、语言的**接触**（Contact）、语言的**融合**（Fuse）都会造成语言的变异，而且语言的变异不光会影响语言的结构（Structure），更会影响到语言的**交际功效**（Communicative function）。

一种语言对另一种语言的影响不仅表现在吸收了对方大量的借词，而且在词法和句法层面原有的语法规范也受到冲击，并出现了语言变异现象。有些语言变异已经或正在逐步**扩散**（Spread）出去，甚至变成一种有序的变异，称为"**异质**

有序"（Orderly heterogeneity）。社会语言学家强调语言系统内部各个层面都存在着差异，但这种变异形式分布是有规则的，完全可以从大量的异质的语言事实中探求这种有序的变化。

语言变异一方面与**源语**（Original language）固有的语法形式不同，是**异质**（Heterogeneity）的，而另一方面又与源语固有的语法资源有关联，不能脱离源语传统太远。只有这样，这些语言接触引起的语言变化和变异才有可能融入源语的语法系统，最终得到源语使用者的认同，才能实现其交际功能。

二、语言的分化

每一个社会都有自己的语言，同一个社会群体中的人们使用同一种语言进行交际。但是社会群体有大有小，在一个较大社会群体中，语言可能会产生**地域变异**（Regional variation）或者**阶层变异**（Stratum variation），我们称之为语言的**分化**（Language divergence）。一种语言在**分化**（Divergence）中，一般是先分成若干**方言**（Dialect），然后发展为独立的语言的。这些独立的语言，在一定条件下，又可分化成若干方言，再发展为独立的语言，结果造成了各种方言的亲疏不同的亲属关系。语言的分化有两种不同的传递方式：一是纵向的，一代一代地传下去；另外一种是横向的，就是语言接触的时候互相影响。

世界语言在长期发展过程中，随着社会的分化而分化，又随着社会的统一而统一。语言的分化过程和统一过程相互作用的结果，形成了多种语言。大约公元前四千年，古印欧人从他们的故乡四散迁居，**原始印欧语**（*Proto-Indo-European*）也因此分化。发展到现代，就成为英语、法语、俄语、印地语、伊朗语等等。拉丁语最初只是罗马城的方言，由于罗马帝国的扩展，它**同化**（Assimilate）了高卢人、伊伯利安人等的民族语言，发展成为罗马帝国的**通用语言**（Common language）。后来，由于罗马帝国的解体，古拉丁语死亡。然而在南部欧洲，拉丁语在使用过程中在不同地区发生了各种变异，从六世纪到九世纪在民间拉丁语的基础上，逐渐形成法语、意大利语、西班牙语、葡萄牙语等现代罗曼语言。西北欧出现了日耳曼语的各种地方语：德语、丹麦语、挪威语、瑞典语、荷兰语等。再如十二世纪中叶，原来东斯拉夫人使用统一的东斯拉夫语，由于基辅罗斯的崩溃而遭到破坏，在不同的方言基础上形成了俄语、乌克兰语和白俄罗斯语。再如印度使用**印度斯坦语**（*Hindustani*），1947年印巴分治，统一的印度分解为印度和巴基斯坦两个国家，印度主要信佛教，巴基斯坦主要信伊斯兰教。由于印巴分治的国家差别和两者的宗教信仰差别，印度斯坦语有了**分化**（Differentiation），它有两个**标准语**（Standard language）：印度的国语**印地语**（*Hindi*）和巴基斯坦的国语**乌尔都语**（*Urdu*）。印地语采用印度当地的天城体字母，并拥有梵语词汇；乌尔都语采用阿拉伯字母，并吸收很多阿拉伯语词和波斯语词，其原因是因为伊斯兰教最早是通过阿拉伯语和波斯语传入印度的。

以上的语言发展事实说明：语言的分化就是在一定的历史条件下，一种语言发生了**变体**（Variety），这种变异形式和**源体**（Source body）变得越来越不一样的过程。对整个社会都是共同的、统一的语言是存在于各种各样的变体之中的，分化后的语言变体可以形成独立的语言进行内部交际。正如中国历史上因为战争而分分合合，以及中国广阔的国土面积、复杂的自然环境、封闭保守的传统意识等共同造就了今天汉语方言林立的局面，而方言之间的冲突、纠缠、融合也在持续进行着，这是不可避免的。

三、社会方言和地域方言

（一）社会方言（Social dialect）

是社会内部不同年龄、性别、职业、阶级和阶层等方面的人在语言使用上表现出来的变异，是言语社团的一种标志，也是某一特殊的交际环境中人们习惯使用的语言变体。主要有行业用语、科技术语、阶级方言等。比如不同行业之间均有自己的**行业用语**（Jargon），医生之间常用到"处方"、"X光"、"脑CT"、"造影"、"核磁共振"等行业术语，而语言学家则经常使用"音素"、"音位"、"语素"、"语言变体"、"共振峰"等行业术语。社会方言只能通行于一个狭小的范围内。

（二）地域方言（Regional dialect）

地域方言是全民语言在不同地域产生的语言变体，是语言发展不平衡性在地域上的反映。例如汉语有**北方方言**（*The northern dialect*）、**吴方言**（*Wu dialect*）、**湘方言**（*Xiang dialect*）、**赣方言**（*Gan dialect*）、**客家方言**（*Hakka dialect*）、**粤方言**（*Cantonese dialect*）、**闽方言**（*Min dialect*）七种。我们常说的"以英语为本族语的人"（或"英语国家的人"），主要指英国、美国、澳大利亚、加拿大、新西兰等国的居民，于是形成了"**美国英语**"（*American English*）、"**英国英语**"（*British English*）、"**加拿大英语**"（*Canadian English*）以及"**澳大利亚英语**"（*Australian English*）等。虽然他们的语言一样，但各自的文化却有所不同，实际上他们的语言也不尽相同。地域方言是从同一种**母语**（*Mother tongue*）分化而产生的，但在不同的地域，发生了不同的变化，有的是语音发生了不同的变化，有的是词汇发生了不同的变化，有的是语法发生了不同的变化。

1.语音表现

有的语言，其地域方言之间的差别非常大，如德语分南北两大方言，两个方言区之间若不借助**共同语**（Common language）就不能通话。同样，汉语各方言的分歧首先而且主要表现在语音上。汉语的上海话和广东话的差别也很大，外地人简直听不懂。例如"表"，北京话[piau^{214}]，济南话[piɔ^{55}]，苏话[piæ^{52}]，广州话[piu^{35}]；而山西话、四川话和东北话在发音上也明显不同。例如山西人发"山西"的"山"字，n音不清晰，发音有点像法语的鼻音n；四川人和湖北人把"解放军"的"解"（jiě）字发作gɑi，声调也有所不同；东北人则把"人"（rén）发作yín等。虽然美国英语的地区差异没有这么大，但新英格兰人（美国东北部）说某些词时，发音和英国人一样；南方人（美国东南部）说话有些拖音，说得比较慢些，元音也较长。在俄语中，一个人的发音特点往往反映出他出生或成长的地区。俄语分南俄罗斯和北俄罗斯两大方言群，方言之间的差别主要在几个字母的读音上。如果某个人将非重读的字母o读成重音o，就说明他是俄罗斯北部人，在南部方言中非重音的o读成类似较弱的a音；辅音字母r在南方方言读浊擦音[ɣ]，在北方方言读浊塞音[g]；动词现在时第三人称-T在南方方言发软音-Tb，在北部方言仍读硬音-T。[①]

2.词汇表现

方言之间的差别有的较小，有的十分严重，彼此不能通话。汉语方言的严

重差别还表现在词汇方面。例如"白薯"是北京话的说法，"地瓜"是山东人的叫法，苏州人叫"山芋"，而四川人叫"红苕"；再比如"摆龙门阵"表示"聊天儿"、"侃大山"；"打牙祭"表示"吃顿好饭"，这都是**四川方言**，"老鼻子"表示"多得很"，"贼"表示"很"、"非常"（例如"那灯贼亮贼亮的"），都是**东北方言**。我们以汉语"母鸡"一词为例：

北京	成都	苏州	温州	长沙	南昌	广州	梅县	厦门	福州
母鸡	鸡母 鸡婆	雌鸡	草鸡 鸡娘	鸡婆子	鸡婆	鸡噎 （下过蛋） 鸡项 （未下过蛋）	鸡嬷 （下过蛋） 鸡媛 （未下过蛋）	鸡母 （下过蛋） 鸡赖 （未下过蛋）	鸡母

表7-1　普通话和方言的差异

而在英国，"卡车"叫lorrie，在美国就叫trucks；"电梯"在英国叫lift，在美国叫elevator，在英国"汽油"是petrol，而在美国则是gasoline；别人说Thank you之后，美国人回答常常是You are welcome；而英国人则回答Not at all或Don't mention it，或者It's a pleasure.虽然都是客套话，但用语不同。即使是在美国南方不同的州，人们说某种物品的名称时，也与别的地区不同，例如他们把bag（口袋）叫poke，把purse（钱包）叫pocketbook。

3.语法表现

语法方面的差别小，但也还有一些。例如北京话表示连接的词是"和"，苏州话用"搭"，广州话则是"共"；北京话说"一个苹果"，苏州话的量词则用"只"，广州、福建话则用"粒"；表示比较，北京话说"小王比小李高"，广州话则是"小王高过小李"；普通话"说不过他"这句话，如果用江西话来表达，就成了"说不他过"，如果用上海话表达，就成了"讲伊勿过"。普通话说"你先走"，广州话就要说"你行先"。同一种现实现象，一种方言用一个词表达，另一种方言用两个、三个或甚至更多的词来表达。这样，不同方言的词语搭配关系也就必然呈现出不同的特点。又如，北京话和上海话都有"吃"这个词，在词语搭配关系上有各种不同。北京话中的"吃"的对象只限于固体食物，但在"吃"的系列中还有"喝"和"吸"，并且各有分工，互不杂厕；而上海话中"吃"的对象除了固体食物以外，还包括流体事物、液体饮料，如"吃粥"、"吃水"、"吃酒"、"吃茶"等，甚至还有气体，如"吃烟"。上海话的"吃"在语义系列中所占的位置明显宽于北京话的"吃"，涵盖了北京话中的

"吃"、"喝"、"吸"的对象。比较之后我们发现，"吃"在汉语普通话和方言中的组合情况还有如下对应：

	[+固体]（馒头）	[+气体]（烟）	[+液体]（茶）
普通话	+	—	—
青州话	+	+	—
常州话	+	+	+

表7-2　普通话和方言的差异

社会方言和地域方言都是同一种语言分化的结果，使用的基本材料都有共同的语言基础，比如基本词汇和语法都是大致相同的；都没有全民性特点，在使用范围上有一定局限，或限于某个地域，或限于某个特定的人群。虽然划分地域方言的主要依据是语音，但听的懂、听不懂不是划分地域方言的标准。

社会方言和地域方言虽然都是方言，却有很大的不同：社会方言的差别主要反映在词汇方面。而地域方言的差别表现在语音、词汇、语法各个方面，往往表现为系统上的一系列差别，尤其以语音（Speech sound）差别最为突出。正因为地域方言的差别是系统上的，所以在一定的社会政治条件下，地域方言就有可能分化为不同的语言，而社会方言由于其差别主要是在词汇系统方面，无论如何也不会发展为独立的语言。

第二节　语言的统一

当然语言的统一有各种原因，从外部因素来说有客观的地域原因，更有人为的政治原因等。对于一个多民族国家来说，只有民族语言或文字是不够的，还必须有一种全民族的通用的语言或文字以利于民族间的交流和全民族的统一。一个国家语言的有计划发展，内容包括：推广共同语（包括民族共同语，多民族国家的全国共同语，几个国家共同的区域共同语）、学习外国语（包括殖民地的语言教育）、书面语的口语化等等。

从语言内部的角度，纵观中国的历史，经过春秋战国时代的天下大乱，诸侯割据，中国历史进入了空前统一的时代，这就是**秦帝国的建立**（B.C221—B.C206年）。秦帝国的存在虽然在时间上比较短，但却奠定了中国大一统的基础，秦始皇统一中国，实行"车同轨，书同文"，对中国的统一起到了不可估量的作用。

从语言内部以及语言交际的角度看，在共时平面，语言**变体**（Variety）之间的差异通常会因为**交际密度**（Density of communication）的增加而趋向消失，从而使语言逐渐走向统一。

一、通用语和官方语言

（一）通用语（Common language）

在一个多民族的国家中，各民族之间往往还需要一个共同的**交际工具**（Communicative tools）。例如汉语方言较多，人们需要选择一种方言作为"**通用语**"（Common language），即共同语，作为"天下通语"。中国的"汉语"就是这样的一种背景下发展成为**汉民族**（*Han nationality*）的**标准语**（Standard language）。

中国历史上的周秦汉唐，北宋金元，首都全在北方；明朝也从南京迁都北京，至今未变，而"**官话**"（*Mandarin*）就形成于元代之后，是明清时期的官僚通用语。[1] 当时"官话"包含的范围很广，例如仅**北方官话**（*Northern Mandarin*）就包括华北官话和西北官话，而北京官话和南京官话分别是当时北方和南方的代表语言。清朝中期，**北京官话**（*Peking Mandarin*）正式形成，最终成为汉语标准语。至此，"**汉语共同语**"也一直是以**北方方言**（Northern dialect）为基础的。二十世纪初，"**国语**"（National language）的概念开始流行，"官话"改称"国语"。国语以北京音为标准，语音、语法都是唯一的。[2] 清朝末年，在日本的影响下，国家意识抬头，"普通话"的说法和"**国语统一**"观念一起从日本进入中国，逐渐流行开来，到二十世纪三十年代，"**普通话**"也一度成为"左翼文人"的对抗旧政权的标签和武器。建国以后，当时的教育部长张奚若在1955年的全国文字改革会议上，宣布大力推广以**北京音**（*Beijing pronunciation*）为标准的普通话。从此，"**普通话**"（*Putonghua*）作为中华人民共和国官方认可的**汉语标准语**（*Chinese standard language*）名

---

① *Mandarin*一词来源于葡萄牙语*Mandarim*，最早源自马来语的*Mente*和梵文的*Rmantrin*，意思是明朝和清朝的大臣。一说清朝时很多外国人跟清朝廷官员打交道，便根据"满大人"的汉语发音，把他们说的语言称为*Mandarin*。另说，明清时代，最需要共同语的主要是官吏，因此共同语称为"官话"。

② 虽然"国语"的称谓一致保留在台湾地区，但据方祖燊（1972）在《六十年来之国语运动简史》（台北正中书局）记载，1949年台湾光复前，"国语"并非指汉语，而是专指日语。

称，一直沿用至今。

通用语是一个国家或地区普遍使用的语言。一种方言能否成为共同的**基础方言**（Basic dialect），一种语言能否成为一个民族的共同语，其**语言选择**（Language choice）主要取决于客观的政治、经济、文化等各方面的原因。例如公元四世纪时，由于雅典在政治上和文化上的卓越成就，阿提卡方言逐渐在伊奥尼城邦采用，形成了一种以阿提卡方言为基础并带上浓厚的伊奥尼色彩的语言。这种语言后来成为希腊文化世界的交际语，称*Koine*，即"**共同语**"，并由此演变为近代和现代希腊语。因此，如果一种方言具有重要的社会、政治或文化地位，就有可能首先发展为**标准方言**（Standard dialect）。例如欧洲文艺复兴时期，欧洲新兴的国家在政治、经济、文化中心的方言基础上，相继形成了自己的民族**共同语**。**标准英语**（*Standard English*）是**伦敦方言**（*Cockneyese*）发展起来的，**标准法语**（*Standard French*）是**巴黎方言**（*Paris dialect*）发展起来的；汉民族的共同语——**普通话**（*Putonghua*），就是以北方方言为基础，这主要是因为政治的原因；伦敦方言成为英吉利共同语的基础方言，也是由于经济原因；而多斯岗方言成为意大利共同语的基础方言，则主要是由于文化原因。

共同语是在一种方言基础上建立起来的一个民族或一个国家通用的语言。一种语言的共同语是在某一个地域方言的基础上形成的，而哪一种方言能成为共同语的基础方言决定于经济、政治、文化等诸多条件。例如**拉丁语**（*Latin Language*）在罗马帝国极盛时代战胜了西欧的许多语言，但是战胜不了**希腊语**（*Greek Language*），也就是因为希腊语所代表的文化水平远比罗马人高。因此，要综合考虑使一种语言传播到某一地区的战争或移民的性质，使用不同语言的人数，特别是它们所代表的文化水平以及是否有文字等等。汉语自古以来曾跟境内的很多非汉族语言发生融合，结果汉语都成为胜利的语言，即使在蒙古人和满族人的统治下也不例外。其原因，除了汉族人数多，更重要的恐怕也是汉族具有较高的文化水平。所以，语言的**统一**（Integration）不同于语言的**分化**（Differentiation），它是在一种方言的基础上产生共同语，共同语再向方言渗透。只有**共同语**（Common language）才可以说是语言统一的标志。

（二）官方语言（Official language）

官方语言是一个国家法定的国语或通用语，即用于政治、法庭和公务上的语言。一般来说，有如下几种形式：（1）一个国家使用占相当大部分人口的**多数人**语言（Majority language）——**族内语**（Endoglossic）为官方语言的情况，例如中国用汉语，英国用英语做为官方语言；（2）一个国家使用外来语——**族外语**（Exoglossic）为官方语言的国家的情况，例如美洲开曼群岛、马提尼克用法语为官方语言；（3）一个国家所用的官方语言既有外来语也有民族语言——部分**族外语**（Exoglossic）的国家，例如印度用英语和印地语为官方语言。此外，**新加坡**（*Singapore*）规定**英语**（*English*）、**华语**（*Chinese*）、**马来语**（*Malay*）、**泰米尔语**（*Tamil*）四种语言为**官方语言**；**肯尼亚**（*Kenya*）规定英语为第一官方语言，斯瓦西里语为第二官方语言。再比如，古罗马与希腊来往已久，到公元前三世纪，罗马帝国征服希腊城邦之后，希腊的科学文化直接影响到罗马的文化发展。在罗马帝国的西部地区，**拉丁语**（*Latin language*）是官方语言，而在东部地区，**希腊语**（*Greek language*）是官方语言。再看近代希腊语有两种形式：一种是**口语**（Spoken language），称"民间语"，另一种是比较接近于古希腊的**书面语**（Written language），称为"纯语"。后者定位官方语言，在文件、标语、科学著作、新闻报道中使用，在宗教仪式、国会讲演、大学讲课中也作为口头语使用。[①]

二、民族共同语的形成

一个国家的民族**共同语**（National common language）是如何形成的？这个问题一直都是**民族语言学**（Minority linguistics）的重要课题。当我们讨论**语言共同体**（Language community）的范围时，可以是一个国家、一个地区或一个民族，这完全是因为民族共同语形成的复杂性所决定的。例如**亚历山大大帝**（B.C. 356 —B.C. 323年）征服埃及和西亚后，希腊文化和语言传播到中近东各地，随之，希腊共同语从希腊本土传到东地中海、北非，直至西地中海，这些地区又产生新的文化中心（例如埃及的亚历山大城）。早在公元前三至前二世纪《圣经.旧约》就被翻译成希腊共同语；当公元一世纪基督教兴起时，《圣经》流传地中海沿岸各地，希腊共同语成为《圣经》传布的主要媒介。到《圣经·新约》成书的时候，即是用希腊共同语写的。以此可见，民族共同语的传播优势会超越地域和民族，甚至国家。

---

① 长期以来，希腊语在文学创作中一直存在着"民间语"与"纯语"之间的竞争，到二十世纪初，"民间语"才取得了优先地位。

中国自古就是一个多民族国家。在中国的各民族中，汉族人口占绝大多数，分布最广，社会、经济、文化教育的水平相对较高，因此以汉族为主体的多民族关系始终制约着各民族语言关系，汉语也成为跨民族、跨地区的国家级通用语。现代汉民族的共同语和标准语——**普通话**（*Putonghua*），以北京语音为标准音，以北方话为基础方言，以典范的现代白话文著作为语法规范。这个定义实质上从语音、词汇、语法三个方面提出了普通话的标准。汉语普通话的基础方言是北方方言，这主要是由政治原因决定的，其代表点北京近千年来一直是政治中心，同时又是经济和文化的中心。以北京话为代表的北方方言在全国具有很大的影响，所以就成为了现代汉民族共同语的基础方言。同时，中国又是一个多民族国家，中国居住在民族自治区域的少数民族在家庭领域内惯用少数民族语言，而在公共服务领域内则一律使用汉语。

汉语的**标准语**（Standard language）在中国大陆称为"**普通话**"，在台湾地区称为"**国语**"，在新加坡、马来西亚称为"**华语**"，相对于非汉语的语言又常被称为"**中文**"。此外，普通话的别称还有"**官话**"等。上面提到的各式名称，实际上是一个东西，即以"**官话**"（*Mandarin*）为基础的汉语。有了这种汉语，各个汉语社会之间就有了共同语言。我们试想，如果让各种方言任意发展下去，而没有一种共同语，那是不可想像的，也许就像本书一开始提到的《圣经》"创世纪"上所描述的那些建筑Babel塔的人那样，分裂成说不同语言的民族。

第三节　语言的接触

语言接触（Language contact）指不同语言或方言因接触而互相渗透、互相影响的现象。它可以发生于亲属语言之间，也可以发生在非亲属语言之间，或者由于某一民族征服了另一民族，或者由于集体移民，在一定条件下都会引起语言的融合。语言融合的结果，常会使一种语言成为胜利者，另一种语言成为失败者，其间的关系也是错综复杂的。这种变化呈现在语言中：相互间影响大的，则会造成民族语言的整体变化，有的是**语言类型**（Language type）变了，有的是**语言转**

用（Language shift）或兼用他种民族语言。① 例如中国少数民族入主中原，先后建立北朝、金、元、清，长达近八百年，他们的阿尔泰语和阿尔泰文化跟汉语以及汉文化的接触和交流是不可避免的。事实上，当不同的语言相互接触的时候，不同的文化也随之产生了交流，在语言内部、方言间的互相接触和地方文化间的互相接触比较隐秘，不易觉察，而与外族语言以及文化的互相接触才会分歧明显，引人注目。

一、语言接触的原因

（一）社会的分化（Social differentiation）

社会发展过程中常常出现分化和统一的现象。分化的结果是形成若干半独立的区域或若干完全独立的社会，甚至分化成各自独立的语言。从历史的角度看，**罗马帝国**（*Roman Empire*）对西欧的统治，及其文化对整个欧洲的影响使得拉丁语成为了古代和中世纪欧洲的**官方语言**（Official language）。**拉丁文字母**（*Latin alphabet*）后来成为许多民族创造文字的基础。英语、德语，在词汇和语法上也颇受其影响，英语就是拉丁语与日耳曼语混合产物。英国在十一世纪被法国的诺曼贵族征服，法语也随之在不列颠岛上使用起来，英语词汇和法语词汇之间的互相吸收由此而开始。在这350年中，英语从法语中吸收的词汇有好几千之多，内容涉及政治、宗教、法律、军事、时装、视频、社交、艺术、医学等许多方面。另外，中古英语还从拉丁语、佛兰芒语、荷兰语和低地德语中吸收了部分词汇。十三世纪初，**蒙古**（*Mongolia*）的语言是统一的，后来蒙古帝国连年征战，大批的蒙古人分散在横跨欧亚两洲的大片国土上，原来统一的语言在不同地区上就会出现一些差别。由于各地交往很少，便逐渐形成了虽未分裂但却各有特点的语言分支，即各种方言，最后进一步分化成独立的语言。同时，社会的统一也使原来的方言或语言间的分歧逐步走向统一，形成一个新的社会内，为这个社会全体成员所使用的共同语。再如古代法语原来是不统一的，不同的地区使用不同的方言。十二、十三世纪以后，随着法兰西政治上的逐渐统一，才逐渐出现了在法兰西岛方言（以巴黎为中心）的基础上形

---

① "语言转用"又称"语言替换"，指一个民族或一个群体放弃使用自己的母语而用其他语言替代母语的。

成的法兰西共同语。

（二）社会的统一（Social unity）

各种语言在接触过程中都互相吸收一些语言成分。中国早在秦始皇统一六国之前，和外界的接触多为边界的军事对峙，直到汉武帝派遣张骞出使西域（公元前139）、东汉班固（公元73年、公元102年）出使西域，拉开了与外界交流的序幕。这是汉语与阿拉伯语、波斯语、突厥语以及一些印欧语系的**语言接触**（Language contact）开端。汉代北部边疆战事频繁，这使得汉语和阿尔泰语系的语言有了接触。在这个时代，汉语和东边的朝鲜语、南部的越南语也有了接触，"五胡乱华"使汉语与属于阿尔泰语系的**"胡语"**有了更加深入的接触。此后，中国历史上曾经建立了不少非汉族政权，如南北朝时期北魏**拓拔氏**（386—534）、辽代**耶律氏**（907—1125）、金代**完颜氏**（1115—1234），元代孛儿只斤氏（1206—1368）、清代爱新觉罗氏（1616—1911）。这么长时间的异族统治，再加上其他时期的正常交往，汉语与其他语言的接触融合经历了漫长的历史过程。特别是汉代以后，**佛教**（Buddhism）开始渐渐地渗透进来，经魏晋至唐代开始兴盛。佛教对中国文化的影响是极其深远的。**印欧语系**（Indo-European family）中的**梵语**（Sanskrit）和**吐火罗语**（Tokharian）在历史上曾和汉语有过密切的关系。唐玄奘西天取经，翻译了许多佛经，这使得汉语与印欧语系的梵语有了进一步接触的机会。由于人名、地名、专名等翻译需要尽可能准确的**对音**（Transcription），因而从佛经的梵语原文中可以看到对译的汉字的古代读音。例如"佛陀"是Buddha的翻译，我们就可以知道"佛陀"两字在古代的读音一定是与Buddha差不多。大体来说，隋唐以前，佛经的翻译经过吐火罗等语言的中介，而从隋开始，多直接译自梵语。

除了军事对峙、商贸往来和宗教传播给语言接触打开了大门外，还有另一类接触方式。比如大唐盛世的时候，首都长安有很多外国侨民——高丽人、日本人、叙利亚人、阿拉伯人、波斯人、安南人等。此外，中国古代"和亲"也是一种接触方式，例如王昭君、蔡文姬北嫁匈奴，文成公主西嫁吐蕃。[①] 总之，在漫长的历史过程中，汉语有机会和许多语言接触，这或多或少地会在汉

---

① "和亲"是指中国古代的封建君主为了免予战争，与边疆异族统治者通婚和好与汉和亲，是一种具有政治目的的联姻。自司马迁在《史记》中记载"和亲"之后，历代"正史"都留下了珍贵的"和亲"史料。例如"昭君出塞"的故事在《汉书·匈奴传》和《后汉书·南匈奴传》等正史中都有所记载；"文姬归汉"的故事见于《史记·匈奴列传》；文成公主和亲之事，在《新唐书列传第一百四十一上》中亦有记载。

语语汇中留下痕迹。

从地域的角度看，中国北方的汉族经历过无数的战乱、流离失所、向南方的移民。北方汉语传至今日也必定经历了各种语言的融合，北方各地区间的发音相对比较接近；而除云贵川之外的中国南方长期以来相对稳定，一直保留着各种让北方人听起来像外语的各种方言。作为全国的经济、政治、文化、交通中心的北京，从近代开始作为全国的首善之区，历经了几次大的移民运动。从辽至今，北方少数民族大量移入北京，北京一直是胡汉杂居之地，元代又有大批蒙古移民来到北京，随着蒙古人的入主中原，汉人的语言变成汉蒙混合语，称为"汉儿语音"。明代建立时，随着蒙古统治者撤离大都，从山西、山东、江浙一带移入大批人口，移民人口规模动辄万户。1421年，明迁都北京，又从南京迁来大批官吏。1644年，清兵入关后，北京再度为北方少数民族所统治，北京的人口结构发生了很大的变化，除了方言接触以外，甚至还有不同语系的语言接触。北京吸收了大批来自不同方言区的居民，南北方言、异族语言在这里互相接触，都在北京话中留下印记。比如现代汉语词汇中的"胡同"（蒙古语）、"萨其马"（满语）、"老表"（回族）、"喇嘛"（藏语）、"孜然"、"馕"（维吾尔语）等，实际上是借用了少数民族的词汇。另如河南开封的犹太人后裔早已不说**希伯来语**（*Hebrew language*），但至今保留着一个本民族的文化词"老表"，现在仍然是指"同族人或乡亲"的意思。至今在移民的第二代甚至第三代身上还能找到父辈家乡话的影子。

由上面的例子可以看出，在**亲属语言**（Kinship language）的形成和发展的过程中，不仅有**分化**（Differentiation）的现象，而且有**统一**（Unified）的现象。

（三）语言接触引起语言变化和变异的判断标准

以往有关语言变化和变异的调查研究多采用频数统计和百分比计算的方法，然而这两种统计方法并不能探寻出语言选择背后的制约因素。事实上，判断语言接触是否引起了语言的变化的核心就是判断标准的问题。**变异语言学**（Variation Linguistics）范式下的**变项规则分析法**（Variable analysis）为语言接触研究提供了一种新的**定量技术参数**（Quantitative technical parameters）。根据*Poplack & Levey*（2010）的观点，判断一种语言现象是语言接触的结果必须符合以下三个

原则：①

1.共时比较原则（Synchronic comparison）

确立某语言和源语存在类似的语法结构，是判断语言接触引起语言变化的前提。

2.历时对比原则（Diachronic comparison）

把未受到语言接触影响的传统语言语法作为参照点，然后和新兴语法现象进行比较，观察某语言现象在语言接触之前是否已存在。如果出现语际间的巧合性（Interlingual coincidence），就需要比较新兴语法结构和作为参照点（Reference point）的语法结构的语法制约性。如果不一致，则有可能是语言接触导致的结果。

3.制约机制原则（Restriction mechanism）

比较新兴语法结构和源语中相应的语法结构的语法制约性。如果一致，说明新兴的语法现象是语言接触引起的。

总之，如违反上述三条原则中的任何一条，就不能断定语言变化和变异是由语言接触引起，我们只能从语言内部或者其它语言外部因素来寻找语言变化的原因和机制。

以上*Poplack & Levey*（2010）提出的判断语言接触引起语言变化的三原则，为我们提供了一种新的理论框架，即运用统计的**显著性**（Conspicuousness）、**相关性**（Correlation）、**制约性**（Restriction）来分析。目前该方法适用于多种环境因素同时影响交替出现的不同语言变式抉择的情况，并能够计算出各个制约因素的影响强度，从而遴选出对语言变式有显著制约作用的因素。②

二、 语言接触的结果

语言接触大致有四种结果：一是语言**同化**（Assimilation）；二是语言的**借用**（Borrowing）；三是语言的**杂交**（Hybridization）；四是**双语**或**双言现象**（Bilingualism）的产生。**语言的借用**（Language borrowing）是语言发展中的常

---

① 引自郭鸿杰、韩红《语料库驱动的英汉语言接触研究：以"被"字句为例》，载《外语教学与研究（外国语文双月刊）2012年第3期，P359。有关*Poplack & Levey*的"三个原则"，参见*Poplack,S.&s.Levey.2010.Contact-induced Grammatical Change[A].In A.Peter&S.Erich（eds.）.Language and Space[C].Berlin:Mouton de Gruyter.391—419*.
② 详见徐大明《语言变异与变化》，上海教育出版社，2006年。

见现象，是指一种语言吸收另一种语言的成分或结构，包括语音、词汇和语法以及文字等多个方面。布龙菲尔德（*Bloomfield*）在《语言论》中区分了三种性质的**借用**（Borrowing），一是**方言借用**（Dialect borrowing），发生在同一语言中，又叫"**内部借用**"；二是**文化借用**（Cultural borrowing），指两种语言之间的互相借用；三是**直接借用**（Intimate borrowing），指一种文化被另一种文化征服之后，两种语言在同一块国土上使用时发生的借用现象。**借用**（Borrowing）是语言发展中常见的现象。以汉语为例，汉语自古以来就曾从好些外语输入不少词语，它自己又向朝鲜语、日本语、越南语等等输入了很多词语。在汉语方言中，广州话和上海话曾向英语借词，东北和西北的有些语言或方言曾向俄语借词，我国西南和西北地区的许多少数民族语言曾向当地的汉语方言借词。因此，汉语和外语的互相借用源远流长。具体情况有两种：

一方面在汉语史上，汉语吸收外来语言成分有过四次高潮：

> 一是汉代的中亚语言和中亚文化；
>
> 二是魏晋南北朝时代、辽金时代、元代和清代的阿尔泰语言和北方民族文化；
>
> 三是隋唐时代的梵文、巴利文、各种西域文化和佛教文化；
>
> 四是近代的欧洲语言与西方文化以及近代的日文和从日文转播而来的西方文化。

另一方面，与汉语地区邻接的少数民族语言借用汉语成分：

> 一是西南少数民族语言，从上古时代开始至今，历久不衰；
>
> 二是朝鲜语、越南语和日本语，从秦汉时代开始，一直到近代为止；
>
> 三是最近二百年来东南亚的华侨把汉语成分带到当地语言中。

在世界各种语言中，这些借词的数量可能更多，这又会使得各种语言或方言的成分变得非常复杂。

（一）文字的借用

人类大约在二百五十万年前的旧石器时代就获得了**语言能力**（Competence），但文字的起源要比语言晚得多，目前已知最古老的记录语言的的系统只有一万一千年的历史。从普通语言学的角度来说，文字的产生一定是在人类社会生产力发展到一定程度，特别是拥有了一定的文化之后的产物。不同的语言使用同一种文字的情况很常见，例如德语和法语都拉丁字母；或者甲乙两种文字表面上看起来不同，但是追根究底，其中一种文字是从另一种文字脱胎而来的，如藏文字母源出梵文字母。

在人类文化史上，文字的借用是非常普遍的现象。历史上，中国境内的许多少数民族在**楷书**（*Standard script*）汉字影响下创制了本民族文字，非汉语语言的民族借用**汉字**（*Chinese character; Hanzi*）作为自己的书写形式或仿照汉字创造本民族文字。我们现在所见到的仿造汉字，绝大多数是仿照进入楷书以后的汉字。仿造汉字的少数民族文字可分两类：

1.字形结构虽受汉字影响，但有自己的特点，借用汉字不太多。属于这一类的有契丹大字、西夏文、女真文等。

2.大量使用音读汉字和训读汉字的方法表达自己的语言，也用形声或其它方法创制表达本民族语词的新字。方块壮字、方块白字和方块瑶字，都属于这一类。

公元六世纪到九世纪，中国文化像巨浪一样传遍了整个东亚：北至朝鲜半岛，南至越南，东至日本。在这一时期，人们热心研究中国文学作品，成千上万个汉字被借到朝鲜话、日本话和越南话里，正如拉丁词被借到欧洲于语言一样，而且规模要大得多。早在在公元前后，汉字逐渐向境外传播，在汉字传入这几个国家之前，他们都没有创造自己的官方文字，汉字传入以后，在很长的历史时期内，他们就用汉字作为记录语言的工具。当时每一个通行的汉字都可能在三个国家中以借字的形式存在。

隋唐时代，大量日本人来中国留学，这些"**遣唐使**"（*Kentoshi*）回到日本后，"汉字"在日本得到推广。公元604年，日本政府颁布的法律，以及《古事记》（712年）、《日本书记》（800年）等重要著作都是完全使用汉字书写的。但是借来的文字并不一定能够完全适合本族语言。例如日语在借汉语词的时候，也把汉字借过去了，然而汉字代表的日语实词后头许多音节都是词缀，用汉字无法写出，于是后来，日本就发明了另外一种注音的文字——**假名**（*Kana*），以补充方块汉字的不足。起初用整个汉字，后来简化楷书，取其片断，形成**片假名**（*Katakana*）。在盛行**草书**（*Cursive script*）的平安时代，简化草书，形成平假名（*Hiragana*）。这样，日本文字就变成了汉字和假名混合的文字。日本假名基本上还是汉字，有平假名和片假名之分,平假名相当于汉字的**行草**（*Semi-cursive script*），很难分出笔画，而片假名则类似于汉字的楷书。日本假名这种注音的文字实际上是一种拼音文字，它代表的不是一个**辅音**（*Consonant*）或者**元音**（*Vowel*），而是代表整个音节，所以日语也不是一个音段的拼音文字，而是音节的拼音文字。

汉字传入朝鲜已经有两千年的历史。早在唐朝，朝鲜大批留学生来中国留学，汉字融入朝鲜日常生活中。韩国的韩文只有五百多年的历史，在此以前，韩国历史主要用汉字书写。1443年，《训民正音》（*Hunminjeongum*）颁布，朝鲜正式创制并推广"**谚文**"。"**谚**"（*Onmun*）是音位文字，字母近似汉字的**笔画**（Stroke），每个音节拼成一个方块，但**表音文字**（Phonetic script）不能表意，韩国语言中的汉字音约占70%，只用谚文表述就有很多同音异义词，所以不用汉字就很难准确表述。十九世纪后期，汉字谚文混合体成为正式文字，汉字**写词根**（Root），谚文**写词尾**（Suffix）。

秦时，大量中原人以驻军和垦荒的形式迁居越南。在中国统治的一千一百多年里，汉语和汉字融入当地，汉字始终作为正式文字加以推广。越南是一个多民族国家，在语言上兼用多语，先后使用过汉字、**字喃**（*Chu nom*）和**国语字**（*Chu-Quoc-Ngu*）这三种文字，在历史上这三种字一度并存。汉字在字喃产生之前一直作为越南官方文字使用了一千多年。直到十八世纪，越南自创了民族文字"**字喃**"（*Chu nom*）。"字喃"是依托汉字字形的框架表越南之音，一部分是直接借用汉字的形和义仿越南的读音，另一部分是同音假借；还有一部分是仿造汉字会意、形声等方法自造的字。

文字的借用同时也带来语言的吸收。虽然日本的"**假名**"，后来的"**国字**"（日本所造汉字，又叫"**和字**"），以及朝鲜的"**吏读**"，并非直接从汉字派生出的文字，但其音节文字的特点明显受到汉字的影响，是中国汉字传入这些国家之后，他们导入汉字用以记录自己的语言过程中形成的一种独特文化现象。一方面在形神两方面必然酷似中国汉字，决定了其先天基因的渊源；其次，对于中国文字而言，它们又是第二性的，其主体功能在于记录自己国家独有的语言现象，以弥补舶来的中国汉字之不足，因而它们在承袭中国汉字的构形属性和构形特征的同时，甚至衍生出了一些新的构形模式。日本人还根据汉字构形创造一些新字，如脱胎于汉字的"义音构形模式"，成为日本吸收西方度量衡术语造字上的主体运用手段（借用汉字示音），这样产生的表示单位的"**国字**"如："腺"、"癌"、"米"（metre）、"瓩"（kilogram，千克，公斤）、"瓸"（hectogram，百克）、"糎"（sentimetre，厘米）、"粍"（millimetre，毫米）、"噸"（ton，吨）、"吋"（inch，英寸）、"呎"（foot，英尺）、"哩"（mile，英里）、"吶"

（ounce，盎司）、"㖎"（gallon，加仑）、"㗊"（dozen，十二个，打）等。① 这些模式是汉字固有的构形模式在域外的拓展和扩张。还有一些是中国汉字所无的新创模式，例如日语"国字"的构形模式来源于中国汉字，"会义合成国字"拓展了汉字的表意功能，扩大了汉字的合成视野，增添了汉字的区别使用功能。特别是其中的"多字词义音合成构形模式"和"意符字半构意构形模式"等，丰富了汉字构形的新的可能性。②

（二）语音的借用

一般地说，外来词是某种语言或方言于某一时期从其他语言输入的。这些词跟其他原有词，一般找不到有什么语音对应关系，但是在有些语言或方言里，外来词的数量可能很多，如果两种语言关系密切，则有时也保留原来的音位；如果他们都是由同一种语言输入的，那么，在语音方面和意义方面，似乎也有一种对应关系。例如：

	汉语	朝鲜语	日本语（汉音）	越南语
歌	ck	ka	ka	ka
三	csan	sam	san	tam
客	k'	kk	kaku	k'a

表7-3　朝汉、越汉、日汉、越汉对音

朝鲜语、日本语和越南语的这些词，不是它们所原有的，而是在古代某一时期由汉语借去的，它们除了汉语借词外，表示相同意义的往往另有它们的原有的词，如"三"朝鲜词叫做ses，日本语叫做matsu，越南语叫做ba等等。③ 近两个世纪，西欧北美的人跟汉族往来，从汉语借去一些词，这些词在这些民族中属于新事物，因而理所当然地"移植"了汉语词的读音。例如汉族是喝茶的发明者，别的民族一边学这个习惯，一面学这个话。由于中国北方人把"茶"念chá，俄罗斯人就学会说чай，日本人则说チヤ；而南方出口"茶"的地方是厦门，厦门人把"茶"读为[te]，荷兰人学说tee，英吉利人学说tea，法国人则说Thé，从中

---

① 这些新字移入汉语后，其字音按汉语的习惯读，如"瓩"读"千瓦"，"糎"读"厘米"、"粍"读"毫米"，这一类可以看作是汉语中日文来源的外来字。

② 丁锋《日本"国字"在汉字构形模式上的传承和拓展》，载《民俗典籍文字研究》第十五辑，商务印书馆，2015年，P220。

③ 以上朝汉、越汉、日汉、越汉对音材料引自岑麒祥《历史比较语言学讲话》，湖北人民出版社，1981年，P46。

我们可以看到汉语某些方言的个别字音的存留。

以上例子说明：借入的形式发生**音位变化**（Phonological change），会被纳入借入语言的**音位系统**（Phoneme system）。中国文化在语言的交流过程中，首先要面对的是不同语言之间语音对译的问题，即**"对音"**（Transcription between languages）。例如大致从五世纪到九世纪，大量的印度佛教文献传入了中国，并被译成了汉语。有几千个印度的人名和专门术语不能采用意译，而只能采用音译（Transliteration），即用汉字来转写它们的读音。就汉语而言，"对音"问题应该包括汉字对译的非汉语语词语音，其他民族文字对译的汉语词语语音，以及非汉语中借入的汉语词语的语音等。目前对音资料能成系统的有**梵汉对音**（*Chinese transcription of the Sanskrit word*）、**藏汉对音**（*Chinese transcription of the old Tibetan words*）、**日汉对音**（*Japanese transcription of the borrowed Chinese word*）、**朝汉对音**（*Korean transcription of the borrowed Chinese word*）、**越汉对音**（*Vietnamese transcription of the borrowed Chinese word*）以及**八思巴字对音**和**满汉对音**等。其中**梵汉对音**主要是汉译佛经中汉字对译的古印度梵语的词语和咒语的语音，**藏汉对音**主要是古文献中藏文对译汉语词语的语音以及汉字对译藏语词语的语音；**日汉对音**主要是日本语中借入的汉语词语的语音和汉字对译的日语词语的语音；① **朝汉对音**是指朝鲜语中借入的汉语词语的语音和**谚文**（*Hangul*）对译的汉语词语的语音；**越汉对音**又称**"汉越语"**，是越南语中借入的汉语词语的语音。

语音的借用往往是伴随着**外来词**（Loan word）而来的。中国国内少数民族也曾大量向汉族借过字，比方藏族学汉话"铜子"，就是doñtse；再如现代黔东南苗语的韵母一共只有 27 个，其中九个是专门用于拼汉语来源的外来词，即uei、ie、uɛ、uɑ、ɑu、iɑu、ɤʏ、uen、uɑ。② 从这些韵母的语音面貌可以看出它们是当时从当地的西南官话借去的。而日本、韩国、越南在六世纪到九世纪间输入的汉字当然也带来了它们旧日的音读，历史上汉语的"棋"有两个**异体字**（Allograph）："棊"和"碁"，日语借去了"碁"，今日语读go，"围棋"作为一种棋戏，在中国古代北方一直称为"弈"。从古音学的角度看，"棋"字属之韵群母，群母从上古到中古到现代的吴方言都读g，"围棋"之称可能源于南

---

① 日汉对音中日本语中借入的汉语词语的语音由于借入的时代和语音来源不同，通常分别成为吴音、汉音、新汉音、宋音、唐音等。

② 游汝杰《中国文化语言学引论》，高等教育出版社，1993年，P51。

方，可见日本围棋是汉代之后从中国的吴语区传出去的。"围棋"在今天的英语中也称为go，显然这是从日本传播过去的外来词，这也从另一个方面说明"围棋"是经由日本流传到西方的。

同时，从一种语言借入词语时，往往会发生**音变**（Phonetics change）现象，我们称之为**"借词音变"**（Loan shift）。例如英语从法语借入restaurant（餐馆）[restərã]，读成[restrənt]。此外，随着时间的流逝，汉字在域外国家常常改变原来的发音。突出的表现是：在语言融合的过程中，这些字音常常被**简化**（Simplify）。例如，为了适合日语的语音体系，像"尖"这个汉字最初转读作[sen]，因为日本人在字首不会读ts，在字中不会读双元音，在字尾不会读m，于是，他们把ts改成了s，把m改成了n，以求给这个字以真正日本式的语音外貌。① 再如**入声韵**（Rhyme with a stop ending）是指**古汉语**（Classical Chinese）**中塞音韵尾**（Stop ending）的**韵**（Group of rhyme），② 由三种不同的塞音韵尾[-p̚]、[-t̚]、[-k̚]构成，读音短促，一发即收，在现代汉语中已经不存在，仅保留在部分南方方言中，而日语将**古代汉语语音**（*Classical Chinese phonetics*）**入声**（Entering tone）的痕迹保存至今，但其破音音尾已独立成另一个音节。相比而言，反而是韩语、越南语入声字的发音，更接近今天现代南方汉语的发音。

（三）词汇的借用（Borrowing）

文字的借用同时也带来语言的吸收。朝鲜语、日本语、越南语这三种语言，曾受汉语的极大影响，甚至有**"域外方言"**之称。日、朝、越都有大量的汉语借词。例如，越南语约90％的词汇来源于汉语。词汇的借用首要原因是出于表达新概念的需要。当一种语言没有现成的方式表达外来的新概念时，就可能吸收外来的成分。一般来说，外来词的吸收与改造：初以音译为主，继而音译加意译，最后不得已才是单纯意译。二十世纪六十年代，INTERNET正如TV一样，进入许多语言：法文Internet，德文Internet，意大利文Internet，西班牙文Internet，日文インターネット，俄文интернет。到九十年代，中国轰轰烈烈的网络时代来临，新事物引入后，有人形译Internet，有人意译为"互联网"、"国际互联网"、"交互网"等。到1997年，才正式给它定名为"因特网"。

---

① 高本汉《汉语的本质和历史》，商务印书馆，2014年，P40。
② 汉语的"韵"（Rhyme）有多个意义，这里是指韵母（Final）里由韵腹（Main vowel）和韵尾（Syllabic ending）组成的单位。

1.借词（Loan word）

借词也叫做外来词，它的语音形式和意义都是借自外民族语言的词，是**文化适应**（Acculturation）的一个标志。世界上各种语言都同样受到外来词影响，比方telex出来以后，人们迅速采用这种技术，俄文用телекс来表达，日文用テレックス来表达，中文开始叫"用户电报"，现在改称"电传"。后来英文中又出现了fax，紧接着俄文和日文也分别出现了факс和ファックス，中文也增添了"传真"。

汉语借自英语的词汇如："逻辑"（logic，导源于古希腊语）、"吉它"（guitar）、"沙发"、（sofa）、"卡片"、（card）、"麦克风"（microphone）、"卡通"（cartoon）、"巧克力"（chocolate）、"迪斯科"（disco）、"布丁"（Pudding）、"色拉"（salad凉杂拌）、"圣代"（sundae，加料冰淇淋）、"三明治"（sandwich，夹心面包）；再如汉语的"大令"（darling）、"爹地"（daddy）、"妈咪"（mammy）、"密斯张"（Miss.LI）、"密斯特李"（Mr. Zhang）等；借自俄语的有"苏维埃"（совет）、"布拉吉"（платье）、"布尔什维克"、"喀秋莎"、"伏特加"、"裂巴"等；借自德语的有"超人"（Ubermensch）；借自法语的"模特儿"（model）；借自藏语的有"哈达"（kha btags）、"喇嘛"、"糌粑"；借自维语的有"馕"等；源自阿拉伯语的有"穆斯林"，都是一种完全的**音位移植**（Phoneme transplantation）。

现代英语词汇的一大特点就是大量吸收外来词。据统计，最完整的一部新的现代英语词典包含五十万左右的单词，这五十多万单词中，有一大部分是在过去的一千五百年中，从拉丁语、希腊语、法语、北欧日耳曼语、意大利语、德语、西班牙语、荷兰语和一些其他语言甚至汉语中吸收进去的。例如，现代英语中的tea（茶）、typhoon（台风）、Chow mien（炒面）foo yong（炒鸡蛋）、Kung Fu（功夫）就是从汉语中吸收过去的，英语的fiancé（未婚夫）、fiancée（未婚妻）、station（车站）、prince（王子）、baller（芭蕾舞）就是法语词，从希腊语借入英语的logic（逻辑）、myth（神话）、geometry（几何学）、gymnastics（体育）、tragedy（悲剧）、philology（语文学），从拉丁语借入的formula（公式）、inertia（惯性）、veto（否决）、stratum（地层）、area（地面）、genius（天才）；此外，英语中还有来自于意大利语的许多音乐术语如乐器名、曲名，如violin（小提琴）、piano（钢琴）、solo（独奏）等。日本直到明治维新前夕，很多与西方有关的表示新概念的词语，还是从中国传到日本的，如魏源的

《海国图志》中的一些词语："铁路"、"新闻"、"公司"、"国会"等都在日本产生了广泛的影响。而早在1954年，苏联出版的俄语《外来语词典》就约有两万个词。

外来词有狭义和广义之分，我们以汉语为例，狭义外来词有以下四种：

（1）音译词：咖啡、沙龙、马达、沙发——借音

（2）半音译半意译词：啤酒、伦琴射线、马克思主义——借音

（3）用拉丁字母或希腊字母标记的词：CT、DNA、卡拉OK、γ射线——借形

（4）直接从日语里借来的词：场合、手续、干部、景气——借形

汉语的借词主要有音译、音译加意译、半音译半意译等等。以上（1）（2）属于借音，也叫"形译词"；（3）（4）属于借形；（3）是通过汉语拼音，属于"形译+音译"；（4）是通过汉字，完全是形译。严格意义上的借词，不同于意译词。① 首先，它的音和义都借自外语的词。意译词是运用本族语言的构词材料和规则构成的新词，把外语中的某个意义移植进来，因此概念来自外族，构词材料和规则都是用本民族的。例如"电车"、"火车"、"电话"、"扩音器"、"收音机"、"科学"、"民主"等；此外，意译词中还有一种叫"仿译词"（Loan translation），即不但把意义，而且把它的内部构成形式也一并"移植"过来了，例如汉语译自英语的："甜心"（sweet-heart）、"黑板"（blackboard）、"足球"（football）、"机关枪"（machine gun）、"铁路"（railway）、"蜜月"（honeymoon）、"快餐"（quick-lunch）、"篮球"（basketball）、"超人"（ubermensch（德）/superman（英））、"黑马"（dark horse），以及英语译自汉语的goldfish（金鱼）、brick tea（砖茶）、tile tea（瓦茶）、wood oil（桐油）等。

从结构看，语言符号是由声音和意义两个要素构成的，外来词必须存在音义成分，这种借词的音和义都借自外语，才能被称为外来词；而**意译词**（Semantic loan）的构成材料和规则都是本民族的，都是用本民族语言的语素翻译外语词的意义造成的意译词，只吸收了意义，没有吸收形式，故不是外来词。例如"鸡尾酒"（cocktail）。

日语词汇分为四类：和语词（日语中固有的词）、汉语词、外来词，以及由

---

① 广义的外来词有两种：（1）仿照原词的结构的仿译词，也叫直译词；（2）用汉语表达的外来概念。

两种或两种以上不同来源的词结合而成的混合词。日语中汉语词的数量最多，占半数以上，即使是"和语词汇"也基本都借自汉语。日语中的以下词语就是在中国宋、元时期借自中国的，如"馄饨"叫做udon（うどん），"吃茶"叫做kitcha（きっちゃ），"金子"叫做kinsu（きんす），"缎子"叫做donsu（どんす），"椅子"叫做yisu（いす），"蒲团"叫做futon（ふとん），"暖帘"叫做nolen（のれん）。另外，十六世纪以后，日本向西方学习，在翻译西方书籍过程中，或利用汉语的构词法创造新词，或赋予古代的汉语词以新含义的词，比如日语利用古汉语原有的词语意译欧美词语："列车"、"分析"、"景气"、"引渡"、"劳动"、"社会"；利用汉字构造一个新词意译欧美词语："否定"、"干部"、"广场"、"高潮"、"瓦斯"、"混凝土"等；借用汉语词素组合意译印欧语词："广场"、"高潮"；汉字字形、词义均为日本人所创造的词（借用汉字示音）："腺"、"癌"、"噸"（ton，吨）。还有借用汉字书写的日语固有词，例如"物语"、"辩护"等。

现代日语中有大量的外来词，其中有80%来自英语。这些外来词的传入增加了日语混合词的类型，比如混合词中也有用"和词语"结合"汉语词"构成的。例如：

```
 ┌ 外来词+汉语词：テレビ局（电视台）
─┤  外来词+和语词：バタくさい（洋气）
 └ 汉语词+和语词：力む（使劲）
```

2.字母词（Lettered morpheme）

从词汇来源的角度来说，现代汉语的词有两类：一是汉语词，这是绝大部分；另一类是外来词，占很少一部分。随着语言的发展，现代汉语词汇中，出现了一类特殊的外来词——**字母词**。它是一种新形式的外来词，由拉丁字母（包括汉语拼音字母）、希腊字母等西文字母构成，或由它们与符号、数字或汉字混合构成的词。字母词既包括外来词，也包括中国国内社会利用西文字母自己创造的词（见后）。[1] 字母词一般都是缩略语。

汉语字母词大致出现于十九世纪下半叶，如1868年江南制造总局的《格物入门》一书出版。中国最早的字母词进入词典，是在1903年的《新尔雅》词典，收录了"X光线"。字母词根据字母数量的多少的不同，可分为**单字母词**

---

[1]　刘涌泉认为把字母词叫汉语字母词或中文字母词（*Chinese lettered words*）更好些。原因是英、法、德、俄等语言中都是由字母构成的词，因而不会有"字母词"这个术语，而汉语不同，绝大多数的词是由汉字构成的，只有很少一部分是由纯字母词或带字母的词。因此，字母词只是中文这类文字中特有的术语。（见刘涌泉《关于汉语字母词的问题》，载《语言文字应用》2002年第1期。）

素和多字母词素；根据字母来源的不同，西文字母可分为**英文字母词素**和**希腊文字母词素**；根据语言功能角度的不同，可分为**成词字母词素**和**不成字字母词素**。具体情况如下：

（1）从构成成分的角度

1）纯粹由西文字母构成的字母词

①**直接借用**

例如：DNA（脱氧核糖核酸）、MTV（音乐电视）、IQ（智商）、CEO（首席执行官）、GDP（国民经济总值）、ISO（国际标准化组织）、PVC、WTO、PK、CD、UFO、MBA、CPU、PPT、CT、WTO

②**由汉语拼音缩略而成**

例如： GB（Guojia Biaozhun,国家标准）、HSK（汉语水平考试）、RMB（Renminbi，人民币）、ZRG（中华人民共和国）、PSC（普通话水平测试）

2）由阿拉伯数字和西文字母混合而成的字母词

例如：14K、18K、24K

3）由汉字和西文字母混合而成的字母词

例如：卡拉OK、[①] AA制、CT扫描、T恤衫、SOS儿童村、A股、Ω介子（Omega介子）、γ射线、∑基因（sigma基因）、Ø系数（phi系数）

4）由阿拉伯数字、西文字母和汉字混合而成的字母词

例如：4S店、4D影院

（2）从排检的角度

1）汉字开头的字母词

例如：卡拉OK、阿Q、维生素A、维C

2）西文字母开头的字母词

例如：WTO、F1、MTV（音乐电视）

3）阿拉伯数字开头的字母词

例如：4S店、3D

4）字母位于汉字中间

例如：三K党

此外，还有中国人创造的英语**缩略语**（Abbreviation）：CNBA（*China*

---

① "卡拉OK"来自日文的拉丁字母词Kara-oke。

National Basketball Association，全国男篮职业联赛），CERNET（*China Education and Research Network*，中国教育与科研计算机网）。字母词的出现大大地改变了汉语**借词**（Loan word）的方法和面貌。

3.借词中的"往返借用"

语言的相互影响和吸收从来都是双向的,词语的借用过程中存在着的现象。英语也向汉语借了不少词，如kungfu（功夫）、kowtow（磕头）、litchi（荔枝）、chow mien（炒面）、qigong（chigong）（气功）等，英语里出现了好些**"中国式的习惯语"**（*Chinglish idiom*），如：to save one's face（给个面子）、to lose face（丢面子）、for the sake of face（保有面子），它们已经堂而皇之地收录进了《牛津辞典》、《韦氏辞典》。最典型、最大量的借词中的"往返借用"现象还是存在于日语和汉语之间。例如"女优"这个词，平假名是じょゆう，在日本语里面是"女演员"的意思。"优"一词源于中国古汉语，后传入日本并被沿用至今。在中国古代，男为"优"女为"伶"，均指"戏子"之意，但在传入日本以后，日本人将"优伶"一概而论，故只保留了"优"。日本人深受汉文化的影响，古代以学习汉学为荣，至今仍然沿用"优"字来称呼所有以演艺为生的人。如男演员称为"男优"，主演演员称为"主演"（しゅえん）/"主役"（しゅやく），配音演员称为"声优"。

现代汉语中来源于日语的外来词是汉字文化背景中产生的一种特殊的外来词。面对西方文化的冲击，日本人比中国人更早采取了开放态度，日语中产生了不少源于西方语言的用汉字书写的外来词，以后中国人通过日本间接输入西方文化，又把日语中的这些外来词引进到汉语中来。日本人借用古汉语词语翻译西方概念的例子如下，"相对"，日语读sotai，原词语出《仪礼·士昏礼》："妇乘以几，从者二人坐，持几相对。"原义"面对面"，今天在现代汉语中指与"绝对"相反的范畴。"医学"日语读igaku，是日本人翻译的西洋学科名称，原词出自《旧唐书·太宗纪》："（贞观三年）诸州设医学。"原义是"医学校"。再如日本知识界将英文的culture（源于拉丁文cultura，耕种、居住、礼仪习俗等）借用汉字译作"文化"，假名作ふんか（bunka）；随后，"社会"、"宪法"、"运动"等词语又流入中国。再如"瓦斯"、"俱乐部"、"腺"、"吨"、"科学"、"催眠"、"抽象"、"绝对"、"积极"、"错觉"、"象征"、"大本营"、"劳作"、"茶道"、"民主"、"革命"、"生产"、"浪人"是日语从汉语中借去，而"五四"以后又从日语借入汉语的词，但是这些词的意义与从汉语中借出时不同，汉语只借用了这些词现在的意义，读音仍用汉语的，不用日语的。

4.借词的本土化（Indigenization）改造

借词产生后即成为借入语言的词汇成员。借词虽然音义都借自外语，但语音、语法、语义各方面还得服从本族语言的结构规则以及使用习惯的制约。例如在印度，英语在语音、词汇、语法等方面都发生了变化，已经成为一种自具特色的英语变体——"**印度英语**"（*Indian English*）。

从语音的角度看，借入的词会对借入语言的**音位**（Phoneme）发生影响，但往往要遵守借入语言的语法规则。有些借用干脆就直接翻译过来，例如英语的it goes without saying（不用说）就是直接从法语翻译过来的；有的借用采取音译形式，如希腊语的sympathein（同情）借入拉丁语成为compatior，再借入英语就成了两个词sympathy（同情）和compassion（怜悯）；再如法语词的重音在词的最后一个音节，而英语词的**重音**（Stress）则没有这样的规则，因而crocodile（鳄鱼）、leopard（豹）、poverty（贫穷）、final（最后的）、substance（物质）借入英语后，重音都移到词的第一音节上，例如［ˈkrɔkədail］、［ˈlepəd］、［ˈpɔvəti］、［ˈfainəl］、［ˈsʌbstəns］。

同样，外来词进入到汉语词汇系统中，要受到汉语规律的制约。现代汉语吸收外来词，要从语音、语法、词汇上进行改造，使它适应现代汉语词汇系统，成为普通话词汇的成员。例如：在语音上，要把原来的音节改造成汉语的有声调的音节。例如"沙发"（sofa）—（shāfā）。"**儿化**"（Rhotacized）是汉语特有的的音节融合现象，有的外语借词进入汉语后也可以被儿化，如Jeep（吉普儿）、cards（卡片儿）、tanks（坦克儿）、"和尚儿"等。

从构词的角度看，字不表义，不符合汉字系统的规律，于是汉语在吸收外来词的时候，常常在音译的基础上加上意译的成分。在音译的基础上加上类名。例如car（卡车）、ballet（芭蕾舞）、golf（高尔夫球）。或者一半音译一半意译。例如motor-cycle（摩托车）、neon-light（霓虹灯）；其中每个汉字既代表原词的发音，又表示与原词意义相关的内容。例如shampoo（香波）、TOFEL（托福）、motor（马达）、Coca-Cola（可口可乐）。随着汉语词汇的双音化趋势，有些多音节的音译词也逐渐为意译的双音节词所代替。例如science（赛因斯→科学）、democracy（德谟克拉西→民主）、romantic（罗曼蒂克→浪漫）等等。

从语法的角度看，如外来词在原语言中往往有语法形态标志，但进入汉语词汇后，这些形态标志就一律取消。例如：英语的tractor，原有单数、复数的变化，汉语译成"拖拉机"，就不分单数、复数了。同时，汉语的"茶"被借入俄语后成为чай，随着俄语的名词也有了性、格乃至数。

从语义的角度看，外来词的意义由于受到本族语词义的影响，往往要发生变化。如汉语从梵语借来的"塔"（stupa），原是"坟墓"的意思，吸收到汉语词汇里来之后就专指佛教的一种建筑物。如英语的jacket是指"短上衣"、"坎肩儿"之类，汉语吸收进来后成为"夹克"，就只指"长短只到腰部，衣边和袖口束紧的短外套"。汉语的"卡通"源自英语的cartoon，cartoon在英语中有三个义项：①草图、底图；②（尤指政治性）漫画、连环画；③动画片。但在汉语中，"卡通"只有③"动画片"一个义项。再如英语的beef、mutton、pork、veal是从法语借入的，法语原词本来既分别表示"牛"、"羊"、"猪"、"小牛"，又分别表示"牛肉"、"羊肉"、"猪肉"、"小牛肉"，借入英语后，只保留了后一意义，这是因为英语中已经有表示动物名称的ox（牛）、sheep（羊）、swine（猪）、calf（小牛）等。

5.汉语对外来单音语素的吸收

现代汉语新产生的外来单音语素，所用汉字已相当固定，除了像"斯"、"尔"、"巴"、"卡"、"迪"、"尼"、"亚"、"维"、"米"、"吉"等比较典型的表示外来词的纯记音汉字之外，还有一些也具备了独立表意，构成合成词的能力。情况如下：

（1）完全为汉语吸收

梵语中的**"佛"**（buddha）和**"塔"**（stupa）都是外来语素使用的专门汉字，加上时代久远，独立使用的频率高，构成的词语数量多，俨然已经成为汉语自身的语素，例如：

佛：阿弥陀佛、拜佛、佛经、佛典、佛门、佛堂、佛爷、佛珠、佛祖、佛寺、佛主、佛法、仿佛、佛龛、佛手瓜、抱佛脚、立地成佛、佛光、佛学、活佛、礼佛、临时抱佛脚、弥勒佛

塔：白塔、宝塔、佛塔、雷峰塔

（2）部分为汉语吸收

现代汉语新产生的外来单音语素，所用汉字已经相当固定，也具备了独立表意、构成合成词的能力。如：

秀（show）：出口秀、模仿秀、脱口秀、选秀、秀场、泳装秀、作秀、做秀、秀一下

吧（bar）：网吧、吧女、吧台、餐吧、茶吧、迪吧、酒吧、泡吧、书吧、陶吧、玩吧、氧吧

啤（beer）：干啤、青啤、鲜啤、扎啤、果啤、黑啤

的/的士（taxi）：面的、摩的、的哥、的姐、水上的士、的士明星

（3）根据汉语的构词法新造

汉语中有一批以"胡"、"番"、"西"、"洋"等字冠首的词，其中"胡"字东汉以后始指北方边地和西域的民族，"番"字唐代常指藏族，"番户"清代指西南少数民族编入汉户籍者，"番僧"明代多指康藏喇嘛；在闽南方言里，"红毛番"专指荷兰人。"西"字在明代耶苏会教士入华后指欧美，"洋"字近代以后多指欧美，也泛指外国；其在汉语中的构词情况如下：

胡：胡服、胡床、胡帐、胡笿篌、胡鼓、胡笛、胡舞、胡笳、胡茄、胡琴、胡饼、胡旋舞（唐代由西域传入）、胡豆（蚕豆或豌豆）、胡麻（芝麻）、胡菜（油菜）、胡萝卜

番：番人、番女、番姜、番椒、番茄、番薯、番芋

西：西点、西餐、西服、西红柿、西学、西医、西药、西历、西式、西方、西人、西货

洋：洋白菜、洋火、洋人、洋蜡烛、洋房、洋灰（水泥）、洋碱（肥皂）、洋铁、洋装、洋水

"广"字在鸦片战争以后泛指从欧美输入的新事物。因为许多舶来品或仿造的舶来品是经由广州输入内地的，所以内地方言往往以"广"字冠首的词表示这些舶来品。例如：

广：广货（百货）、广针（别针）、广线（轴儿线）、广疮（梅毒）、广锁（片簧锁）、广货店（文具店、文具店）

（四）结构规则的借用和改造

关于语法是否可以借用？是一个非常有争议的话题。即使 *Thomason&Kaufman*（1998）的**"借用无条件说"**（*Borrow without conditions*）已经被很多人接受，但仍有许多学者认为语法或句法借用是不可能的，或者说几

乎不可能（*King*，2000）。① 如果我们承认不同语言之间存在语法上的借用，那么最为常见的恐怕就是结构规则（Structural rules）方面的的借用。

各种语言在吸收外来词的过程中，都要经过"归化"过程，即对不被本民族所接受的词语和语音，会逐渐被淘汰，代之以合乎本民族习惯的词语和语音。语言的**"本土化"**（Localization）指一种语言在不同的文化和社会环境里的适应性变化。不同的民族有不同的语言，例如汉字的借用必然会受到来自汉字原来音义的干扰，很不方便，因此，在不完全废弃借用的情况下，**仿造**（Imitation）产生了。日本原来是没有文字的，所以一直使用中国的汉字。日语借用了大量汉语词汇，以东京话为标准语，在全国推广。尽管日语中的汉语借词超过30%，但在字形、音读、训读三个方面与中国汉字完全不同。从汉语的特点来看，汉语的语素以单音节占优势，没有形态变化，缺乏词缀等附加语素，汉语的这些特点当然是有利于保持汉字"一词一形"的书写体系的。而日语却是粘着语，有词形变化，也有词缀等附加语素。因此，日语除了一方面借用汉字外，另一方面还创造出假名来补充书写日语的附加语素和词尾变化。

再看朝鲜半岛的情况，虽然朝鲜历史悠久，但在很长一段时期内却是一个只有本民族语言却无民族文字的国家。公元三世纪左右，汉字传入朝鲜，后来又采用汉字的音和意来记录**朝鲜语**（*Korean language*），即**"吏读文"**（*Ridu*）。当时结合汉字创制的"吏读文"有些并不适合朝鲜语的语音系统和语法结构，因而有时很难准确地标记朝鲜语言。因此，当时人们非常希望能有一种既适合朝鲜语语音系统和语法结构、又容易学会的文字。在朝鲜王朝第四代国王世宗的积极倡导下，一批优秀学者，在多年研究朝鲜语的音韵和一些外国文字的基础上，于1444年创制了由28个字母组成的**朝鲜文字**（*Korean writing*），书写时夹用大量汉字。这期间，朝鲜学者曾几十次前来中国明朝进行**音律学**（*Temperament*）的研究。1446年，朝鲜正式公布了创制的朝鲜文字，称为**"训民正音"**（*Hunminjeongum*）（意思是"教百姓以正确字音"）。

在印度，英语在语音、词汇、语法等方面都发生变化，已成为一种自具特色

① 关于"借用无条件说"理论见*Thomason，S.& T. Kaufman 1998. Language Contact, Creolization, and Genetica Linguistics. Berkeley，CA.：University of California Press.*但还是有很多学者认为语言接触对语言的语音、词汇、语法各个层面均会产生影响，最先出现的是借词，随着借词也可能借音，随着语言接触程度的加深还可能吸收别种语言的语法规则甚至形体。不同语言的接触不仅可以出现语言要素、规则借用，还可能改变原有的语言成分或规则，以至改变语言的结构类型；但他们提到的最终结果是两种语言混合而成的"混合语"（Mixed language），这与"结构规则借用"是两回事。

的英语变体——**印度英语**（*India English*）。即使是使用同一种语言，在不同的地域和国家也会被"**本土化**"（Indigenization）改造，例如underground station在**英国英语**（*Briticism*）是"地下铁"的意思，在**美国英语**（*Americanese*）中则应该是subway。再如前面所说的**借词**（Loan word）中的**意译词**（Semantic loan）和**半借词**（Loan blend）都是外来语词成分和本族语词成分组合而成的词，例如美国葡语词alvachus（overshoes，套鞋）与英语词**谐音**（Homophonic），al-是葡语词**前缀**（Prefix），替代英语字母o。此外，从另一种语言借入词语时也会发生**音变**（Sandhi），称为"**借词音变**"（Loan shift），例如英语从法语借入restaurant（餐馆）[restərã]，读成 [restrənt]；House of Commons（上议院）、House of Lords（下议院）**洋泾浜**译为"甘文好司"、"律好司"。如果直译的话，英语是"院的平民"、"院的贵族"，中国人长期以来习惯于等级社会的的服从思维，加上汉语的**向心式结构**（Endoentric construction）趋向，只能理解成"平民的院"、"贵族的院"；再直接音译，就成了"甘文好司"、"律好司"，而且舍弃介词of。

以汉语为例，现代汉语语法向西方语言的借用集中在"五四"运动时期到二十世纪四十年代末期。汉语语法的新发展可以分为进入口语的新结构和只进入书面语的新结构两种。

1.已经进入口语的结构

（1）动宾结构（Verb-object phrase）词大量产生

此类词初期从日文引进，如"动员"、"保险"、"罢工"等，后来汉语开始自造新词，例如"脱产"、"专业"、"定点"等。

（2）部分构词成分词缀化

随着近代中国文化对西方文化的吸收，为了对译西方语言中相应的词缀，产生了一批新的词缀，如后缀"～性"、"～化"、"～度"、"～族"、"～手"、"～者"、"～师"、"～主义"；前缀"非～"、"反～"、"超～"、"泛～"等。这类词缀多半来自日译本。

（3）名词和代词数范畴确立

早期汉语没有名词和代词的数范畴，是以词汇手段表示复数。尽管在元代白话碑里开始出现用"们"（前身是"每"）的例子，但到近代汉语中，仍然不够稳定，表达形式也不完善。时至今日，许多南方方言里仍然没有名词和代词的数范畴表达。

（4）汉语语法出现欧化倾向

主要表现如下：1）连词的普遍使用。如"因为……所以……"、"如果……那么……"等大量使用；2）被动句大量使用，并有了功能扩展。"被"字句除了表达不如意的事外，也可以用来表达如意的事，如"她被选为优秀毕业生"，受西方语言的影响，被动句变成中性的；3）强调偏正复句的正句时，可以把它前置于偏句，如"之所以……是因为……"；4）联合词组的几个并列成分中的最后一个之前加"和"，如"北京、天津和上海"。等等。

2.只进入书面语而没有进入口语的结构

"五四"运动以来，通过翻译，汉语里又增加了一些所谓**"欧化句式"**（Europeanized Chinese constructions）。这些都可以算作是语言结构规则的人为仿造。例如：

（1）连词"和"在多项并列结构中的位置要放在末两项之间；

（2）第三人称代词有了"它"、"他"和"她"，出现了**"性"**（Gender）的分化；

（3）助词"的"、"地"、"得"（前身"底"）在书写中的明确分工；借助"地"这个标记，出现了越来越多的副词，特别是名词副词化（如"科学地"、"主观地"），以及动词副词化（如"批判地"、"夸耀地"等），已经成为一种能产性的构词手段；①

（4）句子成分复杂化。主要表现如下：1）多重定语的出现，定语复杂化；2）人称代词带宾语；3）多个动词管一个宾语（如"创造和改进了工具"）；4）多个助词共管一个动词（如"他不愿也也不能回国"）。

第四节　语言的融合

尽管我们目前还不能探明世界上到底有多少种语言，但有一点可以肯定，即人类历史上曾经有过而后来被别的语言同化，现代不复存在的语言，且数量超过现代世界的活语言。

目前大多数民族的语言界限和民族界限是一致的，即同一民族使用同一语

---

① 参见北京师范学院中文系汉语教研组编著《五四运动以来汉语书面语的变化和发展》，商务印书馆，1959年。

言，如汉族使用汉语。但也有不一致的情况，有的民族使用一种以上的语言，如瑶族使用三种语言：勉语、布努语和拉珈语；还有的不同民族使用同一种语言，如回族、满族等民族大多数人已转用汉语。造成这种语言和民族不一致的情况主要和民族与民族之间的交往、融合有关。

一、语言融合的方式

语言融合（Language blending）是不同语言因接触而产生相互借用、吸收、排挤、代替等的现象，是随着不同民族的接触或融合而产生的一种语言现象。语言的同化现象在人类历史上是常见的。以中国为例，小语种姑且勿论，大语种就有唐代的西夏语、北朝的鲜卑语、辽代的契丹语、近代的满语等，都曾先后被汉语所同化（Assimilation）。目前海外汉语在某些地区被别的语言同化的现象也大有存在，例如目前在菲律宾的华侨后裔中，仍然以汉语方言（以闽南话为主）为母语（Mother tongue），但只占华侨人口的小部分；在马来西亚、印度尼西亚等地，人数也在减少。

（一）被迫融合

由于一种语言要排挤和代替其他语言而成为不同民族的共同交际工具，因而融合过程中，有自愿融合（Voluntary fusion）和被迫融合（Forced fusion）两种情况。殖民地国家语言对征服者语言的取代，就是一种语言排挤或代替，从而使被排挤、被代替的语言趋于消亡（Death）。例如，约公元前500年，凯尔特人从欧洲大陆入侵并占领了大不列颠，强迫本地的伊比利亚人说凯尔特语。公元前一世纪到公元三世纪，罗马人占领了现在的法兰西后，罗马人说拉丁语（Latin language）替代了本地的高卢语（Gaulish），这个地区的拉丁语后来演变为法语（French）。约公元449年，北欧的盎格鲁、撒克逊、朱特三个日耳曼民族入侵不列颠，用武力强迫凯尔特人放弃自己的凯尔特语，改说盎格鲁—撒克逊语（Anglo-Saxon），即古英语（Old English）。1884年法国占领了越南，规定机关和学校学习和使用法语，法语被规定为殖民地各行政机构的正式的行政用语言。

自古以来，中国就是一个多民族的国家，邻近的或杂居的民族之间的交往一直很频繁。元代，由于蒙古统治者的长期歧视性的高压统治，强行推行蒙语直译文体的**语言同化**（Linguistic assimilation）和**语言歧视**（Language discrimination）政策，首先使汉人的口语发生了变化，其口语词汇和语法结构带有明显的汉蒙混合语色彩。例如口语词汇，常常采用俗词意译外族语的词来代替汉语中的固有词，如"肚皮"表示"贿赂"，"先生"代替"道士"，"根脚"表示"官员出身"等等。口语语法，也因混有蒙古语语法而变得支离破碎，似胡而非胡、似汉又非汉。例如直接套用蒙古语语法，句末常用"有"来表示动词"现在时"的时态，或用作系词"是"，这种阿尔泰化的"北语"，历史上称之为"汉儿言语"，其最终的结果就是**语言混合**（Hybridization），不同语言的成分进一步融合形成**混合语**（Mixed language）。

（二）自愿融合

在中国历史上，北部边界少数民族曾几次入侵并占领了中原大量的土地，**阿尔泰语系**的民族曾统治中国好几个朝代，先后建立北朝、金、元、清，长达近800年，语言间**同化**（Assimilation）或相互**借用**（Borrowing）现象屡见不鲜。例如唐代的**西夏语**（*Tangut language*）、北朝的**鲜卑语**（*Sienpi language*）、辽代的**契丹语**（*Khitan language*）、近代的**满语**（*Manchu language*）等，都曾先后被汉语所同化。历史上西辽政府甚至视汉语为**官方语言**（*Official language*），公文通用汉语。目前用汉字记录的少数民族文献，如《越人歌》、《白狼歌》、《蒙古秘史》，以及用汉字记录的许多少数民族古国名（吐谷浑tū yú hūn、龟兹qiū cí、大宛dà yuān、康居kāng qú、身毒yuān dǔ）、古地名（逻些luó suō，唐时吐蕃都城，即今拉萨市）、古人名（汉代匈奴单于的名字呼韩邪hū hán yé、冒顿mò dú）等。历史上汉族和少数民族的语言文化接触的结果之一还有少数民族改用汉姓，例如金朝的**女真语**（*Jurchen language*）与汉语接触，造成女真族姓名的汉化；据文献记载，太祖本名"阿骨打"，汉名"旻"；太宗本名"乌奇迈"，汉名"晟"。清朝末年，东北和内蒙的蒙汉杂居地区有大量蒙古人改用汉姓。起初，蒙古人各取一个音译或义译的汉字作为兼姓，后来干脆不再使用原有的蒙古姓。

汉民族创造了在东方地区遥遥领先的古代文化。公元一世纪前后，作为中国文明使者的汉字随同中国的文物（金印、铜镜等）逐渐向境外传播，北至朝鲜半岛，南至越南，东至日本。在汉字传入这几个国家之前，他们都没有创造自己的官方文字；汉字传入以后，在很长的历史时期内，他们就用汉字作为记录语言的工具，从而形成了颇有特色的"域外汉字"。直到明清两代，汉语的书面语形式文言仍然是东亚世界通用的书写语言，汉字更是东亚世界的通用文字，不仅中国使用，日本、朝鲜、琉球、越南等国的知识分子中流行以汉字作为主要书写手段，这种情况一直持续到二十世纪。据文献资料记载，孙中山在会见日本社会活动家宫崎寅藏、越南民族解放运动领袖潘佩珠，蒋介石会见韩国独立运动领袖金九，双方都是通过书写汉字"笔谈"来实现交流的，汉字在当时东亚的知识界拥有极高的传播思想、实现交际的实用功能和流通性。时至今日，由于日本、韩国和越南使用汉字的历史均已超过千年，汉语和汉字被视为中、日、韩、越等国文化交流的天然纽带。

在语言的融合中，不管是被迫融合还是自愿融合，强势语言常对弱势语言发生很大影响；另一方面，弱势语言也可能在某种程度上对强势语言有所影响，这就构成了语言中的所谓底层和表层。一般来说，对占支配地位的语言成分发生影响的语言，例如殖民地国家中对于征服者的语言有所影响的当地人语言，我们把它称为"**底层语言**"（Substratum）；对当地人的语言成分发生影响的占支配地位的语言，例如十一世纪法国诺曼底人入侵英国后讲的法语，都叫做"**表层语言**"（Superstratum）。又如，在公元一世纪左右，拉丁语在现在法国国土上曾与**高卢语**（*Gaulish language*）发生融合，结果高卢语成了失败者。我们现在所知的法语是直接继承自民间拉丁语的，可是直到现在，我们在法语里还可以找到约三百个高卢语的词语和一些发音上的特点，这是法语中高卢语的底层。在希腊语里也可以找到一些古伊利里语的表层；汉语在元朝曾跟蒙古语发生融合，在清朝曾跟满洲语发生融合，结果蒙古语和满洲语都成了**弱势语言**（Nonprestige language），[①] 但或多或少在汉语里留下了一些痕迹。我们现在所说的"胡同"、"车站"、"站"都是从蒙古语来的，而"萨其马"、"哈士蟆"都是从满洲语里来的，这些都是所谓的表层。大量语言事实证明：底层或表层的影响通常只限于一些词汇要素、语音要素，也可能有一些构词要素和句法要素，但一般不致直接影响到有关语言或方言的**构形系统**。

---

① "弱势语言"与"强势语言"相对。"弱势语言"是指在社会经济、文化等方面处于弱势地位的言语共同体成员用的语言。通常也是声望低的语言。

二、语言融合的原因

有的民族，会因为某种社会变动而相互融合成为一个民族。随着民族的交融，语言也处在不断交流融合的过程中，究竟哪一种语言能够代替其他语言而成为全社会的交际工具，这是由社会历史条件决定的。在语言融合过程中，并不是政治上处于统治地位的民族语言成为胜利者。例如，中国元代进入中原的北方游牧民族，几乎都使用了**语言转用/替换**（Language shift）这一策略来解决交流的危机，即放弃使用自己的母语，普遍换用了的汉语。语言转用有时是借助军事、政治力量强迫进行的，甚至可能是宗教的原因，基督教被认为是世界性宗教，传授基督教教义成为一项重要的活动，传教要涉及许多语言问题。在欧洲中世纪，教会势力增长，宗教左右文化教育，基督教传到哪里，哪里就学习拉丁语。不过在南部欧洲，拉丁语在使用过程中产生了各种变异（产生法语、意大利语、西班牙语、葡萄牙语等）；西北欧出现了各种地方语（德语、丹麦语、挪威语、瑞典语、荷兰语等）；在东欧，则形成了**斯拉夫语族**（*Slavic language group*）的不同分支（俄语、波兰语、捷克语、斯拉夫语等）。以上这些语言共同构成了**印欧语系**（*Indo European*）的主要成分。不过，相对于拉丁语来说，以上语言均被视为**方言土语**（*Vernacular*），仅仅用于普通人的日常生活；到十二、十三世纪，这些"土语"得到很大的发展和越来越广泛的运用；到十五世纪，逐步成为取代拉丁语的各国民族语言。除此之外，语言转用有时也可以自然发生、自愿进行，这往往是不同民族长期杂居造成的。中国北方的匈奴、鲜卑、羯、氐、羌等民族长期与汉族杂居，经济、文化落后而人口又少的民族语言往往被放弃。作为少数民族的满族，在入主中原的初期，也曾将保持"国语骑射"作为维护统治的一项基本国策，要求满人说满语写满文，并在北京城内设立学校，意在推广满语满文，但由于满语是一种北方民族的语言，满人草原、丛林的原始生活以及满族短暂的历史文化，局限了满语的成熟水平。至入关时，满语仍旧是一种比较原始的语言，它的发音和语法都十分原始不成熟，词汇量更少。在当时的情况下，相对于汉语属于**弱势语言**（Nonprestige language），满语甚至难以满足当时日常生活使用的需要，像汉语的建筑工程用语、艺术语言、医学及其它科技用语等高级语言使用则更加无法表达，满语在北京面临无法交流的危机。在短时间内改良、丰富满语显然不现实。至此，满人迫切需要一种能很好地表达自己现实生活的语言，因此，套用北京汉人的语言（包括词汇和语音）成了唯一的选择，"学汉语"是一种"工作需要"，完全属于不得已而为之。因此，语言融合的结果是在社会经济文化地位高的一方排挤替代经济文化地位低的一方，从而形成**强势语言**（Prestige language）。

如前所述，语言的借用首要原因是出于表达新概念的需要，绝大多数外来词的产生都是基于这个原因。然而，有时候一种语言并非缺少相应的成分，但是宁可借用外来的语言成分，并且最终用它取代固有的相应成分。例如上海话的第一人称复数，本来是"我伲"，但近几十年来被等义的"阿拉"所取代。"阿拉"是来源于宁波方言（*Ningbo dialect*）的外来词。二十世纪五十年代之前，宁波人在上海的商业势力较强，经济地位较高，宁波方言作为一种**强势方言**（Prestige dialect），常被上海人所相仿，"阿拉"一词也就进入了上海方言，并逐渐取代了"我伲"的地位。这个例子说明。语言的借用，有时并不是出于表达新事物的需要，而是出于仿效时髦的趋新心理的一种**言语顺应**（Speech accommodation）行为。

三、 语言融合的过程

语言从一种形式演变成另一种形式要经历一个**过渡阶段**（Transition）。高名凯在《论语言的融合》一文中指出："语言的融合只能理解为两种发生接触的语言彼此吸收对方语言成分的过程，被融合的只能是对方语言的某些语言成分（语音、语法、词汇），并以词汇的吸收最为常见，最为主要的。"[①] 语言的融合，一般是先出现双语现象，最终导致一种语言取代另一种语言。

（一）双语现象（Bilingualism）

双语现象是指在不同民族的杂居地区，一个民族或其中的多数人能同时讲两种不同语言的现象，如由于交际的需要自然形成的双语现象，有这种能力的人叫**双语人**（Bilingual）。在欧洲，不少人除了讲自己的**母语**（Mother tongue）外，还会讲几种其它欧洲语言，如瑞士人大多懂德语、法语和意大利语。在民族杂居

---

① 高名凯《论语言的融合》，载《中国语文》1959年第5期。

地区，人们能够根据交际对象的差别和交际需要而会讲两种语言，即本民族语言和另一民族语言。如加拿大是双语国家，魁北克、新不伦瑞克等地讲法语，其他大部分地区都使用英语。广义的双语现象指同一种语言、方言和共同语之间，其实也是一种双语现象，这种现象在中国普遍存在。中国少数民族地区的许多居民既会本族语，也会说普通话，还会说当地汉语或当地别族方言，如东北的朝鲜族既会说朝鲜语，也会说东北的汉语方言。特别是在大城市和方言交界区，双言双语现象尤为常见。

　　狭义的双语现象指不同民族可以使用两种以上的语言。例如我们通常所说的"华语"，主要指东南亚地区的华人社群使用的汉语，如在马来西亚就有马来西亚华语，使用人数约为800万，在日常口语和用词上与普通话有一定的差异，如"菜市场"叫做"巴刹"，源于马来语pasar，"速食面"叫"快熟面"；"卡车"则是"罗厘"，源自英语lorry和马来语lori。而澳门地区，面积不到30平方公里，人口密度非常高，数目将近60万，其中有一个特殊的族群，他们是中葡混血儿及其后代，名称叫做"土生"，澳门土生葡人是典型的中葡双母语人，他们就是严格意义上的**双语人**（Bilingual），即同时以葡语和汉语粤方言为母语。

　　双语现象趋于消亡，即其中一种语言被另一种**语言同化**（Linguistic assimilation）并进而**语言丧失**（Language loss），直至**语言消亡**（Language death）。因此，双语现象得以长久维持的主要动力是对**母语**（Mother tongue）的**"语言忠诚"**（Language loyalty），最典型的例证就是东南亚华人的双语现象（如新加坡、马来西亚、澳门、泰国等地的华人）。此外，教育采用母语也是重要原因之一。如由政府利用行政力量规定使用两种或多种语言，从而得到**语言保持**（Language maintenance），例如目前在新加坡、马来西亚、泰国、越南等学校，政府推行**双语教育**（Bilingual education），华语作为第二语文，至今甚至还使用汉语的**繁体字**（Traditional Chinese character）。

　　然而事实证明，即使在使用某一语言的社团瓦解的时候，这种语言并不是立即消失的，而往往要经历这么一个**双语**（Bilingual）的过渡阶段，即在某些场合（如日常本社团人交谈时）使用本社团的话，在另一场合众（如与非本社团人交往时）则使用另一种新学会的语言，进行一种**语言转用**（Language shift）。因而在双语现象阶段，必然会产生语言间的相互影响，即使是被替代的语言，也会在胜利者语言中留下自己的痕迹。例如，拉丁语作为日常生活中的口语，在**文艺复兴**（*The Renaissance*，十四至十七世纪）以后，已经被欧洲各民族的语言所取代，但是一直到现代，它仍然活跃在语言学领域。欧洲语言中医学、药学、动物学、植物学、化学、天文学等学科的新术语，仍然使用拉丁语的词根（Root）作为构词的基础，西方社会的法律和行政用语中仍保留了许多拉丁语的措辞和表达方式。**西夏文**（*Xixia script*）是中国古代记录西夏党项**羌族**（*Qiang Ethnic minority*）的文字，创立于十一世纪，是当时西夏国的**官方文字**（*Official language*），与汉文并用，随着西夏国在十三世纪灭亡，西夏党项羌族语言也渐渐不再使用，但是从保存至今的西夏文献，如《音同》、《番汉合时掌中珠》等仍然可以了解西夏语言及其文化，了解语言融合中的底层语言（*Substratum*）。再从澳门土生语言的形态可以看到，澳门的葡语与葡萄牙本土葡语不尽相同，受澳门汉语**粤方言**（*Yue dialect*）的影响，句法上新产生了"肯定与否定交替发问"的句式。葡语原来只有"是吗？"（é？）与"不是吗？"（nāoé？），澳门土生葡语却有"是不是"的问句：é não é？澳门的粤语与澳门本地华人的粤语也不尽相同，句尾多呈上升语调，运用许多葡式汉语词，例如"摆名"、"过班"、"割头发"、"行人请"、"救火馆"等；还有汉葡成分混合而成的词语，例如"返家萨"、"食巴巴"、"饮苏巴"、"阿丢"、"阿低亚"等等；此外，"齁"（hao）作为动词后缀虽然在汉语粤方言中早已存在，但在土生说的粤语中出现频率极高，甚至成为土生粤语的标志。[①]

（二）语言接触的一些特殊形式

说不同语言的言语共同体成员在接触中形成语言变体，这种**变体**（Variety）可以看成是一种**接触语**（Contact language），由不同语言的成分混合，其语法结构、词汇和语体选择范围大为缩减，从而处于一种**混合语**（Mixed language）状态。表现为语言的以下特殊形式：

1.皮钦语（洋泾浜）

皮钦语（*Pidgin*）是指在两种或多种不同语言频繁接触地区，一种语言的词汇和别种语言的语法结构混杂而成的语言。目前所了解的皮钦语大多是1492年意大利航海家**哥伦布**（*Columbus*，1451—1506）发现新大陆之后，欧洲人在世界各地统治和扩大势力的结果，主要产生于殖民时期。欧洲的商人、水手、传教士来到亚洲、非洲、美洲、大洋州与当地人打交道时，彼此语言不通，为了互相听

---

① 黄翊《为土生葡人编写汉语课本》，载《民俗典籍文字研究》第十五辑，商务印书馆，2015年，P239。

懂交谈的内容，就以西方某种语言如英语、法语、葡萄牙语、西班牙语、荷兰语等为基础，按照当地语言的语音、词汇、语法的特点对西方的语言进行改造，以这种混合着两种语言成分的交际工具来相互沟通。这样，**土著语言**（Indigenous language）中逐渐混入欧洲语言的因素，形成一种语法结构和词汇用法都十分简便的语言。皮钦语是殖民地和半殖民地文化的产物，它的形成是单向的，即在土著学习欧洲语言的过程中形成，其**底层语言**（Substratum）是土著语言。

皮钦语在一个社会中通行的范围是有限的，大致只使用于操不同语言的人有必要相互交际的场合，一般结构较为简单、词汇贫乏、形态变化较少。在旧中国，"洋泾浜"是上海外滩的一段，位于洋泾河流（现在早已填没）和黄浦江的会合处。鸦片战争以后，上海辟为商埠，"洋泾浜"一带成了外国商人聚集的地方。他们和当地的平民接触，就用这种支离破碎的外语通话，于是**洋泾浜**成了破碎外语的名称。人们用"**洋泾浜**"这种说法来指非正规学会的不登大雅之堂的外语，特别是英语。洋泾浜的共同特点是语音、词汇和语法的全面简化和杂糅。例如上海的洋泾浜英语表现形式如下：将"三本书"说成three piece book.其汉语底层表现是：有**量词**（Classifier）piece，名词无**复数**（Plural），book不用复数形式；由于汉语没[pi:s]这样的音节，所以读成[pisi]。再如House of Commons（上议院）、House of Lords（下议院），洋泾浜译为"甘文好司"、"律好司"；此外，还有"康白渡"（comprador，买办）、"拉司卡"（last car，末班车，转指最后一个）、"何洛山姆"（all same，全部）、"温淘箩"（one dollar，一块大洋）、"拿摩温"（number one，第一，转指"工头"）等等。难发的音在皮洋泾浜中变成易发的音，词汇量大大减少，一个词表达的意义却很多，形态在洋泾浜中消失，没有格、数、时、态、人称的语法范畴，语法意义靠词序来表达，表达意义时常用曲折的说法等等。

皮钦语不是一种自然语言，而是一种临时的交际工具，其发展前途有两个，一个是随社会生活的变化而消失，如十一世纪法国诺曼底人入侵英国后讲的洋泾浜法语、1949年前上海的洋泾浜英语、越南的洋泾浜法语和洋泾浜英语；另一个是成为**混合语**（Mixed language），成为在某个地区通行的自然语言。例如在印度，英语在语音、词汇、语法方面都发生了变化，已成为一种自具特色的英语变体——印度英语。

2.克里奥尔语

克里奥尔语（*Creole*）又称"**民族混合语**"，是某个语言社会集体作为母语使用的混合着两种或多种语言成分的自然语言。"混合语"是两种不同的语言长期接触、交融，最后交配而成的第三种语言，往往是因为洋泾浜被作为族语来学习，于是"**混合化**"（Creolization）而成，例如**海地语**（*Haitian*）原先是洋泾浜混合语，后来变为克里奥尔混合语；**古拉语**（*Gullah*）是如此，**玻利斯莫图**（*Police Motu*）语亦是如此。玻利斯莫图语是新几内亚穆尔斯比港地区处于早期混杂化阶段的洋泾浜，这种混合语并不是以英语为基础，而是以莫图语，一种马来玻利尼西亚语为基础。再如英语是个典型的混合语。英语是欧洲北岸的人群一波一波移民过去的，不都是和平移民，往往是战争之后占领了那些地方。从今天的荷兰、德国都有人迁移过去，包括Angles、Saxons、Jutes、Frisians，这些人群混合出来的语言就是上古英语（*Old English*），也可以叫Anglo-Saxon。 Anglo-Saxon跟Old English是同一样东西。这些人迁移去之后，当然每群人都有自己的母语，这些母语一开始的时候很难互相沟通，但是久而久之，一个混合语就涌现出来了，这就是英语的来源。所以，一开始的时候英语有很多区域语言是完全不同的，但是经过一千多年语言的融合和发展，英语已经是个典型的混合语了。再如加勒比海的现代海地语就是法语和当地土著语言交配而成，是由皮钦语发展而成，其最大特点是在一定条件下可取得母语地位，内部有完整的语音、词汇和语法规范。再如我们前面提到的澳门土生运用的中葡混合而成的语言。澳门的这种克里奥尔语被称为"土语"，但它并非"方言土语"的"土语"，而是一个专有名词，在历史上至少有以下不同名称：*Patois*（帕葡亚语）、*Patua*（帕葡亚语）、*Patoa*（帕葡亚语）、*papêa*（话语）、*papia*（话语）、*nhom*、*língu cristam*（基督徒的语言）、*lingual de Macau*（澳门语）、*dialecto Macaease*（澳门的方言）、*Macaísta*（澳门土生葡语）、*crioulo de Macau*（澳门的克里奥尔语）以及*língu Maquista*（澳门土生葡语）。[①]中国境内青海同仁县的五屯话是由藏语和当地汉语方言交配而成；中国海南岛回辉话是中国境内最典型的混合语。回辉人信仰伊斯兰教，是中国唯一有独立语言的回族（其他回族人都已改说汉语）。回辉人的祖先说的是**南岛语系**（*Malayo-Polinisian*）的古语，由于回辉人长期留居中国，与当地中国人频繁接触，其语言也和汉藏语相交融，因此今天的回辉话有一些重要特点与汉藏语相同，而与南岛语大相径庭。例如回辉话的语素是单音节的，并且有五个声调，而语素单音节和有声调正是汉藏语的重要特

---

① 胡慧明《<澳门记略>反映的澳门土生葡语面貌》，澳门大学硕士论文，2000年。

征，南岛语的语素是多音节的，没有声调。有人说回辉话是一种非驴非马的混合语。①

一般来说，**克里奥耳语**可被儿童作为母语来学习使用，而没有人把"洋泾浜"当母语来学习。我们把以**标准语**为目标改变所使用的克里奥尔语而产生一系列变体的连续体，称为"**克里奥尔语演化连续体**"（*Post-creolecontinuum*），其中与标准语很接近的变体叫**高势语**（*Acrolect*），与原克里奥尔语很接近的叫低势语（Basilect），介于上述两种变体之间的叫**中势语**（Mesolect）。目前，全世界有一百多种洋泾浜和混合语，大部分都以西方语言为基础，其中约三分之一是以英语为基础的，其次是以法语为基础的，还有以葡萄牙语、德语、荷兰语、意大利语为基础的。

3.世界语和国际辅助语

为了打破世界性交往的语言隔阂，同时也由于民族感情的原因，并且避免自然语言中一些不规则的现象，人们希望能有一种全世界都能接受的国际辅助语，作为全世界共同的交际工具。然而，创立"辅助性"语言的计划直到十九世纪末才得以实现，出现了**沃拉普克**（1880）、**依多**（1907）、**世界语**（1887）以及其他一些人造语言。其中比较成功的只有波兰医生**L.L.柴门霍夫**（*Zazarz Ludwik Zamenhof*，1859—1917）创造的"世界语"。

世界语（*Esperanto*）是一种以主要欧洲语言的共同词根为基础而人工创制的国际辅助语。② 以拼音文字为书面形式，共有28个字母。一符一音，一音一符，语音形式和书写形式一致，词的重音一律固定在倒数第二个音节上，语法规则只有简单明了容易掌握的16条。世界语广泛运用转化、合成、派生等构词手段，词缀都能自由构词，词序在世界语句法中不起决定作用。它的词汇主要由欧洲大部分国家语言中较通用的词组成，材料取自拉丁族语言，也有一部分取自日耳曼族语言和希腊语。词根主要采自印欧语系。世界语确实是没有民族特点、文体和历史发展的人造语，但它同时也纯粹是一种实际的**中介语言**（Transmission languages）。目前全世界懂得世界语的人数超过1000万，许多世界名著已翻译成世界语。

---

① 详见游汝杰《中国文化语言学引论》，高等教育出版社，1993年，P67。
② 柴门霍夫在1887以*Esperanto*（怀着希望的人）的笔名发表了他的国际语新方案。以后人们就以Esperanto为语言名。

第八章　语言的发展演变

我们一方面说语言是在社会中产生的，另一方面，语言也是在社会中被运用的。因此，语言必将随着社会的变化而变化，随着社会的发展而发展。另一方面，语言却是历史的产物，各民族语言的语音、词汇、语法体系，都有一个主要由其语言特点构成的基本格局，在某个历史时期产生的某种语言现象，若是符合这个基本格局，就会作为一种**能产的**（Productive）形式而发展起来，并最终固定下来，成为这种语言里的**普遍形式**（Universal form）；反之，某个新产生的语言现象如果与这个基本格局相抵触，就会受到制约而中止下来，甚至衰退下去，而成为这种语言里的个别残留形式。

同时，语言随着时间的推移、社会变迁也会产生各种各样的变化，这种变化通过各种方式进行**扩散**（Diffuse）。语言形式从**显现变项**（Indicator）向**标记变项**（Marker）发展变化过程，这是一种**进行中变化**（Change in progress），人们往往却不一定意识得到。

第一节　语言发展的原因和特点

一、语言发展变化的原因

（一）社会的发展是语言发展的基本条件

语言随着时间的推移、社会变迁而发生变化，因此，社会发展是**语言演变**（Language change）的**首要起因**（Actuation）。例如，汉语作为中国人的民族共同语已经有很长的历史了，改朝换代、风俗变迁、内外交流，都会在汉语的变迁中留下痕迹。变化的结果或者改用新的词汇和新的表达方式、或者启用旧的词汇和形式，或者给旧的表达形式赋予新的内涵，等等。

首先，语言是一种社会现象，其发展变化必然要受到社会发展变化的影响。其次，语言作为人类最重要的交际工具，社会成员之间相互联系的纽带，和思维的工具，必须适应社会的发展而产生的新的交际需要，与社会的发展保持一致，社会的任何变化都会在语言中反映出来。社会的分化、统一、接触直接影响语言的发展。

（二）语言系统的开放性及符号结构的不平衡性

语言不是一个绝对统一的、**封闭的系统**（Close system），而是一个开放的、不完全平衡的系统。这种不平衡首先是由语言符号结构决定的。语言符号及其意义的界域并不完全吻合。同一个符号可以有几个意义即**同形异义**（Homonym），而同一个意义又可以用几个不同的符号表达，即**同义**（Synonym）。符号由这两个系列的交叉构成，两者处于不对称状态，处于一种不稳定的平衡状态。语言是一个动态结构，既然语言是一个不断运动、不断变化的体系，则语言系统一定是**开放性**（Openness）的。早在1929年，布拉格学派的**雅克布逊**（*Roman Jakobson*，1896—1982）就已经指出：语言的开放性就意味着语言不是一个完全平衡的系统，有一定的**结构缺陷**（Structural deficiencies）。其他语言学家也发现了语言的这一现象，如当代美国的语言学家**霍克特**（*C.F.Hockett*，1916—2000）和）和**派克**（*K.L.Pike*，1912—2000）称之为"**模糊之处**"（Fuzzy points）；布拉格学派的学者们则称之为"**外围成分**"（Peripheral elements），从而与系统中的"**中心成分**"（Central elements）相对立。应该看到，语言若没有这些"缺陷"或"模糊之处"，语言内部就没有促使它运动变化的压力。

（三）语言系统内部各种因素的互相影响

一个系统，其内部各个要素之间是一种相互制约的关系，一种要素的变化，必然要影响到另一种要素的变化。语言是符号系统，是由许多互相依存的**次系统**（Subsystem）构成的，这些次系统常被称为**语言平面**（Levels of language），如音位平面、词素音位平面、词汇平面、句法平面等。这些次系统相互依存，不能分隔，其内部的各种因素处于对立统一的关系之中，相互间呈现一种平衡的状态。如果其中一个次系统上的变化可能引起其它一个或两个次系统上的变化，某一种因素为了满足新的表达需要，受到其他语言的影响，或者其它什么原因而发生变化，破坏了原有的平衡，那么系统内的有关部分就会重新调整相互间的关系，达到新的平衡。语言符号是音义的结合，符号和符号之间必须保持有效的区别，符号的**区别性**（Distinctiveness）是语言作为交际工具的基本要求，如果语言符号的区别性受到干扰、破坏，也就是原来处于平衡状态中的音与义的关系受到干扰，就必然引起音与义之间的矛盾，重新调整相互间的关系。例如古代汉语是单音节占优势的语言，古代的语音系统比较复杂，音位与音位的组合方式比较多样，因而单音节词相互有区别。后来由于浊音清化，辅音韵尾的消失等变化，语音系统趋于简化，语言中的同音词大量增加，而新词又随着社会的发展不断产生，这就使语言符号的区别性逐渐模糊，给交际带来困难，需要有新的方式来解决由**语音简化**（Speech simplification）所带来的矛盾；于是，加长词的长度，用双音词的格局代替古代的单音节词的格局，借此作为语言符号之间的一种有效的区别手段。现代汉语已经不再是单音节占优势的语言了，原来的单音节词好多都已经变成构词语素，由词素组合而成的双音节词在现代汉语中占主导地位。

语言的发展变化是一环紧扣一环的。语言内部的各种因素处于对立统一的关系中，互相影响，互相联系，又互相制约，局部的变化往往会引起一系列连锁的反应。作为一个系统，语言要素的这种影响是显而易见的，往往是牵一发而动全局，这同社会系统中的因素的相互影响变化没有什么两样。一种趋势可以开始于微小的语音调整或语音不定现象，几百年之后则引起深刻的结构变化；同样，词语的组合也会影响到语音的某些变化。例如，随着汉语双音节词的产生，一个词内部的两个成分之间的关系又出现一些新的变化：在语音上、语义上产生轻重主次的区别，比如轻声、儿化、变调，某些实词的词缀化（如"初"、"第"、"老"、"子"、"儿"、"头"、"性"、"化"……等）和派生词构词规则等等，从而使汉语的面貌发生了很大的变化。"子"是上声，但在"棍子"、"桌子"、"凳子"、"椅子"、"圈子"、"房子"等词语中，变成了一种轻而短的轻声调，而且这种轻声调的产生，使得韵母逐步弱化，以致出现了韵母失落，声母逐渐**浊化**（Voicing）的现象。比如"我的"的"的"，念轻声时，韵母几乎消失了，而声母浊化了，很像是英文的[d]。由语音的简化而引起的一系列连锁反应，就是汉语内部发展规律的一种表现。尽管音位系统的变化可能会引起语言其他系统的变化，但这种"连锁反应"式的变化却不一定起源于音位系统；相反，有的音位变化倒是因为其他系统上的变化引起的，尤其是词形和词汇平面上的变化。

此外，词汇的变化必然又影响词语组合形式，最终可能导致句法平面的变化。比如，人们普遍认为，古英语词汇由**综合性变化**（Synthetic declension）到中古英语词汇的**分析性变化**（Analytical declension），必然影响到中古英语和早期现代英语的句法平面。又如古英语的词序是"**自由词序**"（The free word order），到了中古英语和早期现代英语，词序就相当固定了。因此，语言内部的发展规律正是由语言系统内部的各种组成要素相互作用引起的。

二、语言发展的特点

语言在漫长的历史演化过程中，旧的系统不断被打破，产生新的系统，这种演化表现在**时间**和**空间**两个纬度上。从时间上看，不同的历史阶段我们看到的语言系统可能是不同的；从空间上看，不同地域有不同的系统，反映了语言的地域个性，同时也反映了语言发展变化的非同步性。**渐变性**（Graduality）和**不平衡性**（Imbalance）是语言发展的两个最重要的特点。关于这两个特点，要从语言的社会功能、语言与社会的密切联系角度来深入认识。

此外，一旦某一演变方向有了端倪之后，会不会通过**词汇扩散**（Lexical diffusion）、口头流传得以发展和巩固，往往除了语言本身之外，还要从社会和文化方面去找原因。比如说**语音变异**（Phonetic variation）出现的初始原因不一定与社会文化有关，但对变异的选择往往与之有关，而词汇和语法的演变也有类似的情况。相比较而言，词汇的演变就显然跟社会文化原因关系更大。

（一）语言发展的渐变性

渐变性（Graduality）是语言发展的一个重要特点，指语言随着社会的发展变化而变化，但语言不像社会变革那样产生突变，而是逐渐发展变化的，具有相对稳定性。从共时看，语言的发展可划分出三种程度：

1.萌芽期——临时的和小范围的变化，偶然性极大，不能被较多的言语社会成员接受；

2.动荡期——得到了普遍认可，但明显地属于"活用"性质，尚未确立"身份"；

3.稳定期——被广泛地接受，具有一定的约定俗成性，形成了"定式"。

语言发展的"渐变性"是由语言的社会功能所决定的，语言作为人类最重要的交际工具，社会成员相互联系的纽带和桥梁，是人们日常生活根本离不开的。人们无时无刻不使用语言，语言同社会的关系是如此密切，因此不可能发生巨变、突变，只能逐渐变化。即使社会发生了剧烈变化，语言也不会马上巨变，这样才能与人们的需要相适应，不至于影响人们的使用。前面说到，有些国家分裂了，一种语言也随着分裂为不同的语言，这里好像发生了巨变，其实这只是名分上的变化，没有影响到语言的实质，真正的变化还是在以后逐渐发生的。

（二）语言要素发展的不平衡性

第一，语言系统在语音、词汇、语法和文字等各个组成部分的发展速度上都不平衡，即发展速度不一样，有的快，有的慢。大体上说，其中词汇变化最快，新词汇要不断出现才能适应新的科学和技术现实和时刻变化着的社会现实；语音和语法发展相比较来说，变化相对较慢；如果跟前面三者相比，文字则有很大的**保守性**（Conservation）。文字在语言的基础上产生，是记录语言的书写工具，按照其中的**制约关系**（Restriction relation），语言变了，理应文字的写法似乎也应该跟着改变，但是实际情况并非如此。语言社会一旦形成了约定俗成的书写形式，它就不会轻易变化。例如，从古代汉语到现代汉语，语音面貌发生了很大的变化，用现代汉语普通话拼音去读古文或汉字，意义上不会产生障碍。我们可以用不同时代、不同地域的音来读的原因就是，汉字的**形体**（Graphic form）基本没变。

第二，语言在不同的地域的发展速度和发展方向也不一样。同一种语言现象，在有的地区变化，在有的地区不发生变化，有的地区是另一种变化，其结果是形成**地域方言**（Regional dialect）和**社会方言**（Social dialect）。例如，汉语的北方方言在发展的道路上走得快一些，南方方言相对地保留古代的东西多一些，从语音和词汇上看，闽方言、粤方言、客家方言、吴方言、湘赣方言都不同程度地保留古代汉语的面貌，从中可以清晰地看到历史发展的轨迹。

那么，为什么语言发展变化会有不平衡性特点呢？

第一，语言系统中，词汇变化最快，因为词汇与社会的联系最为紧密，最直接，对社会的发展变化反应也最灵敏。社会的变化，现实现象的产生与消失，随时都能在词汇中反应出来。比如一个新事物新观念产生了，要进入交际领域，首先就要有个名称，就必然要在词汇系统中反映出来；而社会现象、事物、观念的产生与消失，是经常发生的，在词汇中以新词的产生、旧词的消亡、词义的发展变化等种种形式出现。

第二，由于各地的社会政治、经济文化等方面的发展水平不一致，往往就导致语言在不同地域的发展变化具有不同的特点，因而具有不平衡性的特点。比如我们今天常用的"楼盘"、"楼花"、"按揭"、"写字楼"、"收银台"、"转型"、"性骚扰"、"发廊"、"资深"、"共识"、"商战"就是从"港台→广东→内地"这样传开的。

应该看到，语言系统这种不平衡的、运动的性质实际上还是来自语言的**交际功能**（Communicative function）。语言使用者所要谈论的客观世界是不断变化的，而且越来越复杂，语言一次又一次地打破自己的平衡，去适应客观现实的复杂性，才能满足交际功能的需要。从这个角度看，由于客观世界在不断变化，任何一种语言都称不上"完全胜任交际功能"，因此，永远也不会达到绝对平衡的状态。

第二节 语音的演变

一、语言中的音变现象

一个世纪以来，全世界都在对各种语音史进行广泛的研究。人们发现，语音的变化方式在毫不相干的语系中也往往相同或相似。在印欧语、闪语、美洲印第安语、非洲语和东亚语里都出现过同类的**音变**（Phonetics change）。1819年，德国语言学家**雅可布·格里木**（*J.Grimm*，1787—1863）的《德语语法》（*Deutsche Grammatik*）发现了印欧诸语言语音演变的规律，认为日耳曼语与其他印欧语言（拉丁语、希腊语、梵语）之间，存在着如下的语音对应规律：

哥特语	f	p	θ	t
拉丁语	p	b	t	d
希腊语	p	b	t	d
梵 语	p	b	t	d

表8-1　日耳曼语与其他印欧语言的语音对应

日耳曼语中的f对应其他印欧语中的p，日耳曼语中的p对应其他印欧语中的b，日耳曼语中的 θ 对应其它印欧语中的t，日耳曼语中的t对应于其他印欧语中的d；等等。因为语音对应，所以这些语种源自同一母语——**原始印欧语**（*Proto-Indo-European*）。这就是著名的"格里木定律"。

语音演变的方向与音理、生理及语音结构本身有关。**音变**（Phonetics change）是语言发展过程中重要的语言现象，它记录了语言的发展史。在语言系统的各个组成部分中，语音的发展规律最为严整，规律性最强。结合对以上各音系中音变情况的考察，人们越来越接近建立一个语音学普通演化系统，建立音变的普遍规律，例如**颚化**（Palatalization）、**唇化**（Labialization）、**同化**（Assimilation），等等。这些规律在各种语言里都出现过，而这也正是普通语言学最为重要的一个组成部分。

我们以汉语的语音为例。早在400多年前，也就是明朝末年，万历三十三年（1605），意大利的传教士**利玛窦**（*Matteo Ricci*，1552—1610）出版的《西字奇迹》，首次准确地用**拉丁拼音字母**（*Latin alphabet*）记录了汉字的读音，记录了当时的北京话。当时的北京话有大量**入声韵**（Rhyme with a stop ending），没有zh、ch、sh等**翘舌音**（Cacuminal），这说明当时的北京话并不是如今的北京话或者普通话。拿声调来说，**中古时期**（Medieval times）（《广韵》时代）的汉语有平（Level or even tone）、**上**（Rising tone）、**去**（Departing or going tone）、**入**（Entering tone）**四声**（Four tonal categories），而平、上、去、入又各分阴阳，一共有八个声调。古代汉语的音系显然要比现代口语要丰富得多。到现代汉语，以北京话为代表的北方方言只剩下阴平、阳平、上声、去声四个声调，例如：

图8-1　中古汉语声调和普通话声调对比图

中古四声最终演变为普通话的四声。在普通话中，中古全浊音被清音化，因此中古清音平声在普通话里变为阴平（普通话第一声），中古浊音平声变为阳平（普通话第二声），中古全浊上声在普通话里变为去声（普通话第四声）。同时入声在普通话里消失，中古全浊入声变为普通话的阳平（普通话第二声），中古次浊入声变为普通话的去声（普通话第四声）。而南方的一些方言，如粤方言、闽方言等，则基本上保留了中古时期平、上、去、入又各分阴阳的声调状况，吴方言也还保留了七个声调（没有阳上调）。例如：

主要方言区	地名	平声 清	平声 浊 次浊	平声 浊 全浊	上声 清	上声 浊 次浊	上声 浊 全浊	去声 清	去声 浊 次浊	去声 浊 全浊	入声 清	入声 浊 次浊	入声 浊 全浊	声调数
北方	北京	阴平55	阳平35		上声214		去声51	阴平、阳平、上声、去声			去声	阳平		4
闽	福州	阴平44	阳平52		上声31			阴去213	阳去242		阴入23	阳入4		7
	厦门、台北	阴平55	阳平24		上声51			阴去21	阳去33		阴入32	阳入5		7
	泉州	阴平33	阳平24		阴上44	阳上22		阴去41	阳去41		阴入5	阳入24		8
	潮州	阴平33	阳平55		阴上53	阳上35		阴去11	阳去3 阳去41		阴入2	阳入5		8
粤	广州	阴平55或53	阳平21		阴上35	阳上13		阴去33	阳去22		高阴入5	低阴入（中入）3	阳入2	9

表8-2　现代汉语主要方言声调对照[①]

汉语的**方言声调**（Dialect tone）可以说是汉语语音的一种"活化石"，汉语语音的发展历史轨迹大致可以从方言里看出。因此，语音学家提出：研究语音变化所凭借的材料主要有两个：一是方言和亲属语言，二是记录了语言的过去状态的文字。

根据语音对应关系，比较方言或亲属语言之间的差别来拟测原始"**母语**"（Mother tongue），叫做**历史比较法**（Historical comparison method），人们正是根据这种关系来确定语言的亲属关系。语言事实证明：有的方言随社会的分化可以变成**亲属语言**（Related language），它们之间往往存在着语音的对应关系。

---

①　本表内容来源自http://baike.so.com/doc/6569682-6783444.html。

藏语和泰语都同汉语有亲属关系，但在这两种语言中，目前足以证明这种亲缘关系的现代汉语和对应词却微乎其微。这三种语言各自沿着不同道路发展的时间太长，因而产生了极大的分歧。例如："三"这个词在藏语中是gsum，在现代北京话里是san，然而"三"在上古汉语中的读音是[səm]，近似于藏语gsum；"蓝"在北京话中是lan，在泰语中是khram，事实上泰语的这个词在十二世纪是gram，后来才逐渐变为khram，而这个汉语词在公元前是[glam]，它先是发展为lam，后来成了现代的lan。① 以上可靠的资料证明，"蓝"在中古泰语中读作gram，在上古汉语中读作[glam]，肯定是同一个词。再如"六"在现代汉语北京话中是liù，没有收尾辅音，可是在广州话中它是luk，在朝鲜语中是[niuk]，在藏语中"六"是[drug]，带一个舌根收尾辅音，这证明了汉语的舌根收尾辅音–k本属于原始汉藏语，即藏语和汉语的共同母语。② 再如，汉语的声调**异读**（Variant reading）现象，就是一个汉字在同一共时语言系统中有不同读音，它是语音演变的诱因，同时也是语音演变的结果。异读现象是语音发展的历时积淀，其形成有一定的规律性。③ 再看英语的例子，英语是表音文字，英文字母记录的是音素的声音，古英语的拼写与读音基本上是一致的，可是有些英文字母与现代英语语音并不完全对应，产生了**"异读现象"**（Variant pronunciation），这种现象不容置疑是语音变化造成的。以下字母i、e、a在不同的英文单词中，发音不同。例如：

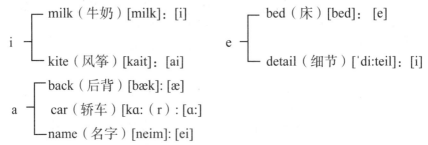

```
        ┌── milk（牛奶）[milk]：[i]              ┌── bed（床）[bed]：[e]
   i ───┤                                   e ───┤
        └── kite（风筝）[kait]：[ai]              └── detail（细节）['di:teil]：[i]

        ┌── back（后背）[bæk]: [æ]
   a ───┤   car（轿车）[ka:（r）：[a:]
        └── name（名字）[neim]: [ei]
```

汉语语音演变的主要内容是**音位系统**的演变，主要表现在**声、韵、调**三个方面，它包括**聚合群**（Aggregation group）的变化，如音位的合并、消失和分化，从而由此引起的音位组合关系的变化。例如古今声母演变表现在**变异**（Variation）上，如"知"母由[t]变为[tʂ]；"分化"（Differentiation）如"并"母由[b]分成[p]和[pʰ]；**"合流"**（Integration）如"非"、"敷"、"奉"由[f]、[pʰ]、

---

① 高本汉《汉语的本质和历史》，商务印书馆，2014年，P34。

② 同上，P47。

③ 崔希亮《崔希亮语言学论文集》，北京语言大学出版社，2012年，P240。

[v]合为[f]。此外，古今声调（Tone）的变化规律也有对应性，如"平分阴阳"（ping fen yin yang），"浊上变去"（Rising tone of the sinigrams with voiced initials become departing tone），"入派三声"（Ru pai san sheng），或者是由于入声（Entering tone）消失，或者是由于浊母（Voiced initial）分化引起的。例如按照汉语语音演变规律，"澄"母平声变为送气清音，仄声变为非送气清音，因此"传达"的"传"现在念[ʨʂ'uan]，"传记"的"传"现在念[ʈʂuanˀ]；同样，"藏"原是"隐藏"的"藏"，读平声，由此派生出"宝藏"的"藏"，念去声，同属"从"母字，按照汉语语音演变规律，现在"隐藏"的"藏"读[ʨts'aŋ]，"宝藏"、"库藏"、"西藏"等的"藏"读[tsaŋˀ]，这些送气清音和不送气清音的交替都是一种屈折形式。

从中国历代韵书所记载的语音系统来看，汉语语音从古到今已经发生了非常大的变化。例如上古语言中的字可以用一整套不同的辅音收尾，如p、t、k、b、d、g、m、n、ŋ、r，而在现代汉语中没有一个字可以用除元音以及n、ŋ、r以外的其他音收尾。从中古以后，所有的韵尾p、t、k都脱落了，所有的韵尾b、d、g也消失了，m和n合并成了n。上古时代存在特别丰富的的一批单元音和双元音，但在后来都被简化了，它们在发展过程中合并成了为数不多的简单类型。从隋代陆法言的《切韵》到宋代的《广韵》再到《中原音韵》及现代北方话经历了1390多年的历史，即使是近百年的普通话的发展中都可看出语音的变化。这种变化虽然是渐变（Gradual change）的，但时至今日，这种变化都一直没有停止过。崔希亮（2012）总结说："古今、文白、构词、姓氏及人地名、又音异读莫不与古今音有关。………它们反映的是语言变化的不同层次。古今异读反映的是语言发展中的'变化'，即A变成B；文白异读反映的是语言发展中的'竞争'，即A和B的并存；构词异读反映的是语言发展中'分化'；姓氏人地名异读反映的是语言发展中的'不同步'；又音异读反映的是语言发展中演变的残留或新的演变的先兆。"[①]

二、语音演变的特点

萨丕尔（Sapir）认为，每一个词，每一个语法成分，每一个音，都处于缓慢的不断变化的状态。而语音变化趋势是看不见的，是不以人的意志为转移的，

---

① 崔希亮《崔希亮语言学论文集》，北京语言大学出版社，2012年，P24。

只讲字形变化趋势是不够的，更重要的是语音演变的趋势。然而，把语音变化归结为生理原因，认为是趋向于发音胜利，是很不深刻的解释，更多的是因为心理上的原因。萨丕尔猜测，语音的变化可能有三股力量：

1.沿着特定方向发展的总趋势；

2.一种调整倾向，以保持或恢复基本语言模式；

3.一种保守势力，以避免发展总趋势给字形带来过大的变化。

萨丕尔在《论语言》（1921）中，曾用原始日耳曼语的fot，foti（"脚"的单复数）和mus，musi（"老鼠"的单复数）演变成现代英语的foot，feet和mouse，mice的过程，来说明音变的趋势。这就是**"元音大变动"**（The great vowel shift），长元音/o:/演变为长元音/u:/，中古英语的/u:/则演变为双元音/au/，最后他列出这两对词的发音演变历史。列表如下：

1	fot	foti	mus	musi（日耳曼语）
2	fot	føti	mus	müsi
3	fot	føte	mus	müse
4	fot	føt	mus	müs
5	fot	fet	mus	müs
6	fot	fet	mus	mis（乔叟时代）
7	fot	fet	mous	meis
8	fut	fit	mous	meis（莎士比亚时代）
9	fut	fit	maus	mais
10	fut	fit	maus	mais

表8-3 两对词的发音演变

汉语的语音系统演化的结果从本质上说就是大大的**简化**（Simplify），使一些古代有明显区别的语音在现代读音中重合了，大批早先读音相差很大的字在普通话里变成了同音字，仅通过对比六世纪的（《切韵》时代）中古汉语和现代普通话的字音，就可以明显地看到这种简化现象。例如：

中古汉语	普通话
kɑk（各）、kɑ（歌）、kɑt（割）、kɑp（蛤）、kɛk（革）	ge（读作kə）
kji（几）、kjei（既）、kjie（妓）、kiei（鸡）、kĭĕt（吉）、kĭəp（及）、kĭɔk（亟）、kiek（击）、tsiei（济）、dz'ĭəp（集）、dz'ĭĕt（疾）、tsĭɛk（脊）、tsiek（绩）、tsĭɔk（即）	ji
ʂam（衫）、ɕĭɛm（闪）、zĭɛm（赡）、ʂăn（山）、ʂan（删）、ɕĭen（煽）、ʂĭen（擅）	shan

表8-4 中古汉语和现代普通话的字音对比

通过以上对照可以看出来，上古乃至中古语音系统中，早先分辨得很清楚的音节，就这样大规模地重合了。

从普通语言学的角度看，历史上语音的演变遵循以下规律，我们仍然以汉语语音的简化为例。

（一）条件性

变化有一定条件的限制。例如：汉语普通话的[k]、[ts]、[tɕ]三组声母和韵母配合关系见下表：

声母＼韵母	开	齐	合	撮
k	+		+	
ts	+		+	
tɕ		+		+

表8-5　汉语普通话三组声母和韵母配合表

上面［k］组和［ts］组声母在齐、撮二呼之前的，全部颚化为［tɕ］组，条件就是在齐、撮二呼之前，凡符合这一条件的一律都变，没有例外。究其原因，普通话的［tɕ］组声母是从古代［k］组和［ts］组变来的，变化的条件相当于现在所说的齐齿呼和撮口呼：凡是［k］组和［ts］组声母在齐、撮二呼之前的，全部**颚化**（Palatalization）为［tɕ］组，如果能找到例外，那也是可以找出产生这种例外的原因。又如"**入声**"（Entering tone）在现代汉语普通话中已经派入"平"、"上"、"去"三声了，在分派过程中产生了很多**异读字**（Heterophonic character）。如"折"为动词是zhé（攀折），为"章"母，而在"断而犹连"中，则为"禅"母shé（腿折了），属于**全浊**（Full-voiced sound）。韵母的异读也有不同的条件，比如在某种声母环境下必须有介音，而在另一种条件下不能有**介音**（Medials），或者开口度大小不同，或无韵尾等等，这些规律可以在方言的语音演变中得到证明。

（二）时间性

语音演变规律只在一段时期中起作用，超过这一时期，即使处于同样的条件也不会再遵循原来的规律发生语音变化。例如宁波话，古代的［k］在相当于上述齐、撮二呼的条件下和普通话一样也**颚化**（Palatalization）为［tɕ］，如"基"、"溪"等，所以在语音系统中不再有像［ki］、［tʰi］这样的音位组合。因此，在实际的语言中有［ki］（甘、干、敢）［tʰi］（看，"让我看看看"中前两个"看"等的音位组合），这些音并没有在同样的条件下如同"基"、"溪"那样也颚化为［tɕ］、［tɕʰ］，因为语音演变规律起作用的时间有一定的限制，它只在某一时期中起作用。过了这一时期，即使处于同样的条件下也不会遵循原来的规律发生语音变化。现代宁波方言（Ningbo dialect）的［ki］、［tiʰ］中的［i］是低元音［a］经过［a-ɛ-e-ie-i］阶段高化的结果。这是在颚化规律其作用的时期以后产生的语言现象，所以不受这一规律的支配。

（三）地域性

语言演变像波浪般地从一个中心向外扩散，而且扩散有地域的限制。语音的演变只在一定的地域中进行。上述［k］、［ts］在齐、撮二呼之前的，全部颚化为［tɕ］的规律在北方话系统中是普遍起作用的，而在闽、粤等地并没有发生类似的现象。再如，美国英语和英国英语有一个发音上的不同，这就是r在词中间时是否发音。比如fourth（第四），英国人不发音；而美国人习惯r发［l］音。

总之，语音演变的规律总是在一定的语音条件下起作用，离开特定的条件就不再起作用。此外，语音演变的规律还受时间和空间的制约，它总是在一定的历史阶段内、在一定的地区内起作用。

第三节　词汇和语义的消长

一、词汇的变迁

语言的发展有两个因素在起作用。

其一是外因。即社会的变动、文化生活的进步、科学技术的发展、国家的政策导向、经济建设和改革的增长，语言都会随着社会的发展而发展。特别是词汇，它是语言中最敏感的构成部分，因而它的变化是最迅速、最显著的。凡是社会生活出现了新的事物，无论是新制度、新体制、新措施、新思潮、新物质、新观念、新工具、新动作等等，都要在语言的词汇层面上表现出来。① 这就要求语言用新的词和新的语来充实它的词汇。例如古英语大约在1100年时大约有35000个单词，到1700年，英语的词汇大约增长到125,000个单词。据统计，1934年出版的《韦氏新国际英语词典》（第二版）收词总数已达600,000个；据比较保守的估计，当前英语已达一百万个词。

社会要求语言来反映变化的现实，结果就产生了大量新词和新义。特别是每当社会急剧变动时，语言发展就更为迅速，随之出现大批新词。1949年中华人民共和国成立以后，随着社会生活的变迁，在汉语中产生一批反映时代精神和现象的词语，例如："肃反"、"合作社"、"志愿军"、"大跃进"、"右派"、"赶英超美"（二十世纪五十年代），"四清"、"蹲点"、"自留地"、"红卫兵"、"上山下乡"、"干校"（二十世纪六十年代），"批林批孔"、"老三届"、"反回潮"（二十世纪七十年代），"万元户"、"自考"、"倒爷"、"托福"、"脑体倒挂"、"反思"、"自由化"（二十世纪八十年代）、"中外合资"、"外企"、"公关小姐"、"倒爷"、"走穴"、"下岗"、"赞助"、"回扣"、"打假"、"下海"、"三陪"（二十世纪九十年代），"牛市"、"熊市"、"按揭"、"融资"、"理财"、"互联网+"、"供给侧"、"风险投资"、"亚投行"、"慕课"、"碎片化学习"、"整合"、"全球化"、"中国梦"（二十一世纪）。有些词语成为**"历史词语"**（Historical words）。与此同时，有些词语的意义也正在发生变化，也有一些旧词改变了意义或被赋予了新的意义，以适应新的发展的需要。例如："老师"本来只用于学校，但现在已经**泛化**（Generalization），许多与教师职业无关的人也被尊称为"老师"；而"同志"曾经是个用途极其广泛的称谓形式，本来"同志"只限于党内使用（例如国民党和共产党都使用），但在1949年以后，"同志"逐渐在大陆范围内为社会所通用，它成了人与人之间平等关系的标志，但现在又有迅速萎缩的趋势。"老板"、"小姐"、"先生"、"师傅"是冬眠将近半个世纪之后重新起用的称谓形式，而现代汉语中像"经济"、"革命"、"助教"、"博士"等词都是在赋予古代的词以新的意义基础上产生的，可以看做是从古代语言借词。此外，随着全球化进程的推进，各语言社区（例如香港、台湾、澳门地区）特有的词和词义

---

① 参见陈原《社会语言学》（学林出版社1983年）第十章"从社会生活观察语言变化"有关内容。

得前所未有的交流。例如"电脑"、"资深"、"政要"、"负面"、"一国两制"、"特首"、"策划"、"分割"、"阵营"等，以前只作贬义使用，现在褒义贬义均可；"检讨"，以前只当"自我批评"用，现在增加了"仔细讨论"的新义。

其二是内因。即语言本身的演变，这是更为重要的因素。例如现代汉语在词汇方面已经与古代汉语大不相同，毕竟现代汉语完全有能力像其他语言一样，建立起自己的新的构词法模式。比如派生法和复合法在许多发达语言中都是构词法的两个主要方法，甚至在某种程度上说，已经是一种**普遍现象**（Universal），特别是派生法（前缀法和后缀法）构造新词十分便利，具有能产性，同时也非常容易追根溯源。试比较下面的英语和汉语的派生构词表：

前缀		后缀	
non-	非金属（nonmtal）、非暴力（non-violence）	-er（无生命）	录音机（recorder）、洗衣（washer）；甩干机（dryer）、计算（computer）
in（m）-	非正义（injustice）、非物质（im-material）、非正式（in-fomal）	-er（有生命）	教师（teacher）、摄影师（photographer）、设计师（designer）、工程师（engineer）、理发师（hairdresser）
poly-	多边形（polygon）、多中心论（polycentrism）	-logy	生物学（biology）、心理学（psychology）、生理学（physiology）、考古学（archaeology）
multi-	多媒体（multimedia）、多语种（multilingual）	-ist	生物学家（biologist）、心理学家（psychologist）、生物学家（physiologist）、考古学家（archaeologist）

表8-6 英语和汉语派生构词法对照1

英语的non-和in（m）-正好等于汉语的"非"；而英语的poly-和multi-正好等于汉语的"多"。英语的-er为无生命的名词时等于汉语的"-机"，为有生命的名词时，等于汉语的"-师"；-logy和-ist分别是"-学"和"-家"。显然，在运用词缀构造新词方面，两种不同的语言有相似之处。此外，各种语言的派生构词，又有自己的语言习惯或特色，即使是利用普遍存在的词缀构词法，不同的语言可能选择不同的方式。例如：

英语前缀	汉语后缀	英语后缀	汉语前缀
Post-	博士后（postdoctorate）、邓后（post-Deng）、战后（post-war）	-able	可操作的（operable）、可燃的（combustible）、可爱的（lovable）

表8-7　英语和汉语派生过构词法对照2

英语的postdoctorate、post-Deng和post-war是用前缀Post-形成的；而汉语却是用后缀"-后"形成的。而英语的operable、combustible和lovable是用后缀-able形成的，而汉语则是用前缀"可-"形成的。

（一）新词（Neologism）的产生和旧词（Obsolete old word）的消亡

语言词汇的发展受社会发展的影响最大。上古时代社会生活简单，词汇也贫乏。随着社会生活的日益复杂，词汇也逐渐完备丰富起来了，现代词汇的数目越来越丰富。例如汉语的"铁"这个词是在春秋时期发明了冶铁术之后才有的；"桌"、"椅"是到宋代才有的。特别是随着商业和运输业的不断发展，技术和科学的不断推进，用新的词和新的语不断充实它的词汇。汉语发展史上吸收外来词（Loan words）较多的几个时期，产生了大量的新词。这些借词是不同历史时期，从不同的语言中借入的，因而处于不同的时间层次。

（1）西汉张骞出使西域后从西域诸国传入，产生了"狮子"、"骆驼"、"琉璃"、"苜蓿"、"葡萄"、"苹果"、"菠菜"等新词；

（2）东汉至魏晋南北朝时期佛教从梵语传入，产生了"佛"、"菩萨"、"罗汉"、"魔"、"阎罗"、"地狱"、"和尚"、"僧"、"塔"、"禅"、"忏悔"、"刹那"、"慈悲"、"解脱"、"化缘"等新词；

（3）明朝末年西方天主教传入，产生了"圣母"、"基督"、"阿门"、"撒旦"、"亚当"、"夏娃"、"伊甸园"、"诺亚方舟"、"犹大"、"上帝"、"洗礼"、"造物主"、"弥撒"、"几何"、"三角"等新词；

（4）鸦片战争以后，外国殖民主义者入侵，产生了"密斯特"、"古得拜"、"雷达"、"卡路里"、"歇斯底里"、"吗啡"、"吉他"、"纳粹"、"香槟"、"三明治"、"摩登"、"蒙太奇"等新词；

（5）当代从外语中和不同语言的方言中吸收并流行的新词如："麦当劳"、"的士"、"基因"、"嬉皮士"、"软着陆"、"香波"、"克隆"、"摇滚乐"、"试管婴儿"、"迷你裙"、"超市"、"黑洞"、"托福"、"MBA"、"AA制"、"GDP"、"T恤"等。

同时，词汇常常会因社会生活和社会思想的变化而变化，如随着封建社会的消亡，许多表示封建社会称谓的词语，像"皇帝"、"宰相"、"状元"、"账房"、"太监"、"宫女"、"巫师"等，随着那个时代的消亡而不再出现在人们的日常生活中；随着高新科技的发展，许多新词语在社会上流传开来，像"网吧"、"电子邮件"、"数码相机"、"下载"、"蓝牙"等。新词的产生往往与现实中出现新的事物有密切联系，如"啃老族"、"音乐电视"、"手机"、"短信"、"网络"、"电游"、"网友"、"股民"、"增值税"、"自贸区"等等。

当代英语的许多常用新词几乎都是属于获得了新义的旧词，例如：jet（喷嘴→喷气飞机）、shuttle（梭→穿梭外交）、yawn（打哈欠→令人厌恶的人或东西）、shot（射击→注射）、dialogue（对话→两国领导人之间交换意见）、remote（遥远的→遥控的）、plain（明白的→穿便衣的）都是寓新义于旧词。而英语的词的形和义没有必然联系，变化的词义并不见诸于变化了的词形，因此词义有广阔的发展余地。然而有些词的新义很难从它们的本义中看出来。例如total本义是"合计"，但在当代美语中，它具有"摧毁"、"收拾"、"报销"等新义。再比如在当前信息化社会，美国经常会说到的deadline（死线）、portfolio（作品展示档案）、reboo（重启）、project based（基于项目的）、check-in（值机）、apps（小应用）、marker（标记笔）等等。

汉语词汇的发展突出特点就是"寓新义于新词"的趋势。由于汉字与语素之间是一对一的关系，促进了语素的临时组合，造成了许多临时"词"，一些古汉语的词语仍然能在现代文章中不加注释，造成复杂的语言层次。汉语是表意文字，词的基本构造单位——词素大都具有本身的词义，因此创造新词比较容易，一般只需要按照传统的合成规律将词素进行搭配。许多新词"差距"、"回收"、"导游"、"蹲点"、"试点"、"双职工"、"成活率"、"追星族"等都是新义新词，这些新词形、义相联，甚至可以"因形见义"。例如"酷毙了"、"帅呆了"、"表哥"、"房姐"、"房妹"、"房嫂"、"秒杀"、"躲猫猫"、"艳照门"、"宅男"、"躺着中枪"等都是最好的例证。

（二）旧词消亡的原因

1.旧事物消失

在《说文解字》有二十多个与祭祀有关的汉字，如："禬，会福祭也"；"祰，告祭也"；"禋，潔祀也"；"祺，祭也"；"祼，灌祭也"；"祡，烧祡焚燎以祭天神"；"礿，夏祭也"；"驈，祝驈也"。这些词语在过去广泛使用，后代随着这些祭祀活动的停止，**这些旧词语**（Obsoleto old word）不再在日常生活中流通，现在彻底退出社会语言交际范围，很少使用，成为"**死字**"（Dead character）或"**废弃字**"（Obsolete character）和"死词"。再如"杠房"、"磨子"、"车夫"、"邮差"、"油伞"、"蓑衣"等就随着"专门挑货物的人"以及这些行业和物品的消失而消失了；特别是在社会政治生活发生变化后，像"土匪"、"地主"、"造反派"、"红卫兵"、"牛鬼蛇神"、"右派"、"富农"等等已经成为历史词汇。

2.**词汇系统变动**

词汇意义的历时演变，不是单个词义的孤立演变，存在着词与词之间位置的互相顶替与领域的转换关系。如在中国古代畜牧业社会中，关于动物的词很多，"马"在古汉语中根据不同的特征有不同的名称。例如：

- 䮘（bǎo）——黑白杂毛的马
- 骦（xuān）——清黑色的马
- 驹——两岁的马
- 駣——三岁的马

但后来词汇系统只留下了具有共同的特征"马"，其他的词也就消失了。

再如，古代汉语是以**单音节词**（Monosyllabic word）为主，而现代汉语则以**双音节词**（Dissyllabic word）或"**二音节**"（Two-syllabe）词为主。究其原因，实际上是因为隋唐以后，汉语某些浊音声母及某些辅音韵尾在北方话中消失了，音系的简化使语言符号的区别受到破坏。隋唐以后，北方汉语的大量单音词变为双音词，双音词的比重因而大大增加。汉语词汇系统的双音化趋势，使古代汉语中的词（文言词）降级成为现代汉语双音节词中的词内语素，并用这些语素创造新词，例如汉语普通话中的"首（脑）"、"（立）足"、"目（测）"、"（电）视"、"舟（桥）"、"口（腔）"等。

古代	现代	古代	现代
目（眼睛）	眉目	睹（看见）	目睹
首（头/脑袋）	首脑	足（脚）	足球
沐（洗头）	沐浴	浴（洗澡）	沐浴
木（树）	树木	舟（船）	舟船

表8-8　古代汉语和现代汉语词汇系统对照

再如"行"和"走"在先秦古汉语中意义对立，各有各的位置，"行"为一般走路，"走"为快跑；现代汉语产生"跑"替代了"走"，"行"与"走"职能合流，"行"不能单独造句，产生了依附性，进入双音构词法，产生了"行走"、"行船"、"行驶"、"行人"、"行事"、"行程"、"行踪"、"行车"等，以及"步行"、"夜行"、"航行"、"飞行"、"流行"、"游行"、"独行"、"随行"、"旅行"等双音词。早期**合成词**（Compound）往往是由词组词化，或称为"**词汇化**"（Lexicalization）而成的。例如：

> 开关（动词词素+动词词素—联合）→名词
> 告示（动词词素+动词词素—联合）→动词/动词
> 肥瘦、深浅（形容词素+形容词素—联合）→名词
> 一再、再三（数词词素+数词词素—联合）→副词
> 物色（名词词素+名词词素—联合）→动词

除此之外，现代汉语的很多双音节介词、连词、副词的形成等，无不体现了汉语词汇系统的整体变动趋势。

二、词语的替换

词语的替换指的是仅仅改变了某类**现实现象**（Realistic phenomenon）的名称，而现实现象本身并没有发生变化。例如日常生活中烧饭、炒菜的容器，闽方言叫"鼎"，吴方言叫"镬"，北方方言叫"锅"，这反映了从古至今这一词汇的一种**历时变化**（Diachronic change）。就汉民族的语言内部来说，词汇方面的突出特点就是用普通话词汇替换原有的方言词汇。

※　引起词语替换的原因主要有两个方面：

（一）外因——人为因素

陆游《老学庵笔记》中记载，宋代田登做州官，自讳其名，州中皆谓"灯"为"火"。上元节放灯，州吏贴出榜文云："本州依例放火三日。"民谚"只许州官放火，不许百姓点灯"，即本乎此。我国古代为了给历代皇帝**避讳**（Avoidance of taboo），凡皇帝名字中有的词就必须改动，例如称"三十年"为"一世"，为了给唐太宗李世民避讳，就把"世"改成"代"、"民"也作"人"。除了避名，还有讳象。例如忌讳死亡现象，就把君主的"死亡"叫做"崩"、"薨"，把尊者的死亡叫做"逝"、"故"，平民的死亡叫做"殁"、"夭"，现在我们说"老了"、"走了"、"离开我们了"、"休息"、"见马克思"，汉语中表示"死亡"的委婉语还有"去世"、"逝世"、"故去"、"病故"、"寿终"、"亡故"、"牺牲"、"作古"、"谢世"、"弃世"、"与世长辞"、"心脏停止了跳动"等等；英语当中表示death（死亡）这一概念，也有一些委婉说法，例如release（解脱）、shuffle off this mortal coil（摆脱人世的纷扰；解脱；死）、go to a better world（到一个美好的世界）、be with God（与上帝同在）。此外，在提到人体的某些功能时，例如忌讳生理排泄，而称为"如厕"、"出恭"。随着一些代称的普及，人们也觉得不雅，例如觉得大、小便不雅，改为"洗手"、"上洗手间"、"方便"等，英语和许多别的语言一样，在这方面也有各种词语表示委婉说法，例如go to the toilet、go to the men's（ladies'）room、rest room、washroom、lavatory、the john等。在提到人体的缺点、生理缺陷、年老等方面时，往往用委婉的说法。例如用plain（平平，一般）代替ugly（丑），用heavyset、on the heavy side（身体发福）代替fat（肥胖），用slender（苗条、纤细）代替skinny（皮包骨头）用physically handicapped（生理上有缺陷）代替crippled（瘸子），用senior citizens（年长的公民）代替elderly people（老人），用advanced in age,elderly（上了年纪）代替old（年老）等。

美国近年来在社会生活和事物方面委婉说法越来越多，例如become unemployed（失业）的另一种比较委婉说法是involuntarily（赋闲）。近二十年来，美国知识界和"官方文件"中，已经有好多词作为委婉语来代替英语的poor（穷困），例如needy（拮据）、underprivileged（不公正待遇）、disadvantaged（机遇不佳）等等，但实际上都是"贫困"、"穷困"、"贫穷"的不同说法而已。

（二）内因——语言系统内部的原因

上古汉语中，绝大部分的单音词（Monosyllabic word）都能独立使用，一字一音，一词一义，构成特殊的**单音节**（Monosyllabic）倾向。在先秦古汉语中，"走"是"奔跑"的意思，"行"是"步行"的意思；唐宋时期出现了"跑"这个词，于是古代表示"奔跑"意义的"走"逐渐为"跑"所替代，而"走"替代了"行"，表示"步行"的意思。后来在汉语词汇发展过程中，词的语音形式出现了倾向于**双音节**（Disyllable）的现象。但在现代汉语中只能做构词语素，这是词降级为不成词语素，是汉语音义结合体的功能发生了系统变化，例如：

在现代汉语里，表示"奔跑"的"走"和表示"步行"的"行"，都只作为构词成分在某些词或成语中出现，前者如"走狗"、"走兽"、"走卒"、"奔走"、"飞沙走石"、"走马观花"、"走马上任"、"走投无路"，后者如"行人"、"人行道"、"行远自迩"等，不再作为词来运用。再如《说文解字》："闻，知闻也。从耳，门声。"造字本义：集中注意力倾听。在古代典籍和古汉语遗留下来成语中，曾保存了大量作为词单用的例子，例如"闻讯"、"闻风而动"、"闻过则喜"、"闻鸡起舞"、"闻所未闻"、"耳闻目睹"、"充耳不闻"、"听而不闻"等等。然而在现代汉语中，"闻"一般情况下是作为构词语素而存在的，例如"新闻"、"耳闻"、"传闻"、"闻名"、"闻达"、"闻讯"、"旧闻"、"奇闻"、"趣闻"、"秩闻"等等。通过以上例子可以看出，随着语言的发展，汉语词的语音形式逐渐趋向于双音节化，究其原因是因为汉语的语音系统简化后，单音节词同音的多了起来，出于"经济"、"省力"等原则，语言系统内部就产生了相应的双音节词来替代。例如"见"的同音词太多，就可以改成双音的"看见"等等，我们称之**"双音词化"**（Lexical disyllabification；lexico-disyllabication）。由于汉语是复合构词的，其构词法与造句法基本相同，例如：

- 并列式：道/路→道路；商/贾→商贾；皮/肤→皮肤
- 偏正式：雨衣，浴室、足球
- 动宾式：担心、起草、教书、开会、看病、担心
- 动补式：打到、看穿、遇到
- 主谓式：冬至、地震、胆怯

（三）新词产生的途径

语言中新词（特别是汉语的复音词）产生的途径主要有两种：一是**构词**，二是**词汇化**。我们以汉语为例，加以说明。

1.构词（Word formation）

利用特定的语法规则创造新词，即依据某种构词规则，将语言系统中业已存在的两个（或两个以上的）语素组合成新的词汇项。由于是受规则的驱动，构词过程可以有规则地类推并具有一定的能产性。汉语构造新词的方式大致如下：

（1）在原有的单音节前或后加上一个不增加多少意义的语素

例如：龟→乌龟，蛙→青蛙，姨→阿姨，发→头发，齿→牙齿，唇→嘴唇，肤→皮肤，窗→窗户

（2）两个意义相同或相近，甚至相反的字组合

例如：身体、皮肤、田地、解放、疾病、简单、困苦、美丽、丰富、英雄（同义语素组合）；

教学、左右、呼吸、反正、动静、生死、水火、黑白、上下、里外（反义语素组合）

（3）多音节简缩为双音节

例如：落花生→花生；机关枪→机枪；彩色电视机→彩电；北京语言大学→北语；山茶花→茶花；潜水艇→潜艇；初级中学→初中；化学肥料→化肥

（4）为适应社会发展，增加了不少三音节词

例如：录像机、旅游鞋、外来户、洗衣机、电冰箱、可操作、博士后、半导体、多媒体、互联网、抽象派、高科技、知名度、分系统、英特网、恐惧症

（5）对外来词的吸收与改造

例如：佛→佛家/佛学；塔→宝塔/木塔；巴士→中巴/面巴；酒吧→吧台/吧娘；咖啡→奶咖/清咖；奥林匹克→奥赛/残奥；麻省理工学院→马萨诸塞理工学院；阿罗汉→罗汉（省略字首元音）；Bridgman→禅治文（省略字中复音）；贝满女校

（6）汉语字母词出现

例如：ATM（Automatic Teller Machine，自动柜员机）；TOEFL（Test of English as Foreign Language，托福考试）；RMB（Renminbi，人民币）；EMS（Express Mail Service，邮政特快专递）；B超（Biscan/ultra-sound radiograpy，B型超声诊断检查）

（7）利用派生词缀（Derivational affixes）

除了本节表8-6的例证外，汉语还有大量派生构词方式。在现代汉语中，一个名词性或形容词性的自由语素可以附加后缀"-化"而派生出一个新的动词"X-化"。比如：

深化、细化、美化、丑化、淡化、简化、僵化、老化、绿化（形容词+化=动词）

现代化、工业化、城市化、科学化、专业化、商品化、概念化、大众化、企业化、标准化（名词+化=动词）

利用派生构词这种方法创造的新词，本身不含有任何演变的过程，而且也没有一个特定的结构式作为该新词项的词源。例如（7）中的"X-化"产生之前，汉语中并不存在一个对应的句法结构式"X-化"，而"X-化"只是利用语言中现存的自由语素X和附着语素"化"，按照派生这种构造规则创造出来的。

汉语发展到现代，构词法有了很大的变化，具体地说，主要表现在形态学构词方式大大丰富了。中国语法学家过去主要注重复合法，但近年来，人们开始认识到派生构词法的重要作用，语法学家也在不断修正自己的观点。例如前缀以前人们只承认两三个，后缀也不超过十来个，而如今应该说各有几十个，汉语的词缀和**类词缀**（Quasi-affix）正在不断增加。例如：[①]

著作 词缀	《汉语语法分析问题》 1979	《语法讲义》 1982	前十栏中共出现的词缀 （按音序排列）	见于其他著作的词缀
前缀	阿、第、初、老、小/可、好、难、准、类、亚、次、超、半、单、多、不、无、非、反、自、前、代	初、第、老	阿、半、被、不、超、次、初、打、代、单、第、多、反、泛、非、好、禁、可、老、类、难、前、亲、所、伪、无、相、小、亚、准、自	巴、本、而、二、分、副、该、共、过、宏、后、见、巨、递、双、微、以、予、再、子、总、软

---

① "类词缀"又称"准词缀"。是指词汇意义有所虚化而又未完全虚化、组合能力强的构词词素。作用与词缀相似，但比词缀的虚化程度差一些，又无词根意义那么实，是一种半实半虚（一般来说虚大于实）的词素。例如"公司热"、"出国热"、"彩票热"中的"热"。下表中的词缀和类词缀的来源：吕叔湘《汉语语法分析问题》，商务印书馆，1979年；朱德熙《语法讲义》，商务印书馆，1982年。

后缀	子、儿、头、巴、者、们、然/员、家、人、民、界、物、品、具、件、子、种、类、别、度、率、法、学、体、质、力、气、性、化	子、儿、头、们、了、着、过、的、得	巴、别、不唧的、的、的慌、得、地、度、儿、尔、法、夫、个、观、过、和、乎、化、机、家、价、件、界、具、拉、来、么、们、了、类、力、率、论、品、起来、气、钱、亲、民、然、腾、人、如、师、是、士、手、去、心、性、学、焉、体、头、物、唏唏的、下、员、者、着、质、种、主义、子	处、丁、而、犯、分子、鬼、棍、汉、豪、烘烘、乎、呼呼、计、剂、匠、郎、迷、派、其、器、氏、切、且、却、式、样、仪、生、属、型、致、众、感、以、用、户、热
中缀	得、不、乎其		里、不、得、乎其	

表8-9 现代汉语中的各类词缀

在其它语言中，利用派生词缀来构词的例证也越来越多。据统计，英语的词缀已经达到300多个。例如英语的mock-、too-、-speak、-to-be也都已经成了词缀。例如a mock-English public house（一家仿英国式酒吧）、the too-familiar list of economic difficulties（一张司空见惯的经济困难清单）、that unique language known as computer-speak（被称为电脑语言的专门语言）、mother-to-be（快当妈妈的人）。

2.词汇化（Lexicalization）

词汇化是指一个非词汇的语言成分（这里主要指包含语法词或附着词的句法结构式或非直接成分的词汇序列）演变成一个独立的词汇项的过程。从跨语言的角度看，这个过程存在两种结果：

实义动词>语法词>附着词>屈折词缀

实义动词>语法词/附着词>词内成分

词汇化过程由演变驱动，不具有类推性和能产性，但它却包含了一个历史演变的过程，并且总是以特定的句法结构式或词汇序列作为新词项的语源。例如现代汉语的双音副词"还是"是由句法结构式"还+是NP"中的非直接成分副词"还"和系词"是"融合而来的，[①] 即经历了"副词'还'+是NP/VP>副词'还是'+VP"的词汇产生过程，但这个过程并不具有**类推性**（Analogical）和**能产性**（Productivity），因而现代汉语只有"还是"、"只是"这样的双音副词，并没有"又是"、"再是"这样的双音副词。再如：

助动词"可"＋动词"爱"＝形容词"可爱"

交互动词"相"＋动词"好"＝动词"相好"

---

① 太田辰夫《中国语历史文法》，蒋绍愚、徐昌华译，北京大学出版社，1987年，P262—P263。

名词化标记"所" + 动词"有" = 形容词"所有"①

除了汉语这种"孤立-分析"性语言外，在某些形态发达的语言中，语法词或附着词也可能进一步演变为**词内成分**（Internal component），例如英语的 tomorrow（明天）是由中古英语的介词结构to + morrow（次日）词汇化而来；twit（嘲笑）则来自于古代英语的结构式æt-witan'at + blame'。②

在各种语言中，词的结构单位常会起到质的变化，比如上面提到的"词汇化"，即由一个结构类型转变为另一个类型，其中最为重要的变化计有如下几种：

（1）独立的词转变为构形语素（Configuration morpheme）

例如，古代汉语的代词本来没有单复数之分：

a.赐也，非尔所及也。（《论语·公冶长》）（"尔"为单数）

b.二三子以我为隐乎？吾无隐乎尔。（《论语·述而》）（"尔"为复数）

在同一本书中，以上书写形式没有分别，即"尔"既可以用于单数，也可以用于复数。宋代以后出现了"们"这个词尾，同时在各种文献中出现了"懑"、"瞒"、"门"、"每"等种种不同的写法，例如：

们：a. 我们与你素不相识，你见了我们，只管看了又看，是甚么缘故？
（《二刻拍案惊奇》卷三十三）

懑：b. 殿直道："你懑不敢领他?这件事干人命!"（《清平山堂话本·简贴和尚》）

瞒：c.说与贤瞒，这躯壳、安能久仗凭。（《全宋词·醉乡曲》）

门：d.只见一个狱家院子打扮的老儿进前道："你门看我面放手罢。"
（《喻世明言》卷三十六）

每：e.有的躲在黑暗里听时，只听得喊道："太爷平时仁德，我每不要杀他！"（《初刻拍案惊奇》卷二十》）

虽然以上写法不同，但都是一个表示代词和与人有关的名词的复数的词尾，却是无可怀疑的，这个"们"很可能是由古代的"辈"变来的。再如"辈"在古代和"侪"、"曹"等等都只是一种"类及之词"，可是，后来却已经变成一个表示复数的词尾了。例如：

辈：a.刘濆不第，我辈登科，实厚颜矣！（《旧唐书·列传》第一百四十卷）

---

① 董秀芳《词汇化：汉语双音词的衍生和发展》，商务印书馆，2011年，P258，P231，P208—P209。

② 参见吴福祥《关于语法化的单向性问题》，载《当代语言学》2003年第4期，P316。

　　　　a'.尔主不降，尔**辈**亦不得活。（《明史·列传》第一百八十二卷）

侪：b.先王之喜怒，皆得其**侪**焉。（《礼记·乐记》）

　　　　b'.我将一浴，汝**侪**可暂屏。（《明史·列传》第一百九十一卷）

曹：c.一人垂拱，吾**曹**亦保优闲。（《北齐书·列传》第三十一卷）

　　　c'.尔**曹**日就熊公言抚，而日攻堡屠寨不已，是伪也。（《明史·列传》第一百五十卷）

（2）不同的词变成同一个词的变化形式

　　例如，俄语的дитя（小孩）和дети（小孩们），或садидться（坐）和сесть（已坐）。дитя本来指"十岁以下的小孩"，是"一般的小孩"，现在已经变成同一个词的表示单复数的不同形式。садить是"安放"，садиться本来是"被安放"的意思，сесть是"坐下"的意思，现在садиться表示未完成体，сесть表示完成体，都是"坐"的意思，只是"体"这一语法范畴的不同。

（3）同一个词的变化形式变成独立的词

　　例如，拉丁语的dŏmum本来是dŏmŭs（房子，名词）的宾格（第四格）的形式，一般要受及物动词的支配，但是，在petrus dŏnum legit（彼得在房子里读书）这个句子中，它已经变成了一个副词，起修饰动词legit（读书）的作用，带有"在房子里"的意思。再如德语schreiben（写）和das Schreiben（书札、文书），表明看虽然相同，但schreiben是动词，das Schreiben是名词，各属于不同词形变化系统，das Schreiben实是一个由schreiben派生出来的新词。

三、语义的演变

　　语义变化（Semantic change）是指只改变词汇意义，不改变形式的语法功能的变化。即词的形式不变，而意义发生了变化。例如"荒唐"一词，起源于庄子的"荒唐之言"，与"谬悠之说"、"无端崖之辞"排列在一起。"唐"是大，广大，虚空才广大，所以，"荒唐"在当时的语境里称"荒广"。"唐"、"虞"、"夏"、"殷"、"周"都是早期朝代名，传说尧就称"唐"，李渊后来是借用了这个"唐"，后代享有了"盛唐"。"天地洪荒"指的就是广大无边，没有尽头。《说文解字》正是在这个认识基础上，才解释"唐：大言也"（大话）。苏东坡自谦曾称自己"学问荒唐"，用于自省中对自己的提醒，是认识到自己之偏狭，就能朝向更宽广的虚空，在宽广中才有"恣纵"。但宋之后，这个词却越来越多被用于对他人行为规则的苛责，因此"荒唐"就往往组合成"荒诞"、"唐突"，转变成"荒诞不经"的意思，此意沿用至今。古汉字里，字形和"女"字相关的很多，而与"男"字相关的汉字却很少，在《说文解字》"男"字部首下，仅收"舅"和"甥"两个字，而在"女"字部首下却有几十个之多，其中很多是跟"姓氏"有关，这么多姓氏都从"女"旁，显然是因为"姓"作为标志家族血缘系统的称号，① 最初起源于母系社会制度的传统。同姓的亲属称谓，其字形往往从"女"，而异姓的亲属称谓，其字形往往从"男"，古人对同姓的父辈可以称"父"，对异性的父辈称"舅"，而如今，对母亲的兄弟称"舅"一直沿用，而女人对丈夫的父亲以及男人对妻子的父亲已经不再称"舅"了。在中国的封建社会里，"夫为妇纲"，丈夫是一家之主，故妻子称其为"良人"，因而"郎"含有"主人"之意，中国又有所谓"男主外，女主内"，其配偶为一家室内之女主人，故以"娘"呼之。随着词语的发展，"郎"原有的"主人"义逐渐消失，便转而成为妻子对丈夫的称呼。"娘"渐渐地由丈夫对妻子的美称而延伸为子女对母亲的称呼，而"郎"又变为未婚男子的称呼。

（一）语义演变的原因

1.现实事物的变化

例如中国古代的"坐"是指两膝着席，跟现在的跪差不多，而后来出现了凳子、椅子，"坐"就变成了臀部着地或接触坐具。

2.人们主观认识的发展

例如"人"的意义，中国古代认为是"圆颅方趾皆人类"；古希腊人认为"没有羽毛的两腿动物"，进而认为是"能思维、有理性的动物"；再后来，美国的富兰克林提出"人是制造工具的动物"，直到马克思才指出"人是有语言、能思维、会制造和使用生产工具的社会动物"。再如，从"思"和"想"的形旁"心"可以提示"思想"应该来自于"心脏"，而事实上，"思"和"想"都指"大脑的思维活动"。

3.一个词的意义的变化引起与其有联系的词的意义的变化

例如，"熟"最早是指"食物熟"，后来引申出"植物成熟"、"熟悉"等意义。相应的，原来表示"食物生"的"生"也引申出"植物不成熟"、"陌

---

① 《说文解字》："姓，人之所生也。"《春秋左传》："天子建德，因生以赐姓。"都是说天子封诸侯，依照其祖先的出生地而赐姓氏。

生"等意义。

4.组合关系的变化

古汉语中，"赴"要和含有凶险之地意义的词组合（如成语"赴汤蹈火"）；后来其搭配逐渐超出了这个范围，"赴宴"等说法逐渐流行，这就使"赴"的意义扩大。

（二）语义演变的类型

布龙菲尔德认为语义变化主要是意义的扩展和废除，他列举了九类这种变化的情况：①

语义缩小：古英语的mete（食物）→现代英语meat（可食的肉）

语义扩大：中古英语的bridde（幼鸟）→现代英语bird（鸟）

隐喻：原始日耳曼语的*bitraz（刺痛的）→现代英语bitter（苦味的）

转喻：古英语的cēace（颌）→现代英语cheek（颊）

提喻：原始日耳曼语fence（棚栏）→现代英语的town（城镇）

弱化：法语前形式（pre-French）*extonōre（用雷劈）→法语étonner（使吃惊）

强化：英语前形式*kwalljan（折磨）→古英语cwellan（杀死）

贬义化：古英语cnafa（男孩，仆人）→现代英语knave（流氓）

褒义化：古英语的cniht（男孩，仆人）→现代英语的knight（爵士）

1.语义的扩大（The enlarging of meaning）

指词义所表示的概念内涵减少、外延扩大，原义的指称范围小，新义的指称范围变大。即一个词的意义，演变后所概括反映的现实现象的范围比原来的大。

例如，汉语的"江""河"原来特指"长江"和"黄河"，现在则泛指一切较大的河流。"哭"古义指"悲痛出声"，"大声曰哭，细声有涕曰泣"，大声而无泪曰"嚎"。现在，"哭"则包括"泣"和"嚎"。

再如"雌"和"雄"。《诗经·小雅·正月》："具曰予圣，谁知乌之雌雄。""雌"古义指"鸟母也"；"雄"，"鸟父也"，专用来区分鸟类的阴阳性，南北朝时期北方的长篇叙事民歌《木兰辞》："雄兔脚扑朔，雌兔眼迷离；双兔傍地走，安能辨我是雄雌？"现在"雌"和"雄"用来区别一切生

---

① 布龙菲尔德《语言论》。九类例子引自刘润清《西方语言写流派》（修订版），外语教学与研究出版社，2013年，P191—192。*为构拟。

物的阴阳性了，包括花、鸟、鱼、虫，甚至人和植物，例如《管子·霸形》："令其人有丧雌雄。"尹知章注："失男女之偶。"还有植物的"雌雄异株"（Dioecism）。

又如《论衡·讥日》："且沐者，去首垢也；洗，去足垢；盥，去手垢；浴，去身垢，皆去一形之垢，其实等也。"从这段话可以看出：古人称浸身为"浴"，洗头为"沐"，全身冲洗为"澡"，洗手为"盥"，泡脚为"洗"，而今天则统称为"洗"。

另如英语的bird和dog，原指一种特定的"鸟"和"狗"，现在则泛指一切鸟和狗。

一般来说，词义的扩大总是从具体的、个别的意义演变到抽象、一般的意义。

2. 语义的缩小（The narrowing of meaning）

指词义所表示的概念内涵增多、外延缩小，原义的指称范围大，新义的指称范围变小。一个词的意义，演变后所反映的现实想象的范围比原来的小。

例如，古代汉语中"谷"是指谷类的总称，现在在北方只指"粟"（去皮后为小米），在南方只指"稻谷"。

再如"臭"原指一切气味，现只指难闻气味。又如"瓦"的古义，《说文解字》："土器已烧之总名。"如《礼记·檀弓》："有虞氏瓦棺。"《诗经·小雅·斯干》："乃生女子，载寝之地，载衣之裼，载弄之瓦。"指一种"纺织工具"，古代生下女孩就叫做"弄瓦之喜"。现在"瓦"则专指盖在屋顶上的那种已经烧过的土器了。

另如"丈人"，古义指"老人通称"，因为"丈，借为扶行之杖；老人持杖，故曰丈人"。《论语·微子》："子路从而后，遇丈人，以杖荷蓧。"唐朝以后，俗称岳父为"丈人"，它所表示的概念外延缩小了。还如英语的meat原指一般食物，在英国斯图亚特王朝詹姆士一世（1603—1625）时出版的《圣经·创世纪》译本中有这样一段话："上帝啊，看哪，我已把所有结籽的草给了你们，这草就生长在大地上；还给了你们所有的树，树上结的籽就是果子。这些草籽和树果将是你们的食物（meat）。"现在meat只指"肉食"。

一般来说，词义的缩小总是从抽象、一般的意义演变到具体的、个别的意义。

3. 语义的转移（The transferring of meaning）

一个词由表示一个意义转移为表示另一个意义。原来的词义表示某类现实现象，后来改变为表示另一类现实现象。

　　例如，古汉语的"闻"是用耳朵听，现在则转为用鼻子嗅。再如"汤"在古汉语中是"热水"，如成语"赴汤蹈火"；而在现代汉语中，"汤"相当于英语的soup，因而才有"鸡蛋汤"、"紫菜汤"还有"米汤""药汤"等词汇。又如英语的book原指"山毛榉"，是一种树木的名称，这种树木在古代曾作为书写的材料，现在book用来表示写成的"书"。词义的转移总是表示从某种意义演变到表示另外一种意义。

　　前面提到的"闻"，古义是"听而得其声也"。如《礼记·大学》："听而不闻。"此外还有"耳闻不如目见"、"言者无罪，闻者足戒"等等，"闻"都是"听"的意思。现在"闻"是用鼻子嗅，它的词义内涵发生了变化。再如前面提到过的"走"这个词，在古汉语里它的基本意义是"跑"。《释名》说："徐行曰步，疾行曰趋，疾趋曰走。"这里对"走"的解释，就是现代汉语的"跑"；而现代汉语的"走"大致相当于古汉语中的"步"。我们现在说的"走狗"，本来指跑得快的猎狗，"走马看花"这个成语中的"走"字即是"跑"的意思，成语"兔走触株"中的"走"也为"跑"义。又如"狱"这个词，在汉代以前的文言中，指官司、案件，而不是指监牢；当时把监牢叫做"囹圄"。《左传·庄公十年》："小大之狱，虽不能察，必以情。"其中的"狱"字，就是"官司"、"案件"的意思。另如"包袱"本义"用布包起来的包儿"，转指"影响思想或行动的负担"及"相声、快板等曲艺中的笑料"。

　　语言变化是在使用中发生的，使用频率越高，变化的可能性也越大。变化快替换的机会就多，直接结果就是留下很多变体。

　　语言的发展和变化可以说是很复杂的，也是很频繁的，一些细微的变化不一定被很忠实地记录下来，即使记录下来我们也不一定能看到。

第四节　语法的演变

　　随着人类社会的进步，人类的思维也日趋丰富和精密，因而对事物、现象的认识也就越来越深入，这就推动了语法结构的日益完善和复杂。语法结构的复杂一方面表现为句式的增多，另一方面表现为修饰成分的增加，即定语、状语层数的增加以及补语形式的多样性。例如，中国殷代的甲骨卜辞中，人称代词还不够完备，数词中还没有基数和序数的分别，介词和连词不太发达，语序不太固定，在句子中一般是单句，复句少见，复句多表现为并列而非主从句。所有这些，都在一定程度上反映出当时人们思维的简单、朴素，而现代汉语书面语的句子比古代汉语长得多（复音词的增加也是一个原因），句式也比古代汉语丰富得多。这实际上也正是汉人思维精密化在语言上的具体表现。

语法的发展包括语法的组合规则和聚合规则的演变和语法发展中的**类推**（Analogy）作用。

一、聚合规则的发展

语法聚合规则的发展主要表现为形态的改变，语法范畴的消长和词类的发展。例如汉语的量词，构词词缀"-子"、"-儿"、"-头"等等的出现和发展等，都可印证以上结论。再如，英语进入中世纪时，出现了去掉词尾屈折变化的现象，这主要是由**语音变化**（Phonological change）引起的**形态简化**（Morphological simplification）。例如在fise（鱼）这个名词的词尾变化中，原来的八种单复数形式减少到只剩下三种：fise（单数：主格、与格、宾格），fisces（单数：所有格、复数、主格、与格、宾格）和、fisce（所有格、复数）。事实上，英语中"格"的数量一直在减少，发展到现代英语时，英语名词只剩下两个格：**通格**（Absolutive case）（例如son）和**所有格**（Possessive case）（例如son's），前者不带任何标志，它是原来的主格、宾格和与格合成而成的形式，可做主语、直接宾语和间接宾语。所有格以's为标志，是个全能格，表示各种不同的语义关系，诸如所有、主格、宾格、描述、来源等等。名词的"性"已基本消失，"数"的表示法也已简化，形容词的"性"、"数"、"格"都消失了。现代英语语序趋于固定的变化，实际上是与古英语的形态简化有着密切的关系，以此来弥补**形体简化**（Shape simplification）所造成的词与词之间语法关系不清楚的缺陷。

二、组合规则的发展

（一）词序的改变

英语词尾变化的消失对现代英语结构变化产生了重大影响。例如原来的主格被置于句首，使之突出；宾格词尾的消失使"主语+及物动词+宾语"这一语序成为绝对必要等等；又如现代汉语的一般词序主干结构是S–V–O，而在古汉语中，宾语有时在一定条件下要放在谓语前面，例如否定句、疑问句、强调句中宾语前置的现象，如苏轼《石钟山记》中的"古之人不余欺也"，宾语"余"放在了谓语"欺"的前面。在现代汉语中，宾语一律在动词之后，而实际上，古汉语的这种"宾语前置"的现象，也残存在现代汉语的一些成语中，如"时不我待"（时间不等待我们）。另外，文言中时常用名词作状语。如"嫂蛇行匍伏"，"蛇行"是"像蛇一样地爬行"；还有古汉语中名词"**活用**"（Flexible use），如动词作谓语的，如"范增数目项王"中的"目"是"注视"、"用眼睛看"的意思，即名词当动词用，充当谓语等，在现代汉语中已经基本消失。

（二）语法化（Grammaticalization）

语法中有齐整划一的趋势和抗拒这种趋势的矛盾，但前者是语法演变中经常起作用的力量，叫做**类推**（Analogy）作用。如英语swell（膨胀）的过去分词原来是swollen，属于不规则动词，但由于大多数过去分词的形式是在词干后面加-ed，如felled，所以类推作用使swell的过去分词也变成了swelled。例如汉语动词"被"的语法化也是推动现代汉语汉语被动结构发展的一个重要机制。"被"字原是名词，指盖在身上的"棉被"，用作动词就有"覆盖"之义，又从而延伸出"遭受"、"蒙受"、"被动"之义，用作副词，进而还可用作介词，表示"施事"；当然其中语义泛化、施事制约弱化、"被"字句用作定语、后接动词的音节结构的变化以及处置性语义特征的变化等等也都是引起"被"字虚化的重要因素。这些因素促使"被"逐渐简化或抽象为较为稳定的语法标记手段，这对现代汉语**"被"字句**（Bei-construction）的发展具有重要意义。[①] 汉语的**实词**

---

① 郭鸿杰、韩红《语料库驱动的英汉语言接触研究：以"被"字句为例》，载《外语教学与研究（外国语文双月刊）2012年第3期，P 359。

虚化（Lexical-item-to-morpheme Perspective）大致经历了这个过程，即名词、动词可经历或不经历形容词或副词阶段虚化为介词、连词等，这也是一个**语法化**（Grammaticalization）的过程。①

总的来说，历史上的语法是通过语法化或句法化来实现的，其目的是把那些松散的、羡余较多的句子结构，例如:He pulled the door.（他拉门）和It opened.（它开了）组合成He pulled the door open.（他拉开了门）这样的结构。这些语法化或句法化能够在相当短的时期内带来语言结构的重大改变。"语法化"是人类语言中普遍可见的语言演变现象。语法化不仅指中国传统的"实词虚化"，也指"一个新兴语法手段产生的历时过程"。因此，一个语法化过程往往同时涉及新标记和新结构的产生，两者经常是同一变化的两个方面。语法化的规律如下：

1. 语法化的过程是一个渐进的连续体（Continuum）

语法化的过程遵循一定的**演变线路**（Cline），在**实词**（Content word）与**虚词**（Function word）、**独立词语**（Independent words）与**语法标记**（Grammatical marker）、**各类短语**（Phrase）与**惯用语**（Idiom）表达之间常常存在一个**渐变**（Gradient）过程，这就导致了在语言系统的某些层面之间会存在一些**过渡性**（Transitional）的单位。

例如，实语素虚化为类词缀的过程就是一种典型的语法化过程，在这个过程中会伴随着使用频率大幅度增加、原有意义趋向虚化、成为一种附着成分等一系列语法化过程。在很多语言中，**语法词**（Grammatical words）或**附着词**（Clitics）可以进一步演变为**屈折词缀**（Inflectional affixes）。这里的语法词包括：助动词/代词/系词/副词/介词/连词/量词；附着词包括：体助词（例如汉语的"了"、"着"）/结构助词（例如汉语的"的"、"地"、"得"）。*Hopper and Traugott*（1993：7）和*Traugott*（1995）基于跨语言的考察提出"**实义词**（Content Word）> **语法词**（Grammatical Word）> **附着词**（Cliticword）> **屈折词缀**（Inflectional Affix）"这个具有普遍意义的**语法坡度**（Cline），这就是说在这些语言中，语法词或附着词常常经历一个"**形态化**"（Morphologicalization）过程。从下面例子，我们可以看到实词如何变成形态成分的：

---

① 法国语言学家*Meillet*于1912年在其论文《语法形式的演化》中首先提出"语法化"（Grammaticalization）这一术语。此概念与中国古代"实词虚化"（Lexical-item-to-morpheme Perspective）的说法基本吻合，不同之处在于：汉语中所说的"实词虚化"主要内容是关于词汇意义由实而虚的变化，而西方所说的"语法化"侧重于研究语法范畴和语法成分是如何从实意词语产生的，比汉语的"实词虚化"范围要广，除了研究词汇层面的虚化现象，还要研究句法、语篇和语用等层面的虚化现象（Dis-course-to-morphosynax Perspecctive）。

A. Tom is going to the library.（汤姆要去图书馆。）

B. I am going to eat.（我要去吃饭。）

C. The rain is going to come.（雨快来了。）

D. It's going to rain.（要下雨了。）

be going to的语法化
程度增强

英语的be going to表示"将要"的"经历体"的语法意义，是从实义动词go（去）变来的，A中的be going to除了表示go的运动尚未到达，还有一定意向的意义，方向性较强；B中的be going to进一步虚化，除了表示为将来外，由于后面用了动词eat，主要表示意图、目的；C中的be going to只表示"经历体"，已经失去了"方向性"和"目的性"，"运动性"主要体现在后面动词come上；D的语法化程度更高，主语没有确切所指，这里的It既无"具体运动"含义，也无"明确目的"，甚至谈不上"经历"，它仅是"向未来运动"含义的高度抽象的**隐喻式**（Metaphorical style）表达，be going to进一步语法化，起传递说话人主观态度的作用。

我们再从语法成分虚化的语义路径来进行考察。在上古汉语中"在"表示空间意义，如《论语·述而》："子在齐闻《韶》，三月不知肉味，曰：'不图为乐之至于斯也。'"现代汉语中已经引申为表示时间意义，如"她在饭店吃饭"。英语的since（从……以来）从"时间"（I have read a lot sinces we last met.）引申到"原因"（Since you are not coming with me, I'll have to go alone.）。比如作为后缀的"头"的本义是"人体的顶端或动物体的前端"，从六朝开始虚化为后缀，例如"木头"、"石头"、"日头"、"拳头"、"念头"、"年头"；[①]同样，英语的原来指人体器官部位的back（背部），后用来指空间关系，如in/at the back of house（房子的后面），又引申成为表示时间意义的"以前"，如three years back（三年前），后又进一步演变成副词以及介词，甚至还可用作词素或词缀，例如background；back虚化的语义路径是："**人体器官 > 空间 > 时间 > 抽象意义**"。

而汉语的语法词或附着词通常并不是进一步演变为屈折词缀，而是跟毗邻的词项融合成一个新的词汇项，汉语的语法词或附着词的后续演变是"**词汇化**（Lexicalization）"。比如现代汉语的双音词"可爱"、"可恶"、"可观"、"可怜"都是由动词性短语"助动词'可'+动词"词汇化而来的；"相好"、"相识"、"相继"来自动词短语"**交互代词**（Reciprocal pronoun）'相'+动

---

① 关于"老、子、儿、头"的虚化过程，可参见王力《汉语史稿》（中册），中华书局，1980年，P 222—231。

词"的词汇化；"所在"、"所有"、"所谓"则源于名词性短语"名词化标记'所'+动词"的**词汇化**。[①]

2. 语法化是单一方向不可逆的，具有明显的单向性（Unidirectionaily）

从词汇到语法，从语法再到更加语法化的形式，而不会反其道而行之。例如词汇词素逐步发展成为语法词素，或词汇词素与另一词汇（或语法）词素组合。

3. 在语法化过程中，最终的结果不会是新形式完全代替旧形式，一个意义突然代替另外一个意义，其中也会出现两者或多者并存的现象

汉语中大多作为名词后缀的"子"、"儿"、"头"、"者"等，它们还可兼有原来的意义，有些还可以作为词项单独使用。例如"女儿"中的"儿"是实词，而在"花儿"、"盆儿"、"鸟儿"中的"儿"就虚化成了**后缀**（Suffix）。在现代北京话中，后缀"儿"进一步**弱化**（Weakening），并再一步弱读，已与前面的音节紧密结合在一起，成为汉语词汇中特有的**儿化现象**（Rhotacized）；又如英语中来自形容词full和less的后缀–ful和–less，当用作后缀之后，前者简化为–ful，已成为不可单独使用的后缀；而后者既是一个独立的**词项**（Lexical item），也是一个黏着**后缀**（Suffix）。

总之，在语法方面，一种与民族标准语相同或相近的新格式取代旧格式的过程，往往要比词汇的新旧替换要缓慢一些，新旧两种格式要并存并用一段时间，旧格式在派生能力、适用范围、使用频率等方面逐渐萎缩，最后才趋于消亡。

第五节　语言的演变系统

一、语言变化的趋势

语言变化的原因是什么？**萨丕尔**在《论语言》（*Language:An Introduction to the Study of Speech*，1921））中做了深刻的阐述。他提到了政治、社会、文化等方面的原因，但他基本同意德国**新语法学派**（Neogrammarians）的观点，即**音变**（Lautverschiebung）和**类推**（Analogy）是促使语言变化的两大因素和基本力量。音变往往产生不规则现象，而类推则恰恰相反，总是产生规则现象。类推一方面有革新的作用，一方面有保守的力量，例如使旧的成分保持不变，也是类推

---

① 参见董秀芳《词汇化：汉语双音词的衍生和发展》，商务印书馆，2011年，P208—209。

的特殊的保守作用。每一种语言的历史都积累了各种类推现象，它们对语言改变的作用比音变作用还要大。因此，索绪尔得出的结论是：类推形式并不是语言变化，而是语言**创造**（Creation）。

关于语言的变化规律，索绪尔坚信语言的变化有一定的方向，并且今后几百年的变化趋势现在就有所预示。他认为，语言是不断变化的，语言有来自各个说话的人的言语变体，个人变体是随意的，而语言变化有一定的方向。变化的趋势是语言使用者对个人变体的不自觉的选择，不符合趋势的就被抛弃了，符合趋势的就被接受了，有的变化留在语言之中，最终成了**标准语**（Standard language）。

此外，索绪尔在具体语言材料分析的基础上，总结出了语言变化中的三种趋势。

第一，消除主语形式和宾语形式的区别。以印欧语为例，已从原来的七个格减少到四个格（主格、所有格、与格、宾格），主格与宾格的区别只保留在人称代词中，所有格也有了很大限制，多用于有生命的东西，无生命的东西的所有概念多用介词短语表达。

第二，用词在句中的固定位置来表达词之间的句法关系。例如在Marie saw David（玛丽看到戴维）和David saw Marie（戴维看到玛丽）中，Marie在句子中的不同位置界定了它的句法关系。因此，与其说主格和宾格的性质是形式赋予的，到不如说是动词的前后位置赋予的。

第三，减少词的变体或派生，使词语概念的关系呈现简单、直接的对应关系。任何变体，只要与原词过于相近，或没有独特之处，迟早都要消失。例如由于与Where、here、there过于接近，Whence（从何处）、Whither（往何处）、hence（从此地）、thence（从那里）、hither（到那里）已经处于消亡状态。

二、语言演变的影响因素

语言的组成成分从古到今的变化，包括新的语言现象的产生和旧的语言现象的消亡，是语言发展的重要内容。我们在对比语言的两个不同时代断切面时，语言的变化就显现出来了。在变化中，语言单位的**同一性**（Identity）遭到破坏，并且必须以两种不同的情况为前提，其中一个发生在另一个之前。除去语言系统内由**继承性**（Inheritance）和**置换**（Substitution）引起的变化外，语言中可能会出现"创新"（Creation）。此外，在语言系统中还存在着受语言的地域、社会和语言使用分化制约的语言单位的各种"变体"。如果我们假设，变化的过程与一个语言单位被另一单位置换有关，最终与语言单位的物质和语义同一性（Semantic identity）的逐渐变化有关，那么语言中的各种变体就会彼此共存，相互竞争。因此，语言表现出自己进化的双重属性（Dual attributes）：一方面从属于它所存在的外部语言环境，另一方面，从属于它的内部结构和构造。

除了语言的不断变化和语言系统不断完善的趋势之外，在语言中还有与变异对立的力量，这种力量来源于语言交际功能（Communicative function）的本质，保证了语言的稳定性（Stability），使语言不至于发生突变（Mutation），所以变化本身又包含着继承性和延续性。由于语言有这个特点，所以不同的语言层次发展速度必然各不相同，其中词汇和语音的发展要比语法结构的发展快得多。因此，语言的稳定性和语言的可变性这两个特性是相互联系的，而语言的可变性往往是与语言结构不同方面变化的速度不平衡有关，主要表现在以下两个方面：

（一）外部因素

社会发展的因素对语言的影响最为显著。人类生活和语言的形式复杂化是引起语言变化的最强有力的外部因素，特别是语言间的接触在许多方面也影响到语言的变化。例如，在语音方面，一种语言可以吸收另一种语言的某些发音动作的特点；相邻语言的影响也可能表现在语法结构上；在句法方面常常也可以看到一种语言对另一种语言的影响；同样，词汇对各种外来影响来说是最易渗透的，历史上有时借词（Loanword）在一种语言的词汇中所占的比重甚至可能超过固有词汇的比重等等。

（二）内部因素

语言变化的内部因素可能既与语言结构对人体的生理特点的适应有关，也与语言结构本身改善的必要性有关。由于生理的需要，在语言中就出现了不同的趋势：发音要简便、语言手段要经济、按类推原则使形式划一、语言手段的同音异义现象的避免、语素的组成要更加精确等等。此外，促进语言结构改善的内部因素，还与多余的表达手段的消失，更富有表现力的语言形式的使用有关。

除了上面所说的带有系统性的原因外，在任何语言中都可能存在独立（内在、自生）性的变化，它们同样会对语言结构的某些部分产生重大影响。我们只有关注了这些语言发展的方方面面，才能真正弄清并把握语言的系统性（Systematicness）。

主要参考文献

【著作类】

[美]爱德华·萨丕尔《语言论——言语研究导论》,陆卓元译,陆志韦校订,商务印书馆,1985年版。

[美]彼得·赖福吉《语音学教程》(第5版),张维佳译,北京大学出版社,2011年版。

[美]布龙菲尔德《语言论》,袁家骅等译,商务印书馆,1980年版。

曹日昌《普通心理学》(上册),人民教育出版社,1998版。

岑麒祥《普通语言学》,科学出版社,1957年版。

岑麒祥《国外语言学论文选译》,语文出版社,1992年版。

岑麒祥《历史比较语言学讲话》,湖北人民出版社,1981年版。

岑运强《语言学概论》,中国人民大学出版社,2004年版。

陈保亚《20世纪中国语言学方法论》,山东教育出版社,1999年版。

崔希亮《语言学概论》,商务印书馆,2009年版。

崔希亮《崔希亮语言论文集》,北京语言大学出版社,2012年版。

[美]C.J.非尔墨《"格"辨》,胡明扬译,商务印书馆,2005年版。

董秀芳《词汇化:汉语双音词的衍生和发展》,商务印书馆,2011年版。

[美]Dwight Bolinger《语言要略》,方立、李谷城等译,胡壮麟审校,外语教学与研究出版社,1993年版。

方祖燊《六十年来之国语运动简史》,(台北)正中书局,1972年版。

[瑞士]费尔南迪·德·索绪尔《普通语言学教程》,高名凯译,岑麒祥、叶蜚声校注,商务印书馆,2015年版。

符淮青《现代汉语词汇》,北京大学出版社,1985年版。

傅雨贤《现代汉语介词研究》,中山大学出版社,1997年版。

高本汉《汉语的本质和历史》,商务印书馆,2014年版。

高名凯《语言学概论》,中华书局,1963年版。

桂诗春《语言学方法论》,外语教学与研究出版社,1997年版。

桂诗春、宁春岩《语言学方法论》,杨余森译,外语教学与研究出版社,2002年版。

[苏]H.A.康德拉绍夫《语言学说史》,武汉大学出版社,1981年版。

何大安《规律与方向:变迁中的音韵结构》,(台北)学生书局,1988年版。

何自然《语用学概论》,湖南教育出版社,1988年版。

胡明扬《语言学概论》,语文出版社,2000年版。

[英]理查德.利基《人类的起源》,吴康汝、吴新智、林龙圣译,上海科学技术出版社,2007年版。

李宇明《语言学概论》(第2版),高等教育出版社,2008年版。

林玉山《现代语言学的历史与现状》,河南人民出版社,2000年版。

林裕文《词汇、语法、修辞》,上海教育出版社,1987年版。

[美]Lindsay J.Whaley《类型学导论——语言的共性和差异》,刘丹青导读,世界图书出版公司,2009年版。

刘丹青《语序类型学与介词理论》,商务印书馆,2003年版。

刘润清《西方语言学流派》(增订版),外语教学与研究出版社,2013年版。

陆俭明、沈阳《汉语和汉语研究十五讲》,北京大学出版社,2004年版。

陆俭明《八十年代中国语法研究》(重排本),商务印书馆,2004年版。

陆俭明《现代汉语语法研究教程》(第3版),北京大学出版社,2005年版。

吕叔湘《汉语语法论文集》(增订本),商务印书馆,1984年版。

吕叔湘《汉语语法分析问题》,商务印书馆,1979年版。

朱德熙《语法讲义》,商务印书馆,1982年版。

[英]罗宾斯《简明语言学史》,许德宝等译,中国社会科学出版社,1997年版。

《马恩全集》(中文版)第20卷,人民出版社,2010年版。

马克思、恩格斯《马克思恩格斯全集》(第3卷),人民出版社,1960年版。

马克思《资本论》第1卷,人民出版社,1953年版。

[美]皮尔斯《皮尔斯:论符号/李斯卡:皮尔斯符号学导论》,赵星植译,四川大学出版社,2014年版。

齐沪扬、陈昌来《应用语言学纲要》,复旦大学出版社,2004年版。

邵敬敏、方经民《中国理论语言学史》,华东师范大学出版社,1991年版。

[苏]斯大林《马克思主义与语言学问题》,李立三等译,解放社,1950年版。

孙宏开、胡增益、黄行《中国的语言》,商务印书馆,2008年版。

太田辰夫《中国语历史文法》,北京大学出版社,1987年版。

王德胜《科学符号学》,辽宁大学出版社,1992年版。

王红旗《语言学概论》,北京大学出版社,2008年版。

王力《中国语法理论》,中华书局,2015年版。

王力《汉语史稿》（中册）,中华书局,1980年版。

王士元《语言、演化与大脑》,商务印书馆,2015年版。

王希杰《语言学百题》,上海教育出版社,1983年版。

王寅《认知语法概论》,上海外语教育出版社,2011年版。

伍铁平《普通语言学概要》（第2版）,高等教育出版社,2006年版。

[美]维多利亚·弗罗姆金、罗伯特·罗德曼《语言导论》,沈家煊等译,北京语言学院出版社,1994年版。

[丹麦]威廉·汤姆逊《十九世纪末以前的语言学说史》,黄振华译,科学出版社,1960年版。

吴为章《新编普通语言学教程》,北京广播学院出版社,1999年版。

文秋芳等《认知语言学与二语教学》,外语教学与研究出版社,2013年版。

徐继东、张虹《古往今来话中国/中国的语言文字》,安徽师范大学出版社,2012年版。

徐通锵《语言论——语义型语言的结构原理和研究方法》,东北师范大学出版社,1997年版。

语言学名词审定委员会《语言学名词》,商务印书馆,2011年版。

叶蜚声、徐通锵《语言学纲要》,北京大学出版社,1981年版。

游汝杰《中国文化语言学引论》,高等教育出版社,1993年版。

俞士汶等《现代汉语语法信息词典详解》,清华大学出版社,1998年版。

张黎、陈红玉《语言活性——汉语及其应用研究》,吉林教育出版社,2001年版。

章太炎《国故论衡·语言缘起说》,《章氏丛书》第13册,（上海）右文社,1915年版。

中国大百科全书出版社编辑部《中国大百科全书》（语言、文字）,中国大百科全书出版社,1988年版。

北京师范学院中文系汉语教研组《五四以来汉语书面语的变迁和发展》,商务印书馆，1959年版。

【论文类】

戚雨村《修辞学和语用学》，《修辞学发凡与中国修辞学》，复旦大学出版社，1983年版。

崔希亮《现代汉语称谓系统与对外汉语教学》，《语言教学与研究》，1996年第2期。

戴庆厦《汉语的特点究竟是什么》，《民俗典籍文字研究》，2015年第1辑，商务印书馆，2015年版。

丁锋《日本"国字"在汉字构形模式上的传承和拓展》，《民俗典籍文字研究》，2015年第1辑，2015年版。

桂诗春《语言和交际新观》，《外语教学与研究》，2012年第5期。

高名凯《论语言的融合》，《中国语文》，1959年第5期。

郭鸿杰、韩红《语料库驱动的英汉语言接触研究：以"被"字句为例》，《外语教学与研究》，2012年第3期。

黄翊《为土生葡人编写汉语课本》，《民俗典籍文字研究》，2015年第1辑。

胡慧明《<澳门记略>反映的澳门土生葡语面貌》，澳门大学硕士论文，2000年。

刘丹青《形名同现及形容词的向》，《南京师大学报》，1987年第2期。

刘丹青《语言类型学与汉语研究》，《世界汉语教学》，2003年第5期。

吕叔湘《说"胜"与"败"》，《中国语文》，1987年第1期。

刘涌泉《关于汉语字母词的问题》，《语言文字应用》，2002年第1期。

马庆株《层次、语法单位和分布特征》，《语法研究入门》，商务印书馆,1999年版。

潘文国《语言的定义》，《华东师范大学学报》（哲学社会科学版），2001年，第1期。

石定果《会意汉字内部结构的复合程序》，《世界汉语教学》，1994年第2期。

王宁《论词的语言意义的特性》，《北京师范大学学报（社会科学版）》，2011年第2期。

吴福祥《关于语法化的单向性问题》，《当代语言学》，2003年第4期。

张璐《从东西南北谈汉英语语序所反映的认知过程》，《语言研究》，2002年第4期。

章宜华《多义性形成的认知机制与词典义项的处理》，《广东外语外贸大学学报》，2005年第3期。

【国外文献】

Albert Mehrabian, A.（1972）. Nonverbal Communication. Transaction Publishers.

Armstrong, D. F., & Wilcox, S.（2007）. The Gestural Origin of Language. Oxford University Press.

Benjamin,Walter.1996，"On Language as Such and on the Language of Man"，Selected Writings vol.1.

Boas，F.（2013）.A Handbook of American Indian Languages.Cambridge:Cambridge University Press.

Carroll，Sean B.（2003）.Genetics and the Making of Homo Sapiens Sapiens. Nature 422:852.

Catani，Marco,Derek K .Jones & Dominic H.ffytche（2005）Perisylvian Language Networks of the Human Brain. Annals of Neurlogy.

Chafe.W（1985）.Linguistic Differences Produced by Speaking and Writing. in Literacy, Language and Learning,D.R.Olson,N. Torrance and A. Hilyard（eds），Cambridge：Cambridge University Press.

Chomsky，N.（1968）Language and Mind. New York: Harcourt, Brace & World.

Chomsky，N.（1986）Knowledge of Language: Its Nature, Origin and Use. New York: Praeger.

Corballis, M. C.（1992）. On the Evolution of Language and Generativity. Cognition.

Corballis, M. C.（2002）. From Hand to Mouth: The Origins of Language. Princeton University Press.

Croft（2005），W.Radical Construction Grammar，Cambridge:The Cambridge University Press.

Curme,Oliver Curme,& Hans Kurath;1931.A Grammar of the English Language,Vol. III:Syntax.New York:D.C.Heath & Co.

Dunbar,Robin.（1996）.Grooming,Gossip and the Evolution of Language.

Cambridge,MA:Harvard University press.

Dunbar, R. （2010）. How Many Friends Does One Person Needs? Cambridge, MA.: Harvard University Press.

Edkins J. （1888）.The Evolution of the Chinese Language:As Exemplifying the Origin and Growth of Human Speech.Tr ü bner.

Gelb, （1952）.A Study of Writing:The Foundations of Grammatology. Chicago:University of Chicago Press.

Greenberg,Joseph H. （2000）.Indo-European and Its Closest Relatives:The Eurasiatic Language Family.Vol.1.Grammar,Vol.2.Lexicon.Stanford,Calif. :Stanford University Press.

Halliday.M.A.K.1994 An Introduction to Functional Grammar（2nd ed.）. London : Arnold.P200-207.

Hockett, C. （1960, September 1）. The Origin of Speech. Scientific American, 203 （3）, 88‑96.

Jones, W. （1993）.The CollectedWorks of Sir William Jones.Net York:New York University Press.

Johnson,M.& Lakoff,G. （2003）.Metaphors We Live By.Chicago:University of Chicago Press.

Kruszewski, M. （1995）. Outline of Linguistic Science. In E. F. K. Koerner （Ed.）, Writings in General Linguistics: On Sound Alternation （1881） and Outline of Linguistic Science （1883） （pp. 43‑173）. Amsterdam: John Benjamins.

Lakoff,R.W. （1987）.Foundations of Cognitive Grammar.Stanford:Stanford University Press.

Langacker.R.W. （1991） Foundations of Cogntitive Grammar vol.11: Descriptive Application.Stanford.California:Stanford University Press.

Lakoff,G. （1987/1990）.Women,Fire and Dangerous Things:What Categories Reveal about the Mind.Chicago: University of Chicago Press.

Losonsky, M. （1999）. Humboldt:On Language: On the Diversity of Human Language Construction and Its Influence on the Mental Development of the Human Species. Cambridge University Press.

Lyons, John. （1966）.Towards a "Notional" Theory of the "Parts of Speech".

Journal of Linguistics 2: p.209–236.

Lantolf, J.P. (2011), The Sociocultural Approach to Second Language Acquisition:Sociocultural Theory,Second Language Acquisition,and Artificial L2 Development.In Atkinson,D. (Ed.).Alternative Approaches to Second Language Acquisition (pp.26–47).Oxford:Routeledge.

Langacker,R.W. (1988).An Overview of Cognitive Grammar.In Rudzka–Ostyn,B. (Ed.).Topics in Cognitive Linguistics (pp.3–48).Amsterdam:John Benjamins.

McNeill, D. (2000). Language and Gesture (Vol. 2). Cambridge University Press.

Palmer, F.R. (1982), Semantics, Cambridge: Cambridge University Press.

Pinker, S. & Prince, A. (1994). Regular and Irregular Morphology and the Psychological Status of Rules of Grammar. The Reality of Linguistic Rules.

Radden,G.&K.Panther,K.U. (Eds.). (2004). Studies in Linguistic Motivation.. Berlin/New Youk: Mouton de Gruyter.

Robert Lado, (1960) Linguistics Across Cultures, Michigan

Robins, R. H. (1989). General Linguistics (4th ed.). London: Routledge.

Schmandt–Besserat,D. (1992).Before Writing,Vol.ll:A Catalogue of Near Eastern Tokens.Austin:University of Texas Press.

Taylor,J.R. (1989/1995/2003).Linguistic Categorization:Prototypes in Linguistic Theory.Oxford:Oxford University Press.

Tomasello, M. (1999). The Human Adaptation for Culture. Annual Review of Anthropology.509–529

Tomasello, M. (2003). On the Different Origins of Symbols and Grammar.Studies in the Evolution of Language, 3, 94–110.

Tomasello, M., & Herrmann, E. (2010). Ape and Human Cognition ,What's the Difference?. Current Directions in Psychological Science, 19 (1), 3–8.

Ungerer.F.& Schmid.H.J. (1996). An Introduction to Cognitive Linguistics. London:Longman.

Warburton,W. (1737).The Divine Legation of Moses Demonstrated in Nine Books. London:A.Millar and J.and R.Tonson.

Wittgenstein,Ludwig (2001).Philosophical Investigations.The German Text

with a Revised English Translation.Translated by G.E.M.Anscombe.3rd ed.Oxford；
Malden,Mass.:Blackwell.

Humboldt（1999）On Language.on the Diversity of Human Language Construction
and Its Influence on the Mental Development of the Human Species,Cambridge University
Press,2 nd rev.edition

Halliday.M.,Matthiessen,C.M.,& Matthiessen,C.（2014）.An Introduction to
Functional grammar.Routle.

Trubetzkoy N（1939）.Grundzu' ge der Phonologie.Travaux de Cercle Linguistique
de Prague 7.[English Translation（1969）:Principles of Phonology.Berkeley:University
of California Press.].

Zandvoort,Reinard Willem,and Jan Ate van Ek.1953.A Handbook of English
Grammar.London:Longman.

Schleicher，A.（1874）.A Compendium of the Comparative Grammar of the Indo-
European,Sanskrit,Greek and Latin languages.London:Trubner & Company.

后　记

本书的完成是对我近五年从事汉语国际教育研究生课程的盘点和总结。

2010年8月，我正要从泰国易三仓大学结束汉语教学工作启程回国之时，接到汉语学院的通知，在接下来的新的学期，我将承担汉语国际教育研究生的两门课，一门是针对外国研究生的专业必修课《语言学概论》，另一门是中外同堂的专业选修课《汉字教学与研究》。虽然之前早在上海师范大学工作时，已经给汉语国际教育（原对外汉语专业）研究生开设过《汉语史专题研究》这样的选修课，在北京师范大学做博士后时也曾给外国留学生讲授过《现代汉语》课程，对一个在对外汉语教学一线"摸打滚爬"二十余载的"老"教师来说，既然教过古代汉语、现代汉语和对外汉语，那么课型的改变都不是什么大问题；但对于一个专业背景为汉语史的人来说，要专门针对外国人讲授普通语言学课程，而非我擅长的"汉语言文字学"，确实让我有力不从心之感。这方面的压力有三。

一是教材问题。虽然市面上的普通语言学教程随处可见，信手拈来，但要选出一本适合外国留学生的教材却如同"大海捞针"。现成的教材没有，那就只能另起炉灶，自编教材。

二是学生问题。根据我多年的对外汉语教学经验，大多数留学生在进入研究生阶段之前，在本科阶段，并未接触过普通语言学课程，即使是零散的现代汉语知识也是来自于综合课的学习；在高级综合课阶段，由于专业方向不同，老师并没有为他们进行过系统的语言知识的梳理。

三是方法问题。从寻找合适的教材，到分析学生的学习基础，我一直在思索这门课的具体教授方法。普通语言学是外国留学生进入硕士阶段首先要过的一门基础课。没有这门课的铺路搭桥，外国研究生很难真正过渡并顺利进入语言现象本身的分析研究阶段。因此，这门课不但要为他们学习和研究其他语言课程奠定必要的理论基础，也将直接为他们将来撰写硕士学位论文奠定实践基础。这样，讲授方法必须对路。否则，这门课庞大的知识体系和信息量，会让学生"消化不良"。

　　带着上述三个问题，我从2010年9月开始了这门课程的实践探索。果不其然，我之前想到和没想到的问题都一起"如约"出现在课堂上，即使是我想回避的问题也一个都没有跑掉。刚开始的两个星期，一位学生一直都在跟我讨论"语言是谁创造的"这个棘手的问题。他一直想不通：语言怎么可能不是上帝创造的呢？直到半学期快要过去了，他终于笑着跟我说："老师，我明白了，以后我不跟你讨论这个问题了。"在讲"变换分析"时，我交给学生汉语的语料，学生却因为没有汉语的语感，而不能确定句子的对错；换用学生自己的语料，有的同学竟然对自己的母语语法知识的掌握还不如汉语，面对母语语料也是无从下手。

　　我在这样的摸索中，一边授课一边修改教学目标，内容和方法在调整中得到不断地完善。五轮下来，最初的北语特色原创讲义的内容增加了，我的信心也在增强。所有的辛苦都记录在这本小书里。

　　付梓之际，首先感谢北京语言大学将本书纳入北京市支持中央在京高校共建资助项目及汉语学院学科建设经费资助项目。特别感谢北京语言大学汉语国际教育学部主任、国际汉语教学研究基地主任张旺熹教授欣然为本书作序，给予本书出版莫大的鼓励；感谢国际汉语教学研究基地副主任姜丽萍教授和梁彦民副教授，是你们的大力支持，给我创造了良好的工作环境，让我能够有一年的时间静下心来驻所研究，使本书的修改和出版有了时间的保证。当然，也要感谢参加这门课程学习和讨论的中外研究生，是他们的参与，促使我去思考和扩充书中涉及到的许多问题，也让我在五年中逼着自己进行了一次次彻底地"回炉"，养成了主动关注语言研究最新动态的好习惯；而让我收获最大的，就是在课间讨论中，体验到了真正的"教学相长"，接触、了解到了"小联合国"众多的语言，扩大了进一步进行汉语语言研究的视野。

　　殷重恩情，诚谨致谢！

王鸿滨

2016年10月，北京